蓝皮书

中国互联网教育行业

Blue Book of China's
Online Education Industry
2018—2019

2018—2019
中国互联网教育行业蓝皮书

吕森林　邵银娟　孙洪湛　冯　超　庄淑雅　〔韩〕郑玄载　睿泰集团　/著

北京大学出版社
PEKING UNIVERSITY PRESS

内 容 简 介

　　本书是作者从事互联网教育行业近 20 年的经验总结,力图向互联网、教育培训、在线教育行业的从业人员和对互联网教育有兴趣的投资者展示当前互联网教育产业的全景。互联网教育是互联网和教育的高度融合,需要对两者都有深入的理解。本书针对当前互联网教育的发展现状进行了基本论述、数据整理及分析,并梳理了最新的教育政策,概述了全球互联网教育的发展状况,罗列出互联网"大鳄"在互联网教育领域的策略、布局,以及百度教育、睿泰集团等明星企业的发展近况,并分析了教育行业投资并购的热点及创新教育技术的阐述;同时对各个细分领域的行业进行了详细的分析,使读者对互联网教育产业现状有更深入的了解。

　　本书既可为互联网教育行业投资者提供参考,还可供从事互联网教育的相关人员及对互联网教育感兴趣的人士阅读。

图书在版编目 (CIP) 数据

　　2018—2019 中国互联网教育行业蓝皮书 / 吕森林等著 . —北京:北京大学出版社,2019.5
　　ISBN 978-7-301-30440-2

　　Ⅰ . ① 2… 　Ⅱ . ①吕… 　Ⅲ . ①网络教育—教育产业—研究报告—中国—2018—2019
Ⅳ . ① G434 ② G52

　　中国版本图书馆 CIP 数据核字 (2019) 第 074444 号

书　　　　名	2018—2019 中国互联网教育行业蓝皮书
	2018—2019 ZHONGGUO HULIANWANG JIAOYU HANGYE LANPISHU
著作责任者	吕森林等　著
策 划 编 辑	王显超　李　虎
责 任 编 辑	李瑞芳
标 准 书 号	ISBN 978-7-301-30440-2
出 版 发 行	北京大学出版社
地　　　　址	北京市海淀区成府路 205 号　100871
网　　　　址	http://www.pup.cn　　新浪微博: @ 北京大学出版社
电 子 信 箱	pup_6@163.com
电　　　　话	邮购部 010-62752015　发行部 010-62750672　编辑部 010-62750667
印 刷 者	大厂回族自治县彩虹印刷有限公司
经 销 者	新华书店
	787 毫米 ×980 毫米　16 开本　28 印张　530 千字
	2019 年 5 月第 1 版　2019 年 5 月第 1 次印刷
定　　　　价	88.00 元

前言 Foreword

　　20 世纪下半叶，互联网与教育逐渐结合以来，互联网科技的不断发展一直推动着教育行业的变革。信息科技拉近了人与信息、人与人、人与物之间的距离。在教育信息的传递上，互联网突破了时空的限制，让教与学变得随时随地都可以进行。对于教师而言，借助互联网可以让一堂课覆盖成千上万人；对学生而言，借助互联网可以随时随地获取海量的教育资源。

　　与此同时，教育与互联网的结合也令很多创业者、投资者发现了巨大的商机。互联网教育的浪潮比其他任何一个互联网领域持续的时间都要长。在经历了第一次、第二次浪潮及泡沫破灭期后，又迎来了第三次互联网教育浪潮的涌现。那么在这次的浪潮中又会有哪些企业乘风破浪站在潮流前端，又会有哪些企业被浪潮吞没呢？当前，整个互联网教育行业的发展状况如何？从最新的投资市场现状可以观察到，资本持续在 K12 在线教育、在线语言学习及职业教育领域增资，并有大批资本涌向新热的 STEAM/ 创客教育及艺术教育领域，那么各细分领域的优势、劣势究竟在哪儿？未来发展趋势如何？

　　为了让更多的教育从业者理解互联网教育的理念，了解最新的互联网教育的发展现状和趋势，学易时代咨询推出最新版的《2018—2019 中国互联网教育行业蓝皮书》，以此为您展现整个互联网教育市场的发展全貌。本书首先对互联网教育进行了基本论述，同时对全球互联网教育发展概况进行了分析，并梳理出最新的教育政策，使读者对互联网教育全球发展概况和国内发展情况有一个基本的认识；然后分析了中国互联网教育行业的主要版块及用户需求，并统计了各细分市场的现有数据。从宏观上，对互联网"大鳄"在互联网教育领域的策略与布局，以及对教育行业投资并购现状进行了阐述分析；从微观上，按照各细分市场，详细论述了各细分市场的主要特点、新增热门领域、发展现状及发展趋势等，使读者从宏观投资趋势和微观细分市场发展趋势两方面，对互联网教育产业现状有一个较深入的了解。

值得注意的是，本书是中国互联网教育行业蓝皮书的第五次修订。我们重新调整了本书的章节结构，删除了部分内容并新增了少儿编程的最新热点产业信息及附录部分的内容。在原有的基础上，编者对时下的一些最新资料和数据进行了收录，主要增加了最新的国内教育政策、全球互联网教育产业的发展状况、大型互联网及教育上市公司的最新投资布局、最近热门的企业等。同时编者深入各细分领域，分析各个领域的行业热点和企业发展现状，在回顾过去 6 年的产业热点的同时，也对未来趋势进行了预测（备注：正文中涉及融资金额或其他金额的，凡未标明美元或港元的，均指人民币）。

由于作者水平有限且出于个人视角，书中难免会有可能引起争议的观点，欢迎广大同行不吝赐教。

2018 年 10 月

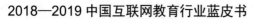

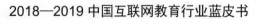

第一章
互联网教育概论

第一节　什么是互联网教育

一、远程教育的定义

在了解互联网教育之前，需要理解什么是远程教育（Distance Education），也就是理解远程教育的基本概念。

我国远程教育专家丁兴富教授认为，远程教育有广义和狭义之分。广义的远程教育是指通过远程教学或远程学习实现的教育的总称，这里的"教育"包括各类学校和其他社会机构组织的教育，以及社会生活情境中的教育。狭义的远程教育是指通过远程教学或远程学习实现的各类学校和其他社会机构组织的教育，也可以称为机构远程教育或学校远程教育。

世界著名远程教育专家德斯蒙德·基更（Desmond Keegan）博士认为，远程教育具有以下 5 个特征。

① 教师与学生的地理位置相互分离。

② 受到某个教育机构的指导和影响。

③ 应用各种通信媒体来传播教育内容。

④ 提供教师与学生的双向通信交流。

⑤ 对学生的教学很少集体进行，没有或基本没有学习团体。

远程教育作为一种师生分离的教育形态，其优点和缺点都是因"师生分离"这一根本特性而产生，远程教育的革新，也都是在保持"师生分离"的特性上，采取各种措施来避免远程教育这一特性带来的弊端。

二、互联网教育的定义及基本构成

互联网教育也称为在线教育（Online Education），是一种运用网络、多媒体和多种交互手段进行系统教学和互动的新型教育方式。

在这里需要特别说明的是，"互联网教育""在线学习""在线教学"这几个概念实际上有较大区别，但这里从行业研究角度来讲，并不做特别区分。互联网教育的基本要素如图 1.1 所示。

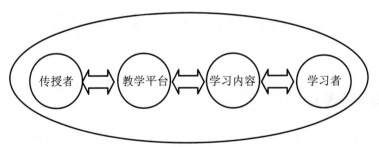

▲ 图 1.1　互联网教育的基本要素

"传授者"这一角色在学习环节中并不是必要的角色。"在线学习"的突出特点是学习者可以选用更丰富的教学资源，教学形式由原来的以"教"为主变为以"学"为主，"教师"的作用已被弱化。比如一款经过精心设计的在移动设备上运行的学习软件，里面可以给学习者提供各种各样的学习内容，如动画、音频、图文等多媒体资源。

只要经由互联网构成了完整的学习行为，可以统称为"互联网教育"或"互联网学习"，为了表述方便，本书统一称为"互联网教育"。

三、互联网教育、在线教育、e-Learning 的区别与联系

互联网教育与在线教育意思相近，但是"互联网教育"并不一定是指在互联网上实时在线的教学和自主学习，在离线环境下，基于互联网技术和思维所搭建的教育平台环境下的教育教学、教育管理、教育科研等过程，也都属于互联网教育。

e-Learning（电子化学习）这一术语最早于 1999 年在美国 Online Learning 大会上提出，是指"在线学习"。在线教育、互联网教育、e-Learning 的关系，如图 1.2 所示。

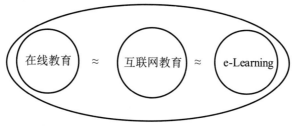

▲ 图 1.2　在线教育、互联网教育、e-Learning 的关系

第二节　在线教育的本质及基本推论

经常会有人问及"在线教育本质"这个问题，尤其是从其他行业进入在线教育行业的人，对在线教育的本质有不同的认识，因此有必要专门来探讨"在线教育本质"的问题，这对于理解在线教育具有重要的指导意义。

一、在线教育几种本质说

1. 电子商务本质说

有人认为，在线教育其实就是"电子商务的一种"。从本质来看，在线教育服务其实也是一种"电子商务"，这和我们日常看到的如京东、天猫这样的购买实物的电商平台服务没有什么不同，只是教育的产品难以实物化。但是，以电子商务一言蔽之，抹杀了教育是一个服务成本很高的行业这一特点。有一部分成品的在线教育与电子商务是类似的，比如各类学习软件，内容一旦开发完毕便可以以产品的形式进行销售，边际成本几乎为零。但这类产品的价格与图书的价格相当，在几十元左右。

而销售价格在数百元至数千元的在线教育产品，其价格体系接近于面授，此时就不能当作普通电子软件产品进行销售，而需要附带很多人工服务，如在线授课、答疑等，因此其边际成本就不能是零，而是与服务的人数成正比。构成在线教育市场的主体是后者，因此电子商务并不能代表在线教育的本质。

2. 教育本质说

教育本质说的典型观点是"让学习变得更简单而有趣，让因材施教、教育资源均衡不再是一句空话"；"与传统教育培训行业相比，在线教育没有高昂的房租和管理成本，产生的费用极低，大部分资源都可以在网站上免费获得。在线教育的优势是方便快捷且不受地域限制，而传统的教育行业有一个很大的问题，就是教育资源师资的分布不均衡，要受到地域、经济等方面的制约。对于这些问题，用互联网的方式就比较容易解决。"

而这种观点的问题在于，它虽然承认了在线教育的教育本质属性，但夸大了在线教育所能承载的使命。诸如"教育资源不均衡"等问题，不是通过技术手段能够解决的。比如一个落后的乡村，即使有电脑和网络，也无济于事。早在 2001 年开始实施的卫星教学资源、校校通工程，到现在十几年过去了，数字鸿沟不仅没有被填平，而且差距越来越大。数字鸿沟的问题是一个系统工程，不能通过简单的技术手段来解决。

3."在线是手段、教育是本质"说

此观点多见于在线教育行业人士，笔者比较认同。互联网、IT 技术的运用，是作为手段而存在的，目的是促进教育过程的实现。但是这种观点有二元论之嫌：在线教育是何种手段？能实现教育的什么本质？似乎仍然没有说清二者之间的关系。

二、在线教育的特质

"在线教育"的本质就是在师生分离的情况下，借助互联网和信息技术，有效实施教学和学习活动的新型教育形式。它具有以下几种特质。

1.师生分离是在线教育的本质特征

师生在时间和空间上的分离，是在线教育与其他形式教育的本质区别。如果在同一区域内面对面的教育，即使是运用网络技术进行教学，也不算是"网络教育"，因为师生之间的互动是面对面的，而技术起到辅助教学的作用，此时的教育应该称为"数字化教学"。

2.在线教育的瓶颈在于"最后 40 厘米"

远程教育可以将国内外优质的课程资源呈现在学习者面前，但是从媒体到人脑之间的"最后 40 厘米"，仍然是"信息衰减"最严重的瓶颈。远距离教学特有的师生之间的分离，引起的学习氛围的缺失、学习效果的下降，是在线教育必须要关注的核心问题。

可喜的是，已经有企业认识到这一问题，并采取了积极的解决方式，将趣味、游戏、社交、竞赛等元素，纷纷加入在线教育（包括移动学习）之中。

3.在线教育天生是"轻量级教育"，不能全面承载教育职能

严格地说，当前大部分的在线教育还没有从本质上脱离"远程教学"。因为它传递的是知识和技能，但很多技能还无法通过远程来实现（比如实际驾驶训练），仅限于知识传授的层面上。而且教育中对人格、意志、气质等非知识技能型的塑造，在线教育还不能胜任。

比如，一个通过远程上北京大学或清华大学的学生，即使学了四年，也无法培养北京

大学或清华大学学生的特质，这是大学校园文化润物细无声的特点所决定的，离开了大学的"气场"，在线教育便失去了原汁原味的效应。因此，不能期待在线教育对整个教育产生根本性的影响。

4. 低边际成本是在线教育的经济学特征

在线教育具有很低的成本上升曲线（图 1.3），即随着用户的增多而成本上升并不明显。

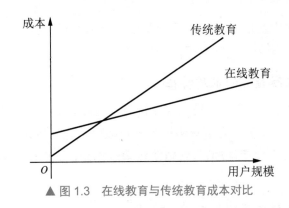

▲ 图 1.3　在线教育与传统教育成本对比

这说明传统的在线教育具有低边际成本特性，但这只是传统在线教育模式下的历史数据。在互联网营销成本、在线教育服务成本越来越高的趋势下，规模成本曲线也会随之变化，因此不能静态分析此结论。

三、由在线教育特质派生的几个推论

由上述的几个特性可以推断出以下几个结论，供相关人士参考。

1. 在线教育要发展，必须要克服在线教育与生俱来的短板

由于师生分离造成的弊端，在线教育若要在某种程度上颠覆传统教育，必须首先要"革自己的命"，就是努力解决在线教育与生俱来的短板，如学习的孤独感、学习中的迷茫、学习内容的枯燥等问题，所有的内容、功能和互动设计都应围绕这些问题展开。

2. 在线教育的发展必须首先培育用户的使用习惯

互联网环境下的教与学，无论对教师还是学生都是极大的挑战。教师在进行网络授课

时，常会感觉缺乏氛围，找不到讲课的感觉。对于学生，很难持续地在网络上长期学习，较高的辍学率也是在线教育的普遍问题。因此需要花很长时间提升用户体验，培育用户在互联网环境下的教与学的习惯。

3. 线上与线下结合模式是必然之选

远程教育与生俱来的问题，使得线上与线下结合，成为相互弥补的必然之选，因此建议在线教育企业与教育培训、出版机构、学校相结合。根据学易时代咨询的调查，在线教育业内人士最看好的商业运作模式就是线上与线下结合模式。

线上与线下结合模式特别适合学前及中小学阶段，家长对孩子的教育非常重视，但是很难让家长选择在线教育这种形式，他们会让学生通过平板电脑或手机进行学习，但这种学习只是一种补充，不可能超越线下教育。

在成人学习领域，因为成人具有较强的学习自律性，在线教育、移动学习能够节省他们去现场的时间，因此线上与线下结合模式的需求并不强。但是为了保证学习和培训的效果，线上与线下结合模式还是相当有必要的。

4. 完全实时授课、答疑模式市场空间有限

因为实时授课对同时在线的学生人数会有一定限制（一般在数十人、数百人至数千人之间），师资成本与学生人数成正比，因此完全实时授课的模式不太符合远程教育的经济学规律，尤其是一对一的实时在线授课，只适合 VIP 客户使用。此外，实时在线一对一答疑市场的利润空间非常有限，投入很大，只靠一对一答疑很难盈利，必须多管齐下。

5. 获取用户流量是在线教育企业的核心竞争力之一

如今在线教育的边际成本很低的这个论断已经过时。一是网络营销的成本越来越高，获取单个用户的成本在数十元至数百元之间；二是在线教育对服务的要求也越来越高，原有的仅提供课程内容服务而没有其他服务的做法，已经不能满足当前在线教育的需求。

因此，获取用户流量是在线教育企业不可缺少的支出成本。在线教育企业应联姻互联网巨头，依靠他们来降低单个用户获取成本。

6. 以技术手段降低人工服务成本的技术大有可为

在线教育边际成本低的特征已经改变，以纯人力服务规模来运营在线教育的方式会带来极高的运营成本，因此如果有技术能取代或降低人工服务成本，那么这种技术将大受欢迎。如英语作文批改技术、试题识别技术、智能学习指导技术、高效课程开发工具等，在未来都非常有前途。

第三节　互联网教育的优势

一、互联网打破了传统教育的时空限制

众所周知，中国的优质教育资源大部分投放在一线、二线城市的高质量的名校里，而这对于三线、四线城市的学生而言，本身就是不公平的。互联网教育可最大限度地实现全球性优质教育资源的共享，比如在线课堂通过组织名师授课，可以吸引全国各地的学生在线听课。

互联网打破了传统教育的时空、资源限制，给今天正处在受教育阶段的学生，尤其是偏远地区的学生，带来了优质的教育资源。

二、互联网使学习变得轻松、高效

现在很多课堂教学已经涉及知识可视化。知识可视化，即通过生动形象的图片与视频，运用视听结合的方式，帮助学生理解一个抽象的概念。

美国缅因州国家训练实验室的研究结果表明，学生如果只是听课，其课堂留存率只有5%，阅读方式有10%，而视听结合的方式则可达到20%，演示方式可以达到30%，这些都属于被动式学习方式。当学生的学习方式转变为主动时，讨论学习的留存率是50%，动手实践的留存率是75%，而将知识教授给他人时，留存率则飙升到90%。所以，如果要提高教学质量，就需要依靠先进的技术手段，使学生充分融入课堂中，调动其学习积极性，使学习从被动转变为主动（图1.4）。

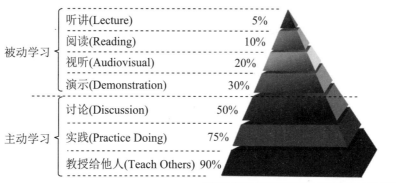

被动学习
- 听讲(Lecture)　　　　　　5%
- 阅读(Reading)　　　　　　10%
- 视听(Audiovisual)　　　　20%
- 演示(Demonstration)　　　30%

主动学习
- 讨论(Discussion)　　　　　50%
- 实践(Practice Doing)　　　75%
- 教授给他人(Teach Others)　90%

（资料来自美国缅因州国家训练实验室）

▲ 图 1.4　学习金字塔模型

比如运用可视化的教学方法，可以把抽象的逻辑跳跃转变为具体的形象思维，学生容易理解，同时课堂教学质量也会得到很大的提升。据相关实验显示，在课堂上播放高质量的微课程，学生精神的集中度会有明显的提高，而这些微课程里包含高成本的技术开发，它是一个普通教师无法做到的，需要一个团队的力量。

三、互联网真正能实现有问必答

互联网时代，可以真正实现一对一在线辅导。它改变了以往一位教师面对几十甚至几百个学生的授课模式。全面利用互联网能够打破时空限制的优势，帮助教师和学生实现异地授课和实时授课。

此外，题库、在线答疑 APP 等软件，让难题不再是难题。当学生在学习上遇到困难时，就可以运用软件寻求解答。对于学生而言，这无疑像是身边多了一位家庭辅导老师。此外，学生还可以随时随地利用全球的学习资源。

运用互联网，可以让最先进的技术和师资帮助我们提升教学质量，让教育变得不再困难，让学生在快乐的环境里学到更多的知识，从而对国家的教育均衡做出更大的贡献。

在中国极不均衡的教育环境里，能推进教育资源的公平是"互联网＋"教育的首要职能。当然，"互联网＋"教育不仅可以大大提升教育资源的公平并提升教学质量，还会对教育管理等各方面产生影响，因篇幅所限不一一列举。

第二章
互联网教育的构成要素

第一节　互联网教育的受众主体——学习者

学习者个体是一个具有复杂内在心理和外显行为的活生生的人，而在线教育中最容易被忽视的，恰恰正是在线教育的最终受众——学习者，因此建议读者特别关注在线学习中的"人的因素"，即学习者因素。

与在线教育相关度较高的学习者因素，主要包括年龄差异、性别差异、原有知识与技能、自主学习能力、学习动因等。

一、年龄差异

年龄差异对在线教育行为有巨大的影响，这是因为当前在线学习主要是基于单独个体的学习行为，年龄差异意味着不同的心理成熟度和对抗外在干扰刺激的能力。一般而言，学前儿童、小学生的在线学习自制力是较差的，而中学生的自制力会增强不少，大学生与在职人员的在线学习坚持性则要好得多。

因此，教育产品必须符合由受众群体的年龄引起的心理差异（图2.1）。比如针对学前儿童的产品，其在界面颜色、操作方式、语言提示上，均应符合低龄人群的特点，如采用鲜艳的色彩、卡通人物、较大的操作按钮、提示音、动画等，能够吸引儿童的注意力和增加他们的学习兴趣。年龄较大的青少年群体则逐步呈现与其年龄相应的叛逆、追求个性的偏好特点。而成人则更关注内容呈现的合理性和高效率，界面的设计应符合成人朴素大方的审美特点，避免采用华而不实的设计。

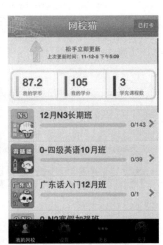

▲ 图 2.1　儿童与大学生群体在线教育 APP 界面风格差异

二、性别差异

性别差异对在线学习的影响主要在于兴趣偏好和专业选择。不过在实践中也的确发现在认知方式上，男、女生存在较大的差异。已有的关于性别差异的研究发现：女生的语言能力优于男生，即女生在阅读、词汇、拼写、语法和口语表达方面测验的平均得分比男生略高；男生在空间视觉能力、数学能力测验上的平均得分略优于女生。

但是在在线学习方面并没有表现出巨大的性别差异，而且在线学习的平台、课程设计上，也很难体现出性别差异，因此性别差异可列为影响在线教育学习行为的次要原因。

三、原有知识与技能

学习者原有知识与技能的情况，是影响学习者是否能够继续坚持学习，尤其是在网络环境下能否坚持学习的一项重要指标。如果原有知识与技能过低，会导致严重的挫折感，学习者可能会选择放弃在线学习，因此学习者原有知识和技能不宜过低，否则会导致学习无法进行。

此论断对在线教育的重要参考价值在于：纯粹的在线教育不能面向基础知识和技能存在严重缺陷、个体学习坚持性不强的学习者。对有严重学习障碍的学习者，应该采取线上与线下结合的模式，或者采用有效的网络在线一对一辅导教学模式。

四、自主学习能力

即使是同一年龄段的群体，自主学习能力的个体差异也是非常大的。在自学能力较强的成人群体中，也存在相当多的自学能力较差的个体。中小学生的自主学习能力较成人差，但显然也有酷爱学习的"学霸"。邓爱华（2008）对小学生的调查结果显示，随着年级的上升，小学生做作业的自主性不断上升（见表2-1）。

表2-1　小学生写作业是否需要督促的调查结果

年级	不需要督促	有时需要	经常需要	要父母陪
一年级	58%	35%	4%	3%
二年级	62%	31%	5%	2%
三年级	48%	44%	5%	3%
四年级	60%	34%	5%	1%
五年级	52%	39%	8%	1%
六年级	73%	26%	1%	0

五、学习动因

学习动因指的是"为什么而学习"的问题。学习动因分为两大类：内在动因和外在动因。内在动因是指学习者因为自身的爱好和兴趣而激发的学习动力。"兴趣是最好的老师"，有内在动因，学习的坚持性和持久性都会非常好。外在动因是指因为外在的压力（如升学、考试、就业、父母期望、老师强制等）而导致学习者不得不学习的动力。很显然，中国人几千年来的主导学习动因主要是外在动因。在科举时代，"学而优则仕"是莘莘学子"头悬梁、锥刺股"的外在动因；在当代，小升初、中考、高考、考研、公务员考试、执业资格考试、晋级考试、职业发展等构成了迫使学习者学习的外在动因。

根据邓爱华 2008 年对小学生的调查结果显示，随着年级的上升，小学生主动提问的比例急剧下降。这归结于中国长期以来形成的呆板的"填鸭式教学""应试教育"。长期的反复扼杀式的应试教学，把学生的学习主动性研磨得荡然无存（见表 2-2）。

表 2-2　小学生主动提问的比例

年级	会主动提问	有时会，有时不会	从不提问
一年级	50%	40%	10%
二年级	25%	60%	15%
三年级	20%	70%	10%
四年级	16%	61%	23%
五年级	14%	60%	26%
六年级	11%	56%	33%

很显然，无论是外在动因还是内在动因，一个具有很强学习动因的学习者，其学习的效果和坚持性都会显著高于没有学习动因的学习者。但是就在线教育而言，很难通过高质量的课程开发提高学习者的学习积极性，因此当前构成中国在线教育产业的主体动因，还是外在动因。

用市场营销的术语来说，外在动因是中国在线教育乃至实体教育存在和发展的基石和主体，因此满足"刚性需求"是在线教育产业发展不得不考虑的重要前提。

但是，这并不意味着基于内在动因的兴趣教学没有市场。互联网的魅力在于可以将分散于世界各地的小众群体聚集起来，从而成就某个细分市场。比如国内已经有一些从事在线音乐、围棋之类兴趣爱好的教学网站，这些网站就是完全基于兴趣学习产生的，也可以有所作为。因此，不要将在线教育的"刚性需求"仅仅定义在外在动因上，内在动因的教育市场也很有潜力。

第二节　互联网教育的实施主体——教师

一、教师在网络环境教学中表现的障碍

1. 对网络教学的观念认同障碍

大部分教师一直以来都是基于教室环境实施教学，虽然积累了丰富的教学经验，但由于他们已经习惯了传统的课堂教学，所以从教学思想和观念上难以适应网络教学环境。有些教师难以接受新型的教学方法，甚至会从心理上排斥在线教育这种教学方式。

教师会对数字技术对他们教学过程的固化表示担忧："如果把我们的讲课过程录下来，谁还需要我们上课？"这个观念在互联网时代需要转变。互联网不仅不会取代教师，而且会打造名师，比如可汗学院的可汗和中国邢帅学院的邢帅，都是通过互联网打造出的名师。

2. 对网络教学的适应性障碍

一位教师在教室里、在学生面前授课可以侃侃而谈、从容不迫，而且可以与学生产生良好的互动。但是在网络环境下，当教师面对摄像机、电脑时，学生没有出现在面前，可能一下子找不到讲课的感觉，讲起来也是兴趣寡然。

现场感的缺失可以通过人为手段来消除，有些院校和企业在录制网络课程时，采用了有学生在现场听课的方式，以弥补教师授课时教室氛围的缺失。经过一段时间的适应和训练，绝大多数教师是可以在网络上自如授课的。

3. 数字化教学技能障碍

在信息技术手段的运用上，绝大多数教师已经能够熟练运用 PPT 等软件制作和演示讲义。但是在数字化素材处理（如声音、图片、视频等）技能方面，仍然有所欠缺。此外，在题库资源建设上，也缺乏相关经验，绝大多数教师仍然采用 Word 来编写试卷，并没有把试题导入数据库中。

二、教师应具备的网络教学技能

1. 以学生为中心的职能转变

在传统教育模式下，教师授课时往往采用"填鸭式教学"，而在线教育与传统教育在教学时空、知识传播手段、教学实施对象等诸多方面具有巨大差异，需要教师转变观念，由"以教师为中心"向"以学生为中心"转变。

教师不再单纯是知识的传授者，而是在线学习行为的组织者、督导者、答疑者，更像是一位学习伙伴，而不是传统意义上的高高在上的"传道授业者"。

2. 优秀的授课技能

在线教育擅长优质师资的固化，通过计算机技术能够把优秀教师的授课过程录制下来，形成优质的课程资源，从而低成本大量传播。因此教师应该具有优秀的授课技能。

教师不仅仅要传道、授业、解惑，更重要的是要能够激发学生的学习兴趣。一位好教师对于学生来说是很重要的。比如一位国家开放大学（原电大）的学员曾提到有一位讲授政治经济学的教师非常机智风趣，他总会谈一些大家感兴趣的话题来吸引学生的注意，并能在课堂上把书本上的内容与当今的政治、文化联系起来，还邀请学生积极参与话题讨论，提高学生的学习能动性，可以说他是一位非常有个人魅力的教师。这类教师不仅具备学科的专业知识，还能帮助学生拓展课堂以外的知识和观点，并把所学的知识运用到生活中，让学生对这门课产生浓厚的兴趣。

3. 良好的信息技术技能

具备良好的信息技术技能，是教师实施网络教学必须具备的条件。教师首先必须了解并掌握这些教育教学资源，才能使它们有效地为教学服务。另外，不同的教学资源需要使用不同的软件，要求教师必须熟悉各种常用软件的使用方法，如音频、视频、图片、电子表格等资源的处理。

第三节　互联网教育的技术承载——在线教学平台

一、在线教学平台的定义

在线教学平台是指在线教育服务提供方为保障在线教育进行而提供的技术平台，主要包括用户注册与登录、课程制作、课程浏览与查询、学习、练习与考试、师生交流、积分等功能。

在线教学平台是一个比较复杂的系统，其开发成本在数十万至数百万元之间，因为学习管理的数据和技术要求都比较复杂。

二、在线教学平台的分类

在线教学平台的分类如图 2.2 所示。

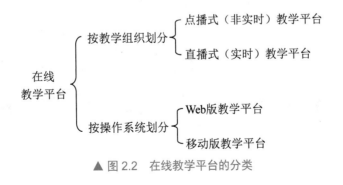

▲ 图 2.2　在线教学平台的分类

三、在线教学平台的功能与结构

在线教学平台按功能划分，可以分为以下 7 个子系统，每个子系统都是相对独立的产品（图 2.3）。

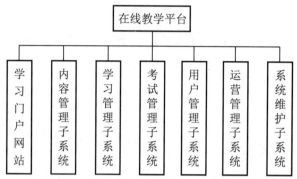

▲ 图 2.3　通用在线教学平台的功能与结构

① 学习门户网站：用户输入网址后出现的学习内容导航网站（图 2.4）。

▲ 图 2.4　学习门户网站

② 内容管理子系统：具备课程资源的产生与管理功能，是一个比较复杂的子系统。

③ 学习管理子系统：为用户呈现学习资源，并追踪记录学习进度。学生的提问、回答等交流功能也在其中，不过也可成为单独的功能模块。

④ 考试管理子系统：提供试题录入、试卷管理、考试管理、成绩管理等功能。

⑤ 用户管理子系统：用于增加、删除、修改、禁用、启用用户及用户组织结构、用户角色等信息。

⑥ 运营管理子系统：提供查看用户数量及分布、账户充值、计费、余额查询等功能。

⑦ 系统维护子系统：设置各种用于管理的系统参数。

四、在线教学平台应具备的特性

1. 功能满足教学要求

在线教学平台的功能应覆盖在线教育的主要需求，比如学习、考试等功能。

2. 前端功能简捷、高效

现今网站用户对操作的简捷性要求很高，往往没有耐心去学习平台的操作的方法，因此在设计在线学习产品时，应符合人机操作规范，操作简单、高效。

3. 数据互通规范

数据互通指的是教学系统与其他信息系统之间的交换，比如统一用户登录验证、学习记录及信息接口等。目前在线教育平台之间的数据互通没有实质上的统一规范，企业 e-Learning 用得比较多的是共享组件引用模式（Shareable Content Object Reference Model，SCORM）标准。

4. 支持跨平台学习的特性

在线教学平台不仅要支持基于 PC Web 浏览器的学习，而且在当前移动学习势头正猛的形势下，在线教学平台也应该支持移动学习特性，使在线学习平台与移动学习平台共享相同的用户信息、课程信息、学习记录等数据，给用户创设无缝学习体验。

第四节 互联网教育的核心——课程资源

一、课程资源的定义

课程资源（Contents）是在线教育的客体，主要指各种数字化的内容资源，如视频课件、Flash 课件、音频、文本、网页、PPT、试题库等。

课程资源在互联网教育成本的构成中占据较大的比例，一般占整个项目支出的40%～50%。

二、课程资源的分类

按不同的分类标准，课程资源的分类如图 2.5 所示。

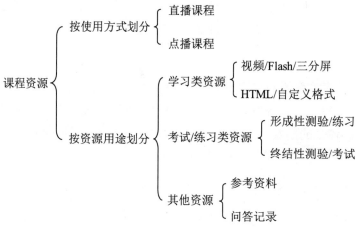

▲ 图 2.5 课程资源的分类

按照使用方式和资源用途进行分类的方式比较容易理解，而按数据格式的分类方式展现了课程资源在过去十几年的时间里取得的技术进展。

按照数据格式类型，课程资源主要分为以下几类。

1. 动画类课程

动画类课程以其生动形象的内容呈现形式，无论是在中小学领域还是在成人领域都广受欢迎。目前动画类课程以 Flash 动画为主，HTML 5 动画为辅（图 2.6）。

▲ 图 2.6　动画课程样例

2. 三分屏课程

三分屏课程是把教师授课视频与讲义录制下来，生成专用格式的文件，通过网络浏览器进行播放。因为生成的课程包括三个部分：教师的授课视频、讲义、课程纲要，所以称为"三分屏课程"。现在三分屏课程在互联网教育中已趋于淘汰（图 2.7）。

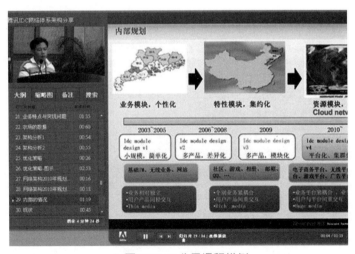

▲ 图 2.7　三分屏课程样例

三分屏课程的特点如下。

（1）开发周期短。

网络课程制作通常需要较长的开发周期（通常以月为单位计算），对于具有时效性的课程，若是耗费很长时间开发出来，到发布的时候，有些内容已经需要更新了。而三分屏课程是教师开讲即开始录制，录制完成后课件即刻生成，再加上简单编辑就可完成，因此开发周期非常短。

（2）费用低廉。

在现场就把讲课过程录制成三分屏课程，用户可以随时、反复地学习，不受时间、地域限制，每课时成本只有几百元左右。比起其他类型网络课程的高昂开发费用，三分屏课程算是物美价廉。

（3）形式单一。

三分屏课程成本低廉、易于录制，占用带宽小，但是形式较为单一。

3. 视频课程

视频课程是当前使用最多的网络课程形式，高清视频的显示效果较好，并且当前宽带普及程度也很高，所以得以普及。但是视频课程最大的缺陷是需要专用的录制工作室，而且占用带宽也很多。受限于移动设备的带宽限制，高清视频课程在移动端还没有得到普及（图2.8）。

▲ 图2.8 视频课程样例

4. HTML 5 课程

HTML 5 课程的特点是以网页形式显示，占用带宽小，适合在移动平台上显示，其缺点是以文本和图片为主，交互性差而且加密困难（图 2.9）。

▲ 图 2.9　HTML 5 课程样例

5. 试题库

试题库也是常见的课程资源类型。但需要注意的是，如果试题集中在一个 Word 或其他格式的文档中，就只能算是文档，而不能算是试题库。因为真正的试题库的试题各项是分拆到数据库中保存的，如题干、选项、答案、难度、所属学科、知识点、来源等，这样才利于试题的使用（图 2.10）。

6. 自定义格式课程

自定义格式课程是当通用课程格式无法满足学习需求时，由开发方自定义的课程格式，如单词、会话、听力等。这类课程的格式千差万别，因开发方的设计方案不同而有所区别。

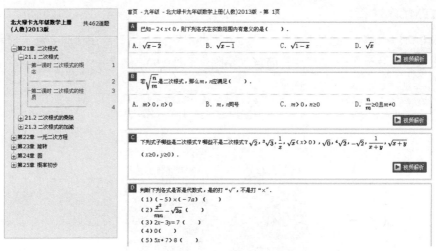

▲ 图 2.10　试题库样例

7. 其他课程格式

有一些特殊课程，如模拟操作、虚拟现实等，采用的是特殊的格式，如 VRML 语言等。

三、课程资源应具备的特性

1. 内容准确

内容准确是对课程资源最基本的要求。一个错误百出的课程，无论页面设计得有多美观，也不能算是一个合格的在线课程。

2. 生动有趣

知识的讲解形式应当生动有趣、新颖、富有创意。如果讲解非常枯燥、冗长，不能解决学习者的学习问题，课程就没有价值。

3. 短小精悍

单个知识块的知识含量应当少而精，时间长度在 10 分钟左右，甚至可以精简至 3～5 分钟。以知识点为单位，以集中解决某个问题为目的。文件容量小，易于用户下载。这对于带宽和流量仍然是个问题的网络环境来说，显得非常有必要。

4. 交互性强

交互性强是指采用交互手段抑制学习中出现的干扰。

5. 可跨平台运行

课程资源可以运行在 PC 平台上，也可以运行在 Android、iOS 等移动平台上，具有跨平台特性。

第三章
韩国及全球互联网教育市场发展现状

第一节　韩国互联网教育产业分析

一、韩国互联网教育发展现状

互联网教育是指通过使用电子手段、信息、通信、广播和广播技术进行学习，广义上讲，还包含学习内容、解决方案、服务和硬件的开发和制作及流通等业务。

随着第四次工业革命时代的来临，人们越来越关注以人工智能（AI）、云计算、区块链等方式引领教育革命的电子学习产业。正规教育机构和政府、公共机关等机构的电子学习教育需求的增长带动了相关市场的增长。将教育与 ICT 相结合的电子学习是北美 12 个较大的 CES 展会中最有前途的技术领域之一。

二、韩国的互联网教育市场规模

据韩国信息通信产业振兴院（NIPA）发表的《2017 年互联网教育实况调查》显示，韩国互联网教育相关的企业共 1 680 家，比 2016 年的 1 639 家增加了 41 家，增长率为 2.5%。每家企业销售额均达到 1 320 万元，见表 3-1。

表 3-1　2017 年韩国互联网教育企业数量

年份 细分领域	2016 年	2017 年	增长率
在线教育服务提供商	1 026	1 040	1.4%
在线教育内容提供商	392	408	4.1%
在线教育解决方案提供商	221	232	5%
总计	1 639	1 680	2.5%

从表 3-1 中可看到，按事业细分领域分类，2017 年在网上开设教育、培训、学习等双向服务提供商的数量最多，达到 1 040 家，增长率为 1.4%；以多媒体形式开发、制作和发布互联网教育信息和材料的内容提供商有 408 家，增长率为 4.1%，排名第二；开发和分发与互联网教育有关的信息系统的解决方案提供商有 232 家，增长率达到 5%，排名第三。

据统计，韩国从事互联网教育的人员为 27 250 人，比 2016 年（26 279 人）增加了 3.6%，其后依次为课程管理者（26.7%）、系统开发者（18.7%）、内容开发者（15%）、顾问（13.8%）。随着产业的壮大，有 39.3% 的企业除了面临与软件开发商的合作问题，还面临经营困难、系统构筑带来的低收益率和专业人才流失率高等难题。

由表 3-2 可知，韩国互联网教育行业 2017 年销售额为 221.95 亿元，与 2016 年的 209.24 亿元相比增长 6.1%，其中解决方案（6.7%）、内容（6.2%）和服务（6.0%）的增长率较高。互联网教育企业平均销售额创下了 0.132 亿元的纪录。

表 3-2 2017 年韩国互联网教育市场规模统计

区分	2016 年		2017 年		对比增长率（%）	平均销售额（亿元）
事业分类	销售额（亿元）	占比（%）	销售额（亿元）	占比（%）		
内容	40.734	19.5	43.242	19.5	6.2	0.102
解决方案	20.016	9.6	21.366	9.6	6.7	0.09
服务	148.49	70.9	157.34	70.9	6.0	0.15
小计	209.24	100	221.95	100	6.1	0.132

韩国互联网教育行业面向企业的公司（B2B）比重最高，为 38.3%，其次是面向消费者的公司（B2C）为 36.0%、教育机构为 12.8%、海外部门为 0.7%。

在 B2B 领域，企业引入了岗位知识（56.9%）、外语（9.3%）、基本素养（7.1%）、资格考试（4.6%）、营销（4.5%）、产业技术（4.4%）、IT（4.0%）等领域的互联网教育。随着云技术和区块链等新技术的登场，对职务、产业技术、IT 领域的电子学习的引进在逐渐增加。通过互联网教育，企业可以达到降低教育费用（31.2%）、激活教育参与（22.3%）和定制教育管理（16.2%）的效果。移动设备使用率为 56%，相较 2015 年（15.8%）激增。但是，企业的互联网教育平均使用率为 6.6%，在 300 人以上的大企业（69.8%）中使用率较高，在人数较少的企业中使用率较低。

在 B2C 领域，互联网教育的利用率高达 58.9%，个人互联网教育侧重于外语和资格考试。从收听教育广播的角度看，3～9 岁儿童一般用平板电脑来学习英语和韩文，使用率达到了 51.1%，10～20 岁人群的使用率最高，为 83.5%，20～30 岁之间参加托业考试等就业准备的人群为 77%，从事自我开发的 30 多岁的学习人群为 59.3%，40 多岁的学习人群为 50.9%。

据推算，个人互联网教育的用户 2016 年支出的费用为 1.668 2 万亿韩元（折合人民币 100.092 亿元），比 2013 年的 1.256 4 万亿韩元（折合人民币 75.384 亿元）增加了 32.7%。调查结果显示，互联网教育支出者的年均使用金额为 287 000 韩元（折合人民币 1 722 元），男性为 278 000 韩元（折合人民币 1 668 元），女性为 296 000 韩元（折合人民币 1 776 元）。10～20 岁用户的支出额最高为 28 万韩元（折合人民币 1 680 元），其次是 20～30 岁用户的支出额最高为 25 万韩元（折合人民币 1 500 元），40 岁以上用户的支出额最高为 235 000 韩元（折合人民币 1 410 元）等。

互联网教育的使用方法依次为：教育广播收听 24%、网上教学视频 23.8%、教材 CD 及互联网讲座用 CD10.9%、补习班运营网络讲座 10.5%、教育机构网络讲座 9.3% 等。

据统计，使用互联网教育次数较多的依次是外语（29%）、资格考试（17.8%）、职务培训（12.6%）、小学、初中、高中课程（11.8%）、IT（9.8%）等。根据互联网教育的满意度来看，从高到低依次为降低线下费用的效果（65.6%）、学习时间的适当性（54%）、离线对比学业成就度（40.4%）。通过移动设备实现的互联网教育经验率为 46.4%，根据统计结果显示，依次是外语（39%）、资格考试（15.8%）、IT（9.8%）等。

据调查，小学、初中、高中等正规教育机构的互联网教育引进率为 88.3%，其中支出额为 11.97 亿元，引进利用正规教学的辅助材料（43.7%）、正规教育课程（0.6%）、外语（10.3%）等。对互联网教育引入效应进行调查结果：可提供多种类型教育服务（36.2%）、可通过自主选择激活教育参与（21.7%）、可实现定制式教育管理（19%）、移动型教育管理（19%）等，移动设备的占有率达到了 23.8%。

政府、公共机关的互联网教育引进率为 83.3%，其中中央机关、教育厅、广域自治团体为 100%、地方公社和工业区为 92.3%、基层自治团体为 87.5%。公共互联网教育的支出额为 14.892 亿元，主要运用于职务培训（27.5%）和外语学习（20.4%）。

第二节　全球互联网教育产业投资现状

以下内容全部引用 Metaari（前 Ambient Insight）公司的 Sam S. Adkins 分析师发表的《2017 年全球学习技术投资模式》（*The 2017 Global Learning Technology Investment Patterns*）白皮书，由学易时代咨询翻译整理。

该白皮书包括对 3 种传统学习技术产品和 7 种高级学习技术产品进行的投资分析，但不包括杠杆收购或投资公司收购。一旦投资公司获得了公司的大部分股权，Metaari 就将其定义为收购，而不是投资。

3 种传统学习技术产品包括自主学习课件（互联网教育），参考软件（数字音频、视频和电子教科书）及基于协作的产品（实时在线课堂和在线辅导）。Metaari 虽然在 2016 年年底停止了对这些传统学习技术产品的商业预测分析，但仍跟踪销售这些产品的公司的融资情况。

目前，对高级学习技术产品的投资增长率和投资额远远超过传统学习技术产品。这 3 种产品 5 年的全球复合年均增长率（Compound annual growth rates，CAGR）不甚乐观，但投资额仍然较高。

7 种高级学习技术产品包括基于人工智能的学习、混合现实学习（虚拟现实和增强现实）、基于游戏的学习、移动学习、认知学习、基于位置的学习和教育机器人（图 3.1）。部分产品是首次在市场上出现，例如，基于人工智能的商业学习产品在 2015 年之前并未出现过。

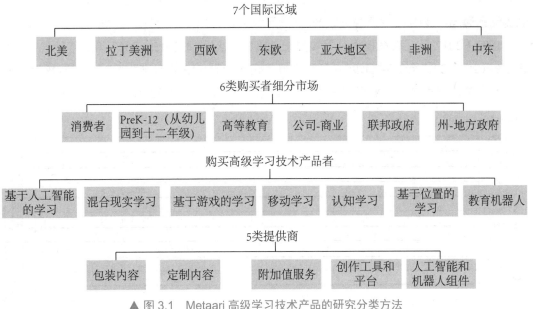

▲ 图 3.1　Metaari 高级学习技术产品的研究分类方法

该白皮书涉及的投资总额来源于众筹、种子期、天使投资人、风险资本、私募股权、加速器 / 孵化器现金奖励及首次代币发行（ICO）。这些总额不包括政府拨款（如小企业创新研究拨款）、政府资助的加速器（如 Start-Up Brasil）或企业基金会捐赠，也不包括非营利性教育机构的投资，除非投资用于商业派生产品（图 3.1）。

该白皮书仅涵盖与指导和培训直接相关的产品销售的数字教育技术公司，并不涉及与书本、实体、教室设备相关的公司或非教学软件。Metaari 没有将这些外围学术产品定义为学习技术。

同样，人才管理或人力资本管理平台虽然通常包括不能成为独立产品的电子教学模块，但不在 Metaari 高级学习技术产品的研究分类方法的范围之内。出售这些平台的公司（即 Cornerstone On Demand）正在吸引大量投资，但这些公司很少披露对特定模块融资使用的进展情况，该白皮书不包括对此类平台投资的分析。

一、2017 年全球学习技术投资模式分析

2017 年，全球教育技术公司在全球的投资和融资规模达到惊人的 95.6 亿美元，大幅度超越了 2016 年创下的 73 亿美元，比 2016 年的投资总额增长了 31%，比 2015 年的 65 亿美元远远高出 47%，投资额突破 80 亿美元大关，并前所未有地达到 90 亿美元。

1997—2017 年，教育技术公司共融资 378 亿美元，仅 2015—2017 年三年就占了全部资金的 62%。2017 年，共计 95.6 亿美元投资用于全球 813 家教育技术公司，轻松突破 90 亿美元大关，显然这个行业已经进入了一个新的发展阶段（图 3.2）。

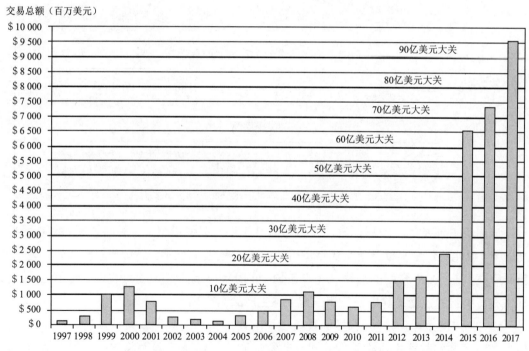

▲ 图 3.2　1997—2017 年全球对教育技术提供商的年度私人投资总额

1. 全球投资模式趋势

2017 年全球教育技术公司投资模式共有 7 个明显的趋势。

➢ 大量的资金，超过了 2015 年和 2016 年的历史纪录。

➢ 交易数量剧增，尤其是 2017 年第四季度。

➢ 投资者对面向消费者的教育技术公司有强烈的兴趣。

➢ 对中国公司持续性增资。

➢ 对英国、北欧诸国和以色列投资的剧增。

➢ 对拉丁美洲和巴西投资活动依旧疲软，并进入第三年。

➢ 投资者对下一代教育技术公司有明显偏好。这些公司正在销售融合了认知科学、人工智能、混合现实（增强现实和虚拟现实）及神经科学等一系列新技术的产品。

市场上有全新的学习技术产品，包括基于人工智能的学习技术产品和教育机器人。新认知学习技术产品融合了大脑可塑性概念及认知科学和神经科学的最新发现，正稳步打入市场。市场上新出现的混合现实学习技术产品融合了先进的仿真、虚拟现实和仿真技术。

基于位置的学习可能发生在物理位置和虚拟位置，也可能发生在过去或未来的时间（时间经验）。市场上的许多基于位置和时间的学习技术产品结合了这三种模式，主要可以帮助客户实现虚拟的时间旅行。

学习技术产业正处于一个深度创新和变革时期。有趣的是，一些既有产品经再次创新后，也在不断涌现，如基于心理测量学的新游戏学习技术产品正在全球企业界迅速占据上风。截至目前，许多公司一直抵制基于游戏的学习技术产品。

虽然移动学习和基于位置的学习技术产品已经进入市场十多年，但它们正在借鉴基于位置的服务领域的先进设备和技术进展，实现再次创新。

例如，第一代基于位置的服务（Location-based Services，LBS）强调物体的位置（触发器、标记、信标、锚点）；而第二代室内定位系统（Indoor Positioning Systems，IPS）通过包括陀螺仪、指南针、高度计和加速计在内的智能手机传感器强调用户的位置。

Metaari 将投资模式视为先行指标，可用于区分产品趋势和购买行为。结合过去三年资金急剧增加的情况，如果能确定这是一种"新常态"，那未来的情况可能是很乐观的，但这些趋势是反复不定的，或者在 2018 年及以后可能变得不稳定。

从本质上来讲，投资模式是不可预测的。尽管可以进行所谓的"后视镜"分析，但任何一年的投资模式都不能用于预测后续模式。即便如此，投资者当前确实对下一代学习技术产品非常感兴趣（图3.3）。

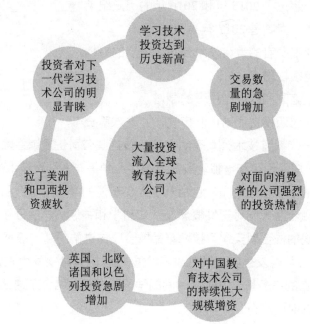

▲ 图 3.3　2017 年全球投资模式的主导趋势

2. 全球 2017 年投资再创历史新高

2017 年，全球投资总额中有 95.6 亿美元流入全球教育技术公司，投资金额创下了教育技术行业历史最高纪录，突破并大幅度超越了 2015 年和 2016 年的纪录（表 3-3）。

表 3-3　2014—2017 年全球私人投资季度总额

季度	2014 年投资总额（美元）	2015 年投资总额（美元）	2016 年投资总额（美元）	2017 年投资总额（美元）
第一季度	685 752 300	1 414 184 500	1 647 774 500	1 397 708 010
第二季度	483 889 700	1 534 885 000	1 549 500 615	2 795 427 000
第三季度	774 527 000	1 234 974 100	2 201 935 897	2 580 695 172

（续表）

季度	2014 年投资总额（美元）	2015 年投资总额（美元）	2016 年投资总额（美元）	2017 年投资总额（美元）
第四季度	496 309 700	2 358 561 918	1 940 404 408	2 788 824 832
年度投资总额	2 440 478 700	6 542 605 518	7 339 615 420	9 562 655 014

2017 年，有十家教育技术公司获得了超过 1 亿美元的融资，其中领先的混合现实学习公司 DAQRI 获得了惊人的 2.6 亿美元，VIPKID 获得 2 亿美元，EverFi 获得 1.9 亿美元，高斯教育集团在 2017 年的三轮融资中获得 1.988 亿美元，2U 获得 1.89 亿美元，作业帮获得 1.5 亿美元，Hero K12 获得 1.5 亿美元，猿辅导获得 1.2 亿美元，流利说获得 1 亿美元，学霸君获得 1 亿美元。这十家公司在 2017 年的融资额合计为 16.578 亿美元。

令人印象深刻的是，在 2017 年，有 112 家公司获得了 2 000 万美元到 1 亿美元的资金，这些公司的融资额合计为 41.7 亿美元；有 217 家公司获得了 500 万美元至 1 999 万美元的资金，这些公司合计为 20.4 亿美元；有 311 家公司获得了 100 万美元至 499 万美元的资金，合计 7.242 亿美元。

当前的投资模式看起来很诱人，但真实情况是，大量资金进入少数公司，较少的金额被大量的公司分得。

3. 全球 2017 年交易数量剧增

2017 年与教育技术公司达成的交易总数为 813 家，突破了 2015 年交易总数为 728 家的纪录，为历史最高纪录（表 3-4）。

表 3-4　2014—2017 年投资季度交易数量　　　　　　　（单位：家）

季度	2014 年交易数量	2015 年交易数量	2016 年交易数量	2017 年交易数量
第一季度	91	135	168	160
第二季度	72	178	174	179
第三季度	77	199	189	192
第四季度	76	216	164	282
年度交易总数	316	728	695	813

有趣的是，2017 年的交易量在第四季度之前几乎与 2016 年持平，但第四季度的交易数量剧增。这种情况异于往常，因为第四季度投资与第三季度相比，一般趋于放缓或保持稳定。Metaari 负责人自 1997 年以来就一直在跟踪学习技术投资模式，也是第一次见到第四季度交易量激增的反常现象，具体原因目前还不得而知。

4. 根据客户类型的投资模式

如果资金转入为特定购买细分市场服务的公司，投资模式显示的是一种"面向顾客"的趋势。就 2014—2017 年的总投资而言，面向消费者和面向企业的学习技术公司持有资金占据了主导。在 2017 年，对这两种类型的学习技术公司的投资占教育技术公司全球投资总额的 80%。

与前几年相比，面向消费者和面向企业的学习技术公司在 2015 年的融资剧增。2015 年，面向消费者的学习技术公司的投资是 2014 年的三倍多，达到 24.9 亿美元。面向企业的学习技术公司的投资在 2014 年为 9.77 亿美元，2015 年激增至 25.3 亿美元。

面向消费者和面向企业的学习技术公司获得的投资 2016 年再次增加，上升至 38.5 亿美元，在 2017 年急剧增加至 37.9 亿美元。

自 2014 年以来，全球对高等教育公司的投资一直在稳步增长，主要原因是全球机构对管理服务的需求驱动。2015 年对 PreK-12 公司的投资猛增，但在 2016 年和 2017 年趋于平缓（图 3.4）。

尽管大量资金流向服务于高等教育和 PreK-12 的公司，但与对面向消费者和面向企业的学习技术公司投入的大量资金相比，却显得相形见绌，这方面的投资处于相对稳定状态。即便投资者关注在这两个学术领域销售传统产品和管理服务的公司，而全球投资总额中却只有 13% 进入 PreK-12 公司，用于高等教育公司的投资也只有 8%。

学术领域较晚采用高级学习技术，投资者很少冒险对学术创新者投资。但在过去的四年，对高等教育技术公司的投资一直稳步增长，如 2U 在 2017 年 9 月获得了多达 1.89 亿美元的投资，2017 年，全球有超过 19 亿美元投向服务于这两个学术领域的公司。主要原因在于投资者对管理服务提供商的兴趣驱动，见表 3-5。

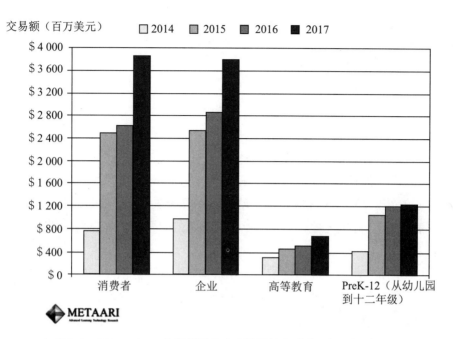

交易额（百万美元）

▲ 图 3.4　2014—2017 年根据目标客户类型的全球学习技术投资总额

表 3-5　2017 年根据客户类型的全球学习技术投资总额

目标客户类型	2017 年交易总数（家）	2017 年投资总额（美元）
消费者	295	3 851 252 804
企业	316	3 792 480 611
高等教育	58	681 519 049
PreK-12	144	1 237 402 550
年度投资总额	813	9 562 655 014

　　2015 年，PreK-12 教育技术公司的融资额猛增至 10.5 亿美元，是 2014 年融资额 4.07 亿美元的两倍多。2016 年融资增至 12.1 亿美元，2017 年略微上升至 12.3 亿美元。

　　截至 2017 年，面向消费者的公司的投资一直略滞后于面向企业的教育技术公司的投资。而在 2017 年，面向消费者的教育技术公司比面向企业的教育技术公司获得了更多融资。

（1）零售教育的稳步增长：面向消费者的教育技术公司主导学习技术投资生态系统。

2017 年，面向消费者的学习技术提供商共吸纳投资 38.5 亿元，占据了全球购买份额中用于教育技术公司总投资的 40%。

比总投资本身更为有趣的大概就是吸引资金的产品类型了。提供商和投资者非常清楚，为消费者所设计的产品是最集中的收入机会。

从根本上看，移动学习已经成为一种遍及全球的消费现象。在 2017 年，全球面向消费者的移动学习提供商共筹集资金 5.683 亿元。总的来说，移动脑力训练器和面向幼儿的教育游戏主导了消费者学习技术市场。在中国，面向 PreK-12 课程的移动客户端深受家长们的欢迎。2017 年度获得最大投资的移动学习公司是作业帮，获得投资 1.5 亿美元，学霸君紧跟其后，获得 1 亿美元投资。二者都是同类型的问题解决客户端，都销售基于手机的"家庭作业帮手"。

尽管收入有所下降，面向消费者以合作为基础的学习提供商仍然吸引着投资。这些公司往往都是一对一在线辅导公司及使用在线教师的在线语言学习提供商。

自 2013 年投放市场以来，中国的 VIPKID 已经获得了 3.25 亿美元的资金，在 2017 年 8 月募集了史无前例的 2 亿美元投资。他们使用北美教师为中国学生提供在线英语课程，内容涵盖所有科目。

面向消费者的教育机器人公司于 2016 年获得了 2.864 亿美元的资金，2017 年获得了 3.356 亿美元。中国 ROOBO 自称是中国最优秀的教育机器人提供商，以售卖布丁智能教育机器人和达萌智能宠物机器人为主，在 2017 年吸纳了最高资金，达 5 300 万美元。在 2017 年 1 月的 CES 活动中，他们发布了最新的机器人导师布丁豆豆。布丁豆豆是一个教育伙伴，可以通过先进的人工智能识别和响应儿童的词汇，与 8 岁以下儿童互动，回答问题，可以讲述基于互联网教育资源的大量故事和诗歌，并在音乐方面教会孩子旋律、节奏、音调、力度和音高。经实践证明，他们作为教育伙伴，可以更好地鼓励幼儿成为积极主动的学习者，通过快乐的游戏促进幼儿认知的发展。

美国的奇迹工厂在 2017 年 10 月为他们的教育机器人系列赢得了 4 100 万美元的投资。虽然奇迹工厂是美国的，但其资金却来自中国的一些公司巨头，包括领先的在线教育提供商好未来教育和互联网巨头腾讯。

（2）面向企业的高级教育技术公司引领全球创新。

2017 年，面向企业的教育技术公司吸纳投资超过 20 亿美元（见表 3-6），比面向消费者的公司得到的投资少 6 000 万美元。全球企业培训和教育买家正在迅速从传统的产品向自适应性课件中转移，并转型为基于心理测量游戏的学习、基于人工智能的学习、认知学习和混合现实学习产品（包括基于虚拟现实和增强现实的产品）、教育机器人的公司的热心买家。

表 3-6 2017 年对面向企业的高级教育技术公司的投资

高级学习技术 产品类型	交易总数（家）	2017 年投资总额（美元）
基于人工智能的学习	95	12.9 亿
认知学习	32	2.378 亿
教育机器人	9	1.253 亿
混合现实学习	56	4.357 亿

学习技术的一个重大创新是为现场调查员和产业工人设计的增强和改进实时性能的产品。这些产品将物理现实与增强现实（AR）和混合现实（MR）相结合，产生令人印象深刻的实证性能改善。

在教育心理学中，学习过程分为两个阶段：知识转移和学习迁移。知识转移是信息和技能向学习者的传递。学习迁移是学习者展示现实世界中驾驭知识的能力。目前市场上新的学习技术产品几乎都是混合现实学习产品，基本上融合了这两个阶段。

一个很好的例子是 DAQRI 的智能头盔和智能眼镜，二者都实时地显示了在机器上和实地指导的程序教学内容。他们提出了一个令人信服的价值主张："兼顾专业知识和经验，以可重复产品、完全模块化和情境化的培训来减少人才和经验的差距"，向工业垂直市场销售产品。DAQRI 的智能眼镜是在 2017 年 11 月推出的，在 2017 年 7 月就筹集到了惊人的 2.6 亿美元资金。

一家名为 Augmedics 的以色列公司于 2014 推出并销售他们称为 ViZOR 的智能外科系统。他们将产品定义为"增强现实头盔显示器"，ViZOR 利用各种传感器采集大量手术数据，并利用深度学习算法进行处理和分析，以一种舒适和直观的方式为外科医生的手术过程提供有价值的建议、提出警报并进行其他手术协助。

2014 年，Apprentice.io 推出，主要向生物制药、生物科技、化工三大行业提供增强性能支持。他们的口号是"我们不仅增强现实，我们还增强人的能力"。平台主要包括 Tandem、Manuals 及 BioCapture 三个模块，这些模块为实验室和生产环境下的操作提供了免手动的方式。通过增强现实，可以在合适的时间将关键数据呈现在工人眼前，工人操作时能更加自信、熟练和可靠地去记录日期，管理批记录和试验程序，同时可以杜绝过程偏差。这家公司在 2017 年 12 月筹集了 250 万美元资金。

在 2017 年，Spoke 两次共筹集资金 6 800 万美元。他们出售基于人工智能的知识管理机器人平台。人工智能的使用意味着员工可以使用自然语言，通过闲聊、电子邮件、SMS 等途径向 Spoke 机器人询问问题，并立即得到有效反馈。你不再需要疑虑向谁询问，因为 Spoke 可以智能地将服务请求定位到正确的团队，这意味着 Spoke 可以自动识别知识库中的过时信息，节省背后支持团队的精力，并为员工提供最新信息。从长远来看，它被使用得越频繁，就变得越智能，可以节省更多的时间和消除人们更多的疑虑。

一家名为 STRIVR 的混合现实公司（虚拟现实中的运动训练）为运动队提供基于虚拟现实的训练，运动队为运动员购买心理训练应用程序，STRIVR 的美国橄榄球联盟用户包括维京人队、49 人队、比尔队、牛仔队、喷气机队和红雀队。STRIVR 最近甚至向零售公司提供了培训。2017 年 5 月，沃尔玛宣布他们聘请 STRIVR 开发虚拟培训经验，用于沃尔玛的员工培训中心。2017 年 8 月，STRIVR 宣布他们与联合租赁公司有类似的合作，他们将以同样的方式使用虚拟现实，实施员工在虚拟建筑工地的安全和销售培训。

处于领先地位的认知学习公司的一个典型例子是 MyBrainSolutions 公司。这家澳大利亚的公司由一位医生创立，总部设在美国，2017 年 12 月获得了 2 000 万美元的投资。MyBrainSolutions 拥有超过 45 家公司客户，包括波音公司、AARP、BrainSpan、Kaiser 和 Atina，每年的服务对象超过 50 万名员工，遍及 40 家公司。他们将四种脑保健产品授权给企业：沉思冥想、快乐寻求者、思维驯化者（认知行为疗法）和记忆迷宫（工作记忆）。他们将脑保健产品授权给门诊，以治疗多动症、上瘾症和抑郁症。

2016 年 9 月，MyBrainSolutions 发布了 MyBrainSolutions 的活跃用户减少了医疗索赔的结果。一项面向 2014—2015 年参与了 MyBrainSolutions 的脑健康评估和脑力培训平台的 800 名员工的数据分析显示，参与其中的员工每人每年的处方量减少了 39%，每人每年节省了近 600 美元的医疗费用。

Happify 的中文意思为"快乐健康"，2016 年 8 月他们推出了面向企业的品牌，并在同年 10 月创立了名为"快乐实验室"的研究机构。该公司在媒体上声明："通过快乐实验室，Happify 将向医疗保健服务公司和雇主，扩大其基于有力证明的、高度吸引人的数字行为干预平台。"该公司在 2017 年 8 月获得了 900 万美元投资。

一家名为 Thrive Global 的认知学习创业公司在 2017 年 11 月获得了 3 000 万美元的投资。Thrive Global 的使命是通过为企业提供可持续的、基于科学的解决方案来提高幸福感、成就感和目的感来治疗压力和学习懈怠症。最近的科学发现表明，多数人普遍认为的"工作倦怠是我们必须为成功付出的代价"是一种错觉。相反，当我们优先考虑我们的幸福感时，我们的决策、创造力和生产力会显著提高。

Catalia Health 公司出售一种名为 Mabu 的小型对话机器人，旨在为老年人提供决策支持和情感支持。他们将机器人授权给提供保健服务的公司，然后经由这些公司将产品销售给患者。这家公司在 2017 年筹集了 660 万美元投资。

二、国家投资分析

美国在 2017 年对教育技术公司的投资达到 55 亿美元，占总投资的 58%。中国位列第二，高达 17 亿美元，其次是印度，投资为 3.976 亿美元。

1. 形势依然对中国有利

在中国，教育技术公司的投资是一个相对较新的现象。2012 年，中国的在线教育公司仅吸纳 6 项投资，总投资额为 3 320 万美元。2013 年，47 家在线教育公司获得了投资者的资助，投资额飙升至 3.985 亿美元（表 3-7）。

表 3-7　2012—2017 年中国交易和投资总额

投资年	交易总数（家）	2017 年投资总额（美元）
2012	6	3 320 万
2013	47	3.985 亿

（续表）

投资年	交易总数（家）	2017年投资总额（美元）
2014	36	6.344亿
2015	63	21.9亿
2016	51	20.6亿
2017	67	17.7亿

截至2014年年底，在中国经营的36家教育技术公司获得了投资。虽然看起来2014年的交易数量较少，但投资总额却明显提高，激增至6.344亿美元。

2015年、2016年，中国分别有63家、51家教育技术公司得到了投资，2016年的投资比2015年下降了6%。尽管2016年交易数量略有下降，但投资总额仍超过20亿美元。

2017年，中国有67家教育技术公司获得了投资，投资总额达到惊人的17.7亿美元，但相比2015年的21.9亿美元、2016年的20.6亿美元，依然有所下降。

2017年，中国投资额最高的是面向消费者的在线辅导公司VIPKID。继在2016年筹集1亿美元之后，VIPKID在2017年8月筹集了惊人的2亿美元。K12在线教育公司高思教育在2017年三期共筹集了1.988亿美元。

这还不是在中国获得的最高投资额，一些公司已经达到了2亿美元的门槛。行业领先的在线学习公司沪江在2015年三期共筹集了2.3亿美元，麦奇教育和学乐教育分别在2015年11月和2016年10月获得2亿美元投资。

中国还有4家教育技术公司在2017年筹集了大量投资。两个所谓的基于手机的"家庭作业帮手"公司作业帮和学霸君分别筹集了1.5亿美元和1亿美元。猿辅导筹集了1.2亿美元。以人工智能为基础的语言学习公司流利说获得了1.2亿美元投资。

2. 印度教育技术公司投资下降

2017年，印度的投资减少到3.976亿美元。2016年，印度的105个教育技术公司投资总额为5.642亿美元，与2015年的62家公司的2.974亿美元投资相比大幅上升。

实际看来，在2012年，印度只有10家教育技术公司得到了3 640万美元的资金。2013年投资者的兴趣大幅回升，共有1.417亿美元资金进入印度17家公司，见表3-8。

表 3-8　2012—2017 年印度交易和投资总额

投资年	交易总量	投资总额（美元）
2012 年	10	3 640 万
2013 年	17	1.417 亿
2014 年	13	8 300 万
2015 年	62	2.974 亿
2016 年	105	5.642 亿
2017 年	83	3.976 亿

2014 年，仅有 8 300 万美元资金流入了 13 家印度公司，这表明投资者的兴趣正在减少。如果 2015 年和 2016 年的投资活动出现任何迹象，投资者就会再次关注印度。然而，2017 年的资金减少到 3.976 亿美元，交易数量也有所下降（从 2016 年的 105 家下降到 83 家）。

2017 年印度投资活动的第一受益人是 PreK-12 下的 Byju 公司。Byju 自 2008 年推出以来共筹集资金 2.44 亿美元。2017 年 7 月，Byju 兼并了一个有巨大国际网点分布的国际辅导公司 Pearson's TutorVista。这家公司在 2017 年两期共筹得资金 7 000 万美元，其中 4 000 万美元来自中国互联网巨头腾讯 2017 年 8 月的投资。

3. 拉丁美洲的逆风：投资活动疲软

在整个拉丁美洲，2017 年只有 9 家教育技术公司获得总共 6 140 万美元的投资，其中 6 家公司位于巴西。尽管巴西经济在 2017 年年初开始出现轻度复苏，但教育技术投资仍受到了经济持续低迷的负面影响。

在 2015 年的前三个季度，有证据表明投资者对巴西教育技术公司感兴趣。而在 2015 年的第四季度发生了巨大的变化，这期间没有对巴西任何学习技术提供商的投资，在整个 2016 年度也只有 4 项投资进入该领域。

2015 年，只有 13 家教育技术公司在巴西吸纳了投资，总额合计为 1.074 5 亿美元，这对于拉丁美洲最大的经济体来说只是相对较小的一笔。这种情况在 2016 年持续进行，只有 4 家教育公司共筹得资金 9 357 万美元，其中 4 000 万美元是由南非的 Napsters 投给 Movile 公司的。

2017 年，巴西只有 6 家教育技术公司获得投资，总额为 5 710 万美元。然而，巴西在 2017 年的第一季度出现历史上最严重的经济衰退，2017 年 6 月世界银行把巴西列为"拉丁美洲最糟糕的经济体"，巴西的投资环境变得十分复杂。

投资者在看到最终的货币估值之前，一直小心准备，未雨绸缪。例如，德国媒体集团 Bertelsmann 和一家名为 Bozano 的国内投资公司自 2014 年年中就开始计划在教育技术行业投资约 1 亿美元，却在 2016 才开始投资，而且主要投资实体机构。他们于 2016 年年初为在线医疗保健类的教学软件公司 Mecel 投资了一笔未公开的金额。

在拉丁美洲的其他地区，对教育技术公司的投资同样疲软。拉丁美洲只有 3 家教育技术公司在 2017 年获得资金。秘鲁实验室在 2017 年 5 月筹集了 75 万美元，他们向女性大量营销在线编码课程。2017 年 9 月，一家名为 KuePo 的公司筹集了 250 万美元。他们在墨西哥、哥伦比亚和智利运营，向 PreK-12 学校销售电子学习内容。2017 年 12 月，墨西哥 Kinedu 筹集了 110 万美元。他们的产品基于儿童的认知能力，提供幼儿教育的相关内容。家长在应用程序中输入关于孩子发育阶段的信息，应用程序就会根据孩子的发展情况提供相应的服务。

4. 英国的投资激增

在欧洲，尤其是英国和北欧集群，投资活动相当强劲。2017 年以色列的教育技术创业生态系统吸引了投资者的兴趣（表 3-9）。

表 3-9　2017 年对英国、北欧集群、以色列和加拿大公司的投资

国家（地区）	2017 年交易总量（家）	2017 年投资总额（美元）
英国	48	2.901 亿
北欧集群	44	2.409 亿
以色列	17	2.357 亿
加拿大	18	1.09 亿

加拿大的投资主要来自 2017 年 9 月 LMS 公司吸纳的 5 900 万美元。在当前的教育技术行业中，传统公司获得这样的大量资金是不寻常的。一家名为 2U 的传统公司在 2017 年筹集了 1.89 亿美元，他们能够提供对于世界各地大学都有很高需求量的在线学习服务。

英国 2017 年共有 2.901 亿美元投资于 48 家教育技术公司，其中 33 家是创业公司。最高的投资额流向了巴比伦健康公司，该公司继 2016 年 1 月筹得 2 500 万美元后，又在 2017 年 4 月筹集了 6 000 万美元。巴比伦是一个独资公司，销售的学习产品集成了人工智能与现场咨询及医疗保健专业知识。他们的目标是实现 100% 基于人工智能的技术。尖端人工智能与医学的不断进步意味着实现全球健康的前景比大多数人认识到的还要近。巴比伦在 2017 年年初开始与伦敦的几家政府卫生服务机构合作，测试他们的人工智能聊天机器人 "triage" 的服务。作为患者求助国家卫生服务（NHS）111 电话热线的替代品，它是基于巴比伦于 2016 年 7 月发布的人工智能 "症状检查员"，据该公司称，他们目前已经向超过 25 万人提供医疗建议。包括巴比伦在内，2017 年在英国以人工智能为基础的教育技术公司共吸纳资金 6 560 万美元。一家名为 Artesian Solutions 的公司在 2017 年 11 月筹集了 460 万美元。他们销售的是一个复杂的聊天机器人平台，可以在几分钟内筛选大量的销售数据，然后对销售人员产生高度精确的建议，准确地反映客户的需求。

2017 年，英国两家认知学习公司共筹得资金 3 640 万美元。Ieso 于 2017 年 9 月筹集了 2 400 万美元，Medigold Health 于 2017 年 12 月筹集了 1 240 万美元。两家公司都提供在线心理健康咨询和行为矫正疗法，本质上他们都教导人们如何保持心理健康和克服成瘾问题。

2017 年，英国 8 家混合现实学习公司共筹集了 1 790 万美元，其中包括一家名为 Sibro 的创业公司开发了身临其境的虚拟现实体验。2017 年 5 月，他们筹集了 100 万美元。他们的第一个产品是有关第一次世界大战期间伦敦的历史教育应用程序。两个基于游戏的 PreK-12 公司，2017 年在英国获得了总额为 2 430 万美元的资金。2017 年 11 月，Zzish 在两个周期内共筹集了 400 万美元，SAM Labs 筹集了 670 万美元。

英国一家名为 Learnlight 的传统教育技术公司在 2017 年 4 月获得了 2 500 万美元投资。他们面向企业，专注于语言学习课程，同时提供在线软技能培训。

5. 国际知名的教育体系、全球战略愿景是北欧集群公司的标志

在 Metaari 的分类中，北欧集群包括芬兰、丹麦、挪威和瑞典。2017 年，北欧集群中的 44 家教育技术公司共筹得资金 2.409 亿美元。这些公司往往在产品设计和分销策

略上都比较独特。他们为儿童设计的大多数产品都是移动的、基于游戏的。

Toca Boca 于 2010 年成立于瑞典，是世界上最成功的幼儿学习游戏开发商之一。他们研发能够同时适用 Mac OS 和 Android 应用程序，并在 2011 年 3 月推出了第一个应用程序，截至 2017 年 6 月，下载量已达到 1.3 亿次。2016 年 4 月，该公司被加拿大的 Spin Master 收购。

芬兰的 SkillPixels 成立于 2011 年，专门为 4～8 岁的儿童开发和设计教育游戏。这家芬兰创业公司在 2014 年年底筹集了 210 万美元的资金，用来建立一个"完整的教育渠道"。

罗维奥（愤怒的小鸟）于 2015 年年底关闭了他们的教育培训部门，在组内工作的专业人士离开并创建了教育游戏公司。Lightneer 于 2015 年 11 月推出，Fun Academy 于 2016 年 1 月推出。两者总部都设立在赫尔辛基。这一全球战略是芬兰游戏制造商的标志。

北欧集群中严肃游戏产业的主要特征是，他们在发展过程中专注于国际扩张，即使在创业阶段，开发商也倾向于瞄准国际市场。

LeNeNER 开发了一款雄心勃勃的游戏，向幼儿教授粒子物理学，而 Fun Academy 将芬兰教育系统的原则整合到手机游戏中。有趣的是，Lightneer 于 2017 年 5 月在亚洲的 7 个国家推出了他们的第一个教育游戏大爆炸传奇。Fun Academy 也瞄准亚洲市场，尤其是中国。该公司在 2017 年 8 月筹集资金 500 万美元。

一个名为 Kahoot 的问答游戏平台 2011 年在挪威推出，并被挪威学校广泛使用。截至 2017 年，该游戏已经在全球拥有超过 5 000 万名用户，其中 3 200 万名用户在美国。该公司在 2017 年 7 月筹集了 1 000 万美元的投资。

挪威是 WeWantToKnow 的故乡，该公司在 DragonBox 品牌下开发了极受欢迎的数学教育游戏。DragonBox 现在是一个国际热门应用程序，包括挪威在内，在世界各国始终位居畅销教育应用程序行列。

据北欧教育科技联盟称："欧洲西北部文化区因为其具有高度的创新性、可用性、高技术和可扩展性，吸引了大量资金。强大的游戏产业和金融科技就是其中的一个例子。北欧拥有国际知名的教育体系，擅长开发未来的技能，如协作、创造力和企业家精神，北欧科技在教育部门的数字化过程中拥有所有合适的要素。"

6. 以色列成为几家新教育科技创业公司的家园

2017 年，以色列的教育技术公司吸引了大量资金。这一年，以色列的 17 家教育技术公司获得 2.357 亿美元的投资，其中 14 家是创业公司。吸纳资金排名第一的公司是 WalkMe 公司，它为网站运营商提供在线程序支持和培训，2017 年 7 月筹集到 7 500 万美元。

吸纳资金排名第二的是 Iguazio 公司，该公司开发复杂的基于人工智能的学习产品，他们于 2017 年 7 月获得了 3 300 万美元投资，其次是 Logz.io 公司，吸纳投资金额 2 300 万美元。该公司开发的基于人工智能的学习产品，能够在几秒钟内分析庞大的数据，并利用自然语言处理技术向人们提供详细的数据分析。

2017 年 7 月，一家名为 Gong.io 的独资公司在以色列筹集了 2 000 万美元。该公司销售人工智能平台，是一种基于人工智能和认知学习的混合产品。该产品在客户关系管理系统中实时管理大量音频内容，并具有识别情感状态的能力。一家名为 Coneuron 的基于人工智能的公司销售所谓的社会和情感学习（SEL）产品，2017 年 11 月他们筹集到 400 万美元。

另外，一家名为直觉机器人的公司出售一款 ElliQ 的小型教育机器人，旨在为老年人提供决策支持和生活建议。ElliQ 是一种基于人工智能的机器人伴侣，其目的是通过帮助老年人更容易地使用技术，使老年人保持积极活跃的状态并参与家庭成员的活动。这个机器人以挪威女神命名，设计的目的是了解主人的个性和喜好，并使用机器学习和自然语言处理技术向老人提出关于散步或与孙子、孙女通话等事宜的相关建议。该公司继 2016 年年初获得 200 万美元之后，于 2017 年两个周期共筹集了 1 500 万美元的资金。

三、投资者热衷于下一代高级学习技术产品

Metaari 认为学习技术投资模式是领先的指标，这些模式可以显示从传统产品类型向不同产品甚至新产品类型的转变。

2015—2017 年，投资者把他们的兴趣从传统产品，如自定步长的互联网教育转移到下一代面向公司的认知学习、基于人工智能的学习、混合现实学习、5G 移动学习、基于游戏的学习等。在 2016 年和 2017 年，投资者开始将资金转移到新的高级学习技术类型，

包括基于人工智能的学习，这是一种非常新型的学习技术产品。

2017年，124家以人工智能为基础的教育技术公司吸纳超过17亿美元的投资，绝大多数公司是面向企业的公司，但也有面向消费者和PreK-12的提供商。这一点更不寻常，因为2016年只有1.224亿美元投资于这类公司，而且只面向7家公司。2015年，只有200万美元投给了一家基于人工智能的公司，而在2015年之前没有对这类公司进行的投资。这是一种全新的学习产品。

2017年，84个认知学习公司吸纳投资超过9.189亿美元。超过半数的公司是面向消费者的公司，但29家面向企业的认知学习提供商同样获得了投资。5家PreK-12认知学习公司也获得了投资。

2017年，77家基于游戏的教育技术公司吸纳投资超过4.875亿美元。尽管有10家面向企业的基于游戏的教育技术公司得到了资助，但获得资金的公司大多是消费者和学术的公司。

2017年，80家混合现实教育技术公司吸纳投资超过7.286亿美元。一半的资金流向了面向消费者和学术的公司，共有40家面向企业的混合现实学习得到资助。

企业学习市场中，人工智能的创新主要围绕自然语言处理（NLP）和"智能聊天机器人"基于人工智能的知识管理，本质上是为员工提供特别的绩效和决策支持。新的基于人工智能的大数据分析、数据可视化、预测分析和业务流程智能，从根本上改变了企业的学习环境。2017年，有面向消费者的基于人工智能的学习型公司得到了投资。

一家名为Replika的创业公司允许用户创建并与他们自己的人工智能聊天，他们声称提供了"新的自我反思水平和一个乐于倾听或提供鼓励语言的知己。Replika学会了用户沟通的怪癖、语气和句法，甚至能像它的创造者一样发声。"他们在2017年11月募集了650万美元投资。

多邻国主要是一个语言学习应用程序开发商，并于2016年年底推出了多邻国机器人产品线。多邻国机器人基于人工智能，能对成千上万种可能的答案做出不同的反应。例如，感觉卡壳了吗？点击"帮助我回复"，他们就会提出建议。最棒的是，你练习得越多，他们就越聪明。多邻国自2011年以来吸纳了1.083亿美元资金，包括2017年7月的2 500万美元。

2016年7月，中国的流利说推出了"领先的人工智能辅导老师"，名为"懂你英语"。

它为用户提供个性化的学习内容和学习计划，被誉为行业内语言学习的一次革命。该公司称它可以使用户的学习效率提高三倍。截至 2017 年 4 月，他们已经在 20 个国家拥有超过4 000 万名用户。该公司在 2017 年 7 月获得了 1 亿美元的投资。

基于人工智能的学习产品类型的一个主要催化剂，是在教育领域使用 IBM 的沃森认知计算平台。芝麻街、皮尔森、米夫林哈考特和黑板正在开发沃森的教育应用程序。

提供行为矫正健康和健康计划及基于心理测量的招聘评估游戏的认知学习公司，正在吸引着高投资额。

混合现实学习公司的资金激增，恰好与整个行业中充满活力的创新相吻合。除了 6 家面向学术的公司外，大部分资金都流向了面向消费者和面向企业的公司。在工业部门中快速采用实时的基于人工智能的决策和绩效支持系统，在医疗保健中增加基于虚拟现实的教育产品的使用，都将催化企业领域里的混合现实学习。

2016 年，教育机器人公司投资总额为 2.864 亿美元，只有 6 家公司得到了投资，其中 4 家在中国。2017 年与 2016 年相比，投资额有所增加，25 个销售教育机器人的教育技术公司吸纳了超过 3.356 亿美元的投资。投资流向了世界各地的公司，包括美国、阿联酋、英国、印度、韩国、丹麦、以色列、法国和瑞典。最大的资金流向了中国的ROOBO 公司，该公司在 2017 年 9 月筹集到了 5 300 万美元，他们制作受儿童欢迎的布丁豆豆教育机器人。

许多同伴机器人（如蓝蛙机器人的伙伴机器人）确实有幼儿的教育内容，但他们不是专为教育而设计的。教育机器人不同于所谓的同伴、社会和家庭机器人，他们是专门为知识转移而设计的。

根据国际机器人联合会（IFR）公布的《世界机器人 2016 服务机器人摘要》的报告，"大约 300 万美元用于教育和研究的机器人预计将在 2016—2019 年销售。"2016 年 2 月，美国玩具业协会（TIA）报道："最热门的年度机器人将是可定制的，他们教给孩子包括编码、工程学、问题解决和建筑学在内的重要概念。"

一家名为 Catalia Health 的创业公司出售一款基于人工智能的"患者参与"机器人，名为 Mabu，该公司将其定义为"健康教练"。他可以为每一位因时间迁移而变化的病人提供量身定制的谈话。该公司在 2017 年 5 月筹集了 260 万美元资金，2017 年 11 月又筹集了 400 万美元。

第四章
中国互联网教育政策

第一节　宏观政策

一、《国家教育事业发展"十三五"规划》

2017 年 1 月 19 日，国务院发布关于印发《国家教育事业发展"十三五"规划》的通知。在"改革创新驱动教育发展"中，着重强调要积极发展互联网教育，并就制度环境、基础条件、技术与教学融合、资源建设这 4 个方面提出了建设目标，内容摘录如下。[①]

[①]　摘自《国家教育事业发展"十三五"规划》。

1. 加快完善制度环境

制定在线教育和数字教育资源质量标准，推动建立数字教育资源的准入和监管机制，完善数字教育资源知识产权保护机制，鼓励企业和其他社会力量开发数字教育资源，形成公平有序的市场环境，培育社会化的数字教育资源服务市场，探索建立"互联网＋"教育管理规范，发展互联网教育服务新业态。出台教育数据管理规定，健全安全管理制度，形成教育数据资源开放共享的制度机制，确保网络安全与教育资源内容安全。创建一流网络安全学院，加强国家网络安全人才和创新基地建设，形成网络安全人才培养、技术创新、产业发展的良性生态环境。

2. 进一步改善基础条件

加快推进"宽带网络校校通"，完善学校教育信息化基础设施，加强"无线校园"建设，基本实现各级各类学校宽带网络全覆盖和网络教学环境的普及，具备条件的城镇学校实现无线网络全覆盖，鼓励具备条件的学校配置师生用教学终端。完善国家教育资源公共服务平台，推动形成覆盖全国、互联互通、协同服务的数字教育资源公共服务体系。完善国家教育管理公共服务平台，积极推动国家教育资源与教育管理平台的整合集成和协同发展。广泛应用区域教育云等模式，积极推动各级各类学校建设基于统一数据标准的信息管理平台，实现各类数据伴随式收集和集成化管理，形成支撑教育教学和管理的教育云服务体系。推动职业学校网络仿真实训环境建设，推动高校建立基于互联网、云计算技术的科研协作平台。

3. 全力推动信息技术与教育教学深度融合

建设课程教学与应用服务有机结合的优质在线开放课程和资源库，全面推进"优质资源班班通"，鼓励教师利用信息技术提高教学水平、创新教学模式，利用翻转课堂、混合式教学等多种方式利用好优质数字资源。深入推进"网络学习空间人人通"，形成线上与线下有机结合的网络化泛在学习新模式。引导学校与教师依托网络学习空间记录学生的学习过程，进行教学综合分析，创新教学管理方式。鼓励学校利用大数据技术开展对教育教学活动和学生行为数据的收集、分析和反馈，为推动个性化学习和有针对性的教学提供支持。

支持各级各类学校建设智慧校园，综合利用互联网、大数据、人工智能和虚拟现实技术探索未来教育教学新模式，鼓励高等学校基于互联网开展学历与非学历继续教育。

4. 推进优质教育资源共建共享

着力加强"名师课堂""名校网络课堂""专递课堂""在线开放课程"等信息化教育教学和教师教研新模式的探索与推广，扩大优质教育资源的覆盖面；积极鼓励高等学校和职业学校依托优势学科专业开发具有竞争力的在线开放课程，制定在线开放课程教学质量评价标准和学分认定管理办法，将在线课程纳入培养方案和教学计划。鼓励学校或地方通过与具备资质的企业合作，采用线上与线下结合等方式，推动在线开放资源平台的建设和移动教育应用软件的研发。整合各类优质教育资源，推进资源普遍开放共享，鼓励师生共建共享优质资源，加快推动教育服务模式和学习方式的变革。

二、教育 PPP 模式

2017 年 1 月 18 日，国务院发布关于《鼓励社会力量兴办教育促进民办教育健康发展的若干意见》（以下简称《意见》）。[①]

《意见》指出，要创新体制机制，完善扶持制度，加快现代学校制度建设，提高教育教学质量，提高管理服务水平。

《意见》特别提到，要探索多元主体合作办学。推广政府和社会资本合作（PPP）模式，鼓励社会资本参与教育基础设施建设和运营管理、提供专业化服务。积极鼓励公办学校与民办学校相互购买管理服务、教学资源、科研成果。探索举办混合所有制职业院校，允许以资本、知识、技术、管理等要素参与办学并享有相应权利。鼓励营利性民办学校建立股权激励机制。

《意见》还指出，推进社会资本兴办教育是为了改变政府管理方式，积极转变政府职能，提高政府管理服务水平。这也是发展 PPP 模式的一大重要意义。

---

① 摘自《鼓励社会力量兴办教育促进民办教育健康发展的若干意见》。

第二节　教育信息化政策

一、《教育信息化"十三五"规划》

2017 年 1 月 5 日，教育部办公厅关于征求对《关于"十三五"期间全面深入推进教育信息化工作的指导意见》，这是国家制定的首个关于教育信息化的五年规划。《教育信息化"十三五"规划》就"十三五"时期的教育信息化事业的发展机遇、发展目标、发展路径做出了新的指示，主要内容如下。①

1. 核心目标

到 2020 年，基本建成"人人皆学、处处能学、时时可学"，与国家教育现代化发展目标相适应的教育信息化体系；基本实现教育信息化对学生全面发展的促进作用、对深化教育领域综合改革的支撑作用和对教育创新发展、均衡发展、优质发展的提升作用；基本形成具有国际先进水平、信息技术与教育融合创新发展的中国特色教育信息化发展路子。

任务保完成。基本实现各级各类学校宽带网络全覆盖与网络教学环境建设，优质数字教育资源服务基本满足信息化教学需求，网络学习空间进一步普及、应用进一步深入，教育管理信息化水平显著提高。

应用上台阶。信息技术在教学、管理中为广大师生、管理者深度应用，信息技术与教育融合进一步深入，教师信息化教学能力、学生信息素养显著提升，形成一批有针对性的信息化教学、管理创新模式，教育信息化对教育现代化的支撑作用充分彰显。

安全有保障。教育领域网络安全意识显著增强，制度体系进一步健全，标准规范逐步完善，防护水平明显提升，形成与教育改革发展相适应的网络安全体系，教育信息化健康发展的局面得以保障。

治理上水平。全面深化改革，积极利用市场机制，形成政府规范引导、社会力量积极

---

① 摘自《教育信息化"十三五"规划》。

参与的持续有效的教育信息化技术、服务供给模式；全面推进"依法治信"，进一步健全教育信息化政策法规，教育信息化治理水平显著提升。

2. "三通两平台"建设

（1）深入推进"三通工程"，全面提升教育信息化基础支撑能力，加快推进"宽带网络校校通"。

基本实现所有地区和各级各类学校宽带网络的全面覆盖，具备条件的教学点实现宽带网络接入；有效提升各类学校和教学点出口带宽，城镇学校班均出口带宽不低于10M，有条件的农村学校班均出口带宽不低于5M，有条件的教学点接入带宽达4M以上；推进"无线校园"建设，东部和具备条件的城镇各类学校要实现无线网络全覆盖；各级各类学校普遍具备网络教学环境和备课环境，鼓励具备条件的学校配备师生用教学终端。全面推进"优质资源班班通"，基本建成数字教育资源公共服务体系，为学习者享有优质数字教育资源提供方便快捷的服务。大力推进"网络学习空间人人通"，网络学习空间应用普及化，基本形成与学习型社会建设需求相适应的信息化支撑服务体系。

（2）积极推动管理平台与资源平台的深入应用与协同发展，大幅提升教育信息化服务教育教学与管理的水平。

要从用户需求出发，积极利用云计算、大数据等新技术，创新管理平台、资源平台的建设、应用模式。加快制定教育基础数据管理办法，推动数据的开放、共享，保证数据的安全、准确。根据教育管理需求与信息化建设要求，整合、集成已有信息系统，提升用户应用体验，提升教育业务管理、决策支持、监测评价和公共服务水平。开放系统接口，加强资源平台、管理平台的互通和衔接，支持各级教育行政部门和各类教育机构、企事业单位利用国家已有系统开发相关应用。要进一步充分整合中央、省级教育数据中心资源。各地要根据信息化教学实际需求，做好资源服务平台建设规划论证，充分利用现有通信基础设施，加快推进资源服务平台建设，鼓励企业根据国家规定与学校需求建设资源服务平台，最终形成覆盖全国、多级分布、互联互通的数字教育资源云服务体系，为学习者享有优质数字教育资源提供方便快捷的服务，提升教育信息化支撑教育教学的水平。

（3）不断扩大优质教育资源覆盖面，优先提升教育信息化兜底线、保基本、促公平的能力。

深入推进"三个课堂"建设，积极推动"专递课堂"建设，巩固深化"教学点数字教育资源全覆盖"项目成果，进一步提高教学点开课率，提高教学点、薄弱校的教学质量；推广"中心学校带教学点""一校带多点，一校带多校"的教学和教研组织模式，逐步使依托信息技术的"优质学校带薄弱学校，优秀教师带普通教师"模式制度化。大力推进"名师课堂"建设，充分发挥名师的示范、辐射和指导作用，以"名师工作室"等形式组织特级教师、教学名师与一定数量的教师结成网络研修共同体，以名师带动教师队伍建设，提升广大教师的教学能力和水平。继续推进"一师一优课，一课一名师"活动，鼓励教师利用信息技术创新教学模式，推动形成"课堂用、经常用、普遍用"的信息化教学新常态。创新推进"名校网络课堂"建设，各地教育行政部门要制定相关规定，鼓励、要求名校利用"名校网络课堂"带动一定数量的周边学校，使名校优质教育资源在更广的范围内得到共享，让更多的学生享受到高质量的教育。

（4）加快探索数字教育资源服务供给模式，有效提升数字教育资源服务水平。

加快制定数字教育资源相关标准规范，加大数字教育资源的知识产权保护力度，进一步确立通过市场竞争产生优质资源和通过深入应用拓展优质资源的机制。鼓励企业积极提供云端支持、动态更新的适应云服务、移动计算等新技术的新型数字教育资源。要通过"市场竞争＋政府补贴"的机制大力培育数字教育资源服务市场，积极探索在生均公用经费中以"数字资源券"等形式列支购买资源服务费用的机制，将数字教育资源的选择权真正交给广大师生。各级教育行政部门还要充分发挥已有的基础性数字教育资源的作用，利用多种手段将资源提供给各类教育机构，尤其是边远农村、贫困地区、少数民族地区的学校免费使用。

3. 拓展教育信息化应用广度与深度

（1）创新网络学习空间"人人通"建设与应用模式，拓展信息时代教育教学、管理与服务方式。

要积极利用成熟技术和平台，统筹推进实名制网络学习空间的建设与应用。空间要集成网络教学、资源推送、学籍管理、学习生涯记录等功能。要融合网络学习空间创新教学模式、学习模式、教研模式和教育资源的共建共享模式。鼓励教师应用网络学习空间开展备课授课、家校互动、网络研修、指导学生学习等活动；鼓励学生应用网络学习空间进行预习、作业、自测、拓展阅读、网络选修课等学习活动，养成自主管理、自主学习、自主服务的良好习惯；鼓励家长应用网络学习空间与学校、教师便捷沟通、互动，关注学生学习成长过程，有效引导学生科学使用空间。要实现学生学习过程、实践经历记录的网络学习空间呈现；依托网络学习空间逐步实现对学生日常学习情况的大数据采集和分析，优化教学模式，以"人人通"的广泛、深度应用进一步体现"校校通""班班通"的综合效能。

（2）深化信息技术与教育教学的融合互动，拓展教育信息化对教育现代化的带动作用。

各级教育行政部门要采取多种形式，积极鼓励广大师生在日常教学与学习过程中根据需要广泛应用已较为成熟的各类信息技术、设备和工具，探索使用新技术、新设备与新工具。鼓励企业和社会机构根据师生需求积极研发、改造适应我国教情学情、符合教育教学改革方向与需要、用户友好、有针对性的信息技术、设备和工具。资源平台建设企业还应提供适应数字教育资源特点、满足师生需求的专用教育资源搜索引擎，进一步释放资源平台的应用效能。广大师生要将技术、设备、工具的使用与教学改革相结合，利用技术、设备和工具探索、创设适应信息时代特点的新型教学环境（如新型教室），创新教学模式，切实提升教育教学的现代化水平。

（3）大力提升教师信息技术应用能力与学生信息素养，拓展师生适应信息时代需求的教学能力和创新能力。

依托信息技术营造各学科的信息化教学环境，促进各学科教学内容和教学模式的改革，着力提升学生的信息素养、创新意识和创新能力，促进学生的全面发展。推进信息技术在日常教学中的深入、广泛应用，有条件的地区要积极探索新技术手段在教学过程中的日常应用，有效利用信息技术推进"众创空间"建设，探索 STEAM 教育［即科学（Science）、技术（Technology）、工程（Engineering）、艺术（Arts）、数学（Mathematics）］等新的教育模式，使学生具有较强的信息意识与创新意识，养成数字化学习习惯，具备重视信息安全、遵守信息社会伦理道德与法律法规的素养。建立健全教师信息技术应用能力标准，将信息化教学能力培养纳入师范生培养课程体系，将教师信息技术应用能力作为教师资格认定、资格定期注册、职务（职称）评聘和考核奖励等的必备条件，列入中小学办学水平评估和校长考评的指标体系。要将信息技术应用能力提升与学科教学培训紧密结合，有针对性地开展以深度融合信息技术为特点的课例和教学法的培训，培养教师利用信息技术开展学情分析、个性化教学的能力，增强教师在信息化环境下创新教育教学的能力，使信息化教学真正成为教师教学活动的常态。

（4）加强网络安全，拓展教育改革和发展网络环境保障能力。

充分认识网络安全工作的重要性和紧迫性，贯彻落实国家网络安全战略部署和法律法规，构建符合教育行业特色的安全标准规范体系。全面实施信息系统安全等级保护制度，加强教育行业数据安全管理和开放共享，强化网络安全监测预警和技术防护，增强应急处置和灾难恢复能力，有效防范、控制和抵御网络安全风险。加大具有自主知识产权的网络安全新技术和新产品的应用，提高各级教育部门和学校整体网络安全防护水平，构建可信、可控、可查的网络安全环境。

二、《教育部关于进一步推进职业教育信息化发展的指导意见》

2017 年 9 月 5 日，教育部办公厅印发《教育部关于进一步推进职业教育信息化发展的指导意见》，就全面提升信息技术支撑和引领职业教育创新发展的能力，加快推进职业教育现代化，进一步推进职业教育信息化发展提出意见。

《教育部关于进一步推进职业教育信息化发展的指导意见》包含准确把握进一步推进职业教育信息化发展的重要机遇与基本要求、全面落实推进职业教育信息化发展的重点任务、着力完善推进职业教育信息化发展的各项保障措施。重点内容如下。①

1. 发展目标

到 2020 年，全面完成《教育信息化"十三五"规划》提出的目标任务。任务如下。

（1）基础能力明显改善。

落实"三通两平台"建设要求，90% 以上的职业院校建成不低于《职业院校数字校园建设规范》要求的数字校园，各地普遍建立推进职业教育信息化持续健康发展的政策机制。

（2）数字教育资源更加丰富。

数字教育资源基本覆盖职业院校公共基础课程和各专业领域，政府引导、市场参与的数字教育资源共建共享平台、认证标准和交易机制初步形成。

（3）应用水平显著提高。

网络学习空间全面普及，线上与线下混合教学模式广泛应用，自主、泛在、个性化的

---

① 摘自《教育部关于进一步推进职业教育信息化发展的指导意见》。

学习普遍开展，大数据、云计算等现代信息技术在职业院校决策、管理与服务中的应用水平普遍提升。

（4）信息素养全面提升。

信息技术应用能力提升培训实现常态化，职业教育行政管理者和院（校）长的信息化领导力、保障支撑队伍的技术服务能力、教师的信息化教学能力和学生的信息素养全面提升。

2. 重点任务

（1）提升职业教育信息化基础能力。

广泛宣传和落实《职业院校数字校园建设规范》，采取"政府引导、标准引领、项目示范、分步实施"的方式，推进职业院校数字校园建设。

（2）推动优质数字教育资源共建共享。

继续推进建设国家级职业教育专业教学资源库，引导各地各职业院校根据区域、行业特点建设和完善省级、校级资源库，突出资源库"能学、辅教"的功能定位。

（3）深化教育教学模式创新。

开展信息化环境下的职业教育教学模式创新研究与实践，大力推进信息技术与教育教学深度融合。

（4）加快管理服务平台建设与应用。

鼓励职业院校建成集行政、教学、科研、学生和后勤管理于一体的信息服务平台，支持学校实施校企合作信息发布、项目管理、顶岗实习管理、人力资源信息管理、就业信息分析等。

（5）提升师生和管理者信息素养。

将信息技术应用能力纳入教师评聘考核内容，开展以深度融合信息技术为特点的培训，帮助教师树立正确的信息化教学理念、改进教学方法、提高教学质量，提高教师信息技术应用水平。

（6）增强网络与信息安全管控能力。

各地各职业院校要按照《中华人民共和国网络安全法》（以下简称《网络安全法》）等法律法规政策要求，建立主要负责人为第一责任人的网络安全工作体系，落实网络安全责任制。

3. 保障措施

（1）明确发展责任。

各地要把发展职业教育信息化纳入职业教育和教育信息化的总体规划，各地教育行政部门要加强区域统筹，组织、推动、落实、监管职业教育信息化各项工作。

（2）健全工作机制。

职业院校要健全信息化工作组织机构，建立信息化运维管理、安全保障、人员培训、经费保障等机制。

三、《教育信息化 2.0 行动计划》

2018 年 4 月 18 日，教育部印发《教育信息化 2.0 行动计划》通知，对于中国教育信息化建设发展提出了新的目标任务和行动计划。[1]

基本目标是"通过实施《教育信息化 2.0 行动计划》，到 2022 年基本实现'三全两高一大'的发展目标"。即教学应用覆盖全体教师、学习应用覆盖全体适龄学生、数字校园建设覆盖全体学校，信息化应用水平和师生信息素养普遍提高，建成"互联网 + 教育"大平台。

基本任务包括以下 3 个方面。

① 继续深入推进"三通两平台"，实现 3 个方面的普及应用。

② 持续推动信息技术与教育深度融合，促进两个方面的水平提高。

③ 构建一体化的"互联网 + 教育"大平台。

实施行动包括以下 8 个方面。

① 数字资源服务普及行动。

② 网络学习空间覆盖行动。

③ 网络扶智工程攻坚行动。

④ 教育治理能力优化行动。

⑤ 百区千校万课引领行动。

⑥ 数字校园规范建设行动。

---

① 摘自《教育信息化 2.0 行动计划》。

⑦ 智慧教育创新发展行动。

⑧ 信息素养全面提升行动。

《教育信息化 2.0 行动计划》内容摘要：为深入贯彻落实党的十九大精神，加快教育现代化和教育强国建设，推进新时代教育信息化发展，培育创新驱动发展新引擎，结合国家"互联网＋"、大数据、新一代人工智能等重大战略的任务安排和《国家中长期教育改革和发展规划纲要（2010—2020 年）》《国家教育事业发展"十三五"规划》《教育信息化十年发展规划（2011—2020 年）》《教育信息化"十三五"规划》等文件要求制订本计划。

1. 重要意义

（1）《教育信息化 2.0 行动计划》是顺应智能环境下教育发展的必然选择。

《教育信息化 2.0 行动计划》是推进"互联网＋教育"的具体实施计划。人工智能、大数据、区块链等技术迅猛发展，将深刻改变人才需求和教育形态。智能环境不仅改变了教与学的方式，而且已经开始深入影响到教育的理念、文化和生态。很多发达国家均已意识到新形势下教育变革势在必行，从国家层面发布教育创新战略，设计教育改革发展蓝图，积极探索新模式、开发新产品、推进新技术支持下的教育教学创新。我国已发布《新一代人工智能发展规划》，强调发展智能教育，主动应对新技术浪潮带来的新机遇和新挑战。

（2）《教育信息化 2.0 行动计划》是充分激发信息技术革命性影响的关键举措。

经过多年来的探索实践，信息技术对教育的革命性影响已初步显现，但与新时代的要求仍存在较大差距。数字教育资源开发与服务能力不强，信息化学习环境建设与应用水平不高，教师信息技术应用能力基本具备，但信息化教学创新能力尚显不足，信息技术与学科教学深度融合不够，高端研究和实践人才依然短缺，应充分激发信息技术对教育的革命性影响，推动教育观念更新、模式变革、体系重构，需要针对问题举起新旗帜、提出新目标、运用新手段、制定新举措。

（3）《教育信息化 2.0 行动计划》是加快实现教育现代化的有效途径。

没有信息化就没有现代化，教育信息化是教育现代化的基本内涵和显著特征，是"教育现代化 2035"的重点内容和重要标志。教育信息化具有突破时空限制、快速复制传播、呈现手段丰富的独特优势，必将成为促进教育公平、提高教育质量的有效手段，必将成为构建泛在学习环境、实现全民终身学习的有力支撑，必将带来教育科学决策和综合治理能力的大幅提高。以教育信息化支撑引领教育现代化，是新时代我国教育改革发展的战略选择，对于构建教育强国和人力资源强国具有重要意义。

2. 总体要求

（1）指导思想。

以习近平新时代中国特色社会主义思想为指导，全面贯彻党的十九大精神，围绕加快教育现代化和建设教育强国新征程，落实立德树人根本任务，适应信息技术特别是智能技术的发展，积极推进"互联网＋教育"，坚持信息技术与教育教学深度融合的核心理念，坚持应用驱动和机制创新的基本方针，建立健全教育信息化可持续发展机制，构建网络化、数字化、智能化、个性化、终身化的教育体系，建设人人皆学、处处能学、时时可学的学习型社会，实现更加开放、更加适合、更加人本、更加平等、更加可持续的教育，推动我国教育信息化整体水平走在世界前列，真正走出一条中国特色的教育信息化发展道路。

（2）基本原则。

① 坚持育人为本。面向新时代和信息社会人才培养需要，以信息化引领构建以"学习者为中心"的全新教育生态，实现公平而有质量的教育，促进人的全面发展。

② 坚持融合创新。发挥技术优势，变革传统模式，推进新技术与教育教学的深度融合，真正实现从融合应用阶段迈入创新发展阶段，不仅实现常态化应用，更要达成全方位创新。

③ 坚持系统推进。统筹各级各类教育的育人目标和信息化发展需求，兼顾点与面、信息化推进与教育改革发展，实现教学与管理、技能与素养、小资源与大资源等协调发展。

④ 坚持引领发展。构建与国家经济社会和教育发展水平相适应的教育信息化体系，引领教育现代化发展，形成新时代的教育新形态、新模式、新业态。

3. 目标任务

（1）基本目标。

通过实施《教育信息化 2.0 行动计划》，到 2022 年基本实现"三全两高一大"的发展目标，即教学应用覆盖全体教师、学习应用覆盖全体适龄学生、数字校园建设覆盖全体学校，信息化应用水平和师生信息素养普遍提高，建成"互联网＋教育"大平台，推动从教育专用资源向教育大资源转变、从提升师生信息技术应用能力向全面提升其信息素养转变、从融合应用向创新发展转变，努力构建"互联网＋"条件下的人才培养新模式、发展基于互联网的教育服务新模式、探索信息时代教育治理新模式。

（2）主要任务。

① 继续深入推进"三通两平台"。

实现三个方面的普及应用。"宽带网络校校通"实现提速增智，所有学校全部接入互联网，带宽满足信息化教学的需求，无线校园和智能设备应用逐步普及。"优质资源班班通"和"网络学习空间人人通"实现提质增效，在"课堂用、经常用、普遍用"的基础上，形成"校校用平台、班班用资源、人人用空间"。教育资源公共服务平台和教育管理公共服务平台实现融合发展。实现信息化教与学应用覆盖全体教师和全体适龄学生，数字校园建设覆盖各级各类学校。

② 持续推动信息技术与教育深度融合。

促进两个方面的水平提高。促进教育信息化从融合应用向创新发展的高阶演进，信息技术和智能技术深度融入教育全过程，推动改进教学、优化管理、提升绩效，全面提升师生信息素养，推动从技术应用向能力素质拓展，使之具备良好的信息思维，适应信息社会发展的要求，应用信息技术解决教学、学习、生活中问题的能力成为必备的基本素质。加强教育信息化从研究到应用的系统部署、纵深推进，形成研究一代、示范一代、应用一代、普及一代的创新引领、压茬推进的可持续发展态势。

③ 构建一体化的"互联网＋教育"大平台。

引入"平台＋教育"服务模式，整合各级各类教育资源公共服务平台和支持系统，逐步实现资源平台、管理平台的互通、衔接与开放，建成国家数字教育资源公共服务体系。充分发挥市场在资源配置中的作用，融合众筹众创，实现数字资源、优秀师资、教育数据、信息红利的有效共享，助力教育服务供给模式升级和教育治理水平提升。

4. 实施行动

（1）数字资源服务普及行动。

建成国家教育资源公共服务体系，国家枢纽和国家教育资源公共服务平台、32个省级体系全部连通，数字教育资源实现开放共享，教育大资源开发利用机制全面形成。

（2）网络学习空间覆盖行动。

规范网络学习空间建设与应用，保障全体教师和适龄学生"人人有空间"，开展校长领导力和教师应用力培训，普及推广网络学习空间应用，实现"人人用空间"。

（3）网络扶智工程攻坚行动。

大力支持以"三区三州"为重点的深度贫困地区教育信息化发展，促进教育公平和均衡发展，有效提升教育质量，推进网络条件下的精准扶智，服务国家脱贫攻坚战略部署。

（4）教育治理能力优化行动。

完善教育管理信息化顶层设计，全面提高利用大数据支撑保障教育管理、决策和公共服务的能力，实现教育政务信息系统全面整合和政务信息资源开放共享。

（5）百区千校万课引领行动。

结合教育信息化各类试点和"信息技术与教育深度融合示范培育推广计划"的实施，认定百个典型区域、千所标杆学校、万堂示范课例，汇聚优秀案例，推广典型经验。

（6）数字校园规范建设行动。

通过试点探索利用宽带卫星实现边远地区学校互联网接入、利用信息化手段扩大优质教育资源覆盖面的有效途径，全面推进各级各类学校数字校园建设与应用。

（7）智慧教育创新发展行动。

以人工智能、大数据、物联网等新兴技术为基础，依托各类智能设备及网络，积极开展智慧教育创新研究和示范，推动新技术支持下教育的模式变革和生态重构。

5. 保障措施

（1）加强领导，统筹推进。

教育部重点组织制定宏观政策，针对各级各类教育改革发展的需要和不同地区发展情况，加强工作指导，制定标准规范。地方各级教育行政部门要进一步健全教育信息化工作领导体制，整合教育系统专业机构的力量，充分利用相关企业专业化服务的优势，探索和建立便捷高效的教育信息化技术服务支撑机制。各级各类学校应普遍施行由校领导担任首席信息官（CIO）的制度，并明确责任部门，全面统筹本校信息化的规划与发展。各地将教育信息化作为重要指标，纳入本地区教育现代化指标体系。全面开展面向区域教育信息化的督导评估和第三方评测，提升各地区和各级各类学校发展教育信息化的效率、效果和效益。

（2）创新机制，多元投入。

各地要切实落实国家关于财政教育经费可用于购买信息化资源和服务的政策，加大教育信息化投入力度，将《教育信息化2.0行动计划》与"互联网＋"、大数据、云计算、智慧城市、信息惠民、宽带中国、数字经济、新一代人工智能等工作统筹推进。要充分发挥政府和市场两个方面的作用，为推进教育信息化提供良好的政策环境和发展空间，积极鼓励企业投入资金，提供优质的信息化产品和服务，实现多元投入、协同推进。

（3）试点引领，强化培训。

各地要始终坚持试点先行、典型引路的推进机制，有针对性地开展教育信息化区域综合试点和各类专项试点，总结提炼先进经验与典型模式。通过组织召开现场观摩会、举办信息化应用展览、出版优秀典型案例集等多种方式，广泛宣传推广试点取得的经验成效，形成以点带面的发展路径，发挥辐射引导效应。要将全面提升"人"的能力作为推进《教育信息化2.0行动计划》的核心基础，大力开展各级各类学校教师、校长和管理者培训，扩大培训规模、创新培训模式、增强培训实效。各地要坚持传统媒体与新媒体相结合，建立全方位、多层次的长效宣传机制，营造良好的舆论氛围。

（4）开放合作，广泛宣介。

继续合作开展并积极参与联合国教科文组织、联合国儿童基金会等国际组织和机构的各项教育信息化活动，不断加强"一带一路"沿线国家的教育信息化国际交流与合作，积极对外宣传推广教育信息化的中国经验，注意讲好中国故事、传播中国理念，增加国际话语权。加强研究领域合作，建设外专引智基地和国际联合研究中心等平台和基地，支持我国教育信息化专家走出国门，参与相关国际组织工作和各类学术交流活动。加强实践领域国际合作，促进中外学校、校长、教师和专业机构之间的交流合作，分享教学创新成果和典型经验，取长补短、协作推进，积极支持和推动我国教育信息化领域的企业走出去，提升我国教育的国际影响力。

（5）担当责任，保障安全。

加强教育系统党组织对网络安全和信息化工作的领导，明确主要负责人为网络安全工作的第一负责人，建立网络安全和信息化统筹协调的领导体制，做到网络安全和信息化统一谋划、统筹推进。完善网络安全监督考核机制，将网络安全工作纳入对领导班子、干部的考核当中。以《网络安全法》等法律法规为纲，全面提高教育系统网络安全防护能力。

全面落实网络安全等级保护制度，深入开展网络安全监测预警，提高网络安全态势感知水平。做好关键信息基础设施保障，重点保障数据和信息安全，强化隐私保护，建立严密保护、逐层开放、有序共享的良性机制，切实维护好广大师生的切身利益。

第三节　产教融合政策

2017 年 12 月 19 日，为了深化产教融合，促进教育链、人才链与产业链、创新链的有机衔接，国务院办公厅印发《国务院办公厅关于深化产教融合的若干意见》，在总体要求、构建教育和产业统筹融合发展格局、强化企业重要主体作用、推进产教融合人才培养改革、促进产教供需双向对接、完善政策支持体系、组织实施 7 个方面做出了新的指示。[①]

一、《国务院办公厅关于深化产教融合的若干意见》指出

深化产教融合，促进教育链、人才链与产业链、创新链的有机衔接，是当前推进人力资源供给侧结构性改革的迫切要求，对新形势下全面提高教育质量、扩大就业创业、推进经济转型升级、培育经济发展新动能具有重要意义。

要全面贯彻党的十九大精神，坚持以习近平新时代中国特色社会主义思想为指导，深化职业教育、高等教育改革，促进人才培养供给侧和产业需求侧结构要素全方位的融合，培养大批高素质创新人才和技术技能人才，加快建设实体经济、科技创新、现代金融、人力资源协同发展的产业体系。

二、《国务院办公厅关于深化产教融合的若干意见》明确

① 要同步规划产教融合与经济社会发展，将教育优先、人才先行融入各项政策。
② 统筹职业教育与区域发展布局，引导职业教育资源逐步向产业和人口集聚区集中。
③ 促进高等教育融入国家创新体系和新型城镇化建设。

---

① 摘自《国务院办公厅关于深化产教融合的若干意见》。

④ 建立紧密对接产业链、创新链的学科专业体系，大力支持集成电路、航空发动机及燃气轮机、网络安全、人工智能等学科专业建设。

⑤ 健全需求导向的人才培养结构调整机制，强化就业市场对人才供给的有效调节，严格实行专业预警和退出机制。

三、《国务院办公厅关于深化产教融合的若干意见》提出

① 鼓励企业依法参与举办职业教育、高等教育，坚持准入条件透明化、审批范围最小化。

② 深化"引企入教"改革，支持引导企业深度参与职业学校、高等学校教育教学改革。

③ 支持校企合作开展生产性实习实训，鼓励企业直接接收学生实习实训。

④ 以企业为主体推进协同创新和成果转化，加快基础研究成果向产业技术转化。

⑤ 发挥骨干企业引领作用，带动中小企业参与，支持有条件的国有企业继续办好做强职业学校。

四、《国务院办公厅关于深化产教融合的若干意见》要求

① 要推进产教融合人才培养改革，将工匠精神培育融入基础教育。

② 推进职业学校和企业联盟、与行业联合、同园区联合，实践性教学课时不少于总课时的 50%。健全高等教育学术人才和应用人才分类培养体系，为学生提供多样化的成长路径。

③ 大力支持应用型本科和行业特色类高校建设，提高应用型人才培养比重，鼓励有条件的地方探索产业教师（导师）特设岗位计划。

④ 完善考试招生配套改革，逐步提高高等学校招收有工作实践经历人员的比例。

五、《国务院办公厅关于深化产教融合的若干意见》强调

① 要强化行业协调指导，规范发展市场服务组织，打造信息服务平台，健全社会第三方评价，促进产、教供需双向对接。

② 要利用市场合作和产业分工，构建校企利益共同体，形成稳定互惠的合作机制，促进校企紧密合作。

第四节　STEAM教育政策

《义务教育小学科学课程标准》

2017 年，教育部印发《义务教育小学科学课程标准》的通知，首次从官方的角度提出了 STEAM 教育的标准，结束了此前国内对于小学科学课程没有统一标准的局面，为中国素质教育尤其是 STEAM 教育的开展指明了方向。《义务教育小学科学课程标准》就课程性质、课程基本理念、课程设计思路、课程设计目标、课程内容等方面做出了规定。[①]

1. 课程性质

（1）小学科学课程是一门基础性课程。

早期的科学教育对一个人的科学素养的形成具有十分重要的作用。通过小学科学课程的学习，能够使学生体验科学探究的过程，初步了解与小学生认知水平相适应的一些基本的科学知识；培养提问的习惯，初步学习观察、调查、比较、分类、分析资料、得出结论等方法，能够利用科学方法和科学知识初步理解身边的自然现象并解决某些简单的实际问题；培养对自然的好奇心，以及批判和创新意识、环境保护意识、合作意识和社会责任感，为今后的学习、生活及终身发展奠定良好的基础。

（2）小学科学课程是一门实践性课程。

探究活动是学生学习科学的重要方式。小学科学课程把探究活动作为学生学习科学的重要方式，强调从学生的日常生活出发，通过学生亲身经历动手动脑等实践活动，了解科学探究的具体方法和技能，理解基本的科学知识，发现和提出生活实际中的简单科学问题，并尝试用科学方法和科学知识予以解决，在实践中体验和积累认知世界的经验，提高科学能力，培养科学态度，学习与同伴的交流、交往与合作。

（3）小学科学课程是一门综合性课程。

理解自然现象和解决实际问题需要综合运用不同领域的知识和方法。小学科学课程

---

① 摘自《义务教育小学科学课程标准》。

针对学生身边的现象，从物质科学、生命科学、地球与宇宙科学、技术与工程 4 个领域，综合呈现科学知识和科学方法，强调这 4 个知识领域之间的相互渗透和相互联系，注重自然世界的整体性，发挥不同知识领域的教育功能和思维培养功能；注重学习内容与已有经验的结合、动手与动脑的结合、书本知识与社会实践的结合，着力提高学生的综合能力；强调科学课程与并行开设的语文、数学等课程相互渗透，促进学生的全面发展。

2. 课程基本理念

（1）面向全体学生。

小学生科学课程对于培养学生的科学素养、创新精神和实践能力具有重要的意义，每个学生都要学好科学。

（2）倡导探究式学习。

小学生科学课程的学习方式是多种多样的，探究式学习是小学生学习科学课程的重要方式。探究式学习是指在教师的指导、组织和支持下，让学生主动参与、动手动脑、积极体验，体验科学探究的过程，以获取科学知识、领悟科学思想、学习科学方法为目的的学习方式。

（3）保护学生的好奇心和求知欲。

小学生对周围世界具有强烈的好奇心和求知欲，这种好奇心和求知欲是推动他们主动学习的内在动力，对其终身发展具有重要的作用。

（4）突出学生的主体地位。

在小学生的科学教学中，教师要突出学生的主体地位，基于学生的认知水平，联系学生已有的知识和经验，充分利用学校、家庭、社区等各种资源，创设良好的学习环境引起学生的认知冲突，引导学生主动探究，启发学生积极思考；要重视师生互动和生生互动，引导学生对所学知识和方法进行总结，使学生逐步学会调整自己的学习状态，能够独立和合作学习，积极克服学习过程中的困难，成为一个具有终身学习能力的学习者。

3. 课程设计思路

小学生科学课程以培养学生科学素养为宗旨，涵盖科学知识，科学探究，科学态度，科学、技术、社会与环境 4 个方面的目标，每个方面又包括总目标和学段目标。

小学生科学课程以学生能够感知的物质科学、生命科学、地球与宇宙科学、技术与工程中一些比较直观、学生有兴趣参与学习的重要内容为载体，重在培养学生对科学的兴趣、正确的思维方式和学习习惯。本标准在物质科学领域选择了 6 个主要概念，在生命科学领域选择了 6 个主要概念，在地球与宇宙科学领域选择了 3 个主要概念，在技术与工程领域选择了 3 个主要概念，四大领域的 18 个主要概念构成了本课程的学习内容，并将科学、技术、社会与环境的内容融入其中。这四大领域的 18 个主要概念被分解成 75 个学习内容，分布在三个学段的课程内容中。

小学生科学课程实施的主要形式是探究活动。因此，课程内容部分还针对每个主要概念设计了活动建议，供教材编写者和教师参考。

4. 课程设计目标

（1）科学知识总目标。

① 了解物质的基本性质和基本运动形式，认识物体的运动、力的作用、能量、能量的不同形式及其相互转换。

② 了解生物体的主要特征，知道生物体的生命活动和生命周期；认识人体和健康，以及生物体与环境的相互作用。

③ 了解太阳系和一些星座；认识地球的面貌，了解地球的运动；认识人类与环境的关系，知道地球是人类应当珍惜的家园。

④ 了解技术是人类能力的延伸，技术是改变世界的力量，技术推动着人类社会的发展和文明进程。

（2）科学探究总目标。

① 了解科学探究是获取科学知识的主要途径，是通过多种方法寻找证据、运用创造性思维和逻辑推理解决问题，并通过评价与交流等方式达成共识的过程。

② 知道科学探究需要围绕已提出和聚焦的问题设计研究方案，通过收集和分析信息获取证据，经过推理得出结论，并通过有效表达与他人交流自己的探究结果和观点；能运用科学探究方法解决比较简单的日常生活问题。

③ 初步了解分析、综合、比较、分类、抽象、概括、推理、类比等思维方法，发展学习能力、思维能力、实践能力和创新能力，以及运用科学语言与他人交流和沟通的能力。

④ 初步了解通过科学探究达成共识的科学知识在一定阶段是正确的，但是随着新证据的增加，会不断完善和深入，甚至会发展变化。

（3）科学态度总目标。

① 对自然现象保持好奇心和探究热情，乐于参加观察、实验、制作、调查等科学活动，并能在活动中克服困难，完成预定的任务。

② 具有基于证据和推理发表自己见解的意识；乐于倾听不同的意见和理解别人的想法，不迷信权威；实事求是，勇于修正与完善自己的观点。

③ 在科学学习中运用批判性思维大胆质疑，善于从不同角度思考问题，追求创新。

④ 在科学探究活动中主动与他人合作，积极参与交流和讨论，尊重他人的情感和态度。

（4）科学、技术、社会与环境总目标。

① 初步了解所学的科学知识在日常生活中的应用。

② 初步了解人类活动对自然环境、生活条件及社会变迁的影响；了解社会需求是推动科学技术发展的动力；了解科学技术已成为社会与经济发展的重要推动力量。

③ 初步了解在科学技术的研究与应用中，需要考虑伦理和道德的价值取向；热爱自然，珍爱生命，具有保护环境的意识和社会责任感。

5. 课程内容

小学科学课程内容包含物质科学、生命科学、地球与宇宙科学、技术与工程 4 个领域。从这 4 个领域中选择适合小学生学习的 18 个主要概念，其中，物质科学领域 6 个，生命科学领域 6 个，地球与宇宙科学领域 3 个，技术与工程领域 3 个。通过以上课程内容的学习，可以为小学生科学素养的初步培养和持续发展奠定良好的基础。

（1）物质科学领域概念。

① 物体具有一定的特征，材料具有一定的性能。

② 水是一种常见而重要的单一物质。

③ 空气是一种常见而重要的混合物质。

④ 物体的运动可以用位置、快慢和方向来描述。

⑤ 力作用于物体，可以改变物体的形状和运动状态。

⑥ 机械能、声、光、热、电、磁是能量的不同表现形式。

（2）生命科学领域概念。

① 地球上生活着不同种类的生物。

② 植物能适应环境，可制造和获取养分来维持自身的生存。

③ 动物能适应环境，通过获取植物和其他动物的养分来维持生存。

④ 人体由多个系统组成，分工配合，共同维持生命活动。

⑤ 植物和动物都能繁殖后代，使它们得以世代相传。

⑥ 动植物之间、动植物与环境之间存在着相互依存的关系。

（3）地球与宇宙科学领域概念。

① 在太阳系中，地球、月球和其他星球有规律地运动着。

② 地球上有大气、水、生物、土壤和岩石，地球内部有地壳、地幔和地核。

③ 地球是人类生存的家园。

（4）技术与工程领域概念。

① 人们为了使生产和生活更加便利、快捷、舒适，创造了丰富多彩的人工世界。

② 技术的核心是发明，是人们对自然的利用和改造。

③ 工程技术的关键是设计，工程是运用科学和技术进行设计、解决实际问题和制造产品的活动。

第五节　人工智能教育政策

2017 年 7 月 20 日，国务院印发《新一代人工智能发展规划》（以下简称《规划》），明确了我国新一代人工智能"三步走"的战略目标，提出了各参与方的六大重点任务，同时配套发布了资源配置方案和发展保障措施以确保落实发展规划。①

---

① 摘自《新一代人工智能发展规划》。

一、加快培养聚集人工智能高端人才

在第一大重点任务中，《规划》指出要加快培养聚集人工智能高端人才，把高端人才队伍建设作为人工智能发展的重中之重，坚持培养和引进相结合，完善人工智能教育体系，加强人才储备和梯队建设，特别是加快引进全球顶尖人才和青年人才，形成我国人工智能人才高地。

1. 培育高水平人工智能创新人才和团队

支持和培养具有发展潜力的人工智能领军人才，加强人工智能基础研究、应用研究、运行维护等方面专业技术人才培养。重视复合型人才培养，重点培养贯通人工智能理论、方法、技术、产品与应用等的纵向复合型人才，以及掌握"人工智能+"经济、社会、管理、标准、法律等的横向复合型人才。通过重大研发任务和基地平台建设，汇聚人工智能高端人才，在若干人工智能重点领域形成一批高水平创新团队。鼓励和引导国内创新人才、团队加强与全球顶尖人工智能研究机构合作互动。

2. 加大高端人工智能人才引进力度

开辟专门渠道，实行特殊政策，实现人工智能高端人才精准引进。重点引进神经认知、机器学习、自动驾驶、智能机器人等国际顶尖科学家和高水平创新团队。鼓励采取项目合作、技术咨询等方式柔性引进人工智能人才。统筹利用"千人计划"等现有人才计划，加强人工智能领域优秀人才特别是优秀青年人才引进工作。完善企业人力资本成本核算相关政策，激励企业、科研机构引进人工智能人才。

3. 建设人工智能学科

完善人工智能领域学科布局，设立人工智能专业，推动人工智能领域一级学科建设，尽快在试点院校建立人工智能学院，增加人工智能相关学科方向的博士、硕士招生名额。鼓励高校在原有基础上拓宽人工智能专业教育内容，形成"人工智能＋X"复合专业培养新模式，重视人工智能与数学、计算机科学、物理学、生物学、心理学、社会学、法学等学科专业教育的交叉融合。加强产、学、研合作，鼓励高校、科研院所与企业等机构合作开展人工智能学科建设。

二、发展便捷高效的智能教育服务

在第三大任务"建设安全便捷的智能社会"中，《规划》提出要发展便捷高效的智能服务，包括智能教育、智能医疗、智能健康和养老三个方面，其中智能教育内容如下。

利用智能技术加快推动人才培养模式、教学方法改革，构建包含智能学习、交互式学习的新型教育体系；开展智能校园建设，推动人工智能在教学、管理、资源建设等全流程应用；开发立体综合教学场、基于大数据智能的在线学习教育平台；开发智能教育助理，建立智能、快速、全面的教育分析系统；建立"以学习者为中心"的教育环境，提供精准推送的教育服务，实现日常教育和终身教育定制化。

三、加强人工智能劳动力培训和科普活动

在保障措施中，《规划》要求要大力加强人工智能劳动力培训和广泛开展人工智能科普活动，相关内容条例如下。

1. 大力加强人工智能劳动力培训

加快研究人工智能带来的就业结构、就业方式转变以及新型职业和工作岗位的技能需求，建立适应智能经济和智能社会需要的终身学习和就业培训体系，支持高等院校、职业学校和社会化培训机构等开展人工智能技能培训，大幅提升就业人员专业技能，满足我国人工智能发展带来的高技能、高质量就业岗位需要。鼓励企业和各类机构为员工提供人工智能技能培训。加强职工再就业培训和指导，确保从事简单重复性工作的劳动力和因人工智能失业的人员顺利转岗。

2. 广泛开展人工智能科普活动

支持开展形式多样的人工智能科普活动，鼓励广大科技工作者投身人工智能的科普与推广，全面提高全社会对人工智能的整体认知和应用水平。实施全民智能教育项目，在中小学阶段设置人工智能相关课程，逐步推广编程教育，鼓励社会力量参与寓教于乐的编程教学软件、游戏的开发和推广。建设和完善人工智能科普基础设施，充分发挥各类人工智能创新基地平台等的科普作用，鼓励人工智能企业、科研机构搭建开源平台，面向公众开放人工智能研发平台、生产设施或展馆等。支持开展人工智能竞赛，鼓励进行形式多样的人工智能科普创作，科学家参与人工智能科普。

第五章
中国互联网教育行业概况

第一节　中国互联网教育发展阶段

中国互联网教育自 1996 年起萌芽，已经经过二十几年的时间。纵观国内互联网教育的发展历程，可以分为以下几个阶段，如图 5.1 所示。

1. 第一波浪潮及泡沫破灭期：1998—2005 年

从 20 世纪 90 年代后期到 2000 年左右，网络带宽非常有限，多数的互联网教育产品还是文档形式，可以用萌芽阶段来概括；直到 2000 年以后，才有了"三分屏"形式的网络视频课件，互联网教育进入多媒体时期，但是仍处于泡沫阶段。

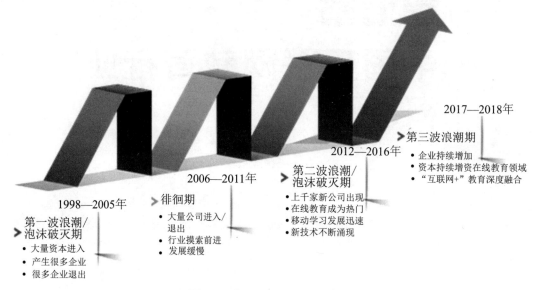

1998—2005年

第一波浪潮/
泡沫破灭期

• 大量资本进入
• 产生很多企业
• 很多企业退出

2006—2011年

▶ 徘徊期

• 大量公司进入/
退出
• 行业摸索前进
• 发展缓慢

2012—2016年

第二波浪潮/
泡沫破灭期

• 上千家新公司出现
• 在线教育成为热门
• 移动学习发展迅速
• 新技术不断涌现

2017—2018年

▶ 第三波浪潮期

• 企业持续增加
• 资本持续增资在线教育领域
• "互联网+"教育深度融合

▲ 图 5.1　中国互联网教育发展阶段

此阶段远程教育的主要市场在高等教育方面，属于政策性市场，盈利也基本仅限于高等网络教育，即 68 家可以颁发网络教育文凭的网络教育学院，还有少量的基础教育网校。此阶段淘汰了大量无法找到商业运营模式的网校。

2. 徘徊期：2006—2011 年

从 2006 年开始，互联网教育进入徘徊阶段，行业在摸索前进，市场容量在逐年升高。尤其自 2009 年以后有不少新企业进入，但是也有不少企业没有找到盈利模式而退出。与迅猛发展的门户网站、网络游戏、电子商务相比，互联网教育是一个增长比较缓慢的行业。

本阶段产生了几家在海外上市的远程教育公司，如中华学习网、东大正保等，但当时股价表现不佳，因此互联网教育市场表现平平，可圈可点的企业不多。

本阶段，随着宽带网络和视频网站的兴起，高清视频课件开始成为主流，但大量的"三分屏"课程仍然在使用，在线学习体验还是差强人意的。

3. 第二波浪潮及泡沫破灭期：2012—2016 年

自 2012 年起，由美国 MOOC、可汗学院传来的互联网教育融资风暴开始影响中国。中国互联网行业中，电子商务、网络游戏机会已经不多，互联网教育成为互联网大佬开始关注的行业。据投资界人士提供的统计信息，2015 年有超过 16 亿元资金注入互联网教育行业，比 2014 年同比增长了 60%，比 2012 年同比增长了 4 倍。除了大型互联网公司的巨额投资外，一些做实业的上市公司也跨界进入这一领域。互联网教育掀起了第二波热潮，互联网教育创新时代到来。

2016 年，教育资本开始变得理性，早期项目的投资开始减少，而中后期的项目投资开始增多。同时，互联网教育的并购潮来临，一些大型的互联网教育企业及上市公司都开始并购线上与线下的企业。2016 年，互联网教育领域涌起一股直播热潮，且持续到 2017 年。总体来看，2016 年的互联网教育开始由膨胀期走向平稳上升期，行业发展也开始进入泡沫破灭期。

4. 第三波浪潮期：2017—2018 年

2017—2018 年是互联网教育的重新整合期，也涌现了第三波投资浪潮。行业内出现小型在线互联网教育企业陆续倒闭的现象。但另一方面，一些发展不错的互联网教育企业进一步走向成熟，2017—2018 年持续引来一股互联网教育企业的上市潮。未来，大型互联网公司将会进一步布局互联网教育，其他领域的上市公司也会通过跨界并购的方式进入互联网教育领域，将会出现在某些领域几家鼎立的局势。

第二节　中国互联网教育产业链构成

产业链是从一种或几种资源通过若干产业层次不断向下游产业转移直至到达消费者的路径，它包含 4 层含义：①产业链是产业层次的表达；②产业链是产业关联程度的表达；③产业链是资源加工深度的表达，产业链越长，表明加工可以达到的深度越深；④产业链是满足需求程度的表达。

一、互联网教育产业链与传统培训产业链的对比

从产业链角度研究互联网教育，对了解和切入互联网教育市场，具有非常重要的经济价值。互联网教育的产业链条比较长，典型的产业链由以下部分构成（图 5.2）。

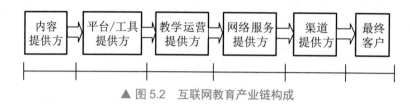

▲ 图 5.2　互联网教育产业链构成

由图 5.2 可见，互联网教育产业因为涉及很多内容资源和教学平台开发的问题，使产业链的特点非常接近互联网企业，而传统教育培训的产业链相对较短（图 5.3）。互联网教育的产业链结构既呈现互联网产业的特点，也呈现教育产业的特点。

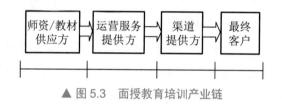

▲ 图 5.3　面授教育培训产业链

二、互联网教育产业链分析

下面对互联网教育产业链的各个部分进行分析。

1. 内容提供方

内容提供方指的是提供互联网教育内容资源（如授课视频、课件、试题、试卷等）的提供方，业界内的典型代表有新东方在线、学科网、菁优网、跨学网等企业。内容提供方不仅可以是企业，也可以是个人，如为各个网校提供授课、课件服务的教师等。

2. 平台 / 工具提供方

平台提供方指的是提供互联网教育使用的教学软件平台的企业，包括点播教学平台、直播教学平台等。国内专门提供平台的企业有汇思软件、东软集团、移动学习资讯网等企业。

工具提供方主要是指提供课件制作、课件录制服务的工具软件提供方，此部分代表有 Articulate、iSpring、Lectora 等产品。

3. 教学运营提供方

教学运营提供方指的是面向学习者提供互联网教育服务的企业，如学而思网校、沪江网校、东大正保旗下的各个网校，都是教学运营提供方。

需要注意的是，在中国很多运营性的网校，都是自主开发内容和平台的。因此前三者在很多情况下，都是同一家公司。

4. 网络服务提供方

网络服务提供方主要是指提供服务器及带宽资源的互联网 IDC，如阿里云、西部数码、CC 视频等。这里将网络服务提供方列入产业链中，主要是因为互联网教育运营所需要的大量的带宽和服务器成本，占有在线教育企业 10%～15% 的支出，所以也是整个产业链上不可忽视的一部分。

5. 渠道提供方

渠道提供方是指将产品和服务推广、销售给目标客户的独立企业，主要分为以下 3 类。

（1）网络推广渠道。

百度、新浪、网易、搜狐、腾讯、360、天猫等各大门户网站，是互联网教育最重要的网络推广渠道。此外，还有沪江网、精品教育网等各类垂直门户网站。

App Store、91 手机助手、360 助手等则是 APP 推广的重要途径。随着网络营销的作用越来越大，以后该类渠道对互联网教育和面授培训都是较为重要的推广渠道。

（2）线下代理商。

线下代理商指代理各类互联网教育产品的代理商、加盟商等，主要为分布于二线、三线甚至四线城市的新华书店、教学培训机构、民营书店等实体机构。

随着电子商务的迅猛发展，线下代理商的作用将越来越小，尤其是对成人教育来说，这类群体受线下代理商的影响将越来越小。而中小学教育则不同，因为中国学生群体的区域分布非常广，因此短时间内线下代理商的作用仍然不可小觑。

（3）直营渠道。

直营渠道指的是运营方自己建立的推广和销售渠道，如直销队伍、分公司等。当前互联网教育行业做直营的企业非常少，因为直营渠道的建设成本高而且不符合互联网教育的定位。

6. 最终客户

最终客户指的是从互联网教育企业中购买所需产品和服务的群体，分为两种类型。

（1）客户与使用者合二为一。

商品和服务的购买者和使用者均为同一个人，则是合二为一。此时购买者的需求和使用者的需求是一致的。互联网教育 B2C 的商业模式即这种类型。

（2）客户与使用者分离。

商品和服务的购买者和使用者不是同一个人，而是有相互关系的。此时购买者的需求和使用者的需求则是不一致的。比如在企业 e-Learning 领域，购买互联网教育产品的人群多是企业培训部门或人力资源部门，而使用者则是企业的员工。购买者要求产品要有记录员工学习的功能，而作为使用者的员工，则不需要这项功能。

在 K12 领域也是如此，家长和学生是一对矛盾的统一体。家长希望购买了产品和服务之后，能够促进学生的学习，而学生并不一定持同样的观点，可能只是被动听从家长的安排。

在从事客户与用户分离的行业时，互联网教育企业需要特别注意重点满足"客户"的需求，还是"用户"的需求，因为这是商业行为是否产生的关键所在。

第三节　中国互联网教育用户画像

　　了解互联网教育，首先需要了解中国互联网教育主要用户群体的特征。这里引用 2018 年 4 月教育部教育管理信息中心、数字学习与教育公共服务教育部工程研究中心、百度教育共同编著的《2017 年中国互联网学习白皮书》中关于互联网教育整体用户画像的内容。基于百度大数据，这里的每一份数据都有对应的样本数据说明。引用的这份互联网教育整体用户画像，反映了中国互联网教育用户群体的基本特征，具体叙述如下。

　　为深入挖掘不同角色的互联网学习者信息，获取数据背后的含义，从学习者、教师和家长三类用户对象出发，分别对其基本特征数据进行分析。对互联网学习者从其地区及省市、年龄及学段、学习状况等方面进行描述，家长的基本特征描述在此基础上加入学历及收入、行业及职业、对孩子的期望及关注的内容，教师特征加入学段及科目统计描述。《2017年中国互联网学习白皮书》以统计分析学习者的互联网学习行为和状况为主，透过教师和家长的视角全面了解学习者当前的学习状态及发展趋势。

　　问卷在百度文库、百度百科、百度知道等平台上投放，收集问卷171 947份，其中有效问卷117 622份，有效率达到68.41%，对互联网学习者整体用户群体中的家长、教师、学习者三类角色的分配情况进行统计，得到的结果如图5.4所示。

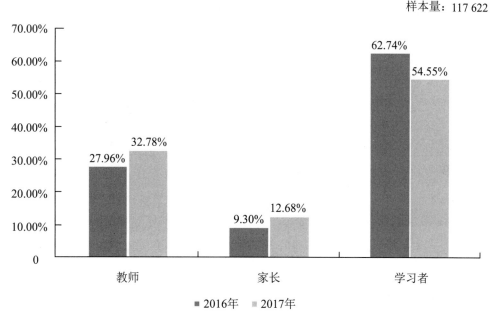

样本量：117 622

▲ 图5.4　2016—2017年互联网学习者整体用户群体中的家长、教师、学习者三类角色的分配情况

　　从图5.4可以看出，互联网学习产品用户以学习者为主，占比为54.55%，教师及家长在产品用户中占比分别为32.78%和12.68%。相较于2016年，教师和家长角色的用户占比分别增长4.82%和3.38%，学习者占比减少，减少了8.19%。

一、使用互联网产品的学习者特征

1. 地区及省市

对学习者所在的地区和省市进行调查，得到的结果如图 5.5 和图 5.6 所示。

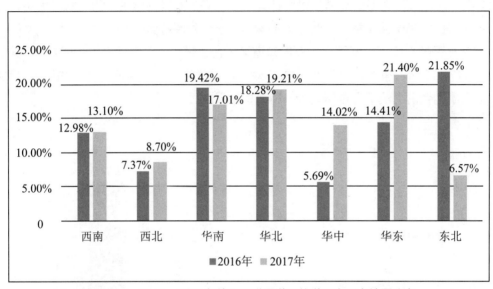

▲ 图 5.5　2016—2017 年使用互联网学习的学习者所在地区分布

从图 5.5 可以看出，2017 年学习者所在地区中排在前三位的是华东、华北和华南三个地区，三个地区的学习者之和占到学习者总数的 57.62%。对比 2016 年，华中、华东在 2017 年的学习者占比大幅上升，西南、西北、华北也呈上升趋势，但上升幅度不大，华南地区学习者有所减少，东北地区学习者大幅度减少。

从图 5.6 可以看出，2017 年学习者占比前 5 名的省份分别是广东省、山东省、江苏省、北京市和河南省。和 2016 年数据相比，北京市从第二位下滑至第四位，山东省由第四位上升至第二位，浙江省下滑出前五，降至第七位，河南省由第八位升至第五位。

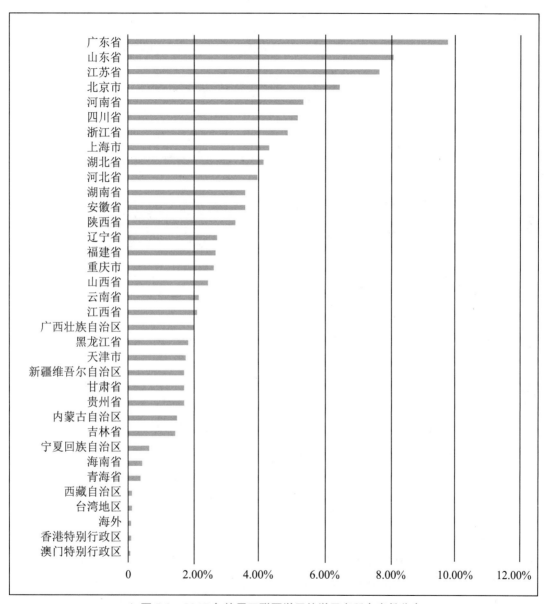

▲ 图 5.6 2017 年使用互联网学习的学习者所在省份分布

2. 年龄及学段

对学习者所处的学段与年龄进行调查，得到的结果如图 5.7 和图 5.8 所示。

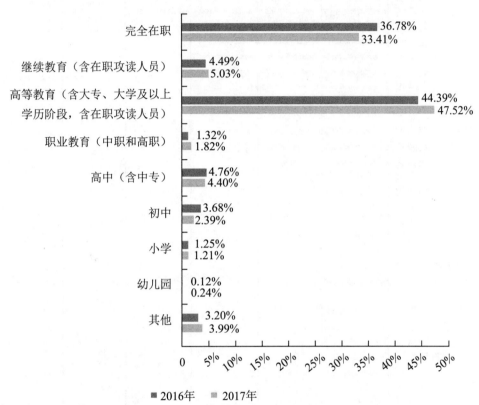

■ 2016年　　■ 2017年

▲ 图 5.7　2016—2017 年使用互联网学习的学习者的学段分布

从图 5.7 可以看出，2017 年学习者主要集中在高等教育及完全在职阶段，分别占学习者总数的 47.52%、33.41%。这主要是因为高等教育阶段的大学生具有较为强烈的学习欲望，同时有大量的时间和机会去尝试和体验不断涌现的互联网学习；而完全在职阶段的人群有解决工作中的问题、提升专业技能、获得资格证书等方面的需求，这些需求成为其使用互联网学习的动力。基础教育阶段，处于高中学段的学习者占比最高，初中学段次之，小学及幼儿园学段比例很少。职业教育学段的学习者占比较少。与 2016 年相比，完全在职阶段占比有所减少，高等教育阶段占比有所增加。

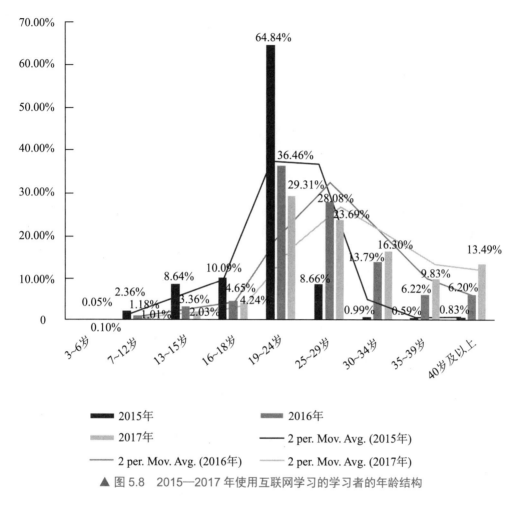

▲ 图 5.8 2015—2017 年使用互联网学习的学习者的年龄结构

从图 5.8 可以看出，2017 年学习者的年龄主要集中在 19~24 岁、25~29 岁、30~34 岁三个阶段，也正对应了学习者的学段分布主要集中在高等教育和完全在职阶段的占比。与 2016 年相比，2017 年 19~24 岁区间的学习者数量占比呈下滑趋势，30~34 岁、35~39 岁、40 岁及以上年龄段的学习者数量占比呈上升趋势。

3. 学习状况

对学习者的学习状况进行调查，得到的结果如图 5.9 所示。

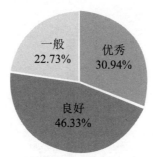

▲ 图5.9　2017年使用互联网学习的学习者的学习状况

从图5.9可以看出，30.94%的学习者认为自己的学习状况优秀，46.33%的学习者认为自己的学习状况良好，仅有22.73%的学习者认为自己的学习状况一般。这说明现阶段已经有大部分学习者适应了利用互联网进行学习，并且能够让自己在学习过程中保持一个良好的状态。

二、使用互联网产品的家长特征

1. 地区和省市

对使用互联网学习的家长所在地区和省市进行调查，结果如图5.10和图5.11所示。

▲ 图5.10　2017年使用互联网学习的家长所在地区分布情况

从图 5.10 可以看出 2017 年使用互联网学习的家长主要集中在华东、华北和华南地区，与互联网学习者所在地区分布情况保持一致。

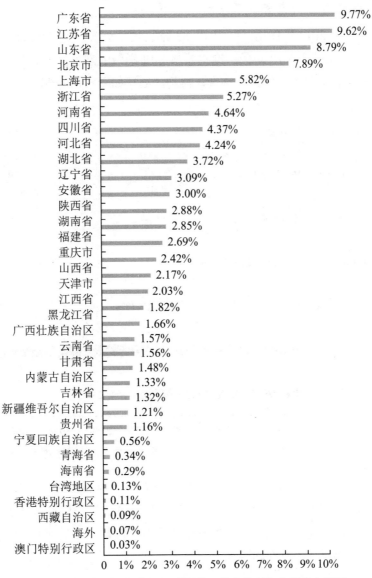

▲ 图 5.11　2017 年使用互联网学习的家长所在省份分布情况

从图 5.11 可以看出 2017 年使用互联网学习的家长占比前五位的省份为广东省、江苏省、山东省、北京市和上海市，与互联网学习者省份分布情况区别较小。

2. 使用互联网学习的家长其子女所处的学段

如图 5.12 所示，2017 年使用互联网学习的家长其子女以小学和学龄前两个学段为主，90.52% 的家长其子女处于 K12 学段，这主要与 K12 学段的家长身上肩负着子女教育培养的责任有关。对家长的年龄结构进行调查，得到的结果如图 5.13 所示。

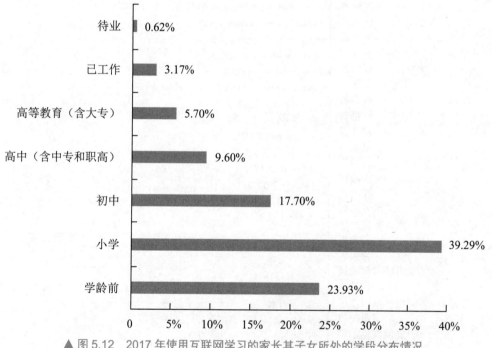

▲ 图 5.12　2017 年使用互联网学习的家长其子女所处的学段分布情况

从图 5.13 可以看出，2017 年使用互联网学习的家长集中在 30～34 岁、35～39 岁、40～44 岁三个区段，占比达到 75.07%。这主要与 30～44 岁区段的家长其子女多处于 K12 阶段，他们有较强的借助互联网学习了解基础教育课程设置、考试制度、升学政策相关资讯、对孩子进行作业辅导等方面的需求。

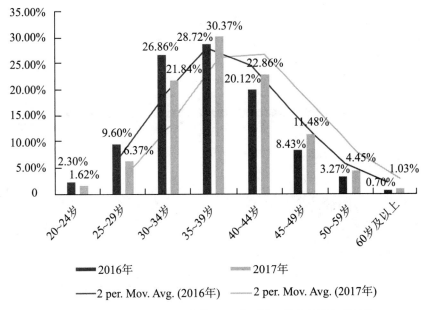

▲ 图 5.13　2016—2017 年使用互联网学习的家长的年龄结构

另外，从图 5.13 中的趋势线可以看出，使用互联网学习的家长人数与其年龄之间存在一定的关系，不同年龄阶段使用互联网学习的家长数占所有使用互联网学习的家长数的比例曲线呈现倒 V 形的规律，即在 39 岁之前，使用互联网学习的家长数会随年龄的增加而增加；而 39 岁之后，使用互联网学习的家长数会随年龄的增加呈下降趋势。

3. 学历及收入

对使用互联网学习的家长的学历及月平均收入水平进行调查，结果如图 5.14 和图 5.15 所示。

从图 5.14 可以看出，2017 年使用互联网学习的家长的学历主要集中在本科/大专，达到 73.81%，与 2016 年相比变化不大。

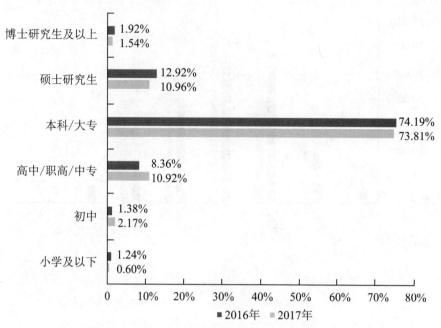

▲ 图 5.14　2016—2017 年使用互联网学习的家长的学历分布

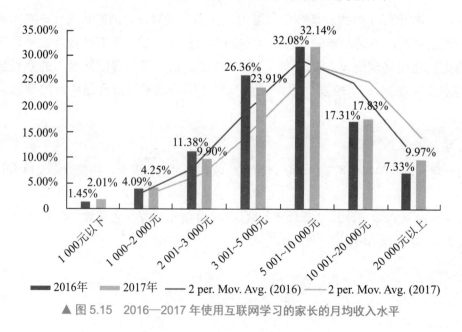

▲ 图 5.15　2016—2017 年使用互联网学习的家长的月均收入水平

从图 5.15 可以看出，2017 年使用互联网学习的家长的收入大部分在 3 001～20 000 元之间，占比为 73.88%，与 2016 年相比基本无变化。但是收入在 2 001～5 000 元的人数占比与 2016 年相比减少，其余收入段的人数占比与 2016 年相比增加。

4. 行业及职业

对使用互联网学习的家长所在行业及所从事的职业进行调查，得到的结果如图 5.16 和图 5.17 所示。

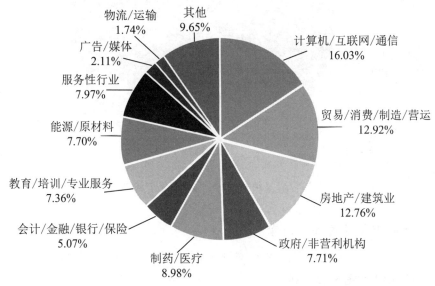

▲ 图 5.16 2017 年使用互联网学习的家长所在行业

从图 5.16 可以看出，2017 年使用互联网学习的家长所从事的职业以计算机 / 互联网 / 通信、贸易 / 消费 / 制造 / 营运、房地产 / 建筑业居多，分别占到所有使用互联网学习的家长数的 16.03%、12.92%、12.76%。

从图 5.17 可以看出，2017 年使用互联网学习的家长所从事的职业集中在企业 / 公司管理人员、企业 / 公司职员，可以看出企业管理人员这一群体中使用互联网进行学习的比例高于普通职员，说明管理人员对于使用互联网进行学习的意识更强。

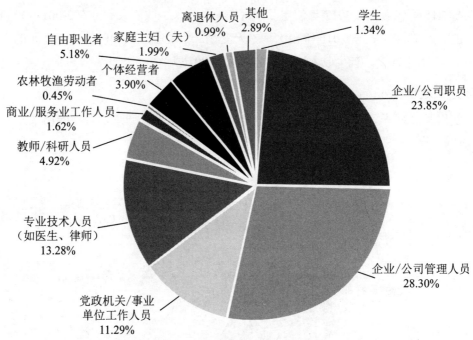

▲ 图 5.17　2017 年使用互联网学习的家长所从事的职业分布

5. 对孩子的期望及关注的内容

对 2017 年使用互联网学习的家长对孩子的期望及他们关注的内容进行调查，得到的结果如图 5.18 和图 5.19 所示。

从图 5.18 可以看出，大部分使用互联网学习的家长对孩子的期望主要包括学习成绩优异，德、智、体、美、劳全面发展；有一定的文化知识，具有良好的生活和处事能力。这在一定程度上说明家长对孩子的期望越来越高，已经不再满足于成绩优异，而是期望孩子在知识面、综合能力上都有所提升。

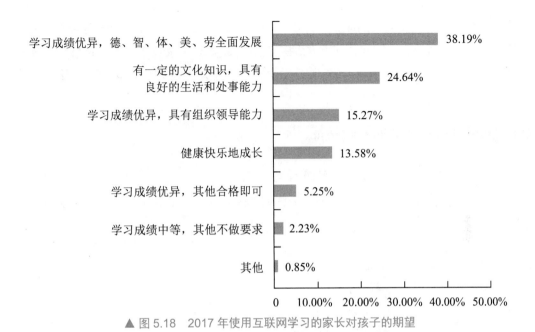

▲ 图 5.18　2017 年使用互联网学习的家长对孩子的期望

▲ 图 5.19　2017 年使用互联网学习的家长对孩子的关注点

从图 5.19 可以看出，从长远发展来看，大部分使用互联网学习的家长更关注自己的孩子是否具备适应社会发展的能力；是否爱学习，勤思考，养成良好的学习习惯；是否具备较强的沟通交流能力，有志同道合的朋友。从侧面体现了家长将注意力转移至培养学习者的 21 世纪核心素养上。同时，表明开发者在设计开发互联网学习服务时需要给予社会性交互功能更多的关注。

三、使用互联网产品的教师特征

1. 使用互联网产品的教师年龄及学习时长

对 2016—2017 年使用互联网学习的教师所处年龄及学习时长进行调查，结果如图 5.20 所示。

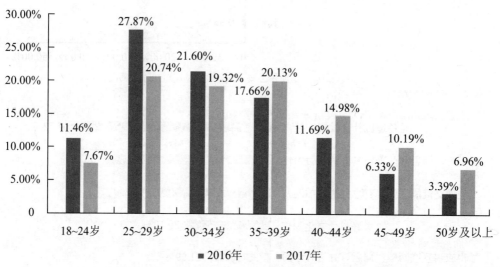

▲ 图 5.20　2016—2017 年使用互联网学习的教师的年龄构成

从图 5.20 可以看出，2016 年使用互联网学习的教师的年龄集中在 25～29 岁、30～34 岁两个区段。这主要是因为 25～34 岁区段的教师多为骨干教师和青年教师，教学经验上有所欠缺，迫切希望借助互联网学习来辅助自己的教育教学工作和促进自我发展。与 2016 年相比，2017 年 35 岁以下的教师呈减少趋势，35 岁以上的教师呈增加趋势，这也说明互联网学习正在向较大年龄的教师迁移。

如图 5.21 所示，2017 年大部分使用互联网学习的教师学习时长在 1～5 个小时，与 2015 年和 2016 年相比，教师学习时长在 1 小时以内的呈减少趋势，在 1 小时以上的呈上升趋势，说明教师在互联网学习上花费的时间越来越长。这或许说明教师越来越迫切希望借助互联网来不断学习新的教学理念和方法，不断更新自己的知识结构。

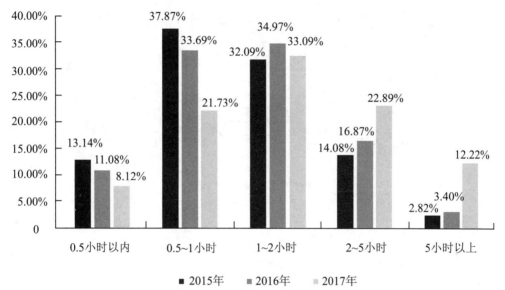

▲ 图 5.21 2015—2017 年使用互联网学习的教师学习时长

2. 学习者与教师关注的互联网学习平台对比

对 2017 年使用互联网学习的学习者和教师对基础教育平台、职业教育平台、高等教育平台、继续教育平台的关注程度进行调查，得到的结果如图 5.22 至图 5.25 所示。

如图 5.22 所示，使用互联网学习的学习者和教师关注的基础教育平台，基本上都集中在搜索类、学习资料类、题库类，但是教师用户明显多于学习者，而学习者在作业答疑方面占比高于教师，说明学习者关注更多的是作业答疑。

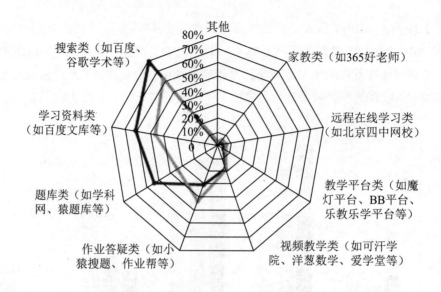

▲ 图 5.22　2017 年使用互联网学习的学习者与教师关注的基础教育平台对比分析

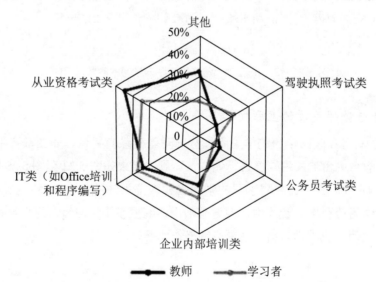

▲ 图 5.23　2017 年使用互联网学习的学习者与教师关注的职业教育平台对比分析

从图 5.23 可以看出,教师在从业资格考试类、公务员考试类及其他方面关注度高于学习者用户,而学习者在驾驶执照考试类、IT 类、企业内部培训类关注度高于教师,说明在职业教育领域,学习者对于学习内容及学习目的更有针对性。

2017 年,通过对使用互联网学习的学习者与教师关注的高等教育平台进行对比分析,发现学习者和教师关注的高等教育平台基本都集中在在线课程类、题库和模考类、外语学习类,不同的是教师更多地关注在线课程类,而学习者更多地关注在题库和模考类及外语学习类,如图 5.24 所示。

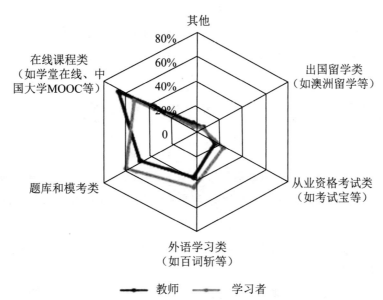

▲ 图 5.24 2017 年使用互联网学习的学习者与教师关注的高等教育平台对比分析

2017 年,对使用互联网学习的学习者与教师关注的继续教育平台进行调查,发现学习者和教师基本都集中在关注资源下载类、依据自己的兴趣进行学习类、考前培训类,对于资源下载类,学习者和教师关注用户占比基本一致(图 5.25)。区别在于教师在依据自己的兴趣进行学习类、考试测评类的用户占比高于学习者,而学习者对考前培训类、正式的专业学习获得学历类、从业资格认证类的关注高于教师。

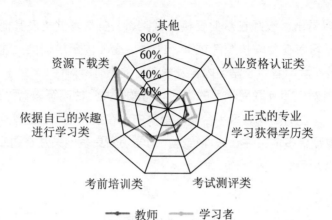

▲ 图 5.25　2017 年使用互联网学习的学习者与教师关注的继续教育平台对比分析

第四节　中国互联网教育版块及细分领域

互联网教育按照其产品和服务场景可以分为 5 个版块：一是教育信息化服务，二是在线教育运营服务，三是在线教育平台服务，四是在线教育技术服务，五是移动教育终端服务（图 5.26）。

① 教育信息化服务也称为 B2G 市场，属于国家教育主管部门面向体制内学校教育教学的系统性建设工程。

② 在线教育运营服务为互联网教育的 B2C 市场，主要面向体制外的基础教育课外辅导、职业技能培训、语言培训、企业培训、才艺培训等领域提供网络化的培训服务。

③ 在线教育平台服务包括课程分享平台、家教预约平台和教育培训门户，包含 B2B、C2C 和 O2O 三种模式市场。平台本身不直接为学习者提供教育培训，而是通过搭建在线平台的方式为学习者提供线上与线下的培训辅导引导、预订、评价等服务。

④ 在线教育技术服务也称为互联网教育的 B2B 市场。技术服务提供虽然不直接参与教学服务，却通过技术为线下培训机构搭建出了在线教育的环境。

⑤ 移动教育终端服务是教育电子商家为教师教学、学生学习、家长辅导等提供的移动教育硬件产品，同样为教育的 B2C 市场。

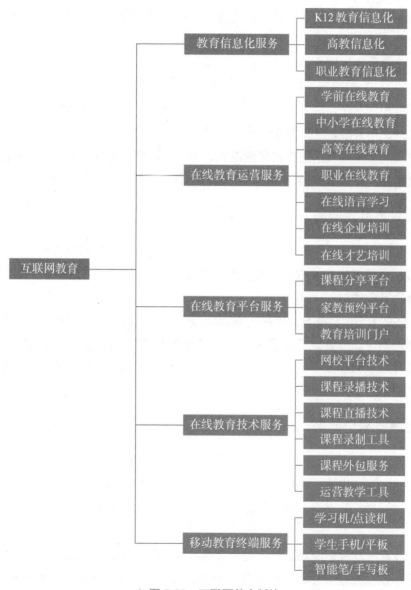

互联网教育

教育信息化服务
- K12教育信息化
- 高教信息化
- 职业教育信息化

在线教育运营服务
- 学前在线教育
- 中小学在线教育
- 高等在线教育
- 职业在线教育
- 在线语言学习
- 在线企业培训
- 在线才艺培训

在线教育平台服务
- 课程分享平台
- 家教预约平台
- 教育培训门户

在线教育技术服务
- 网校平台技术
- 课程录播技术
- 课程直播技术
- 课程录制工具
- 课程外包服务
- 运营教学工具

移动教育终端服务
- 学习机/点读机
- 学生手机/平板
- 智能笔/手写板

▲ 图 5.26 互联网教育版块

一、教育信息化服务

教育信息化服务是指在教育领域（教育管理、教育教学和教育科研）全面深入地运用现代信息技术来促进教育改革与发展的过程。中国教育信息化启蒙于电化教育，起步于远程教育，而教育信息化则是在电化教育和远程教育的基础上，同时结合当时的信息化趋势提出的教育信息化系统理念。

"三通两平台"的提出，建立了近十年的教育信息化的建设目标。当前教育信息化的核心内容是教学信息化，其技术特点是数字化、网络化、智能化和多媒体化。政府对教育信息化政策的逐渐开放，使更多企业有机会参与教育信息化工程建设。新技术、新理念的诞生，给教师、学生带来了更丰富多彩的教、学、测、练、考的体验。按照中国的教育阶段，教育信息化可分为 K12 教育信息化、高教信息化、职业教育信息化。

二、在线教育运营服务

在互联网教育领域中，在线教育运营服务是作为前端直接发起培训服务的角色，指教育企业或机构通过网络在线的方式为受教育者提供内容资源、在线辅导、自学网络系统、学习辅助软件等产品。

20 世纪 90 年代，在线教育产品主要以网校为主，但由于基础网络技术差导致了在线教育学习体验不佳。随着近几年互联网技术的迅猛发展及互联网教育第二波浪潮的到来，诸如在线题库、在线答疑、在线测评、在线一对一、自适应学习等多种在线教育产品诞生，学习体验大大提升。

三、在线教育平台服务

平台是互联网中常见的一种商业模式，即所谓的 B2BC 模式，在互联网教育领域中也自然有企业希望通过搭建平台的方式，为企业和学习者提供资源匹配对接服务。在上一个互联网教育浪潮期，就有企业搭建了教育培训的门户网站，而且到今天仍然活跃在互联网行业中。

在第二波互联网教育浪潮下，一些大型的互联网公司也通过搭建平台的方式，为教育机构和学习者提供在线教学、在线学习的服务。2015 年，教育 O2O 风靡一时，各种家教预约平台也快速兴起。因此，根据平台的性质和作用，在线教育平台可分为课程分享平台、家教预约平台和教育培训门户。

四、在线教育技术服务

在线教育是一场不可错过的盛宴，有的企业选择直接做培训或内容参与，而有的企业却基于行业的技术门槛通过提供技术服务去分得一杯羹。在线教育技术提供商为向培训教育机构企业提供内容制作、平台搭建、技术支持等技术的第三方服务企业。

在线教育技术根据技术特性和用途可分为网校平台技术、课程录播技术、课程直播技术、课程录制工具、课程外包服务和运营教学工具 6 个细分领域。根据教育阶段及教育内容的属性，在线教育版块可分为学前在线教育、中小学在线教育、高等在线教育、职业在线教育、在线语言学习、在线企业培训、在线才艺培训 7 个领域平台服务提供商。

五、移动教育终端服务

移动教育终端产品诞生已有十几年，早期的移动教育终端可能是电子词典，而随着移动互联网市场的发展，如今的移动教育产品早已具备了网络功能，且功能丰富多样。移动教育产品具备了教育的垂直型、安全性等独特的优势，而且随着物联网、人工智能等智能化技术的崛起，诞生了如智能笔／手写板、儿童智能手表、教育机器人等新兴产品，因而现在移动教育终端仍是一个市场规模过百亿的互联网教育市场。

第五节　中国互联网教育的产品与服务模式

中国互联网教育不同的版块有不同的产品，根据产品的特征和功能，对各版块的产品与服务模式进行分类，如图 5.27 所示。

教育信息化的产品主要分为 3 类：第一类是整体解决方案，包括三通两平台、智慧校园、智慧课堂；第二类是单一功能的软件系统，包括测评系统、排课系统、阅卷系统；第三类是信息化硬件产品，包括电子书包、智能黑板／教学一体机等。

互联网教育产品与服务模式				
教育信息化	"三通两平台"	智慧校园	智慧课堂	测评系统
	排课系统	阅卷系统	电子书包	智能黑板/教学一体机
在线教育运营	在线题库（资源）	在线测评	在线答疑	教育游戏
	在线教学	学习辅助工具		自适应学习
在线教育技术	网校平台技术	课程录播技术	课程直播技术	课程录制工具
	课程外包服务		运营教学管理平台	
在线教育平台	课程分享平台			
	家教预约平台		教育培训门户	
移动教育终端	学习机/点读机		学生手机/平板	
	答题器		智能教育机器人/智能笔	

▲ 图 5.27 互联网教育主要的产品与服务模式

在线教育运营主要有在线题库、在线测评、在线答疑、教育游戏、在线教学、学习辅助工具、自适应学习等。

在线教育技术的主要产品与服务有网校平台技术、课程录播技术、课程直播技术、课件录制工具、课程外包服务、运营教学管理平台。

在线教育平台主要有课程分享平台、家教预约平台、教育培训门户 3 种。

移动教育终端主要值得关注的是学习机 / 点读机、学生手机 / 平板、答题器、智能教育机器人 / 智能笔等便携式产品。其中学习机、学生手机 / 平板具备了教育内容搭建的特性，而点读机、答题器、智能教育机器人 / 智能笔则具备了辅助学习的属性。

一、教育信息化

1. "三通两平台"

"三通两平台"是刘延东于 2012 年提出的教育信息化顶层设计方案，也是我国现阶段教育信息化的建设目标。三通包括宽带网络校校通、优质教育资源班班通、网络学习空间人人通；两平台包括教育管理公共服务平台、教育资源公共服务平台。教育信息化服务企业正围绕"三通两平台"开发一系列的教育产品与服务。典型的提供"三通两平台"的企业有全通教育、颂大教育、万朋教育等。

2. 智慧校园

智慧校园是基于整个校园的课堂教学、校园管理、教务管理、家校互动等活动开发的新一代互联网教育信息化产品。目前，提供智慧校园产品的企业有拓维教育云校园、腾讯智慧课堂等。

3. 智慧课堂

智慧课堂是在新的教育理念、教育技术背景下围绕课堂教学过程打造的智慧型教学产品，对于智慧课堂的理念，每个人有不同的理解，但其中高度一致的观点是认为智慧课堂应当以学生为中心，促进学生的人格发展。目前，提供智慧课堂产品服务的企业有科大讯飞畅言智慧课堂。

4. 测评系统

测评系统是指学校用来为学生进行学情分析、身心健康、综合素质等测试与评价的软件系统。随着大数据、云计算技术的深入应用，教育行业也希望通过数据分析的方式对学生个人做出多方位的评价。中小学阶段希望通过数据找出学生知识存在的缺陷，幼儿阶段的家长希望通过数据看到孩子每天的身体健康状况。

5. 排课系统

排课系统是指通过排课算法为学校各班级编排课程安排表的软件系统。排课系统主要解决两个问题：第一是避免课程冲突，完成所有的课程编排；第二是编排的课程要合理，使学校、教师甚至学生都满意。早期学校排课一般通过手动方式完成，随着教育信息化的深入，很多学校产生了对自动排课系统的需求。

6. 阅卷系统

阅卷系统是指以计算机网络技术和电子扫描技术为依托，实现客观题自动阅卷、主观题网上评卷的一种现代计算机系统。阅卷系统释放了教师批阅大量试卷的压力，同时减少了很多人为因素的误差。典型的阅卷系统有全通纸笔王网上阅卷系统、乐华网上阅卷系统。

7. 电子书包

电子书包是利用信息化设备进行教学的便携式终端，除了传统家校通包含的家校沟通功能，电子书包还提供更加丰富的教育信息化功能，如数字化教育资源、学生成长史等。典型的电子书包产品有优学派电子书包、盈动电子书包、汉王电子书包等。

8. 智能黑板 / 教学一体机

智能黑板 / 教学一体机是在常规电教及计算机设备的基础上发展起来的，兼具教学、学术报告、会议、综合性研讨、演示交流及远程教学、远程改卷、远程上课、远程出题、远程会议等功能。典型的教育一体机企业有鸿合科技、万里智能、深圳巨龙等。

二、在线教育运营

1. 在线题库（资源）

在线题库（资源）指的是所有与教育相关的线上材料。根据材料性质的不同，内容资源可分为课程、课件、试题。目前市面上的内容资源类产品都是综合其中两者或者三者的。典型的内容资源类产品有学科网、寓乐湾等。

2. 在线测评

在线测评是指通过大数据技术或标准化的数据模型，对用户的知识或者能力进行测试和评价。目前市面上的在线测评产品主要有 5 种：口语测评、文本测评、基础知识测评、升学测评和职业规划测评。口语测评类产品有口语 100、多说英语、流利说等。文本测评类产品有批改网、极致批改网等。基础知识测评类产品主要是基于海量的题库，因此多是题库类产品，如猿题库、易题库等。升学测评类产品有升学网等。职业规则测评类产品有升学网、ATA 等。

3. 在线答疑

在线答疑是指通过海量知识库或在线教学模式，及时线上解决用户遇到的问题。目前市面上的在线答疑主要有两种模式：拍照搜题和在线答题。通常这两者被集合在一个产品上，其中拍照搜题是免费的，在线答题是收费的。典型的在线答疑产品有学霸君、小猿搜题、作业帮、阿凡题、口袋老师等。

4. 在线教学

在线教学是指教师通过互联网实时对学习者进行授课。根据教师和学习者连接关系的不同，在线教学产品可分为在线教学班课、在线教学一对一、在线教学平台。在线教学班课产品有很多，如沪江网校、邢帅教育、华图教育。在线教学一对一的产品有在线语言一对一和中小学课外辅导在线一对一。在线语言一对一，如 TutorABC、51talk、VIPKID 等平台。中小学课外辅导在线一对一，如一米辅导、海风教育、三好网等品牌。在线教学平台类主要是由大型的互联网公司所搭建，提供给机构和个人在平台上开课，典型的平台有腾讯课堂、百度传课、网易云课堂、淘宝教育。

5. 教育游戏

教育游戏指的是将学习过程游戏化类的教学产品，多见于学前教育阶段产品。教育游戏类产品创意很多，在此不再细分。典型的教育游戏类产品有一起作业网、花朵网、宝宝巴士、小伴龙等。

6. 自适应学习

自适应学习是指利用云计算技术，根据学习者在该产品上的学习记录及评价，深度理解学习者的学习需求、进度、强弱点等，自动为学习者推送当前应当学习的内容。典型的自适应学习产品有义学教育、学吧课堂、优易课等。

三、在线教育技术

1. 网校平台技术

网校平台技术是指为教育培训机构提供在线课程直播、点播功能的网校搭建技术，网校系统对于课程界面设计、流媒体播放、网络带宽、并发量等有非常高的要求。典型的提供网校平台技术的企业如 EduSoho、云学堂、268 教育等。

2. 课程录播技术

课程录播技术是指为教师授课提供视频录制的功能，录播技术对于画质的清晰度、声音的清晰度、文件的存储型要求都很高。课程录播技术的典型企业有北京文香、盈可视、中轻集团等。

3. 课程直播技术

课程直播技术是指教师通过网络平台进行在线授课的技术，课程直播技术应当包含视频直播、课程展示、互动问答等功能，对于直播的清晰度、及时性、并发量都有很高的要求。典型的企业如 CC 视频、展视互动、爱学堂等。

4. 课件录制工具

课件录制工具是指具有课程排版、课件转视频、声音录制功能的工具软件。典型的课件制作工具有 iSpring、Articulate、知牛网等。

5. 课程外包服务

课程外包服务是指为在线教育企业提供课件制作、课程设计与开发的企业。典型的课程外包服务企业如时代光华、盛世智联、赢诺科技等。

6. 运营教学管理平台

运营教学管理平台是指为培训机构提供招生报名、学员管理、课程教学作业提交与批改等功能的网络软件系统。典型的教学管理平台有校宝、BOSS 校长、大家汇等。

四、在线教育平台

1. 课程分享平台

在线课程分享平台是指为教育机构、教师个人提供在线授课、互动教学、课程展示服务的在线教育平台。在线课程平台一般由大型互联网企业所搭建，在广告导流、数据并发、后期服务等方面具有天然优势。典型的课程分享平台有腾讯课堂、淘宝教育、传课网、网易云课堂、YY 教育等。

2. 家教预约平台

家教预约平台源于教育 O2O 的概念，希望将教育培训去中介化，直接连接学生 / 家长和家庭教师。平台基于学科、地理位置、客单价等信息提供家庭教师的服务信息，学生 / 家长在线进行交易，家庭教师上门授课。典型的 C2C 交易平台产品有跟谁学、请他教、神州佳教等。

3. 教育培训门户

教育培训门户是指为学习者提供培训机构基本信息浏览、机构间对比、与机构沟通等功能的信息服务平台。典型的培训机构引导平台有教育宝、决胜网等。

五、移动教育终端

1. 学习机 / 家教机 / 点读机

学习机在中国有二十几年的历史，早期的学习机可能只具备资料存储和查询的功能，而随着移动互联网教育的快速发展，现在的学习机早已包含了教学视频、教育游戏、多媒体课件等多种丰富的教学内容，家教机、点读机等也都具备了听、说、读、写等多种学习功能。典型的学习机、家教机、点读机、教育电子厂商有步步高教育、万利达教育。

2. 学生手机 / 平板

学生手机和学生平板是移动互联网教育背景下诞生的产品，几乎具备了所有常规平板的功能，并且制造商基于 Android 系统开发了更适合学生在线学习的后台系统，具有如时间控制、视力保护、内容过滤等各方面的教育特性。典型的学生手机和学生平板教育电子厂商有绿网天下、优学派。

3. 智能学习笔 / 书写板

智能学习笔是在近两年物联网、万物互联的背景下诞生的移动教育产品。目前市面上的智能学习笔主要有两种：一种通过内部传感器纠正学生视力、坐姿、书写手法，并通过网络记录学生学习习惯的辅助学习笔，典型产品有唯赐宝、App Crayon Deluxe；另一种是基于电格书写板通过 USB OTG、蓝牙或 WiFi 与电脑、手机等连接，从而将书写笔记转为电子文档或实时同步演示的教学工具笔，具备教学、作业、演示等多种功能，典型的产品有鲁伯特智慧笔、Equil 智能笔、WorldPenScan X。

4. 教育机器人

教育机器人有两种：一种是组装式的编程机器人，为少儿学习编程提供硬件支持；另一种是移动交互机器人，为少儿提供互动教育式寓教于乐的教育服务。

第六章
中国互联网教育产业分析

第一节　中国互联网教育产业热点回顾

随着互联网教育行业的迅速发展，互联网教育热点也在不断更新和发展，笔者对互联网教育产业热点进行了整体回顾（图6.1），从2012年高等教育慕课的兴起到2016年的直播辅导爆发，再到2017年的少儿编程，概述了各阶段的产业热点。

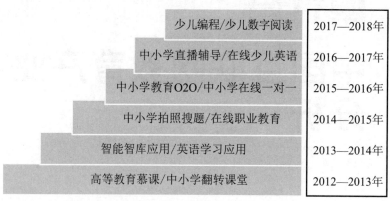

少儿编程/少儿数字阅读	2017—2018年
中小学直播辅导/在线少儿英语	2016—2017年
中小学教育O2O/中小学在线一对一	2015—2016年
中小学拍照搜题/在线职业教育	2014—2015年
智能智库应用/英语学习应用	2013—2014年
高等教育慕课/中小学翻转课堂	2012—2013年

▲ 图6.1 互联网教育热点回顾

一、2012—2013 年热点：高等教育慕课／中小学翻转课堂

1. 高等教育慕课

2010 年，一个由萨尔曼·可汗（孟加拉裔美国人）创办的教育性非营利组织——可汗学院，先后获得来自比尔·盖茨夫妇慈善基金的 500 万美元和谷歌公司的 200 万美元的资助。一个由个人创办的民间网络教育组织竟然能获得互联网巨头谷歌公司和 Facebook 的垂青，可汗学院获得融资的消息顿时在全球范围内产生了轰动。可汗老师成为风靡全球的人物，在线学习也成为当时最流行的学习方式。

可汗学院受到的广泛认可和成功的运营，也促进了其他 MOOC（大规模免费公开课程）平台的快速发展。Udacity、Coursera 和 edX 等 MOOC 平台由高校老师先后创办起来，并都获得了数千万的风险投资。这些 MOOC 平台与世界各国展开合作，提供了丰富多样的大学网络课程。Udacity、Coursera 和 edX 也一起被称为世界慕课三大巨头。

2012 年，国外 Udacity、Coursera 的融资风暴也迅速影响到国内的投资人和互联网巨头，在当前电子商务和网络游戏领域机会不多的情况下，他们将投资的目光放到了在线教育上，大笔的资金注入了在线教育市场。与此同时，美国 MOOC 平台成功运营的消息带动了中国首批 MOOC 平台的兴起，如中国大学 MOOC、MOOC 中国、华文慕课、慕课网、网易公开课等都是在这股慕课风潮下成立的。

在资本层面，果壳网创办的 MOOC 学院、中国高科集团联合北京大学创办的顶你学堂以及清华大学创办的学堂在线先后都获得了多轮风险投资，并与互联网巨头网易旗下的网易公开课并称为中国四大慕课平台。国内 MOOC 的兴起让莘莘学子足不出户就可以享受到国际顶尖名校的课程，中国互联网教育历史因此迎来了第二春。

2. 中小学翻转课堂

在萨尔曼·可汗努力建设"可汗学院"为学生提供课外学习辅导的同时，也有一批教师在体制内的学校做着颠覆传统课堂教学模式的尝试。2007 年，美国科罗拉多州 Woodland Park 中学的化学老师 Jonathan Bergmann 和 Aaron Sams 在课堂中采用"翻转课堂"的教学模式，并推动了这种模式在美国中小学教育中的使用。

随着互联网的发展和普及，翻转课堂的方法逐渐在美国流行起来并引起争论。美国的"翻转课堂"模式就是教师创建视频，学生在家中或课外观看视频中教师的讲解，再回到课堂上师生面对面交流并完成作业的一种教学形态。

2013 年，翻转课堂的理念也开始影响到中国的教育者，翻转课堂成为教育界热议的话题，从认识阶段逐步走向实践阶段。在中小学，已经有一些学校在进行相关的实践。2013 年年初，重庆市江津聚奎中学开展的翻转课堂实验，开启了中国"翻转课堂"实践教学的先河。学校随机选取两个实验班，在语文、数学、英语、物理、化学、政治、历史、地理这 8 门学科开展翻转课堂实验。

2013 年 8 月，在经过数月的研讨和论证后，山东省昌乐一中正式开始进行两个班级的翻转课堂实验。通过对学生和教师的培训和引导，翻转课堂在昌乐一中的实验取得重大成果。目前，昌乐一中全校各年级、各班级都在使用翻转课堂的教学模式，成为全国著名的翻转课堂示范基地。

二、2013—2014 年热点：智能题库应用／英语学习应用

1. 智能题库应用

慕课虽然风靡中国，但终究是一种免费的互联网教育服务。从 2013 年开始，国内在线教育行业开始积极探索营利性的在线教育模式。伴随着中国移动互联网浪潮的到来，基于手机的智能题库应用开始兴起，并成为当年最火热的互联网教育产品。

2013 年，由前网易高管李勇创办的粉笔网在运作并不理想的情况下开始转型移动端。同年 2 月 18 日，基于移动端的智能题库产品猿题库正式上线。起初，猿题库主打公务员考试，基于后台大数据为备考公务员的人提供真题解析、个性化考卷生成和模拟考试。2013 年 9 月 25 日，猿题库转型进入中小学领域，猿题库高考题库正式上线。在转型中小学教育的同时，猿题库并没有放弃原有的公务员考试业务。同年 9 月，原华图教育高管加入猿题库公司，负责公务员考试业务，原来的猿题库更名为粉笔题库。

猿题库母公司从创立之初就获得资本的青睐。2012 年 8 月和 2013 年 9 月，先后获得 IDG 和经纬中国的数千万元融资。猿题库备受资本宠爱，这也引起了其他教育创业者的歆羡。2013 年 7 月，90 后创业者武星宇开始组建团队，着手研发中小学题库产品，2014 年年初易题库正式上线。2015 年 1 月，易题库宣布获得腾讯数千万元的 A 轮融资。

2013 年 6 月，由原华为产品经理杨成夫创办的 K12 教育公司云学时代正式成立。同年 9 月，主打在线题库的魔方格正式上线。2013 年 12 月和 2014 年 3 月，魔方格先后获得联创科盈数百万元天使轮融资和复星睿正资本数百万美元的 A 轮融资。此后，作业宝、闻题鸟、题管家等项目也都获得天使轮融资，智能题库成为当年最火热的投资项目之一。

2. 英语学习应用

在移动互联网浪潮下，不只是智能题库的在线教育产品备受瞩目，英语学习应用也顺势而上成为英语学习者热衷的产品。

2013 年 1 月 10 日，英语口语学习产品流利说先后完成天使轮和 A 轮融资，其中 A 轮融资由 IDG 资本和纪源资本所投。同年 1 月，主打图文结合背单词的百词斩获得经纬中国 1 000 万元天使轮融资，并在 2014 年 5 月获得经纬中国追加的 300 万美元 A 轮融资。

2013—2014 年，英语单词应用拓词、扇贝单词均获得资本青睐完成了 A 轮融资，其中拓词 A 轮融资达到数百万美元，由红杉资本中国所投。知米单词、金山词霸也在同一时期完成天使轮融资，其中知米单词数百万元天使轮是由雷军系顺为资本所投。同时期，盒子鱼英语、英语趣配音等一些更丰富有趣的英语学习应用开始兴起并获得资本认可，其中盒子鱼英语获得创新工场数百万元天使轮融资。

三、2014—2015 年热点：拍照搜题／在线职业教育

1. 拍照搜题

在在线题库热极一时的时候，一款叫学霸君的拍照搜题软件凭借强大的图像识别技术在中小学中风靡起来。学生只需将回答困难的题目拍照并将照片通过该软件传送到后台系统，该软件马上就可以推送出该题目的原题和答案。拍照解题一来很新奇，二来直戳学生作业痛点，因而一经推出就深受中小学生喜爱。

学霸君拍照搜题应用虽然备受欢迎，但互联网技术型项目也一直是"烧钱"的项目，不得不引入资本来完成技术和深度研发和市场的扩张。2014 年 3 月，学霸君获得祥峰资本 500 万美元 A 轮融资；2015 年 6 月，学霸君完成 5 500 万美元 B 轮融资，投资方为启明创投、祥峰资本和网龙。学霸君在教育圈大火，竞争对手也自然纷至沓来。

猿题库于 2014 年推出拍照搜题应用——小猿搜题，同年，百度也推出内部研发孵化的品牌作业帮。2014—2015 年，小猿搜题母公司先后获得 1 500 万美元 C 轮融资和 6 000 万美元 D 轮融资。2015 年 9 月，作业帮正式从百度内部分拆出去，并引入红杉中国和君联资本完成 6 000 万美元 A 轮融资。

同时期，在北京的阿凡题、学习宝等拍照搜题应用也异军突起，获得许多大资本的重金押注。其中阿凡题在 2014 年就获得梅花天使创投天使轮和 A 轮数千万元融资，并在 2015 年获得深创投等资本合投的 B 轮 6 000 万元融资。学习宝更是在 2014 年完成两轮融资，其中天使轮由金沙江创投投资 300 万美元，A 轮由金沙江和软银中国合投 2 000 万美元。

拍照搜题成为智能题库的一个升级学习应用，科技感十足且直击用户痛点。这一年拍照搜题在资本市场大受欢迎，可谓是大资本、重下注。

2. 在线职业教育

当中小学教育领域的拍照搜题应用风靡时，职业教育领域的在线培训也大行其道。比起中小学领域的在线教育，职业教育领域的在线教育要来得更早。

早在 10 年前，达内公司就通过网络的方式用北京的师资给二线、三线城市分校的学生授课。而邢帅教育的邢帅早在 2009 年、2010 年就通过 QQ 做 PS 培训，并最终在 YY

直播上成为名师。当年职业教育没发展起来的原因：一是因为直播技术不成熟；二是因为风口没到。直到在线教育的风口来了，大家才发觉原来还有这些人早就在做在线教育的事情。

比起中小学领域，职业教育领域的学员付费能力更强，且自我学习的刚需性和稳定性更强。与中小学领域通过工具先圈用户再想办法变现的运营思维不同，职业教育领域的在线教育可以直接从网络付费课程开始。基于这些优势，在线职业教育被更多的企业所追逐，也被更多的资本所认可。

2014 年 3 月 1 日，达内科技完成 F 轮 1 350 万美元融资是做上市前的最后一次冲击。一个月后，达内科技正式在美股纳斯达克上市，成为中国第一家职业教育上市企业。达内科技成功上市成为职业教育万众瞩目的明星企业，自然引来很多竞争对手的歆羡与嫉妒。达内科技在职业教育积累多年，线下分校达到数百家，竞争者想超越达内科技绝非易事。而当互联网教育的浪潮来临时，竞争者觉得借助互联网一定大有可为，并有了超越达内科技的勇气。

2014 年年初，创办于上海的北风网和北京的极客学院两家在线 IT 培训机构先后获得 A 轮 300 万美元融资，成为在线 IT 培训机构赢得资本青睐的先行者。

2014 年 7 月，创办于成都的麦子学院同样获得 A 轮 300 万美元融资；8 月，深耕在线设计培训的邢帅教育完成 3 000 万美元 A 轮融资，投资方来自君联资本和北极光创投。9 月，极客学院再度完成 B 轮 2 200 万美元融资。11 月，数字艺术网校奇迹曼特完成 A 轮 300 万美元融资，投资方来源于好未来。12 月，曾经主打线下而后转战线上的 IT 培训机构我赢职场完成 3 500 万元 A 轮融资。除此之外，实验楼、计蒜客、牛客网等在线职教项目也在 2014 年横空出世，并在当年获得资本青睐完成天使轮融资。

2015 年，在线职业教育创业投资势头不减。2015 年 1 月，专注于互联网培训的馒头商学院获得真格基金 300 万元天使轮融资。3 月，互联网人在线大学三节课也获得 300 万元天使轮融资。6 月，北风网获得 6 400 万元 B 轮融资；11 月，麦子学院完成 1 亿元 B 轮融资；12 月，我赢职场同样完成 3 000 万元 Pre-B 轮融资。

2014—2015 年，拍照搜题成为中小学教育领域最热门的学习应用，而职业教育领域的在线职业培训也在此时奋起直追，成为在线教育资本角逐的战场。

四、2015—2016 年热点：教育 O2O/ 中小学在线一对一

1. 教育 O2O

2015 年，互联网的 O2O 热风吹到了教育领域。教育去中间化，跳过培训机构直接连接学生和老师，这一理论成为教育 O2O 奉行的真理。用互联网的力量颠覆新东方，成为当时教育界最响亮的豪言壮语。

2014 年 1 月，时任新东方执行总裁陈向东的辞职，在新东方乃至整个教育圈都激起不小的震动。6 月，陈向东创办跟谁学，创始团队包括来自新东方等教育机构及百度、阿里巴巴、腾讯等互联网企业的精英。跟谁学通过在线匹配学生需求和教师资源，为学生提供线下的上门家教服务，即为标准的教育 O2O 服务。8 月，跟谁学即获得天使轮融资，投资方为启赋资本。

2015 年 3 月，跟谁学获得高榕资本 5 000 万美元 A 轮融资，刷新了中国创业公司 A 轮融资纪录。本就顶着"新东方系"的光环，又获得巨额 A 轮融资，这让跟谁学成为当时最火热的教育企业之一。

教育 O2O 盛行之下，来的不只是跟谁学一个掘金者。2014 年 1 月，轻轻家教在上海创立，创始人为原精锐教育联合创始人胡国志。轻轻家教定位于通过 LBS 在线寻找老师，为学生提供上门家教服务。

2014 年 12 月，原昂立教育总经理、董事长刘常科辞职加入轻轻家教，担任轻轻家教 CEO。刘常科的加入让轻轻家教声名大振，迅速成为资本的宠儿。2015 年上半年的短短几个月里，轻轻家教先后完成 A 轮、B 轮、B+ 轮和 C 轮融资，四轮投资机构包括 IDG、挚信资本、红杉资本三大知名投资机构及教育巨头好未来。

来教育 O2O 领域的掘金者都是早已功成名就的人，而这其中还有东南地区最大的 K12 课外补习机构快乐学习的创始人张浩。2014 年年初，张浩放弃了快乐学习 70% 的股权，毅然创办中小学教育 O2O 企业——疯狂老师。

2014 年 10 月，疯狂老师获得数百万元天使轮融资。2015 年 1 月、6 月和 7 月，疯狂老师先后完成了 Pre-A 轮、B 轮和 B+ 轮融资，其中 B 轮 2 000 万元融资来自腾讯。疯狂老师的融资速度不亚于轻轻家教，而来自腾讯的投资更是让疯狂老师戴上了"腾讯系"的桂冠。

教育 O2O 成为 2015 年在线教育最大的风口，跟谁学、轻轻家教、疯狂老师的创业与融资由于其特殊背景而备受瞩目，然而乘风而上的远非只有这三家。

请他教成立于 2014 年 12 月，2015 年 5 月和 7 月先后完成 A 轮和 A+ 轮融资，合计超过 1.5 亿元。

老师来了成立于 2014 年 7 月，2014 年 9 月和 2015 年 3 月先后完成天使轮和 A 轮融资。

选师无忧成立于 2003 年，最初为华南地区的家教中心，2015 年推出基于 LBS 的赵老师应用，转型为教育 O2O 企业。2015 年 6 月和 2016 年 6 月先后完成天使轮和 A 轮融资。此外，还有老师好、名师宝、熊猫陪学等项目在 2015 年获得数千万元融资。

在 2015 年教育 O2O 的风口里，O2O 项目在资本的助力下一个个扶摇直上遨游于九天云霄。而当风停云散，大多风口里的宠儿从云端跌落凡间。2015 年年末到 2016 年，在疯狂的补贴过后，教育 O2O 也被认为是概念泡沫，泡沫迅速破裂，投资人开始大批撤资，创业者们也开始醒悟。

在教育 O2O 盛极而衰后，一些项目转瞬间倒闭，一些项目往其他方向转型，而只有极少数的项目挺立在 O2O 战场上。如此，教育 O2O 算是告一段落了。

2. 中小学在线一对一

在一些教育企业追逐互联网 O2O 模式风口时，有些企业尝试把线下的一对一辅导模式搬到线上。中小学一对一辅导由于其个性化需求、教学模式简单等优点，在线上培训机构里极为受用，精锐教育、学大教育、智康一对一等知名机构都是一对一模式的获利者。而将一对一搬到线上是否可行？一些机构勇敢地踏出了脚步。

2014 年 4 月，掌门 1 对 1 教育品牌成立。12 月，成立不到半年的掌门 1 对 1 即获得青松基金数百万元天使轮融资。2015 年 7 月，掌门 1 对 1 获得 2 000 万元 A 轮融资，投资方为达晨创投和顺为基金。2016 年 3 月和 9 月，掌门 1 对 1 又先后完成了 3 000 万元 B 轮和 1 亿元 B+ 轮融资，获得顺为资本、达晨创投、华兴资本等资本的进一步加持助推。

顺为资本、达晨创投等知名资本的投资动向，很快让中小学的在线一对一备受瞩目。2014 年 12 月，中小学培训机构海风教育宣布砍掉线上业务，转型为纯在线一对一培训模式。刚刚转型的海风教育迅速获得肇晟投资数千万元 A 轮融资。2016 年 6 月，海风教育宣布完成 A+ 轮 3 000 万元融资，投资方来自沪江旗下的互桂基金和蚂蚁雄兵投资。在线教育"独角兽"沪江的加注迅速让海风教育声名大噪，也让中小学在线一对一这个领域被更多的创业者和投资人所认可。

三好网成立于 2014 年 6 月，创始人何强为原巨人教育集团副总裁。三好网采用独立研发的智能直播硬件，为学生和教师提供及时的书面互动工具，成为一对一模式中的一大亮点。1 个月过后，三好网就获得 1 300 万元天使轮融资。2016 年 3 月和 10 月，三好网同样完成 Pre-A 和 A 轮数千万元融资，投资方包括亦庄国际投资、磐谷创投、清科辰光教育基金等多家投资机构。

除了掌门 1 对 1，海风教育和三好网外，还有很多中小学在线一对一模式的追随者。如一米辅导成立于 2014 年 11 月，2015 年 10 月获得精锐教育 1 000 万元天使轮投资，备受瞩目。理优 1 对 1 成立于 2014 年 9 月，12 月获得纪源资本数百万美元 Pre-A 轮融资。这一年里，在中小学领域，一对一模式成为资本的宠儿。而如今来看，这批创业者和投资者，他们对于在线教育的认知是对的。

五、2016—2017 年热点：教育直播 / 在线少儿英语

2016 年，是互联网教育投资泡沫破碎的一年。大风过后，各种曾经热衷的在线教育模式散落满地。面对满地的碎片，整个行业都在重新思考教育与互联网之间的关系。一些人试图将散落的碎片重新拾起，互联网需要回归教育本质这一说法得到重视。虽然，一切重新估价，但有些行业的趋势仍不可阻挡。虽然投资开始变得非常谨慎，但有些资本仍然在混沌中看见曙光。虽然满目疮痍，但仍有一批创业者在奋勇向前。

1. 教育直播

2016 年，直播重新定义了互联网，网红成为名人新的代名词。这一年，互联网娱乐的直播热辐射到了教育领域，多家互联网教育企业纷纷做起了直播。不仅大型在线教育培训企业做起了直播，就连前几年十分火热的智能题库和拍照搜题项目也做起了直播，而在2015 年教育 O2O 泡沫破灭后，一些教育 O2O 也转型做起了直播。

直播的方式分为两种：一种是直播一对一，另一种是直播班课。其中中小学的直播一

对在 2017 年就是投资热点，并已证明是一条稳定可行的赛道，在此不再赘述。直播班课虽然已不新鲜，而当互联网的直播热到来时，直播班课突然变成了一个新蓝海市场。

2016 年年初，邢帅教育放弃了第三方直播平台，搭建了自身的直播系统。邢帅教育直接将直播窗口放在了网站首页，每天提供超过 100 堂直播课。6 月，邢帅教育更是在直播系统中加入打赏功能，以最流行的方式直接让直播变现。

2016 年 8 月，新东方在线挂牌新三板并推出直播课。作为行业巨头，新东方在线推出直播课的消息顿时激起千层浪，引发行业内对教育直播概念的讨论。

智能智库和拍照搜题产品，作为前几年深受学生喜爱和资本追捧的项目，在用户变现上却一直遇到难题。2016 年，教育直播的风口来了，这些项目顺势抓住了直播变现的稻草。2016 年 5 月，小猿搜题母公司贞观雨科技推出真人在线辅导品牌——猿辅导。6 月，学霸君迅速推出在线直播平台——不二课堂。7 月，作业帮也快速上线直播课堂。这三大企业的竞争从之前的拍照搜题战场，迅速跨入了直播辅导的战场。

2015 年的教育 O2O 项目泡沫破裂后，跟谁学一直在寻找新的突破口，而 2016 年的直播成为他们最大的突破口。2015 年年末到 2016 年年初，跟谁学就悄然从之前的找老师平台转型为直播平台。平台仍采用 C2C 的运营模式，知识教育服务从之前的上门家教变成在线直播课。除跟谁学之外，另一个知名的教育 O2O 机构疯狂老师也在这一年转型为直播，并推出中小学直播平台叮当课堂。

这一年，被直播点燃的不仅是细分领域的知名企业。同样在 2016 年，中国移动旗下的咪咕学堂也在平台中上线了直播学院，并尝试打造教育直播网红。优酷学堂上线了双向直播课，成为业内首个将教学过程和学习过程同时直播的平台。

2. 在线少儿英语

比起在线成人英语，早在 2011—2012 年就初现投资热的不同，在线少儿英语最初并没有得到资本乃至市场的认可。虽然少儿英语启蒙的重要性早已被认识到，但让孩子坐在电脑前在线学习英语却被认为不靠谱。然而事实却是越是被大多数人不看好的事情，有一些人却能不懈努力地去证明它的价值。

谈到在线少儿英语就不得不说米雯娟与 VIPKID，米雯娟在创业环境极为不利的条件下将 VIPKID 推向了成功，打开了中国在线少儿英语从无到有的市场。

2012 年 5 月，原少儿英语培训机构 ABC 英语总经理米雯娟辞职，并极力寻找在在线教育领域创业的机会。2013 年 10 月，米雯娟与朋友陈媛一起创办北京大米科技与少儿英语品牌 VIPKID。VIPKID 定位于通过互联网连接欧美的外教，使用在线一对一的方式给中国孩子教授原汁原味的英语。2014 年年初 VIPKID 获得创新工场的认可，完成 300 万元 A 轮融资。

虽然获得了知名投资机构创新工场的天使轮投资，然而少儿在线学习英语的模式仍不被更多的资本看好。在经历多次的路演谈判失败后，终于在 2014 年 10 月获得经纬中国领投的 500 万美元融资。

经过 2014—2015 年的发展，VIPKID 确立了完善的商业模式，并能持续稳定地产生收入，用户也从当初的几个 CEO 的孩子发展为 100 多个。在 2015 年的资本寒冬里，VIPKID 又完成了 2 000 万元 B 轮融资，而此时 VIPKID 付费用户已达到了 4 000 多人。

2016 年，VIPKID 迎来了空前大爆发，先后获得来自真格基金的 B 轮数百万美元融资，以及云锋基金和红杉资本的 1 亿美元 C 轮融资，更获得来自美国 NBA 巨星科比的投资，震惊了整个教育界甚至是体育界。在公司业务方面，第一季度末其付费用户超过 20 000 人，第三季度实现了盈利，全年营收超过 10 亿元，占据同行业营收的 50% 以上。

2017 年，VIPKID 更是扶摇直上，7 月单月交易业绩突破 4 亿元，双十一当日业绩突破 1.62 亿元。2017 年 8 月，VIPKID 再度完成 D 轮融资，融资额高达 2 亿美元，成为迄今为止语言培训领域最大的一笔融资。2017 年全年，VIPKID 实现营收突破 50 亿元，成为互联网教育行业的"独角兽"。

VIPKID 打开了广阔的在线少儿英语培训市场，自然有更多的创业者和投资者跟进去抢得一份蛋糕。

2013 年，DaDa 母公司成立。2014 年，DaDa 进入在线少儿英语市场，并在当年获得天使轮融资。2015 年，DaDa 完成 A 轮融资，阅读营收达到数百万元。2016 年，在在线少儿英语的风口下，DaDa 也引来了融资的春天，先后完成 1 亿元的 B 轮及 3 亿元的 B+ 轮融资。2017 年年末，DaDa 完成 C 轮 1 亿美元融资，投资方为好未来和老虎基金。好未来的布局和老虎基金的加注，迅速让 DaDa 成为热议的焦点，同时也意味着在线少儿英语的白刃战正式拉开。

在线少儿英语是一个庞大的市场，追随者又何止 DaDa 一个。2016 年 6 月，老牌在线英语培训机构阿卡索外教推出少儿英语，正式进军 K12 教育。2017 年年初，成人在线英语知名品牌 TutorABC 母公司 iTutorGroup 推出青少年在线教育品牌 vipJr，为 5～18 岁青少儿提供包括数学、托福、雅思等多元化教学服务。2017 年 4 月，ABC360 宣布完成 1 亿元 B+ 轮融资，并推出青少儿在线英语品牌兰迪学科英语，而将之前主营的业务剥离给本轮投资方沪江。

六、2017—2018 年热点：少儿编程 / 少儿数字阅读

2017 年，互联网教育的资本开始逐渐回暖。一方面，资本在原来的细分市场上不断增资加持；另一方面资本也开始从教育中心往周边突破，去寻找新的独角兽。在传统的应试教育越来越与时代背离时，素质教育再度成为热议的话题，而少儿编程和少儿数字阅读就是两个素质教育中被行业高度关注的焦点。

1. 少儿编程

近年来，随着人工智能技术在商业应用领域取得重大突破，人工智能也被认为是一个新的划时代的科技产物。2017 年，人工智能将取代人类工作的声音不绝于耳，关于人工智能威胁论更是甚嚣尘上。一些言论认为程序语言未来将成为人类沟通的新语言，这引来新时代父母对于孩子教育的焦虑。

在人工智能焦虑中，少儿编程教育自然而然成为互联网教育中新的行业焦点。少儿编程机构应运而生，由麻省理工学院研发的少儿编程语言 Scratch 及工具，配合积木、机器人等组件，为儿童提供少儿编程教育培训，开发少儿逻辑思维能力和创造力。

2016 年 4 月和 12 月，少儿编程机构编程猫先后完成天使轮和 A 轮融资，投资方为猎豹移动和紫牛基金。2017 年编程猫先后完成 1 500 万元 A+ 轮和 1.2 亿元 B 轮融资，其中 A 轮融资的投资方包括 A 股上市公司盛通股份，B 轮融资来自高瓴资本、清流资本及猎豹移动等多个知名投资机构。两年获得知名投资机构 4 轮融资，迅速让编程猫及少儿编程成为行业关注的焦点。2018 年 1 月 10 日，编程猫更是获得清华控股子公司慕华资本的战略投资，在少儿编程的跑道上获得了更大的优势。

2017 年 4 月和 10 月，少儿编程培训机构编玩边学先后完成天使轮 1 000 万元和 3 000

万元 Pre-A 轮融资，其中 Pre-A 轮融资来自知名投资机构君联资本。

2017 年 2 月和 6 月，少儿编程机构极客星辰先后完成天使轮和 Pre-A 轮融资。2018 年 1 月 22 日，极客星辰获得新东方 2 000 万元 A 轮融资，新东方的投资更是让极客星辰戴上了"新东方系"的桂冠而备受瞩目。达内科技早在 2015 年年末就推出了少儿编程及美术培训机构童程童美，正式进军 K12 教育领域。

2017 年 12 月，傲梦编程获得 A 轮 2 000 万元融资，2018 年 9 月份完成 B 轮 1.2 亿元融资，投资方包括青松基金、东方富海、天使投资人王刚以及 IDG 资本好未来（学而思）前海母基金。2017 年 12 月，在线少儿编程教育学习平台 VIPCODE 正式上线。据了解，VIPCODE 项目启动即受到投资市场的特别关注，已完成蓝湖资本的天使轮和真格基金 Pre-A 轮的融资，累计投资额达数千万元。

2018 年 5 月，小码王完成 1.3 亿元 B 轮融资，投资方为微光创投和钟鼎创投合投，涌铧投资跟投；2019 年 2 月，获得 1 亿元 B+ 轮融资。此外还有妙小程、核桃编程、智慧喵等项目，也都在 2018 年获得了资本的青睐。

2. 少儿数字阅读

随着家庭教育的消费升级，儿童的阅读能力受到家长的关注。近年来，移动化、数字化、富媒体化的阅读产品已经非常普遍，而如何培养儿童的数字化阅读能力成为行业关注的焦点。近年来，西方儿童的分级阅读模式受到国内追捧并引入，数字化的分级阅读产品成为少儿数字教育的新市场。

少儿数字阅读平台，为用户提供了图画、音视频、动漫、游戏等各种富媒体内容及交互体验，同时也为用户提供了一个内容创作和孵化的平台。2017 年 6 月，点读科技旗下的少儿数字阅读平台咿啦看书完成 5 000 万元 A 轮融资。2018 年 1 月 27 日，咿啦看书再度完成 4 000 万元 A+ 轮融资，投资方包括威创股份、青松基金和启赋资本。

咔哒故事上线于 2015 年 10 月、2016 年 6 月完成 Pre-A 轮融资。2017 年 9 月，完成由好未来领投的 A 轮融资，好未来的投资让其迅速成为行业关注的焦点。好未来的进入，一方面有可能引来更多的资本加入，另一方面也可能将其收入囊中并纳入自身产业链。

好未来不只对外投资少儿数字阅读平台，自身也搭建了少儿分级绘本阅读平台"雪地阅读"，并引入了美国国家地理杂志的内容版权。互联网巨头好未来的布局，必然让少儿数字阅读成为 K12 教育领域新的竞争市场，而从目前来看，这场竞争才刚刚开始。

第二节　互联网教育市场总体发展

经过了近 5 年的发展，互联网教育由泡沫期进入整合期。教育是一个发展缓慢的行业，这是互联网所无法改变的，这几年的行业发展路径也证明了这一点。在资本助力下，过去几年一些新生的优质项目进入中后期融资阶段。在新技术带动下各类新型产品频出，而真正能打开市场的产品很少，行业急需探寻可行的商业模式。以下数据，来自学易时代咨询的统计。

一、互联网教育企业增长趋势

从 2012 年开始，中国互联网教育浮现新一轮的创业风口，大批的创业者和风投机构争相奔赴进入这个领域。在资本的助力下，许多互联网教育项目如雨后春笋，互联网教育的创业投资趋势愈演愈烈。然而过度的投资也必然激起行业泡沫，浪潮退去后必然有不少企业退出市场的角逐，行业也将开始进入整合期。图 6.2 所示为互联网教育企业数量变化趋势。

▲ 图 6.2　互联网教育企业数量变化趋势（单位：家）

2012—2013 年，国外的慕课、"翻转课堂"开始进入中国，一些大学和大型互联网企业也纷纷效仿，做起了慕课，慕课网、中国大学慕课、慕课中国、学堂在线等慕课平台开始建立。新生的慕课平台虽然不是很多，但加上早期留存的一大批大小规模的互联网教育企业，中国 2012 年的互联网教育企业数量约为 4 000 家。

慕课开启了中国互联网教育新一轮的发展浪潮，但慕课属于一种免费的或者是公益的教育商业模式，因此行业内又有大批创业者怀揣着新时代的互联网教育理念和先进的教育技术开始探索可盈利的商业模式。2013 年，在线题库、在线语言学习、在线作业、拍照搜题等各具特色的产品开始出现，许多优质的互联网教育项目和优秀的互联网教育企业脱颖而出。在行业大趋势下，互联网教育也在各个教育细分领域遍地开花，2013 年的互联网教育企业达到了 5 800 家。

2014 年，互联网教育的创业浪潮愈演愈烈，许多项目都获得了数千万元甚至是上亿元融资。行业风口下，不仅大型的互联网教育企业开始布局互联网教育市场，就连传统实业型的上市企业也宣告跨界布局互联网教育。创业企业持续增长，在 2014 年达到了 7 200 家。2015 年年初，教育 O2O 概念成为行业内新的热词，互联网教育颠覆传统教育论盛行，教育 O2O 项目受到资本热炒。创业企业进一步大规模爆发，创业潮在这一年迎来顶峰，企业数量达到 9 100 家。然而到了 2015 年下半年，教育 O2O 备受质疑，被认为是一种没有价值的教育模式。

2015—2016 年，互联网教育资本开始变得理性与谨慎，投资的选择不再是只追随行业热点，而是更多地选择已验证的商业模式。因此早期项目投资减少，而早期已获得融资的中后期项目融资开始增多，行业的增长趋势也开始减缓，但到 2016 年年底互联网教育企业仍超过 10 000 家。2016 年行业进入整合期，一些大型的互联网教育企业开始收购与自身产业链相关的优质项目，同时一些上市公司继续在互联网教育领域布局。2017—2018 年，中国的互联网教育仍处于发展阶段，2017 年互联网教育企业达到 12 000 家左右。2018 年上半年互联网教育行业的投资热潮不断涌现，下半年就出现部分企业因资金链断链而宣布倒闭。这显现出互联网教育的野蛮生长时代已经终结，大浪淘沙时代来临。2018 年互联网教育企业约有 13 500 家。互联网教育领域此后仍会持续有新的企业进入，但行业已把进入的门槛提高，这将会使得企业进入呈现缓慢增长趋势。

二、互联网教育市场规模增长趋势

过去几年，互联网教育在中国爆发式发展。一方面是体制内的教育信息化政策不断完善，国家对教育及其信息化的投入规模也越来越大；另一方面体制外的在线教育疯狂生长，数千家创业企业进入这个市场，同时还有数百家为在线教育服务的技术型和平台型企业。此外，BAT（百度、阿里巴巴、腾讯）等许多互联网企业和上市企业的参与，进一步扩大了互联网教育市场的规模（图6.3）。

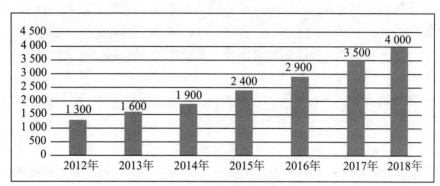

▲ 图6.3　互联网教育市场规模变化趋势（单位：亿元）

过去几年，大量企业的进入催生了互联网教育市场。2012年，国内互联网开始起步，教育市场规模达1 300亿元。2013—2014年，行业规模快速扩大，截至2014年年底达到了1 900亿元。2015年，互联网教育引来彻底爆发，市场规模达到2 400亿元。2016年，行业开始进入整合期，增速减缓，但仍达到了2 900亿元。2017年，互联网教育的市场规模持达到3 500亿元。2018年是互联网教育行业快速发展的一年，在大数据、人工智能等互联网新兴技术的推动下，市场规模已达到4 000亿元以上，未来两三年还将会持续快速发展。

三、互联网教育企业地域分布

互联网教育企业的地域分布，与各地区的经济、文化、政治等因素息息相关。互联网教育包含互联网和教育两个要素，因而地区互联网教育的发展既与当地的教育资源积累有关，也与当地的互联网商业环境有关。图6.4为2017年各地区的互联网教育企业的百分比分布情况。

总体来看，互联网教育企业主要分布于北京、广东、上海三大省市，与2016年相同，仍然是经济发达的一线城市领衔。其中北京作为全国教育大本营，2017年企业数量占比达到 42%，与 2016 年相比有所下降。但并非是北京地区的企业减少了，而是北京互联网教育兴盛的趋势带动了其他省市的发展。广东省过去几年互联网教育产业发展迅速，2017年企业数量占比达到 16%，略高于金融中心上海。

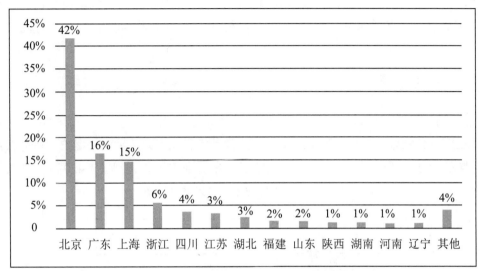

▲ 图 6.4　2017 年互联网教育企业地域分布

　　除北京、上海、广东之外，其他省市的企业占比均不足 10%。浙江及省会杭州作为中国互联网发展最快的省市，互联网教育行业发展速度也非常快，2017 年企业占比达 6%。四川、江苏和湖北作为所在地区的经济重地，2017 年企业分布分别为 4%、3% 和 3%。福建和山东作为沿海省市，企业占比为 2%，而陕西、湖南、河南、辽宁占比均为 1%，其他省市企业占比为 4%。

第三节　中国互联网教育整体各版块市场

　　20 世纪 90 年代互联网教育在中国萌发，各类互联网教育网校和互联网教育门户在中国兴起。其后几年，虽然互联网教育进入了徘徊期，但仍有不少的探索企业进入。2012

年开始，互联网教育再度在中国兴起，并在随后几年引来了爆发式成长。新技术带来了新的互联网教育产业与服务，新理念萌生了新的细分市场，行业呈现出了一片繁荣景象。目前，中国互联网教育已形成具有自己特色的产业模式，根据教育阶段、受众、产品与服务类型，可分为教育信息化、在线教育运营、在线教育技术、在线教育平台、移动教育终端五大版块，每个版块又包含了多个细分领域。以下数据，来自学易时代咨询的统计。

一、教育信息化

按照教育阶段，教育信息化版块分为 K12 教育信息化、高等教育信息化和职业教育信息化三个细分领域。在国家政策的支持下，教育信息化企业数量逐年增长。目前教育信息化领域的企业已超过 3 000 家，其中 K12 领域的企业最多，达到了 1 450 家，其次是高等教育和职业教育领域，分别达到了 1 100 家和 1 000 家（图 6.5）。

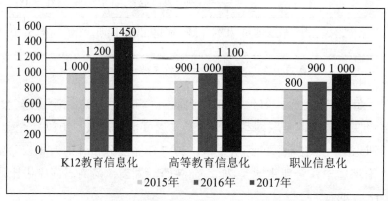

▲ 图 6.5　2015—2017 中国教育信息化细分领域企业数量（单位：家）

K12 领域为中国的基础教育领域，拥有数亿的师生及家长用户规模，同时在政策和法规上得到政府更多的支持和监督，因而在增长趋势上，K12 领域的企业增长速度领先于其他两个领域，从 2015 年的 1 000 家增长到了 2017 年的 1 450 家。高等教育和职业教育领域的企业增长速度虽然稍慢，但高等教育领域的企业也从 2015 年的 900 家增长到了 2017 年的 1 100 家，职业教育领域的企业也从 2015 年的 800 家增长到了 2017 年的 1 000 家。在市场规模上，2017 年教育信息化规模超过 3 000 亿元，其中 K12 教育信息化达到 1 200 亿元，高等教育和职业教育领域的市场规模分别为 1 000 亿元和 900 亿元（图 6.6）。

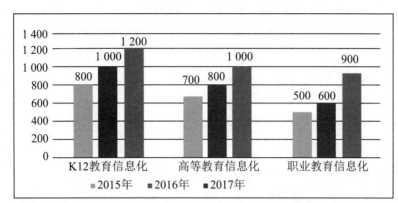

▲ 图 6.6 2015—2017 年中国教育信息化细分领域市场规模（单位：亿元）

二、在线教育运营

根据教育阶段及当前的发展状况，中国的在线教育市场可分为学前在线教育、中小学在线教育、高等在线教育、在线职业教育、在线语言学习、在线企业培训、其他在线教育 7 个细分领域。在线教育领域总体企业达到 6 550 家，在线语言学习、中小学在线教育和在线职业教育为企业最集中的三大领域，企业数量都超过了 1 000 家（图 6.7）。

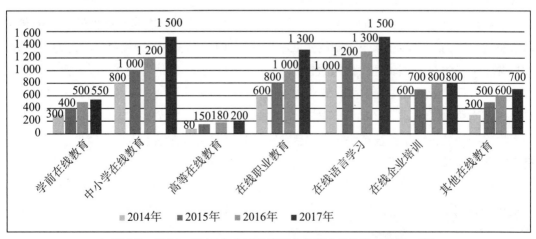

▲ 图 6.7 2014—2017 年在线教育细分领域企业数量（单位：家）

各领域中，中小学在线教育、在线语言学习领域的企业达 1 500 家，领先于其他领域。在线语言学习主要是英语培训，从 20 世纪的 80 年代开始，中国的英语培训市场一直在不停地增长。英语学习包括幼儿英语启蒙、中小学英语单科学习、高等教育中的四六级和考研英语、出国留学英语、商务英语等，国内英语学习市场需求庞大。同时，在线语言学习发展较早，新东方早在 2006 年就上线了"新东方在线"，提供在线的英语学习服务。

中小学属于义务教育阶段，师生及家长规模大，潜在培训市场空间广阔。同时中小学有政府资金投入，自然引得众多的企业追逐。中小学在线教育起源于 20 世纪 90 年代的网校，在互联网技术飞速发展的今天，已发展出了在线题库、在线课程、在线答疑、在线辅导、在线一对一等多种产品与服务模式，背后的企业基数非常庞大。

其次是在线职业教育企业，达到了 1 300 家。职业教育领域细分的子领域非常多，用户规模也非常庞大。再者，职业教育领域用户大多拥有足够的付费能力，在市场引导和培训上更加容易，因而致力于在线职业教育领域的企业也较多。

在线企业培训和其他在线教育（包括才艺教育、知识付费、数字出版等）在整个市场占比较小，目前企业数量分别只有 800 家和 700 家。在线企业培训领域一来面向的受众较少，二来目前企业培训的在线模式尚待培育，因而该领域的企业比起前几个领域要少。在线才艺教育在近两年才逐渐兴起，目前更多的培训机构还是选择借助互联网教育平台进行在线教学，自身开发在线才艺教育软件或课程的企业并不多。

学前在线教育领域虽然这几年也在不断发展，但幼儿的自主学习能力较差，需要父母去引导，因而学前在线教育领域的企业并不多，2014 年学前在线教育企业约为 400 家，2017 增加到 550 家，增长速度比较缓慢。

高等教育阶段的校内大学生对专业课程的在线学习需求不大，但在考研、考证、自考等领域具有强烈的需求。2014 年，国务院下放高等学历网络教育的审批权，意味着中国的大学均可开展在线学历教育业务，但目前高等教育阶段的在线教育仍比较少，未来几年有可能会继续增长至数百家。

在线教育持续火热至今，但目前仍处于发展阶段，总体规模还只占教育培训市场中的一小部分。同时，在线教育目前仍处于盈利模式的探索期，大多数的在线教育仍处于亏损阶段。目前在线教育的市场规模只有 1 000 亿元规模（其中不包括教育信息化产业），如图 6.8 所示（数字教育出版略）。

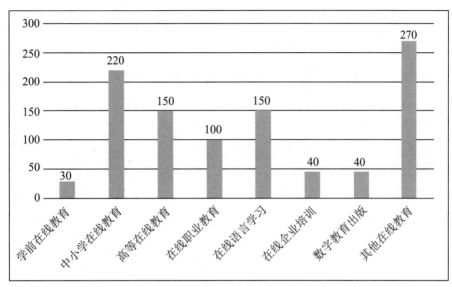

▲ 图 6.8　2017 年中国在线教育细分领域市场规模（单位：亿元）

在线语言学习 2017 年的市场规模大约为 150 亿元。随着家长对孩子英语学习能力的重视，在线语言学习领域的在线一对一培训收取课时费成为众多企业的盈利模式。在线语言学习领域的在线教学方式主要以在线一对一为主，能够创造一定收入的企业也只有数家而已，大多数机构尚处于在线教育模式的尝试期。在线企业培训虽然单价要比在线语言学习高得多，但企业数量不多，且近两年发展速度有所放缓，所以市场规模上占比很少。

中小学在线教育领域虽然潜在市场空间非常大，投身进入的企业也非常多，诸如在线题库、拍照搜题、在线答疑等，但很多产品都尚未找到盈利模式，目前在线一对一课外辅导及小班课成为中小学在线教育的主要模式。中小学在线教育领域的市场规模目前只有 220 亿元左右。

在各细分领域中，高等在线教育领域的市场仅次于中小学在线教育和在线语言学习，2017 年的市场规模达到了 150 亿元。高等在线教育领域虽然企业很少，但在高等在线教育中学历考证的市场需求非常大，高等学历网络证书颁发权的放开也进一步刺激了这一市场的快速增长。2017 年，在线职业教育的市场规模也从 2016 年的 45 亿元增长为 100 亿元，增长了一倍多。职业教育本身子领域众多，市场空间非常大。而且，近年来随着移动互联网教育的发展，职业教育中 IT 培训市场的发展速度非常快，在线学习作为一种便捷、实惠的学习方式，成为很多 IT 技术人员知识技能提升的选择。

学前教育领域市场规模目前非常小，只有 30 亿元左右，主要由于该领域的在线学习模式需要一定的用户培育期，随着新一轮的出生高峰期到来，学前在线教育出现萌发的趋势，未来仍将会有数十亿元的发展空间。

其他在线教育包括在线艺术教育、知识付费等，艺术教育培训随着近两年的热潮，市场规模也逐年增加，2016 年是知识付费的元年，随着人们对知识诉求越来越迫切，知识付费平台迅速发展起来，其整体市场规模达到 270 亿元，基于在线才艺培训刚开始兴起不久，未来该领域的发展空间会非常大，预计未来几年还将持续迅速增加。

三、在线教育技术

在在线教育蓬勃发展的背后，在线教育企业技术服务是一块需求强烈且市场空间巨大的版块。如今，互联网企业的发展方式更多地涉及各种技术、资源、渠道的整合。互联网教育依赖的技术、人才、设备的门槛都很多，如有直接购买引用的技术渠道，绝大多数企业主们不会选择自己去开发。

在线教育技术根据技术与服务类型，可分为网校平台技术、课程录播技术、课程直播技术、运营教学工具、课程录制工具和课程外包服务 6 个细分领域。

各细分领域中，课程外包服务的企业最多，2017 年的企业数量达到了 620 家。在线教育领域虽然各类产品层出不穷，但最重要的还是教学内容。课程、课件的制作需要一定的周期，且专业性很强，因而很多教育机构将课程外包给第三方机构制作，由此也吸引了很多为之服务的企业加入这个市场，时代光华、汇思和问鼎资讯都是国内著名的课程外包服务提供商。

与课程外包服务相比，其他领域的企业数量要少得多。其中教学运营管理平台的企业为 310 家，比上一年增长了 24%。教学运营管理平台主要是为教育培训机构提供招生、管理、运营与教学的工具或平台，这类工具平台出现的时间较早，早先被线下培训机构广泛使用，目前也被很多在线教育机构使用。2017 年，提供课程录播技术的企业达到 260 家，与 2016 年相比增长了 30%。课程录播的技术专业性很强，很多企业都必须依赖于提供课程技术的企业。随着在线教育企业持续增长，提供课程录播技术的企业自然增多（图 6.9）。

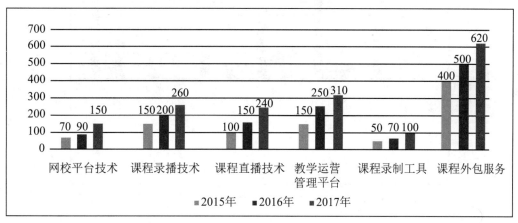

▲ 图 6.9　2015—2017 年中国在线教育技术服务细分领域企业数量（单位：家）

与课程录播技术类似，教育直播对带宽、并发、在线互动的专业性也很强，绝大多数企业都必须采取外部引入的方式。2017 年互联网教育的直播热进一步促进了课程直播技术提供商的快速崛起，企业数量增长为 240 家。网校平台技术作为传统培训机构搭建网络课程的快捷方式，一经推出就深受行业欢迎，很多小型的在线教育企业也采取网校平台技术搭建自身的网络课堂。市场的强烈需求吸引了很多互联网企业提供网校服务，2017 年网校平台技术服务商增长到 150 家左右。课程录制工具，行业内早先都是使用 Ispring、Articulate、Camtasia Studio 国外著名的课件制作软件，近几年逐渐有公司推出更具中国教育特色的课程录制工具，2017 年提供课程制作工具的企业约 100 家。

在线教育发展迅速，提供在线技术服务的企业快速增长，背后也催生了数百亿级的技术服务市场。各领域中，课程录播领域 2017 年市场规模达到了 70 亿元，领先于其他领域。课程录播技术服务主要有录播室建设、录播设备、后期视频处理等。单笔生意成交价比较高，因而课程录播技术企业虽不是很多，但却创造了 70 亿元的市场。课程外包服务领域和课程直播技术领域的市场规模分别为 50 亿元和 45 亿元，处于各领域中营业收入的第二位和第三位。在线教育直播热大大促进了课程直播技术的发展壮大，市场规模快速增长也是必然的（图 6.10）。

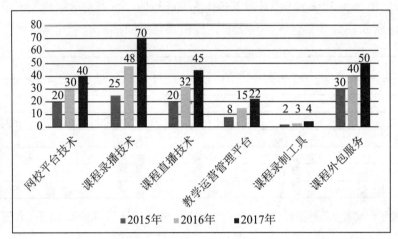

▲ 图 6.10　2015—2017 中国在线教育技术服务细分领域市场规模（单位：亿元）

在网校平台技术领域过去的三年，市场规模从 2015 年的 20 亿元增长到 2016 年的 30 亿元，2017 年继续增长到 40 亿元。教学运营管理平台虽然企业很多，但很多企业都是提供免费的软件工具，2017 年所创造的市场规模也只有 22 亿元。课程录制工具虽然功能性较强，但企业付费购买的意愿却没有那么强烈，目前的市场规模约 4 亿元。

四、在线教育平台

目前，在线教育平台根据平台属性可分为课程分享平台、家教预约平台和教育培训门户。

在线教育平台虽然是一种简单可行的商业模式，但对企业自身的资源、渠道、营销能力要求都很高。并且平台盈利的方式无非分成、导流、推广等，属于薄利多销的方式，企业成长也耗时耗力。因而 2017 年提供在线教育平台的企业有 290 家，其中课程分享平台 130 家，家教预约平台 40 家，教育培训门户 120 家（图 6.11）。

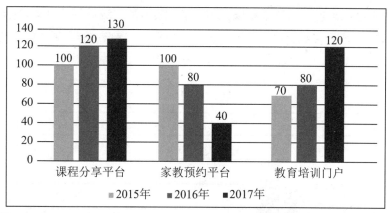

▲ 图 6.11　2014—2017 年中国在线教育平台服务细分领域企业数量（单位：家）

　　课程分享平台包括直播课和录播课，个人和机构都可以入驻后进行在线教学或直接提供录播课程销售。早先，课程分享平台多是以录播课销售为主。随着在线教育热潮的到来，很多大型的互联网都通过搭建在线教育平台的方式布局这一市场。腾讯课堂、网易云课堂、百度传课等在流量、数据、技术服务商等方面有自己强大的优势，因而一些中小型在线教育机构并不适合做课程分享平台。

　　2015 年，互联网的 O2O 热辐射到了互联网教育领域。家教预约平台的创业者希望通过搭建教育培训市场中学生家长和家教老师直接沟通互动的平台，从而跳过培训机构的中介服务，继而彻底颠覆传统的教育培训市场。教育 O2O 理念在行业内盛行一时，大批创业者都做起了家教预约平台的生意。然而，2015 年下半年开始，教育 O2O 理念备受质疑，很多创业者转型为其他模式的平台，或是直接退出了互联网教育市场。因而家教预约平台企业数量才会出现 2015 年快速增长、2017 年又迅速回落的情况。

　　教育培训门户起源很早，基于地理位置提供线下各地培训机构的企业信息、联系方式、评价信息网络信息，构建了一条行业内高度垂直的信息服务平台。随着 2017 年很多互联网教育企业回归线下构建线上与线下相结合的生态趋势，教育培训门户逐渐受到关注。2017 年，教育培训门户平台增长到 120 家。

在线教育平台的市场规模逐渐增长，2017 年该领域的市场规模约为 46 亿元（图 6.12）。课程分享平台的市场规模约为 25 亿元，家教预约平台和教育培训门户的市场规模分别为 10 亿元和 11 亿元。大型的课程分享平台吸引了很多小型的教育培训企业和个人入驻，借助此类平台进行网络在线教学。

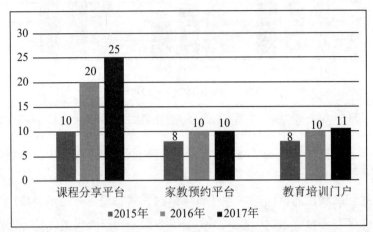

▲ 图 6.12　2015—2017 年中国在线教育平台细分领域市场规模（单位：亿元）

平台提供方提供机构推荐、课程排名、页面优化等服务，收取一定的服务费。课程分享平台入驻机构数量庞大，因而也能创造 25 亿元营业收入。家教预约平台在提供家教信息的同时，也会收取一定的客单价分成。而教育培训门户主要通过平台导流、广告展示等方式获利。基于平台的属性，一些小型平台的盈利空间确实不大。

五、移动教育终端

移动教育终端主要指的是学习机、点读机、学生平板、学生手机、答题器、智能笔等便携式产品，其中学习机、学生平台、学生手机具备了教育内容搭建的特性，而点读机、答题器、智能笔则具备了辅助学习的属性。

学习机、点读机几年前在中国非常流行，教育电子产品对学生的吸引力不亚于今天的手机。市场的广泛需求培育了很多教育电子产品厂商。虽然随着移动互联网的出现，移动教育电子产品出现了下滑的趋势，但很多大型的教育电子产品平台仍通过紧跟在线教育趋势的举措重新赢得了市场（图 6.13）。

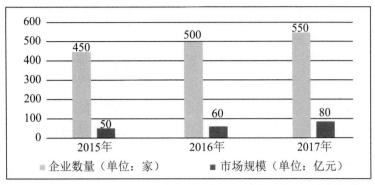

▲ 图 6.13　2015—2017 年中国移动教育终端企业数量和市场规模

在在线教育市场的激励下，在线教育终端提供商企业不断增长，从 2015 年的 450 家增长为 2017 年的 550 家，值得注意的是这些增长不是传统的学习机电子厂商，而是带着最新高科技的智能化硬件产品提供商。智能书写笔、可穿戴学习设备等都是值得关注的产品。新产品的带动下，移动教育终端市场也实现了缓步增长，从 2015 年的 50 亿元增长到 2017 年的 80 亿元。

第四节　2017—2018年互联网教育风险投资市场

资本是推动产业发展的重要因素，在企业人才引进、产品研发、市场营销等各方面发展过程中发挥着重要作用。过去 10 年，国内的风险资本从无到有，从单一到丰富，从小规模到大规模，资本的助推直接促进了中国互联网经济的快速发展。

2012 年前后，互联网巨头投资慕课平台的事件在海外掀起互联网浪潮，这种浪潮很快也传到了中国。同时期，伴随着中国移动互联网的浪潮，基于移动端的交互技术催生了新的教育模式，这也直接激发了国内资本对于互联网教育的兴趣。2013 年开始，国内掀起一波明显的互联网教育投资浪潮，并在其后几年愈发高涨。2015—2016 年，伴随着二级股票市场的暴跌,一级资本市场进入寒冬期,互联网教育领域的资本热也开始回落,教育回归本质说开始引人深思。

2017 年,教育部颁发的《民办教育促进法三审稿》开始实施落地,民办教育分类等级管理规定直接打开了教育机构登陆 A 股市场的通路,国内出现了大批新三板转版 IPO 的教育股。在美股市场上,新东方、好未来两大教育巨头股价与市值一路飙升。国内政策的利好和美股教育股的向好,重新拉回了资本对于国内互联网教育的认可,资本市场开始呈现了逐步回暖的迹象。

2018 年更是引来一股上市潮,上半年,尚德机构、精锐教育、朴新教育、安博教育于 3 月和 6 月纷纷在美国纽交所成功上市;新华教育、21 世纪教育分别于 3 月和 5 月登陆港交所上市。下半年,流利说于 9 月在美国纽交所上市;天立教育、博俊教育、希望教育、春来教育、卓越教育于 7 月、8 月、9 月、12 月在港交所上市。

一、互联网教育风险投资趋势

过去几年,伴随着市场环境的变化,资本对于互联网教育的认知、偏好、决策也在产生着变化。这些变化反映到数据上就是 2013—2018 年间,互联网教育的风险投资事件数量及投资规模经历了一段从高涨到回落再到稳步回升的趋势。具体数据统计如图 6.14 所示。

互联网教育投资事件从 2013 年的 42 起,上升到 2015 年的 470 起从而达到高潮。2016 年,中国教育企业受到"资本寒冬"的影响,投资次数开始逐步回落,仅 347 起,与 2015 年的融资事件相比下降了 26.17%。到 2017 年资本开始回暖,又一波投资热潮涌现,且持续至今。

从投融资规模上看,2013 年的投融资为 7.21 亿元,其后两年急速上升并在 2015 年达到高峰值 268.53 亿元,2016 年融资规模开始回落到 203.09 亿元。到 2017 年,投融资规模再次呈现上升趋势,且上升趋势持续加速,至 2018 年,融资规模达到 515.04 亿元。

据作者掌握的数据来看,整个教育市场的资本市场,无论是融资次数还是融资规模,相比 2016 年都有大幅度上升。2017—2018 年,教育行业再次受到资本热捧,源于资本在一些细分领域的头部项目的持续加持,产业资本通路开始由早期转向中后期,投资规模加大也是必然现象,预计未来几年将会呈持续上升趋势。

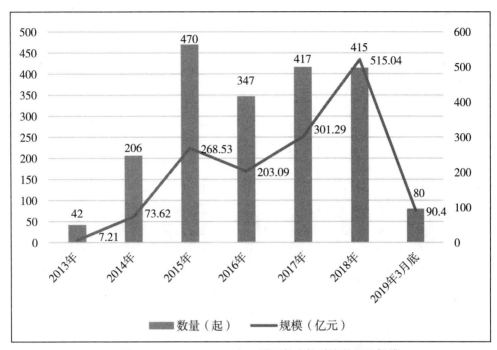

▲ 图 6.14 2013—2019 年互联网教育投融资数量及规模

二、互联网教育投资风向

由上文可知，虽然近期中国教育的资本市场环境持续利好，但互联网教育市场仍处于价值重估的理性现状。如图 6.15 所示为 2017 年第一季度至今的融资事件及规模。

由图 6.15 可知，融资事件从 2017 年第一季度到第三季度呈明显上升趋势，第三季度达到 124 起，到 2017 年第四季度融资规模为 121 起，相比第三季度略有下降，到 2018 第一季度融资事件持续呈现下降趋势，但是 2018 年第一、二季度相比 2017 年第一、二季度是呈上升趋势。2018 年第三季度投资事件再次上升，但是第四季度出现急速下滑。2019 年第一季度与 2018 年同期相比，呈下降趋势，这主要是由于"资本寒冬"的影响。

而从季度投融资规模上看，前两个季度处于低潮期，融资规模仅数十亿元。而从 2017 年第三季度开始，融资规模呈现出明显的急速上升趋势，达到 115.33 亿元。而到了第四季度又趋于平稳，到 2018 年第一季度再次呈现上升趋势，且规模达到 160.52 亿元，这主要是因为其中包括尚德机构在美国纽约交易所挂牌上市融资的 14.95 亿美元。

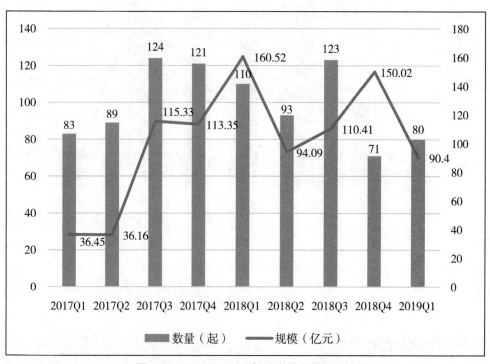

▲ 图 6.15　2017—2019 年季度融资事件及规模

投融资事件和规模的这种波动变化虽然不可预知，但仍能够通过一些继发事件予以解释。在 2017 年第二季度到第三季度，融资事件处于明显的上升阶段，而融资规模也急速增加。查阅 2017 年这几个月发生的融资事件，猿辅导、作业帮、明师教育、掌门 1 对 1、VIPKID 等巨额融资事件都发生在这个时间段。熟悉行业的人都知道，这些项目都是 K12 互联网教育项目。夏季 7、8 月是 K12 阶段学生放暑假的时期，也是教育培训机构业务发展的黄金时期。其中作业帮 1.5 亿美元 C 轮融资、VIPKID 2 亿美元 D 轮融资，这两起大手笔融资事件都发生在 8 月，这直接垫起了第三季度的融资规模高度。

无论是 5、6 月的招生预备、学习系统优化、大规模市场推广等工作，还是 7、8 月暑假的直接课外培训辅导工作，这些重要工作的开展都少不了资本的助力。因而这几个月也是教育机构急切希望获得新一轮融资的时期，这段时间的投融资高潮现象是 K12 课外培训市场规律的间接映射。

三、近一年互联网教育各轮次融资分布

自互联网教育领域的投资风潮兴起后，获投项目逐渐从行业概念期走向盈利模式探索期，再从盈利模式探索期走向盈利模式复制期，从融资阶段上看就是从种子天使走向 A 轮、B 轮，再走向 C 轮、D 轮。商业发展的规律能够探索验证的商业模式必定只有少数，对于互联网教育亦是如此。2017—2018 年的互联网教育投融资市场也必然是这样一种形态，各轮次融资数量及规模分布如图 6.16 所示（说明：为了便于统计分析，此处将 Pre-A 轮、A 轮、A+ 轮三个轮次统称为 A 轮，将 Pre-B 轮、B 轮、B+ 轮统称为 B 轮，将 C 轮、C+ 轮统称为 C 轮）。

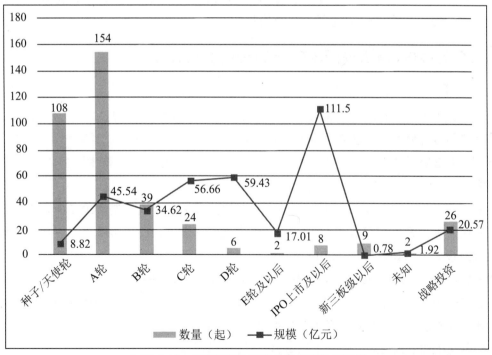

▲ 图 6.16　互联网教育各轮次融资事件及规模

总体上看，随着融资阶段的后延，无论是融资事件还是融资规模，都呈现出集中于早中期的趋势，这也与目前互联网教育的发展现状相匹配。从融资事件分布的轮次来看，262 起融资事件发生在早期阶段，占总体 378 次融资事件的 69.31%。其中，154 起融资事件发生在 A 轮，是融资事件最集中的轮次。从融资规模分布的轮次上看，从 B 轮到 D 轮呈现上升趋势，这是源于 2017 年在线语言学习、在线 K12 等项目都走向了 C 轮、D 轮，虽然项目数量较少，但融资规模都足够大，其中包括 2018 年 6 月 VIPKID 完成的 5 亿美元 D+ 轮融资。而兴起的少儿编程、兴趣教育等项目虽然数量较多，但大多处于 A 轮阶段。互联网教育项目融资轮次的分布与行业发展动态趋势有密切的关系。

　　融资市场的趋势变化，一方面，在资本助力、市场运营、市场环境等多重作用下，行业会有周期性的洗牌期。早期获得融资的项目中，一些项目会倒掉，大部分项目艰难生存，而只有少数项目凸显出来，继而获得后期融资。另一方面，随着新理念、新技术、新模式的出现，也不断有一些新项目出现并获得早期融资，而这些项目能否获得进一步融资，还需经过市场更长时间的验证。

四、2017—2018 年互联网教育各细分领域投资分布

　　由于用户需求的差异以及产业链的不同分工，互联网教育市场被切分成多个细分领域。为了便于统计分析，作者在深度了解行业知识的基础上结合自身对于行业的认知，此处将互联网教育分为学前教育、中小学教育、高等教育、职业教育、语言学习、兴趣 / 艺术培训、STEAM/ 创客教育、留学 / 游学服务、教育信息化、培训技术服务、综合领域、其他领域共 12 大领域。

　　由于市场的动态变化，资本对于细分领域的偏好并非一成不变。2012 年，在互联网教育兴起之初，资本对高等教育的慕课平台产生了兴趣。2012—2013 年，在线成人外教领域成为投融资风口。2013—2014 年，题库、拍照搜题等项目的出现，资本又青睐于中小学领域。而在 2014—2015 年，家校互动、作业应用开始兴起，资本又青睐于教育信息化。2015—2016 年，教育 O2O 模式火热，资本青睐于中小学领域。2016—2017 年，在线少儿外教英语领域开始兴起，资本的焦点又转向了语言学习。"见风使舵"是资本的天性，就像是历史上的游牧民族，哪里水草丰美，就转到哪里去。

　　近一年，通过一些经典的投融资案例来看，在线少儿外教英语和中小学直播是资本热

衰的加持领域。同时，在少儿编程的 STEAM/ 创客教育以及兴趣 / 艺术培训领域，资本也表现出了极大的热度。此外，一些资本也在学前教育、职业教育、培训技术等领域探索。互联网教育各细分领域投资事件和融资规模分别如图 6.17 和图 6.18 所示。

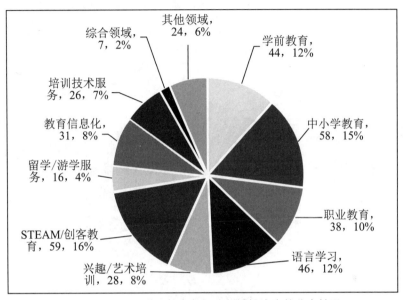

▲ 图 6.17　互联网教育各细分领域投资事件分布情况

从图 6.17 可看出，2017—2018 年风险资本可以说是在各细分领域全面开花，除了综合领域、留学 / 游学服务，其他每个领域融资事件都超过 20 起。最热门的四大领域是 STEAM/ 创客教育、中小学教育、学前教育、语言学习，融资事件都在 40 起以上，占比分别为 16%、15%、12%、12%。而在新生的热门领域 STEAM/ 创客教育，共发生了59 起融资事件。在 2017—2018 年，编程猫、编玩边学、火星人俱乐部等 STEAM/ 创客教育项目都获得了 2 轮及以上融资，这在互联网教育融资历史上也是少有的。因而，STEAM/ 创客教育可以说是 2017—2018 年最受资本关注的互联网教育之一，投资的火热趋势在 2018 年仍会延续。

从图 6.18 所示，2017—2018 年资本大笔加注的是中小学教育、职业教育、语言学习三大领域，三者融资规模占总体规模的 77%。其中，职业教育融资规模达 106.76 亿元，占比 30%，是目前投入最多的互联网教育领域。而 2017—2018 年，非常热门的 STEAM/ 创客教育的融资规模只有 18.9 亿元，占比 5%。这是源于 STEAM/ 创客教育的投资热才刚刚开始，大多数项目仍处于融资的早期阶段，在融资规模上明显低于中小学教育、职业教育、语言学习等商业模式已经得到验证的领域，属于行业的正常发展现象。

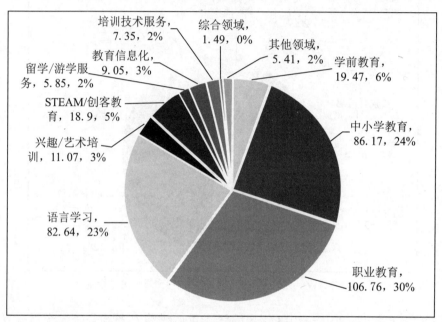

▲ 图 6.18　互联网教育各细分领域融资规模分布情况

2017—2018 年，互联网教育投融资在各大细分领域全面开花，但投资规模仍大部分集中于中小学教育、职业教育、语言学习三大领域。上述数据呈现的是资本对于互联网教育细分领域的认知与偏好，也是互联网教育市场发展的真实写照。中小学应试教育培训需求强烈、职业教育用户付费能力强，在线语言学习覆盖人群广，这三大领域潜在的消费规模大，资本优先加注于用户刚需强、市场规模大的领域。而近年来，随着家庭消费升级，家长对于 STEAM/ 创客教育、兴趣 / 艺术培训等领域的需求逐渐增加，资本的关注度也从前面的三大领域开始向周边扩展，但由于认知需求才刚刚开始，投融资市场还处于早期的验证阶段，投融资总体规模也尚处于基础阶段。

五、2017—2018 年互联网教育各商业模式的投资分布

在教育行业中，学习者是教学辅导的中心，任何教育与学习行为的最终输出点都是学员，而在教育产业链上，有直接从事教学培训的机构，也有提供内容、平台、系统、装备的企业。由于产业链上各企业扮演的角色不同，因而在提供教育产业上所主导的商业模式也不同。在互联网教育产业中，教育产业链上的角色都或多或少参与其中，在推动互联网教育的发展中发挥着重要作用。

由于直接提供教学培训的服务商在教育环节中直接面对用户，商业模式的可复制能力强，更容易产生规模化效应，因而直接面向用户的 B2C 模式更容易获得资本青睐，2017—2018 年的互联网教育投融资市场亦是如此，具体数据如图 6.19 和图 6.20 所示。

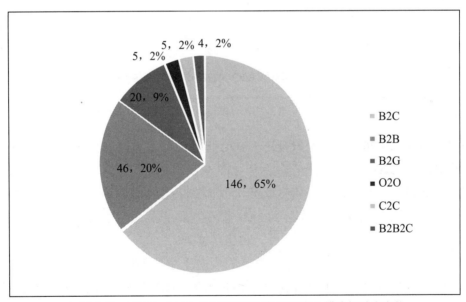

▲ 图 6.19　2017—2018 年中国互联网教育各商业模式投融资次数

由图 6.19 可知，投资于 B2C、B2B 和 B2G 三个领域的最多，投资事件达到 212 起，占总体投融资时间的 94%。其中，大部分的投资集中在 B2C 模式上，投资事件达到 146

起，占比 65%。O2O、C2C 和 B2B2C 模式，2017—2018 年在资本市场上仍处于冷门，投融资事件分别只有 5 起、5 起、4 起，占比都只有 2%。

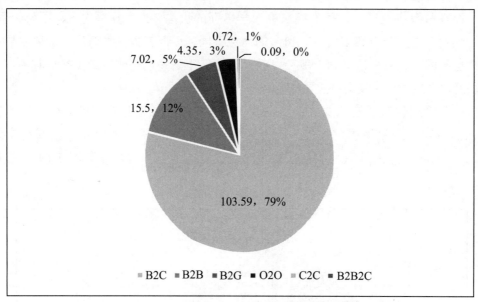

B2C　　B2B　　B2G　　O2O　　C2C　　B2B2C

▲ 图 6.20　2017—2018 年中国互联网教育各商业模式投融资规模

由图 6.20 可知，2017—2018 年投资于 B2C 模式的资本达到 103.59 亿元，占比 79%。而投资于 B2B 和 B2G 的资本规模分别只有 15.5 亿元和 7.02 亿元，分别占比 12% 和 5%。O2O 模式，2017 年的融资规模为 4.35 亿元，占比 3%，这主要源于 2017 年出现的上门外教英语项目的融资以及轻轻家教的巨额融资，略微加温了这个模式下的原有冰点。而 C2C 和 B2B2C 模式下的融资额度均不足亿元，占比不过 1%。

总体来看，2017—2018 年互联网教育的投融资主要集中于 B2C 模式，并在 B2B 及 B2G 有所加注。而对于 2015 年火热一时的教育 O2O 模式，虽然 2017 年出现了上门外教的 O2O 模式融资案例，但仍不被大多数资本看好。而对于教育社区的 C2C 模式以及教育平台模式，虽然规模化潜力大，但小型企业对此的运营难度大，更不被资本看好。因此，无论是投融资事件还是投融资规模，C2C 和 B2B2C 一直都处于资本的低温区域。

六、互联网教育投融资热点企业

1. 乂学教育

简介：乂学教育是国内第一家人工智能自适应在线教育公司。乂学教育成功开发了国内第一个拥有完整自主知识产权、以高级算法为核心的自适应学习引擎。就像 AlphaGo 模拟围棋大师，乂学 AI 系统模拟特级教师给孩子一对一量身定做教育方案并且一对一地实施教育过程，比传统教育效率提升 5～10 倍。乂学教育还与斯坦福国际研究院（SRI）成立了人工智能联合实验室，并入选了腾讯的 AI 实验室"AILab"。

融资历程：

2015 年 7 月，乂学教育获得 3 000 万元种子轮投资，由青松基金领投、正和磁系资本和新东方创始人俞敏洪个人跟投。

2016 年 12 月，乂学教育获得 1.2 亿元天使轮融资，由景林投资、国科嘉和、新东方联合领投。

2017 年 6 月，乂学教育获得 SIG 海纳亚洲和诺基亚成长基金的 1.5 亿元天使轮追加投资，至此天使轮累计融资达到 2.7 亿元。

2018 年 6 月 2 日，乂学教育在北京举办乂学智适应教育"松鼠 AI"品牌及产品发布会。

2. 三好网

简介：三好网是一家专注于为中小学生提供在线个性化教育的服务平台。平台包含高频一对一互动教学、教师展示、智能选课、知识测评、精品课、公开课，以及学生、家长和教师社群社区服务、教育信息发布。

融资历程：

2014 年 7 月，三好网完成 1 300 万元种子轮融资，由磐谷创投投资。

2016 年 3 月，完成 7 500 万元 Pre-A 轮融资，由亦庄互联基金领投，沃衍资本、金百朋投资、天使投资、方磐谷资本跟投。

2016 年 10 月，完成 A 轮融资，由清科资本、青桐资本投资。

2017 年 8 月，完成 A+ 轮融资，由合鲸资本投资。

2017 年 12 月，完成数亿元 B 轮融资，由立思辰华海资本、国中创投、清科资本、贤二资本、博大信远资本、核一资本投资。

3. VIPKID

简介：VIPKID 少儿英语品牌隶属于北京大米科技有限公司，主打个性化美国小学课程一对一在线辅导服务。

融资历程：

2014 年年初，大米科技获得创新工场和正时资本天使轮 300 万元投资。

2014 年 10 月，大米科技继续获得由经纬中国、创新工场、红杉资本中国基金合投的 500 万美元 A 轮融资。

2015 年 10 月，大米科技获得由北极光创投领投，A 轮三家投资者跟投的 2 000 万美元 B 轮融资。

2016 年 1 月，真格基金 B+ 轮数百万美元增资大米科技。

2016 年 8 月，大米科技宣布获云峰基金和红杉资本中国基金合投的 C 轮 1 亿美元融资，短短 20 天后，大米科技又宣布获得由科比创办的 Bryant Stibel 数千万美元战略投资。

2017 年，VIPKID 宣布 2 亿美元 D 轮融资，本轮投资由红杉资本领投，腾讯战略投资，云锋基金、经纬创投、真格基金、ZTwo Capital 等跟投。

2018 年 6 月 21 日，VIPKID 宣布完成了 5 亿美元 D+ 轮融资，由全球知名投资管理机构 Coatue、腾讯、红杉资本中国基金、云锋基金等机构携手领投。本次融资完成后，VIPKID 估值已超 200 亿元。

4. 编程猫

简介：编程猫隶属于深圳点猫科技有限公司，是国内针对 6～16 岁少年儿童的少儿编程教育品牌，集在线编程课程、科技主题的青少年冬夏令营、国际化的全球赛事、图形化的编程技术平台为一身。

融资历程：

2015 年，编程猫获数百万元种子轮融资。

2016 年 4 月，编程猫获数百万元天使轮融资。

2016 年 12 月，获 2 000 万元 A 轮融资。

2017 年 5 月，获 1 500 万元 A+ 轮融资。

2017 年 11 月 16 日，编程猫宣布完成 1.2 亿元 B 轮融资，由高瓴资本领投，清流资本、清晗基金、猎豹移动跟投。

2018 年 1 月 19 日，编程猫完成战略投资，由慕华投资，金额未透露。

2018 年 5 月 25 日，编程猫完成新一轮 3 亿元融资，本轮融资由招银国际领投，新京报与北京文投集团旗下的山水创投及寻找中国创客导师基金、松禾资本跟投。

回头看 2017 年互联网教育资本市场上发生的大事件，美股资本市场先后有好未来股价破百、新东方市值破百、好未来市值破百的重大利好消息传来，两大巨头的股市表现直接激发了资本市场对教育资本市场的信心。

在国内资本市场上，高思教育、作业帮、VIPKID 等数亿元融资事件发生，这些投融资事件虽然推动了某个细分领域的发展，但对整个互联网教育理性投资的认知仍不可逆转。资本信心重启，互联网教育市场上直接的表现就是行业内所谓的资本回暖，而教育资本理性认知不可逆，癫狂的教育资本仍然一去不复还。

2018 年，知名资本继续在已验证商业模式的头部项目上加持，项目融资开始从早期走向中后期，细分赛道的壁垒进一步加高。而伴随着 2017—2018 年家庭教育消费升级，一些资本开始在 STEAM/ 创客教育、兴趣 / 艺术培训领域试水，一些项目进入了早期融资阶段。但目前，绝大部分资本仍集中于已成熟验证的中小学教育、职业教育领域。

第五节　2017—2018年互联网教育企业发展现状

自 2013 年开始，互联网教育逐渐受资本市场追捧，上万家互联网教育企业如雨后春笋般涌现，那么近年来互联网教育企业的整体发展状况到底如何呢？

学易时代咨询再度发起互联网教育景气指数的调查。从互联网教育企业创办时间、融资阶段、营收情况等十个维度，对行业内数百家企业发起行业调查问卷，形成如下分析报告，供读者参考。

一、企业创办时间分布

企业的成长周期包含创立、开始盈利、形成可持续的商业模式、发展成为行业领先的知名品牌，甚至是登陆证券交易所，整个过程需要一定的时间。公司的创办时间可作为衡量一个企业实力的标准之一。图 6.21 为参与调查的互联网教育企业创办时间分布情况。

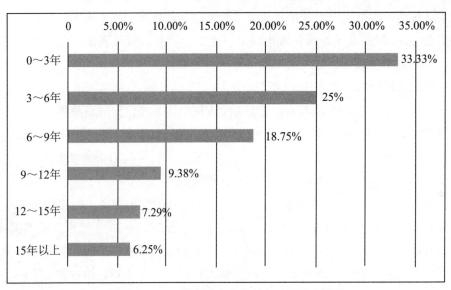

▲ 图 6.21　互联网教育企业创办时间分布情况

总体来看，生命周期越长的企业占比越少。从创办的时间上看，大部分企业创办周期在 0～6 年，也就是大部分企业都是在 2012 年慕课开始兴起以后创办成立的。

其中成立 0～3 年的企业分布数量最多，占比达到 33.33%；成立 3～6 年的企业占比为 25%。由以上数据可知，2015 年是教育企业增长的高峰期，超过 1/3 的企业是在高峰期创办的。

2010 年以后，移动互联网浪潮到来，移动教育应用开始兴起，因而年龄在 3～9 年的很多企业是在这波移动互联网背景下发展起来的，如 VIPKID 等。

9 年以上的互联网教育企业相对比较少，其中成立 9～12 年的企业占比 9.38%，沪江、邢帅等龙头互联网教育企业都是在 2008 年左右发展起来的。

　　成立 12～15 年的企业占比 7.29%，而占比不到 7% 的 15 年以上的企业，基本上是从 2000 年那波互联网教育行业浪潮中幸存的资深企业。

二、企业员工规模

　　互联网教育由互联网和教育两个因素驱动，借助互联网教育可以让有限的教育资源得到充分的利用。图 6.22 为 2017—2018 年互联网教育企业员工规模分布情况。

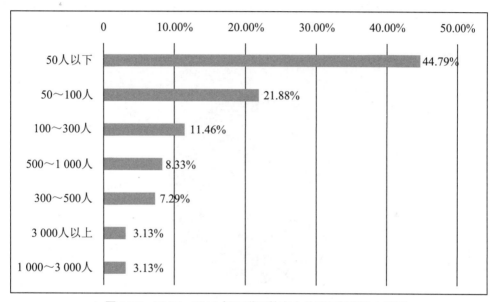

▲ 图 6.22　2017—2018 年互联网教育企业员工规模分布情况

　　从调查结果总体来看，绝大部分企业的规模在 100 人以内，说明互联网教育领域仍以中小企业居多。其中 0～50 人的企业占比最多，达到了 44.79%，这一部分企业都是创立时间不久的企业；50～100 人的企业占比 21.88%，这一部分企业主要是探索盈利模式的企业。

　　100～300 人、300～500 人的企业分别占比 11.46% 和 7.29%，基本上是那些已经找到盈利模式正在大面积复制的企业。而 500 人以上的企业则非常少，只有沪江、邢帅等大型互联网教育企业达到了这个规模。

　　虽然 3 000 人以上的企业更少，只占到 3.13%，主要是一些切入互联网教育的行业巨头，如新东方、好未来、超星、华图等，但是这些巨头企业的兴起，已成为行业发展的中坚力量。

三、企业细分领域分布

教育市场是一个比较复杂的市场，依据其教育的方向及面向的受众，教育行业可以分为多个细分领域。目前，互联网基本已深入教育的绝大多数领域，但不同领域的发展潜力不同，因而进入各领域的企业数量也大不相同。图 6.23 是 2017—2018 年互联网教育企业细分领域分布情况。

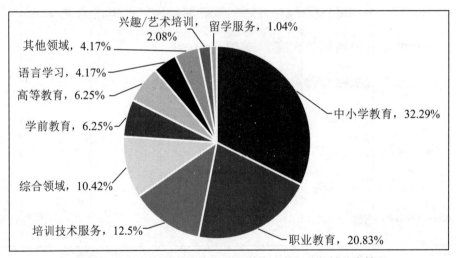

▲ 图 6.23　2017—2018 年互联网教育企业细分领域分布情况

调查数据显示，2017—2018 年互联网教育企业中，中小学教育领域的企业最多，占比达到 32.29%，可谓是最为火爆的互联网教育市场；其次是占比 20.83% 的职业教育领域的企业，这主要是因为职业教育用户需求强烈，付费能力也比较强。

然后是培训技术服务领域的企业，占比达到 12.5%，这个领域的兴起主要是由于在线教育企业的兴起，带起来这批以教育技术服务为主业的企业；综合领域的企业占比10.42%，是那些同时布局多个领域的企业。

虽然其他领域、学前教育、高等教育、语言学习、留学服务占比差别不大，但是教育行业的每个领域都在迅速发展。兴趣／艺术培训、STEAM／创客教育领域是在近两年才兴起的热点，未来还有很大的发展空间。

四、企业的产品与服务类型分布

互联网教育产品种类繁多，但按照其产品属性可以分为内容型（培训运营类企业本质上也是内容型企业）、平台型、工具型、技术型、硬件设备型、社区型等。图 6.24 为 2017—2018 年互联网教育企业产品与服务类型分布情况。

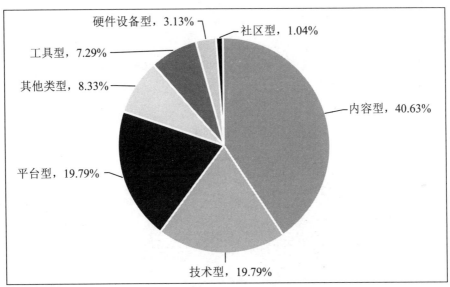

▲ 图 6.24　2017—2018 年互联网教育企业产品与服务类型分布情况

通过调查结果可知，绝大多数企业属于内容型企业，占比为 40.63%。教育的本质在于品质，而优质的内容是提升教育品质最重要的因素。其次，分布最多的是技术型企业和平台型企业，两者占比均为 19.79%。

技术型企业有两种：一是提供技术服务的教育信息化企业，二是为培训机构提供技术支持的服务商。平台类企业则有 3 种：B2B2C 平台、C2C 平台和 O2O 平台。其中 B2B2C 主要由互联网巨头创办运营，C2C 是由小型企业创办的比较传统和小众的学习平台，O2O 则是不再红火的家教平台。

工具型企业占比 **7.29%**，包括题库工具、测评工具、单词记忆工具等。最后是其他类型企业占比 **8.33%**，而社区型和硬件设备型则占比较少。硬件设备型则属于重资产企业，主要是一些上市公司布局这一领域。

五、企业融资状况分布

企业融资是一门大学问，不仅考验企业的商业模式，还考验创始人的个人魅力，很多企业在发展初期就因资金链断裂而无法前行。图 6.25 为 2017—2018 年互联网教育企业融资轮次分布情况。

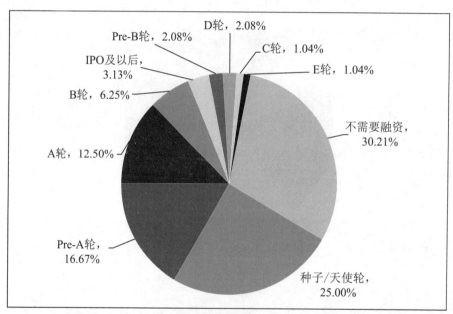

▲ 图 6.25　2017—2018 年互联网教育企业融资轮次分布情况

从调查数据总体结果来看，2017—2018 年大部分的企业仍处于没有融资或种子 / 天使轮融资的项目早期发展阶段。中后期的融资比例较上一年有所提升，融资到 C 轮和 D 轮的企业不断增多，如 VIPKID、一起作业网等。

在 2017 年发起的年度景气指数调查中，有 **44.31%** 的企业没有融资，而 2018 年调查中没有融资的企业数量有所减少，上次调查结果显示有 **11.39%** 的企业获得种子 / 天使轮融资，而此次调查中相应的数据则上升为 25%。这也正好印证了 2017 年教育资本回暖后，部分企业开始获得融资的现实。

2018 年 16.67% 的企业已经获得了 Pre-A 轮融资，比 2017 年调查的 9.28% 略有上升，这主要是 Pre-A 轮属于过渡阶段的融资，只有部分企业经历这个融资阶段。

而获得 A 轮、B 轮、C 轮融资的企业分别为 12.5%、6.25%、1.04%，相比于上次调查结果都有小幅提升。

有 3.13% 的企业进入 IPO 及以后阶段，这也较能说明行业发展趋势，即在政策红利驱动下，2018 年教育行业迎来企业上市潮，如尚德、朴新教育等。

六、企业客户增长率分布情况

客户是企业服务的对象，也是收入的来源。对于互联网教育企业，客户可能是学生、企业、政府和学校，学生客户的收入来源是培训服务，企业、政府、学校客户的收入来源则是内容、技术及运营服务。客户的增长率决定了企业的发展速率。图 6.26 为 2017—2018 年互联网教育企业客户增长率分布情况。

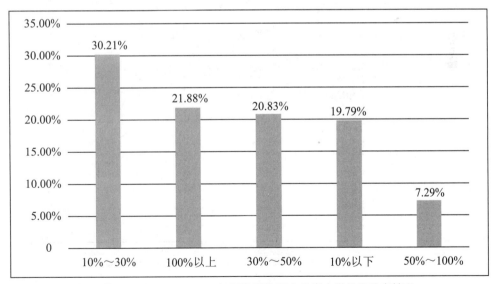

▲ 图 6.26　2017—2018 年互联网教育企业客户增长率分布情况

总体来看，互联网教育企业的客户增长率平均在 50% 左右。从增长率分布的情况来看，约有一半的企业分布在 10%～50% 这个增长范围，其中 30.21% 的企业分布在 10%～30% 这个增长范围，另有 20.83% 的企业增长率在 30%～50% 之间。增长率在 10%～50% 这个阶段的企业，可能是主营技术服务的企业，也可能是用户已经具有一定规模后回归正常增长的培训企业。

增长率在 10% 以下的企业占比为 19.79%，一般是初创型企业，产品处于研发和完善阶段，因而增长率很低。而增长率在 100% 以上的企业，则是处于高速增长期的互联网教育培训服务企业。

七、企业营收分布情况

企业的营收规模是衡量一个企业体量的标准之一，也是企业不断发展壮大的基础。图 6.27 为 2017—2018 年互联网教育企业的营收规模分布情况。

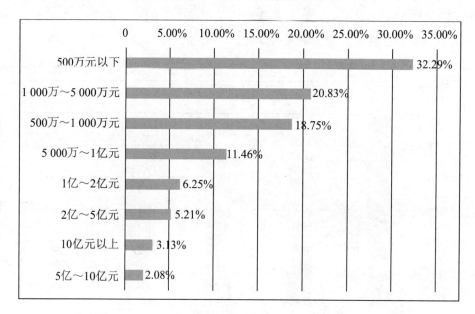

▲ 图 6.27　2017—2018 年互联网教育企业的营收规模分布情况

总体来看，营收规模越高的企业分布越少，符合一般市场规律。绝大多数企业的规模处于 5 000 万元以下，平均营收规模在 1 000 万元左右，也说明互联网教育大部分企业都处于早期发展阶段。

在分布情况中，营收在 500 万元以下的企业占比 32.29%，这类企业一般是处于早期发展阶段的企业，尚未找到很好的盈利模式。营收在 500 万～1 000 万元的企业占比 18.75%，这类企业主要是那些找到部分盈利模式但难以规模化的企业。营收在 1 000 万～5 000 万元的企业占比 20.83%，这类企业是那些已经找到较好的盈利模式尚待规模化的企业。

整体的企业营收分布不应从本调查的营收数据来判断，实际上营收过亿元的互联网教育企业也比比皆是，本调查数据偏低的原因是取样误差。

营收 5 000 万元以上的企业则是已经初具一定规模的企业。而 20 亿元以上的企业则属于行业的巨头，比如新东方、好未来、达内等，很多都登录了海外资本市场、国内主板市场或创业板资本市场。

八、企业营收增长率分布情况

营收增长率反映了企业的成长性，是资本衡量企业的价值标准之一。图 6.28 为 2017—2018 年互联网教育企业营收增长率分布情况。

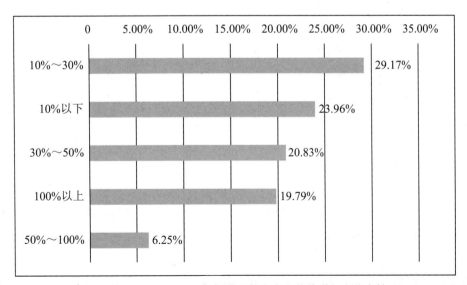

▲ 图 6.28　2017—2018 年互联网教育企业营收增长率分布情况

总体来看，大多数企业营收增长率在 50% 以下，平均增长速度在 30% 左右。

营收增长率分布在两端的企业也不少。其中营收增长率在 10% 以下的企业占比 23.96%，这主要是那些尚未找到盈利模式的企业。而营收增长率 100% 以上的企业占比 19.79%，主要是那些处于高速增长期的企业。

九、企业净利润分布情况

净利润是企业盈利能力的衡量标准，也是企业稳定长期发展的命脉。传统的教育培训行业营利性一般比较好，而互联网教育则采用互联网的运营模式，在盈利情况上与传统的培训企业有所不同。图 6.29 为 2017—2018 年互联网教育企业净利润分布情况。

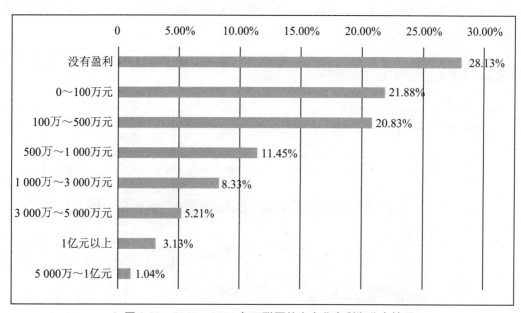

▲ 图 6.29　2017—2018 年互联网教育企业净利润分布情况

总体来看，50.01% 的企业净利润在 100 万元以下，也就是有半数的企业没有盈利或者盈利甚微。说明整个互联网教育尚处于探索发展期，很多企业尚处于寻找盈利模式的阶段。

本调查数据显示，28.13% 的企业处于没有盈利阶段，但是据笔者了解，实际占比会更高一些，互联网教育行业整体没有盈利的企业比例应该在 70% 以上。

　　净利润在 0～100 万元、100 万～500 万元、500 万～1 000 万元的企业比例相比于去年调查均有所提升，说明互联网教育行业正在向成熟的方向不断发展。而净利润在 500 万元以上的企业则是那些已经初步显现出规模化的企业。

十、企业发展难题分布情况

　　教育本就是一个复杂的行业，政策、地域、客户年龄、体制、机制等多方面的因素都影响着教育企业的发展。而互联网教育企业，则更要面临互联网行业用户红利消失、流量格局已定等不可逆转的形势，企业发展要比传统的教育企业难得多（图 6.30）。

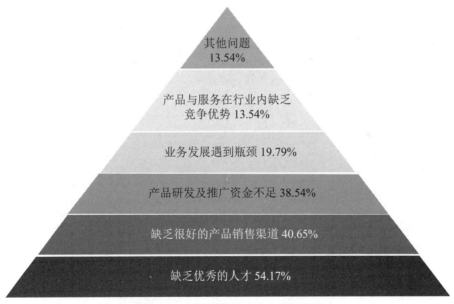

▲ 图 6.30　互联网教育企业发展难题分布

　　整体来看，互联网教育企业发展面临多重难题，其中遇到最多的难题是缺乏优秀的人才，这类企业占比 54.17%。这主要还是由于互联网教育属于一个新兴行业，需要既懂互联网又懂教育的人才，而目前此行业拥有这种人才的企业还只是少数。

　　其次，企业遇到的难题是缺乏很好的产品销售渠道及产品研发及推广资金不足的问题，这两类企业占比分别为 40.65% 和 38.54%。互联网教育企业一直是投资热点，多个领域的赛道增长已经演变为资本竞争。

没有大资本加持，企业要生存发展下去确实很难。传统的教育出版市场依赖渠道，而互联网教育的内容传播则要依靠流量，在互联网流量已经被 BAT 等巨头瓜分完毕的情况下，企业的产品推广代价非常高，获客成本居高不下。

业务发展遇到瓶颈、产品与服务在行业内缺乏竞争优势的企业分别占比 19.79% 和 13.54%，这两个都是需要解决的问题，需要企业不断去创新。

在经历了 5 年的探索发展后，互联网教育行业的一些领域仍处于高速增长期，而一些领域已经进入稳定发展期。随着行业不断的探索、试错和变革，在一些模式得到突破后，很多问题也会迎刃而解。

第七章
互联网和教育巨头行业布局

第一节　互联网巨头行业布局

一、百度

1.百度教育

（1）百度教育简介。

百度教育事业部成立于 2015 年 12 月，是业界领先的智慧教育平台，以顶尖的人工智能技术为引擎，构建了国内最大的教育知识图谱和海量教育资源内容平台，致力于为用户提供个性化的学习服务和智能化的交互体验，为学校、机构提供 AI 赋能的教育行业解决方案。

2017 年起百度教育开始了面向内容化、智能化、个性化的重点转型，通过智能技术整合教育资源，给传统教育模式带来新的体验和服务，并推动智慧教育发展，打造一个开放的教育生态智能平台。百度教育希望在满足用户既有学习需求的同时，依靠人工智能产生好内容、好体验，以个性推荐的方式来激发用户的学习需求，帮助用户获得全面的自我提升。

同时，百度教育推出教育大脑，包含大量的图谱化内容，以及教育画像的用户数据，后续将为学校、机构提供智能的资源管理和营销服务。通过教育大脑的各种应用能力，协同教育产业进行智能升级。

（2）百度教育产品矩阵。

百度教育旗下的主要产品线包括百度文库、百度阅读、百度智慧课堂等，月活跃用户5.4亿用户，其中移动端3.4亿用户，PC端2亿用户。教育资源包括2亿篇以上专业文档，20万种以上正版图书，7万种以上精品课程。

① 百度文库。百度文库平台于2009年11月12日推出，2010年7月8日，百度文库手机版上线。2010年11月10日，百度文库文档数量突破1 000万。2011年12月百度文库优化改版，内容专注于教育、PPT、专业文献和应用文书四大领域。2013年11月正式推出百度文库个人认证项目。截至2014年4月百度文库文档数量已突破一亿，2017年5月文档数量接近2亿，2018年6月文档数量已超过2亿。

作为互联网分享学习的开放平台，百度文库目前汇集了1.8亿份高价值的文档资料，内容覆盖了基础教育、资格考试、经管营销、工程科技、IT计算机、医药卫生等50多个领域。百度文库坚持以"让每个人平等地提升自我"为目标，努力将知识尽可能地分享到每一个需要的角落。

② 百度阅读。百度阅读是一款阅读产品，提供丰富的电子图书，种类包括文学、传记、艺术、少儿、经济、管理、生活等电子书，同时展现畅销书排行榜并支持在线支付和在线阅读，为用户提供最佳的阅读体验。

百度阅读通过与500家出版集团建立合作，目前有10万多本正规出版书籍，其中3万本可提供给用户免费阅读，并且通过大数据带来的个性化阅读体验升级，使得百度阅读用户日均使用时长超过2个小时，用户日均翻页总次数超过10亿次，成为严肃阅读行业TOP3的阅读产品。

③ 百度智慧课堂。百度智慧课堂是百度教育在基础教育和高等教育领域重点打造的一款以优质资源为核心，将人工智能技术与教育学习场景深度融合，整合了多达2亿个优

质资源来辅助教师教学，以及帮助学生自主学习的优质资源服务平台。

百度智慧课堂拥有百度领先的人工智能技术，以及百万级专业知识图谱，可以实现知识的系统化智能教学和学习。利用领先的个性化精准推荐技术，可以最大限度地减轻教师的备课负担，帮助学校探索"以学生为中心"的教学模式。通过百度的大数据技术可以实现校园数据互通、资源多端同步、校园本地资源管理、学情智能分析等能力。百度智慧课堂为校园提供了充足的优质资源，大幅提高学校资源的利用率，方便教师和管理者进行资源管理，提高了学生的学习效率。

百度智慧课堂作为百度教育旗下的智慧教育平台，率先同步新课标内容，成为首家全面支持新课标的 AI 智慧教育平台，在备课、授课、课后作业、互动等各个环节为师生提供智能内容和智能工具解决方案。

（3）百度教育优势。

① 专业内容。百度教育覆盖文档、图书、视频等 2 亿多份专业的学习资源，是中国最大的在线教育资源平台。

② 教育智能。独家教育知识图谱，大数据学习兴趣分析，助力个性化学习方案。

③ 精准用户。日均 5 000 万次用户访问，涵盖大量高知、高净值人群，每天产生知识学习上亿次。

（4）百度教育最新动态。

2018 年 1 月 3 日，百度教育正式上线了音频知识付费产品"百度小课"，课程内容涵盖了亲子教育、理财、个人提升和职场发展等多个领域。"百度小课"并未推出新的 APP，而是通过"百度传课"升级改版而来。2018 年 1 月 8 日，百度传课发布公告称，即日起停止对"百度传课 KK 客户端"的更新及维护，并称正在根据百度教育 2018 年的战略调整着手策划全新的产品形态，将对平台服务内容和功能进行升级改造，计划转型知识付费。

百度宣布分离出作业帮并转型知识付费，这是百度长期在 B2B2C 平台上的内容资源、用户黏性等运营不利情况下的战略性放弃。转型知识付费，是百度基于百科、文库、阅读等内容资源积累及知识付费市场趋势的顺势而为，而面对得到、知乎等知识付费领域的佼佼者，百度的转型之路任重而道远。

2. 内部孵化

"作业帮"是百度知识团队内部孵化打造的面向 K12 的问答学习平台，2015 年 9 月，

"作业帮"从百度内部分拆，成立小船出海教育科技（北京）有限公司。正式独立运营后，"作业帮"完成 A 轮融资，由红杉资本和君联资本领投。2016 年中期，完成 B 轮融资，由纪源资本和襄禾资本领投，A 轮投资人跟投。2017 年 8 月完成 1.5 亿美元 C 轮融资，由 H Capital 领投，老虎基金、红杉资本、君联资本、GGV、襄禾跟投，是 K12 在线教育领域迄今为止较大规模的 C 轮单笔融资。

在 2017 年 11 月 15 日举行的 GET2017 全球教育科技大会上，"作业帮"技术副总裁李博洋透露，目前作业帮累计激活用户 3 亿个，月活跃用户超过 6 000 万个。

3. 投资布局

百度作为 BAT 三家中最早入局在线教育领域的公司，目前来看可谓布局最广。从早期利用搜索引擎连接百度知道、百度百科、百度文库、百度翻译等产品，培养出一批百度教育产品的用户，之后又把庞大的用户流导向百度传课、百度教育、百度学术等核心教育产品上（图 7.1）。

▲ 图 7.1　百度布局图

另外，百度投资的教育项目中也包括沪江网、万学教育、智客网、爱奇艺教育、Tonara 等教育平台。2017 年 10 月 12 日，百度风投还跟投了作业盒子的 2 亿元 B+ 轮融资。

二、阿里巴巴

阿里巴巴作为电商鼻祖，最强大的是交易基因。与百度相比，阿里巴巴对教育的布局相对较缓。起初，淘宝大学主要是为了开展淘宝会员培训服务。直到 2013 年 8 月，淘宝教育（淘宝同学）上线，才算正式拉开阿里巴巴互联网教育布局的序幕。阿里巴巴自有业务体系及投资布局，如图 7.2 所示。

▲ 图 7.2　阿里巴巴自有业务体系及投资布局

1. 淘宝教育

根据淘宝教育负责人裴滨峰提供的消息，淘宝教育在测试初期同时进行线下课程销售和线上互联网教育直播业务，但双重运营模式带来的客户体验并不好，最终在 2013 年 10 月决定取消线下课程的销售，确立了淘宝教育的"只做线上互联网教育"的定位。

淘宝教育启动之初，已经有 150 家教育机构入驻，包括沪江网、东大正保集团、环球网校、优米网、学大教育、京翰教育等影响力比较大的教育培训机构。淘宝教育类产品

2012 年销售额为 3.3 亿元，其中 1/3 是教材教辅，另外 2 亿元是课程销售。淘宝教育与原有的淘宝教育类完全划清了界限，淘宝教育将专注于互联网教育，主要通过直播互动和录播视频两种方式进行在线授课。如图 7.3 所示为淘宝教育的主界面。

▲ 图 7.3　淘宝教育的主界面

在直播课程方面，用户可通过旺旺直播间进行在线视频互动学习，入驻的教学机构均可发布直播课程。学生可通过举手功能与老师进行一对一视频互动，同时也可以用文字对话框实时地提问互动。在录播课程方面，用户需要先购买课程，再通过在线播放的形式进行学习。

2. 阿里师生

2014 年 6 月 11 日，阿里巴巴低调推出了一款家校沟通互动产品——阿里师生。据官方介绍，阿里师生是一款针对幼儿园、小学、初中、高中阶段的家校沟通互动产品，包含通知、消息、通讯录、班级群、应用中心等功能，希望构建教育信息化应用的入口。

阿里师生是北京市教委联合阿里巴巴集团共同研发的一款中小学健康管理家校合作系

统，主要目的是记录北京市中小学生的健康状况、运动情况，提醒学生锻炼。由北京市教委主导，在北京市所有的中小学和幼儿园免费使用。

阿里师生从 2014 年 9 月开始在北京市的小学一年级试行，2015 年 9 月起，已经覆盖了北京市所有小学的各个年级。同时，也在部分幼儿园和初中开始尝试。此外，为了服务更多的学生和家长，阿里师生也在杭州的一所学校进行了试行。

阿里巴巴推广阿里师生，有几点值得关注。

一是在线教育平台做互动产品门槛较低，有天然的优势。阿里巴巴在线教育产品有淘宝同学、教育大市场，本身就涉及了课程提醒系统，未来阿里师生可以为家长、学生、老师推送课程通知等服务。例如，腾讯课堂就可以通过 QQ 进行课程推送。

二是可以增加用户黏性，抢占课堂之外的用户时间。淘宝同学、教育大市场，毕竟不是高频次的使用场景，而通信工具若运营得好，自然会具备高频次打开率并增加用户黏性。

据 2016 年 1 月 23 日消息，北京市教委发布通知"北京市中小学健康管理家校合作系统——阿里师生"更名为"师生家校"，以便在全市推广。不过遗憾的是，北京市"师生家校"于 2017 年 7 月 15 日停止了服务。其他地区的"阿里师生"是否还在运行，尚不得知。

3. 阿里钉钉

阿里钉钉是由阿里巴巴集团于 2014 年 1 月筹划启动，由阿里巴巴来往产品团队专为中小企业打造的沟通和协同的中国领先的智能移动办公平台，其核心功能有企业沟通功能、企业（团队）办公协同功能，钉钉自面世至今，迅速获得大量企业用户的信任，涵盖各大行业包括商业地产集团、IT 硬件企业、投资集团、互联网企业、政府机构等。

阿里钉钉从 2014 年 12 月 1 日发布 1.0 测试版，2015 年 5 月 26 日正式发布阿里钉钉 2.0 版，2017 年 11 月 19 日，阿里钉钉在深圳召开了主题为"智连未来"的 2017 年秋季战略发布会。会上，阿里钉钉宣布进入软件硬件智能化融合的 4.0 时代。2018 年 4 月 18 日发布阿里钉钉 4.3.5 手机版。

根据最新的数据显示，截至 2017 年 9 月 30 日，阿里钉钉企业组织数量已超过 500 万家，成为全球最大的企业服务平台。急速增长的数据也意味着阿里钉钉在办公领域已成为行业翘楚。

4. 投资布局

相比而言，阿里巴巴对互联网教育并不像其对新零售的布局那样热情高涨，但阿里巴巴系的基金从来都不乏在热门领域在线教育的布局。

2014 年 3 月，阿里巴巴领投在线语言学习平台 TutorABC 的 B 轮融资，以 1 亿美元的融资额，成为当年在线教育界最大的一笔融资。2014 年 8 月，阿里巴巴以数千万美元领投高校社交学习产品超级课程表 B 轮融资。

此后阿里巴巴在互联网教育领域的动作不多，直到 2016 年 8 月，阿里巴巴系云锋基金领投 VIPKID 1 亿美元 C 轮融资。2017 年 8 月，阿里巴巴系云峰基金跟投 VIPKID 2 亿美元 D 轮融资。

2018 年阿里巴巴布局互联网教育领域的动作频繁，投资分别是：阿里巴巴对早教领域的宝宝树战略投资及教育信息化服务商校宝在线 1 亿元 C+ 轮融资，云锋基金对于凯斯国际幼儿园过亿元天使轮 /A 轮融资及 K12 领域的作业盒子 1 亿美元 C 轮融资，阿里巴巴文娱集团现场娱乐事业群领投少儿艺术教育领域的七幕人生。

三、腾讯

1. 腾讯教育

腾讯教育将国内外优秀的教育信息资源和强大的产品服务紧密结合，是中国用户量最大的教育门户网站，下设中小学、高考、外语、留学、校园、商学、博客等栏目，是在校学子及在职人员的在线学习社区。此外，腾讯教育还为腾讯智慧校园、腾讯精品课、企鹅辅导等自身的其他互联网教育平台提供入口，同时也为教育类企鹅号提供资讯入口。

腾讯教育每年举办一次"回响中国腾讯网教育年度总评榜"行业活动，提供演讲致辞、主题论坛、TED 分享等交流活动，也提供教育产业价值榜、教育自媒体评选活动，同时发布每年度的中国教育培训行业学习白皮书。

2. 腾讯课堂

腾讯课堂（图 7.4）是门户网站中比较低调的在线学习频道，如果浏览里面的内容，会发现腾讯课堂定位于实用知识的学习，比如 IT、设计、语言等课程。

▲ 图 7.4　腾讯课堂网站界面

从内容的制作来看，腾讯课堂的课程制作精良，并不是简单的录像，而是在后期制作上下了很多工夫，因此在投入上也是比较大的。从目前掌握的情况来看，腾讯课堂还没有独立出视频网站、成为独立运作项目的迹象。

3. 腾讯精品课

腾讯精品课是腾讯旗下专注知识分享的在线学习平台，提供职场求职、IT 互联网、外语留学、生活文化、职业考试、升学考试、普及知识等多方面的实用性精品课程。

4. 企鹅辅导

企鹅辅导是腾讯推出的一款针对中学生的在线教育产品，为学生提供包含数学、英语、语文、物理、化学、历史、生物、政治、地理等免费课程。同时，各科名师可以通过在线直播的形式为学生提供课程辅导另外，还可提供课程回放、习题练习、答疑服务（图 7.5）。

▲ 图 7.5　企鹅辅导网站主界面

企鹅辅导具备以下四大特点。

（1）企鹅辅导的课程内容全面且精深。

在课程内容上，企鹅辅导覆盖初高中语文、数学、英语、物理、化学、生物、历史、地理等科目，精选教学内容，提供系统化学习课程，分为系统班和专题课两种课程类型。

系统班包含全面辅导、全流程巩固、小班教学、分层授课、针对性目标五大优势。

其中，全面辅导是指由企鹅辅导教研团队全力打造、涵盖初高中的全方位体系化在线直播课程方案，致力于重点难点的全面辅导，为孩子有效地提高分数。全流程巩固指的是每门课程涵盖正课教学、习题讲解、课后作业、在线考试、深入扩展五大模块，全流程巩固和拔高。小班教学是指每50人一个班，确保最全面的服务覆盖到每位同学，充分保证学习体验。分层授课是指高中数理化特设提高班、尖子班分层授课，确保学习更有成效，其中提高班适合基础偏弱的学生，目标为巩固基础、查漏补缺、稳步提高；尖子班适合基础稳固的学生，目标为冲刺高分。针对性目标是指不同系统班针对不同目标，如暑期系统班是针对新学期进行预习，秋季系统班是同步和拔高学期课程。

而专题课则有专题式突破、快速灵活的优势。课程会针对某一个知识点或某一项学习目标特别开展的专项突破式直播课程。课程安排快速灵活，课程数较短，内容灵活且切合学生需求，内容包括单知识点讲解、复习大纲梳理、学习方法讲解、错题集综合讲解等。同时还提供各地状元、名师的免费分享讲座，致力于让学生每一次上课都有收获。

（2）企鹅辅导提供生动的上课体验。

企鹅辅导会在课前提供讲义预览、短信提醒上课、专属班级群导学等服务，为学生提供充分的课前铺垫。课中可通过企鹅辅导 APP 或电脑端登录企鹅辅导 Web 课堂（fudao.qq.com）直接上直播课。企鹅辅导平台可流畅使用讨论、举手、练习题目等功能，保证优质的课堂体验。直播课程结束后会生成回放视频，可无限次回放，支持下载并可离线观看，方便孩子复习巩固。

（3）企鹅辅导的师资构成非常优秀，集结了大批名师，并进行更专业的辅导。

企鹅辅导集结了全国一线名师团队，授课教师均为毕业于清华大学、北京大学名师，拥有多年教研及教学经验，其中有经验丰富的状元导师、亲切幽默的教育专家，还有知名机构的教学负责人，致力于为学生提供最优质的辅导体验。答疑老师：企鹅辅导还为学生贴心提供专属答疑老师，由来自 985 高校的学霸学长全程陪伴，一对一辅导，难题不隔夜。课前电话家访了解学生情况，群内沟通导学；课中陪伴听课，定时分享干货；课后作业手工批改，反馈学生短板。专业助教：上课全程有专门助教进行跟踪教学，实时解答学生遇到的各种问题疑惑，活跃课堂氛围，保证课堂秩序，同时保证每一位学生都能在课堂上高效学习。

（4）企鹅辅导同时提供更加多元的学习资料。

学习资料包括原创讲义、教师 PPT 及课间文章，让学生的学习更有效率。原创讲义是由名师精心编写的课程同步讲义，开课前一周包邮寄给学生，方便学生提前预习课程内容。教师 PPT 均是教师详细的备课资料。此外，企鹅辅导 APP 还提供丰富的课间文章，包括学霸笔记、状元人物志、小视频微课、精品讲座等多种形式，通过灵活有趣的方式帮助学生掌握知识。

5. 教育 QQ 群

2013 年年底，腾讯在新版本中增加了 QQ 群教学模式，被业界视为腾讯进军互联网教育的信号。如图 7.6 所示为腾讯 QQ 的在线教学功能界面。

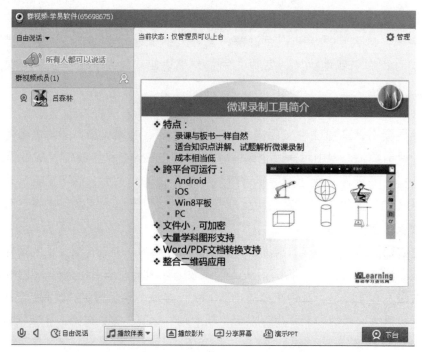

▲ 图 7.6 腾讯 QQ 的在线教学功能界面

毋庸置疑，腾讯 QQ 拥有海量的用户群体，是其开展互联网教育的必然入口。鉴于腾讯 QQ 作为中国最大的即时通信工具，进入互联网教育市场很可能是从直播课堂切入。QQ 群的教育模式由 QQ 群视频团队开发，内容合作目前也由该团队负责。随着固网带宽拓宽、4G 建设开始，QQ 群视频在清晰度、稳定性等方面都足以支撑互联网教育市场的爆发。

另外，QQ 群支付功能的加入，使得腾讯 QQ 打通了实现互联网教育商业化运营的最后通路，也使得互联网教育应用的市场化得到了更便捷的实现。只是目前腾讯 QQ 在线教学的市场推广工作比较落后，还没有多少教育机构和教师入驻。

腾讯在即时通信方面的影响远非其他门户网站可比，其在教育方面的影响力，由腾讯互联网教育发力的大小所决定，但从现在腾讯的互联网教育自有业务来看，其潜力还没有充分释放出来。

6. 投资布局

2014 年腾讯正式布局在线教育，截至 2017 年，腾讯先后对优答、跨考教育、易题库、疯狂老师、新东方在线、猿题库、千聊、留学生日报等将近 20 家教育类公司进行了投资，金额接近 40 亿元。在当前互联网教育热浪一浪高过一浪的形势下，腾讯又进一步深入互联网教育市场。2018 年 1 月、3 月分别对 VIP 陪练、考虫、宝宝玩英语进行了 B 轮、C 轮、B 轮投资。6 月领投在线外教领域的 VIPKID，8 月份投资拓思德，9 月份、11 月份再次投资考虫英语、VIP 陪练，11 月初和 12 月底分别对猿辅导进行战略投资和 F 轮－上市前投资，腾讯在教育领域已开始全面布局。

四、网易

一向以慢性子著称的网易掌门人丁磊，其在互联网教育的布局却并不慢。早在 2007 年 9 月移动互联网尚未萌芽、互联网教育尚处于冰冷期的时候，网易就推出了有道词典。只是当时外界将其当作一个互联网的工具，并没有与教育产生太大的关联。

此后网易及其旗下有道一直在互联网教育领域持续发力，只是与 BAT 的大笔投资布局不同，网易在教育领域的布局更多以打磨自己的产品为主。网易在互联网教育的产品布局以两个方向展开，一是网易自身的网易教育事业部，二是网易旗下的子公司有道。在 2019 年 3 月，网易有道 CEO 周枫对外介绍了网易有道最新的业务布局，已把原有网易教育事业部产品体系与现有网易有道的产品体系进行合并，目前网易有道产品矩阵日活 2 200 万。

2019 年，在线教育是网易的重点发力方向，有道已经成为网易教育业务的核心；网易有道 CEO 周枫表示，2019 年将在两款重磅产品有道小图灵和卡搭编程布局少儿编程赛道，和 K12 流量型工具产品有道少儿词典加大投入，同时会考虑并购优质内容团队。

1. 网易教育事业部

（1）网易教育简介。

网易教育事业部总经理蒋忠波表示，未来网易教育生态将依托网易公开课、网易云课堂、中国大学 MOOC、网易 100 分、网易极客少年等系列产品矩阵，坚持精品化的平台战略，围绕精品内容、高效工具、丰富渠道三个维度的打造，赋能国内优质内容创造者，为中国互联网用户打造涵盖 K12、高校、职场、通识教育的精品化终身学习生态。

（2）网易教育产品矩阵。

① 网易公开课。2010 年 11 月 1 日，中国领先的门户网站网易推出"全球名校视频公开课项目"，首批 1 200 集课程上线，其中有 200 多集配有中文字幕。首批上线的公开课视频来自哈佛大学、牛津大学、耶鲁大学等世界知名学府，内容涵盖人文、社会、艺术、金融等领域，用户可以在线免费观看世界级名校的公开课课程（图 7.7）。

▲ 图 7.7　网易公开课

网易 2011 年 11 月 9 日宣布旗下网易公开课项目正式推出中国大学视频公开课，这也是继网易公开课上线一周年后，首次大规模的上线国内大学的公开课程。网民只要通过互联网即可享用这些课程。网易首批上线了 20 门国内大学课程，覆盖信息技术、文化、建筑、心理、文学和历史等不同学科，这些课程分别来自北京大学、清华大学等十余所国内著名的高等院校。

目前网易公开课拥有超过 4 万个线上教育视频资源，其中 2 万个网易自费翻译视频，包括 PC、Web 及 iPhone、iPad、Android、Android Pad 等移动端版本。2016 年，网易公开课荣获 OEC 优质公开课教育大奖，拥有超过 4 300 万个移动端用户的网易公开课，已成为全球优质的国际化在线学习平台之一，以平台模式、产品和内容创新助推全球知识共享与传播，让新时代下每个人都能成为终身学习者。未来，网易公开课还将引进更多的优质内容，给广大网友提供享受全球教育资源的机会。

② 网易云课堂。网易云课堂上线于 2012 年，定位为从生活、职业、娱乐等多个维度为用户打造实用的学习平台。网易云课堂隶属于网易教育事业部，是网易教育事业部第一个商业化的教育产品，也是最主要的收入来源。目前，职场技能品类在网易云课堂的营收占比最大。云课堂目前拥有 Web 端、移动端（Android、iOS）。

网易云课堂与多家权威教育、培训机构建立了合作，课程数量已达到 10 000 门以上，课时总数超过 100 000 个，涵盖实用软件、IT 与互联网、外语学习、生活家居、兴趣爱好、职场技能、金融管理、考试认证、中小学、亲子教育等门类，其中不乏数量可观、制作精良的独家课程（图 7.8）。

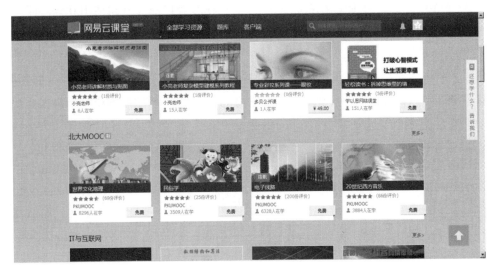

▲ 图 7.8　网易云课堂

截至 2017 年 9 月 30 日，网易云课堂已经拥有 3 万余门课程，30 余门微专业，网易云课堂课程覆盖 18 个教学领域，100 多个细致分类，共计 54 多万个课程视频，合作机构、讲师 5 000 余家，网易云课堂正在积极拓展与高校、高职院校、代理渠道商的合作，累计注册用户达 5 500 万名。

2017 年 11 月，网易云课堂召开"2017 内容伙伴大会"，网易教育事业部总经理蒋忠波就新消费下的在线教育变革，提出了网易教育事业部未来的战略方向。

③ 中国大学 MOOC。2013 年，网易与高等教育出版社携手推出的在线教育平台——中国大学 MOOC，承接教育部国家精品开放课程任务，向大众提供中国知名高校的 MOOC 课程。截至 2018 年 4 月已有 203 所合作高校。

学校云是以云计算的方式提供给高校的在线教育支撑平台，与中国大学 MOOC 在课程资源和教学过程中实现无缝衔接，同时实现精品课程资源的共建共享，强大的数据支撑教学服务、便捷的建课流程。

学校云平台以自身独有的优势和特色，通过线上的教学形式成功地将学生、教师和教材连接起来，高效解决了传统教育面临的课堂效率低、学生积极性不高、教师线下授课成本高等一系列难题，成效显著，2018 年已有合作伙伴 600 多家。

④ 网易 100 分。2015 年，网易推出中小学在线教育产品——网易 100 分，通过个性化诊断，一对一给每位学生进行线上辅导。100 分目前拥有 Web 端、移动端（Android、iOS）、微信端（家长端）。

网易 100 分产品由网易公司联合众多中小学学科教育专家精心研发，课程与习题由名师团队出品，习题批改也均是一线教师，网易 100 分追求高品质的专业教学内容，帮助每一位学生高效提分。

2. 网易有道

（1）有道简介。

有道是网易旗下利用大数据技术提供移动互联网应用的公司，目前网易有道公司已推出有道精品课、有道词典、有道翻译官、有道数学等用户产品，有道智选、有道易投等商业产品，以及智能云服务平台有道智云。

（2）产品矩阵。

① 有道精品课。2014 年 4 月，有道正式宣布进军在线教育行业，并于 2016 年 10 月推出了全新的在线教育战略——有道精品课。有道精品课推出"同道计划"，孵化优秀的教育内容工作室，打造爆款教育 IP，有道精品课将致力于为学生提供最高品质的原创精品课以及最佳的用户体验。

② 有道词典。2007 年 12 月，有道词典桌面版正式上线。2009 年 1 月，有道词典首个手机版本上线。截至 2017 年 9 月底，网易有道词典（桌面版＋手机版）用户量达 6.9 亿名。2013 年，有道词典出品了语文学习、古诗翻译、汉语词典软件——有道语文达人。2017 年 10 月成功推出智能硬件设备——有道翻译蛋。

③ 有道翻译官。有道翻译官是网易有道公司出品的首款支持离线翻译功能的翻译应用，在没有网络的情况下也能顺畅使用，支持中、英、日、韩、法、俄、西 7 国语言翻译。同时配备强大的摄像头翻译和拍照翻译功能，不需手动输入便可快速获取翻译结果，还有丰富的例句参考，即使英文水平有限，也能轻松翻译出准确的英文。

④ 有道口语大师。有道口语大师是由网易有道推出的口语练习软件，可以快速提高英语表达能力和口语成绩，它打破了传统 APP 只学习和记忆英语单词的特色，专为中国人设计，具有幽默的讲解、实用的场景编排等特色，可以有效改进传统中国人学习英语的僵硬发音。有道口语大师包含了生活、社交、校园、职场、商务、出国等多个场景交流和丰富的英语题库。

⑤ 有道考神。网易有道考神团队由原北京新东方 20 年功勋教师赵建昆联合曲根、王菲三位共同创办。

2016 年，考神团队与网易旗下产品有道精品课（前身为有道学堂）达成有道考神团队合作意向，继续拓展四六级、考研、专四专八、翻译等考试业务。

2015 年，有道考神推出考研产品——有道考研，提供考研资料、备考规划及考研课程服务。2016 年，有道考神推出四六级考试的移动学习产品——有道四六级，旨在每天推送有趣又实用的学习干货及真题讲义与答案，帮助大学生利用碎片时间随时随地学习英语，轻松应对四六级考试。仅 2016 年上半年，有道考神四六级产品的付费用户人数超过了 10 万，同时在线人数也突破 2 万。

2016 年年底，考神团队与网易有道进一步达成战略合作，正式成为有道旗下子公司，并在 2017 年 1 月更名为"有道考神"。

第二节　大型教育企业行业布局

一、新东方

1. 新东方在线

新东方在线是新东方教育科技集团旗下专业的在线教育网站，是国内首批专业在线教育网站之一，依托新东方强大的师资力量与教学资源，拥有中国先进的教学内容开发与制作团队，致力于为广大用户提供个性化、互动化、智能化的卓越在线学习体验。课程涵盖出国考试、国内考试、职业教育、英语学习、多种语言、K12 教育 6 大类，共计约 3 000 门课程。目前，新东方在线网站个人注册用户人数已逾 1 500 万，移动学习用户人数超过 5 280 万（图 7.9）。

▲ 图 7.9　新东方各领域产品布局

（1）酷学多纳。

酷学多纳隶属于北京新东方教育科技（集团）有限公司（简称新东方），致力于为2～12 岁儿童提供专业的英语学习体验，旗下拥有"多纳学英语"系列 APP、"多纳外教学堂"在线直播课程以及多纳出版物等系列产品线。自 2012 年 2 月成立以来，通过坚实的教学内容内核，以及情景、主题、CLIL 等多元化的教学方式，已成功覆盖了亿万用户。

2017 年 11 月新东方酷学多纳进军 AI 家庭教育，联手华硕推出智能机器人。

（2）酷学英语。

酷学网是新东主旗下开放的在线教育直播平台，汇集新东方顶级名师和当代各领域学习达人，推出四六级、出国、考研产品，从应试辅导到职业技能提升，各界名师可时刻在线直播。

（3）新东方批改网。

新东方批改网是新东方旗下一个以专业批改和辅导英语作文、口语为主的在线教育类网站。自 2009 年上线以来，陆续为 30 多万学员提供了优质的英语作文、口语批改辅导服务。

新东方批改网主要为托福、雅思、GRE、GMAT、SAT、考研、考博、四六级、专四专八、中学考生提供作文、口语、简历、论文、留学文书的批改辅导服务。另外，批改网还开设了互动论坛，旨在为考生提供优质的学习资料，并希望考生能在这里找到可以与自己一起奋战的同路人。

（4）职上网。

2014 年 7 月 23 日，新东方与教育考试服务提供商 ATA 宣布将成立一家合资公司，试水在线职业教育，新东方将由旗下在线教育全资子公司"新东方在线"负责对该合资公司出资，并计划于 2014 年年底开设一家新的在线职业教育网站——北京职尚教育科技有限公司。

（5）东方优播。

2017 年 7 月，新东方与新东方迅程共同投资成立东方优播网络科技公司，朱宇任CEO，全面负责公司的管理和运营业务。作为 K12 新型在线课程，东方优播以乐播课（在线直播课程）为核心主营业务，辅以在线一对一课程、私播优选（录播课程）形成全方位新型网络体系，并以"教学七步法"为核心武器，重服务、重效果，真正让学生跨越时间和空间的限制，与名师互动无忧。

2. 新东方投资布局

2016 年 2 月 1 日，新东方发布公告，宣布腾讯将向新东方在线投资 3.2 亿元，并宣布新东方在线即将在国内首先公开募股。

2018 年新东方分别投资了极客星辰、多乐小熊，布局 STEAM/ 创客教育及早教领域。新东方的投资布局如图 7.10 所示。

▲ 图 7.10　新东方的投资布局

3. 新东方投资策略

新东方在多方位投资的同时，也极具核心业务保护意识。其投资布局注重协同效应，同时也不排除做一些拓展投资，俞敏洪甚至表示会以个人名义投资一些项目。

几年前新东方就提出四圈发展战略：第一圈是新东方生态系统的核心即新东方地面教育；第二圈是线上与线下相结合的 O2O 系统及服务系统；第三圈是由新东方控股、对新东方业务有重大推动和护卫作用的线上系统；第四圈是参股新公司形成产业链，扶持其做强做大，未来上市或由新东方控股，与新东方线上系统相辅相成。

2016 年新东方的投资业务也将趋向于更加细分，精确到具体的融资阶段进行负责分工。新东方还在试图成立基金，针对不同的项目再进行投资，基金的筹备工作在 2015 年年底已经初步完成。

对于新东方而言，投资显然是一个既省时又低风险的发展途径。但是，新东方毕竟属于传统的线下教育培训机构，随着投资项目涉及领域的分散、投资布局范围的加深及布局面的拓宽，新东方原本旗下拥有的出国留学、出国语言培训、中小学课外辅导、学前教育、互联网教育等一系列教育产品无疑将受到冲击。但是从另一方面来看，也会对新东方目前的投资战略带来很大的推动力，促使其积极进行内部经营体制的改革。

二、好未来

1. 好未来自身业务体系

好未来自身业务体系如图 7.11 所示。

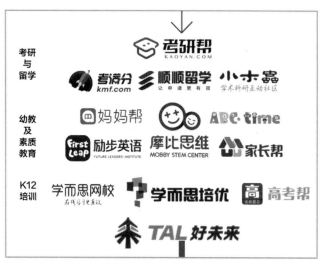

▲ 图 7.11　好未来自身业务体系

2. 好未来投资布局

2013 年 8 月学而思正式更名为好未来。此后，好未来通过投资一步一步扩张自己的版图。2018 年好未来的对外投资包括 7 家，细分领域包括素质教育（德拉学院、画啦啦），教育信息化（作业盒子、计蒜客），中小学教育及语言学习（海风教育、DaDa），STEAM/创客（教育队长）。好未来的投资布局如图 7.12 所示。

▲ 图 7.12　好未来的投资布局

3. 好未来投资策略

根据好未来的投资战略规划，投资项目能帮助好未来加大教育领域的占有份额并快速抢占先机，而好未来的扩张手段也十分明确：找到同样以互联网推动教育为主的创业公司，通过投资并购，让其他公司的业务慢慢融入好未来的布局之中。

由此可以看出，好未来的投资策略十分清晰——做好自己本身 K12 的教学，然后广泛地进行与涉及各个教育细分领域及各种品类的公司的合作及投资并购。

好未来的并购策略和速度使其迅速形成了一个业务矩阵，甚至形成了行业中的"未来系"。

虽然好未来目前的主营业务和主要盈利来源一直是中小学培训，但是从好未来对外的姿态和投资组合不难看出其想要的是教育生态，是要布局教育产业链。

三、沪江

1. 集团业务介绍

沪江诞生于 2001 年，历经 5 年的公益化运营后，自 2006 年开始公司化运营，现已成为拥有 1 600 名全职员工、2 000 名兼职员工，拥有 1.4 亿名用户的大型互联网教育企业，处于行业领军地位。目前，沪江旗下设有四大业务体系：学习资讯、学习工具、社群学习平台、优质课程平台，其中涵盖了语言、留学、升学、职场兴趣等丰富的内容。

2013 年 6 月沪江获得了 2 000 万美元的 B 轮融资，2014 年 4 月沪江网获得 8 000 万美元的 C 轮融资，投资方为百度。2015 年 10 月 28 日，沪江获得 10 亿元 D 轮融资，投资方包括汉能投资、软银麟毅、皖新传媒、马赛资本、中国民生投资、为顺基金、磐石基金、中汇金等，这笔融资是 K12 领域在线教育企业至今融资额度最大的案例。

2017 年 9 月 21 日，沪江在北京举办战略发布会宣布战略升级，未来将围绕教育生态重点发展两大业务：以沪江网校为主体的 B2C 业务和以实时互动在线教育平台 CCtalk 为主的平台业务。

2018 年 7 月，沪江于香港交易所提交上市招股书，正式宣布赴港上市。

2. 沪江网校业务

2006 年，沪江开始公司化运营，并逐步开始由社区转型为内容平台。2009 年，沪江推出 SNS 交互创新性学习方案——沪江网校。沪江网校一经推出，就在行业内产生了非常大的影响力，也就是在 2009 年，沪江获得来自元和控股的数千万 A 轮融资。通过资本、推动和强有力的运营，三年之后，沪江网校的营收规模就达近亿元。

沪江网校课程囊括四大体系，分别是语言服务、留学服务、升学服务、职业职场兴趣等多领域的在线课程。2017 年 5 月 7 日，沪江网校宣布签约国内当红影视男演员吴磊为沪江网校品牌形象代言人。同期，沪江网校发布全行业首款规模化应用的人工智能学习产品"Uni 智能学习系统"。

根据介绍，沪江网校目前平台上拥有超过 3 000 门课程，涵盖英语、日语在内的 12 种外语及留学、中小幼、考研、职场、兴趣、司法等多领域课程。

3. CCtalk 平台业务

2011 年，CCtalk 前身网校 KK 上线，并逐步发展成兼具直播教学及 IM 功能的课程直播互动平台 CCtalk，实现了在线发题、课件展示、语音互动、白板书写、屏幕分享等多种功能。

CCtalk 于 2012 年上线 PC 版，2014 年在移动端上线，作为沪江第一个平台化产品，主要为学员提供在线教学、课程营销、学习社群等内容。2017 年 9 月 21 日，沪江宣布 CCtalk 已于 2016 年第四季度独立运营，且已启动独立融资计划。

2017 年 12 月 8 日，在"2017 网师峰会——世界互联网大会专场"发布会上，CCtalk 总裁孔薇介绍，到目前为止，CCtalk 平台网师有 3 万名左右，还有数千家内容机构。目前，CCtalk 已初步形成了语言学习、职业教育、中小幼、文化艺术等品类体系。

4. Hitalk 在线外教业务

2017 年 7 月 10 日，沪江网校宣布针对白领人群推出成人在线口语新品牌"Hitalk"，同时签约国际一线女星汤唯为新品牌代言人。

为了保证学习效率，让效果看得见，Hitalk 提供了完整的口语课程学习系统及 6 大服务特色："导航式学习"智能调整学习方案；"实景角色演练"与外教一对一在线互动；"翻转课堂"玩转学练测；"诊断式学习"智能匹配学习强化包；外教师资遍布全球，100% 国际教学认证；"六位一体学习服务"享有专属督导陪伴。

5. 对外投资布局

在对外投资上，沪江成立于专注中早期教育项目的互桂基金。从 2016 年开始，沪江开始由互桂基金发起对外多个项目的投资，主要涉及语言学习、STEAM/ 创客教育、职业教育等领域（图 7.13）。

▲ 图 7.13　沪江投资布局图

四、超星集团

1. 集团简介

超星集团成立于 1993 年，总部设在北京，2018 年超星集团已有员工近 6 000 人，是北京市政府认定的高新技术企业和软件企业。在全国各地设立 30 多个分公司和办事处，长期从事图书、文献、教育资源数字化工作，是专业的数字图书资源提供商和学术视频资源制作商之一，为用户提供专业的数字教育解决方案。通过 20 多年的不断努力，公司在数字资源加工、采集、管理及应用平台等方面具有许多创新及实用的思想和技术，具有较强的技术实力和市场服务能力。公司独立研发了几十种产品，其中电子图书、教育视频、数字试题等系列产品在我国高等教育、基础教育、终身教育、社区教育、行业信息服务领域具有很高的市场占有率和社会影响力。

2. 数字图书馆

2000 年，超星集团自主投资建成了超星数字图书馆（www.ssreader.com），成为当时国内唯一一家无纸化数字图书馆。为传统图书馆的数字化和网络化运作提供了可行的技术和经验，使各种图书资料信息能够在很短的时间内，以相对低廉的成本传递到世界各地的千家万户。

2001 年，在超星集团建设有中国特色的数字图书馆的过程中，获得了图书馆界的积极响应和支持，仅北京地区就有 70 多家专业图书馆提供了宝贵的图书资源。超星与国家专利局合作，将 86 万件专利说明书全文数字化，并在互联网上提供查询下载服务。

2003 年，超星中文数字图书将增长到 100 万种，占全部可数字化中文图书的 80%，并全部实现全文检索功能。

2004 年，超星数字图书馆与美国国会图书馆达成广泛合作事宜，建设了美国国会图书馆超星数字图书网络阅读系统。

3. 慕课学习平台

2012 年，超星集团全面开始进入中国慕课及其学习平台的建设，与中国近百所名校的名师签订授权协议，独立制作了 100 多门适合各类学校通识教育的通识慕课课程，700 多所高校近 500 万名学生通过超星网络学习系统完成了学分认证，成为国内成功的大规模在线课程学习平台之一。

4. 学习通

2015 年 12 月，超星集团在上海交通大学正式发布了超星学习通，一款集学习、分享交流、办公为一体的新一代应用，为教育行业提供教育支持，为企业神经决策系统提供帮助，是国内第一款基于神经系统原理打造的知识传播与管理分享平台，目前注册使用用户人数已经超过 2 300 万名。

五、伟东云教育

1. 集团简介

2012 年，伟东云教育创办于中国青岛，现已在全球 16 个国家设立分支机构。伟东云教育致力于构建完善的终身教育生态系统，面向全球教育市场提供基础教育和职业教育的优质资源、产品与服务。在国内基础教育领域，伟东云教育为区域教育信息化建设提供整体解决方案，目前，方案已在国内各大省份及多个教育发达城市落地应用。在职业教育领域，拥有超过200万名在线课程学习用户，服务于35 000多家政府、企业、机构组织、院校客户，其中包含330多家世界500强企业。在海外教育领域，伟东云教育为中国"一带一路"建设企业提供全面的人才培养培训，助力"一带一路"沿线国家教育公平的实现。

2016年7月，伟东云教育完成由建银国际投资的A轮融资，融资后估值40亿元。

2. 业务布局

（1）基础教育。

伟东云教育建立了完整的基础教育产品体系，覆盖智慧教学（E教学和电子书包）、教师发展、学生成长、决策管理、家校共育、教学管理、资源建设、运营服务，如图7.14所示。

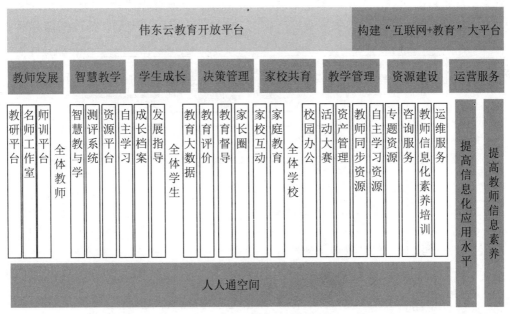

▲ 图7.14　伟东云教育基础教育产品体系

（2）职业教育。

伟东云教育的职业教育 2B（企业、政府、院校）业务体系：启学在线，8 000 余位全球化讲师为企业精准提供咨询、培训辅导，组织教学实施，营造学习生态。2C（个人）业务体系：累加学院，培养互联网专业人才。

（3）海外教育。

2017 年 3 月 21 日，伟东云教育举办"伟东云教育平台——国际版部署欧洲新闻发布会"，宣布其云教育平台，国际版正式问世。该平台除搭载伟东云教育自身优质的产品资源外，还整合了全球优质资源，为学习者提供终身教育服务。

3. 投资布局

2016 年 2 月，伟东云教育在北京宣布并购了欧洲第二大职业培训机构法国德莫斯（DEMOS）集团。这不仅是伟东云教育自身的投资布局，同时也带动了中国职业教育从以就业技能为主的低端制造领域，正式向国际水平接轨。

2017 年 6 月，伟东云教育联合欧美多所学校、机构发起成立国际大学创新联盟，旨在聚集全球最好的研究型大学，发挥各国教育、科技、金融资源优势，与中国的大学、企业、高科技园合作，促进科技发展及其产业化。伟东云教育投资布局，如图 7.15 所示。

自有体系	云教育平台 智慧教与学 云数据中心 国际云教育产业园 海外教育	**职业教育2C** **垂直细分领域** 累加学院 培养互联网 专业人才 / 传统行业 就业 实习	**职业教育** **2B业务体系** 政府及行业协会
合作	成立国际互联网教育联盟 成立国际大学创新联盟 加入清华大学政府和社会资本合作研究中心领导小组 成为联合国教科文组织战略合作伙伴 与微软（中国）有限公司签订战略合作协议		
收购	法国职业教育集团德莫斯 合并法国布雷斯特高等商学院 并购凌鸿资源（义曲星前身）	云网科技 北京数据	
获投	获建银国际数千万A轮融资		
	伟东云教育 WEIDONG CLOUD EDUCATION		

▲ 图 7.15　伟东云教育投资布局

伟东国际云教育产业园位于青岛蓝色硅谷核心区域，园区占地面积 20.2 万平方米，总建筑面积近 20 万平方米，建成后可容纳 4 500 人学习、生活与工作。伟东云教育以缩小国家和地区之间的教育差距为己任，以助推教育科技惠及全世界为使命，始终定位于全球教育领域的平台运营商，在 K12 教育领域已经完成了从产品的开发到资源的整合。从平台建设到数据的大量储备，厚积薄发，为广大师生提供便捷的基于云平台的在线课程和学习辅导。

第三节　互联网和教育行业巨头的战略分析

一、互联网巨头投资战略

互联网巨头做互联网教育，看似各自的方法不同，但本质的差异却并不大。除网易以外，其他互联网巨头均是运用自身优势整合第三方资源，如在线课堂、题库等，目的是打造互联网教育的闭合产业链条，但是因为自身"基因"和优势的差异，各自在教育方面的发力点不同，因此必然有高有低。

笔者把百度、阿里巴巴置于互联网教育的第一梯队，把腾讯、新浪放在第二梯队，因为他们都具有很强的门户资源和别人无法替代的竞争优势，而且对互联网教育市场的重视程度较高。由于门户网站的参与，使互联网教育得以飞速发展，这也是互联网教育腾飞的必经之路。

二、教育行业巨头投资战略

随着教育行业巨头的加入，现在互联网教育投资已形成五方争霸的局面。

新东方的俞敏洪目前应对网络教育的主要战略中投资也是重点。但新东方的投资逻辑更偏重于内部孵化一批独立子公司来试水互联网教育产品，或向外寻觅项目成立合资公司，以此来弥补完善新东方的全产业链条。

相比之下，好未来是通过投资、并购、参股或将少量股权注入好未来的力量后，使这些项目可以和好未来原有的资源互补，以进一步完善和壮大旗下的公司。当然，好未来的战略推行起来并不容易，因为近两年教育领域日益膨胀起来的泡沫越来越严重。

当然，这里怎么能少了 BAT 呢？

百度系安静地动手：2012 年，百度文库课程专区上线，开始提供视频课程，此后还推出教育频道。后来百度知道还推出"作业帮"——特别为中小学生打造的作业问答和话题交流平台。在投资方面，2014 年投资了主打考研的万学教育，并以 8 000 万美元进军提供外语学习的平台沪江网，千万美元砸向专注出国考试的智课网，且并购了以 C2C 为互联网教育模式的传课网，这些投资一改百度此前一挥手动辄就是十几亿美元的风格。而这些项目恰恰又都能与百度的搜索相结合，有的网站甚至一半以上的流量都来自百度，协同效应明显。

阿里巴巴系有钱就是任性，大手笔：淘宝推出淘宝教育，主打视频直播，2014 年 2 月与淡马锡及启明创投斥资 1 亿美元在 TurorGroup 旗下的英语互联网教育平台 TutorABC，成为国内互联网教育领域迄今为止最大的一笔融资。有媒体称，从阿里巴巴互联网教育的投资布局来看，其更注重于互联网教育领域的垂直投资，并且致力于搭建自身视频直播授课开放平台，但阿里巴巴的难点在于如何扭转人们对其网站只是购物平台的固定思维。

腾讯系秉承一贯风格，就是"我就这么高调地干了"：2014 年 7 月，腾讯与新东方合资成立互联网教育公司——北京微学明日网络科技有限公司，正式进军教育市场。同年 8 月，跨考新品牌锐职获得了包括腾讯基金在内的 3 000 万元融资，并计划进军职业教育。

但互联网教育领域一个残酷的现实是，互联网教育领域 2012 年项目的失败率已经达到 8.6%，当年夭折的就有巨象网、技能都市、乐学习、吖吖网、畅享驿站及聚享学等项目。这些夭折的项目中有的八九个月就销声匿迹，有的运营了两年后也宣告失败。

第八章
近年互联网教育热点企业

2015 年，互联网教育发展稳中有进，虽然产业投资没有 2014 年的火爆，但每天仍有三到五家新的互联网教育企业诞生。截至 2016 年年初，互联网教育相关企业（包括教育信息化企业）已经超过上万家。2017 年已突破 15 000 家，2018 年达到 20 000 家以上。

新晋的互联网教育企业的行业影响力越来越大，互联网巨头也进一步扩大了行业布局，另外还有不少的上市公司扩张互联网教育业务，或者跨界进入互联网教育市场。如今的行业态势可谓是群雄并起。在如此激烈的竞争中，让我们耳目一新的企业着实不少，但真正产生效益、形成产业链的企业却为数不多。

第一节　互联网教育新贵

学易时代咨询整理了数千个互联网教育项目，列出了其中将近 50 个脱颖而出的项目，其中有线下教育培训的霸主新东方、好未来，有线上内容培训的佼佼者东大正保等，也有科大讯飞、立思辰等技术服务提供商，还有后起之秀 EduSoho 平台服务提供商。另外，还包括新热的人工智能自适应网络教育义学教育，以及在线一对一知名企业三好网、掌门 1 对 1、海风教育等。

一、语言学习类

1. 沪江

作为专业的互联网学习平台，沪江同 500 余家机构展开深度合作，合作教师数量超过 2 000 人，累计公开课超过 20 000 堂，平台已拥有 2 亿多用户。2017 年，沪江推出在线英语口语品牌"Hitalk"，2018 年 3 月，沪江旗下的在线英语口语品牌 Hitalk 与 TESOL 签订战略合作协议。

2. VIPKID

品牌简介：VIPKID 少儿英语品牌隶属于北京大米科技有限公司，主打个性化美国小学课程一对一在线辅导服务。

融资历程：2014 年年初，大米科技获得创新工场和正时资本大使轮 300 万元投资。2014 年 10 月，大米科技继续获得由经纬中国、创新工场、红杉中国合投的 500 万美元 A 轮融资。一年后的 2015 年 10 月，大米科技又获得由北极光创投领投，A 轮三家投资者跟投的 2 000 万美元 B 轮融资。

2016 年 1 月，真格基金 B+ 轮数百万美元增资大米科技。2016 年 8 月，大米科技宣布获得云峰基金和红杉中国合投的 C 轮 1 亿美元融资，正式奠定其在少儿英语培训市场的地位。短短 20 天后，大米科技又宣布获得由科比创办的 Bryant Stibel 数千万美元战略投资，在教育界乃至体育界引起一阵轰动。值得注意的是，VIPKID 在 2016 年 8 月还邀请了当红女星刘涛作为品牌代言人，在品牌宣传上也占领了高地。

2017 年 8 月 VIPKID 宣布完成 2 亿美元 D 轮融资，本轮投资由红杉资本领投，腾讯战略投资，云锋基金、经纬创投、真格基金、ZTwo Capital 等跟投。

2018 年 6 月 VIPKID 宣布完成 5 亿美元 D+ 轮融资，由全球知名投资管理机构 Coatue、腾讯公司、红杉资本中国基金、云锋基金携手领投。这成为迄今为止全球在线教育领域最大的一笔融资。据了解，完成融资后，VIPKID 的估值将超过 200 亿元。

3. 51talk

51talk 无忧英语诞生于 2011 年，是一家在线口语一对一学习的网络培训机构。致力于用最低廉的价格提供优质的外教一对一课程。让数千万中国人"想学"英语，就"能学"英语。2018 年 2 月，51talk 对外发布全新的战略定位：未来将只做在线青少儿英语业务，而"无忧英语"将承载成人业务。

51talk 创业之初就获得徐小平数十万美金的天使投资，2012 年获得 DCM 数百万美元 B 轮投资，2013 年获得雷军旗下的顺为基金领投 1 200 万美元 B 轮融资的鼎力支持，2014 年 10 月完成了 5 500 万美元的 C 轮融资。2015 年 1 月，51talk 完成对梯子网的收购，并宣布完成由 HCapital、淡马锡 DST、顺为基金合投 1 亿美元的 D 轮融资，2016 年 6 月，在美国纽约证券交易所上市，最新公布的 2018 财年第一季度营收为 2.626 亿元，同比增长 60.4%，目前市值约为 2.02 亿元。

4. 阿卡索

阿卡索成立于 2011 年 6 月，主营在线外教一对一英语培训业务，设置了少儿英语、出国考试、成人口语、商务英语等多个课程体系。2016 年 8 月，阿卡索宣布完成 A 轮 3 100 万元的融资，由盈信领投，汉晨跟投。2017 年 6 月，阿卡索完成近亿元 B 轮融资，由 IDG 资本领投，深创投、深圳市人才基金、红土创投、广发信德（广发证券直投）、匠星资本、伙伴基金、盈信资本（A 轮领投方）、中大华安集团、纬度创投、金泰资本、开弦资本、方略资本等十余家机构跟投。2017 年 9 月，时隔 3 个月的时间，阿卡索再次获得近亿元 B+ 轮融资，此轮融资由深创投领投，IDG 资本、红土创投、广发信德（广发证券直投）、深圳市人才基金、匠星资本、伙伴基金、中大华安集团、纬度创投、金泰资本、开弦资本等十余家机构跟投。这是阿卡索在三个月内第二次宣布获得融资。

阿卡索外教网目前在英国伦敦、美国纽约、菲律宾、中国香港、中国深圳等各地设立办公室，全球员工超过 3 000 人，深圳总部员工逾 800 人。

5. ABC360

ABC360 是隶属于杭州旦悦科技有限公司的英语在线培训机构，是真人外教一对一英语学习平台。仅三年时间，ABC360 注册学员已经超过 10 万名，全职外教近 400 名，客户总体好评率高达 98.3%。2015 年 4 月获得华睿资本与阿里系湖畔基金千万级 A 轮融资。2016 年 3 月，ABC360 获得来自国金资金领投，腾讯众创空间、清科晨光跟投的 B 轮近 1 亿美元融资。2017 年 4 月 19 日，ABC360 宣布完成 B+ 轮数亿元融资，此次融资由沪江领投，清科辰光、头头是道、合鲸资本、喜马拉雅跟投。

6. 爱乐奇

爱乐奇成立于 2004 年 7 月，是一套根据儿童学习的心理规律及特点，以提升孩子英语学习兴趣为立足点，专为中国儿童量身定制的英语课程。2007 年 9 月，爱乐奇完成 820 万美元 B 轮融资，2013 年 6 月又获得 1 000 万美元的 C 轮投资。目前，爱乐奇已形成爱课本、爱课件、爱作业、爱校通、爱测评、爱专教 6 个系列产品，涵盖了内容资源、家校互动、在线测评、在线一对一培训。2017 年 11 月 19 日，爱乐奇宣布完成 3 750 万美元 D 轮融资。据悉，本轮融资由君联资本领投，上海国和、UG Investment 参投，C 轮投资方高通，新东方和伟高达追加投资。

7. 流利说

流利说于 2012 年 9 月创立，以移动端 APP "英语流利说" 为主要产品，自主研发了英语口语和写作自动评测引擎。其已发布的产品还包括留学考试测评 APP "雅思流利说"。

2013 年 3 月，流利说获得数百万元天使投资，2013 年 10 月流利说获得 GGV 纪源资本、IDG 资本数百万美元 A 轮投资。在 2015 年完成数千万美元 B 轮融资，由赫斯特 Hearst Ventures、GGV、IDG 资本等投资。2017 年 7 月 26 日，流利说宣布完成 C 轮近亿美元融资。本轮融资由华人文化产业投资基金（简称 CMC）、双湖资本领投，挚信资本、IDG、GGV、心元资本、赫斯特资本等流利说早期机构投资者全部跟投。截至 2017 年 7 月初，流利说的旗舰产品 "英语流利说" APP 已有超过 4 500 万名用户，是中国领先的移动英语学习产品。2016 年 7 月，推出历时两年斥巨资打造的世界领先的人工智能老师——懂你英语。

8. 微语言

微语言是北京乐学通教育科技有限公司旗下为公立校和教育培训机构提供在线外教口语课程整体服务的优质品牌，致力于为公立校和教育培训机构搭建专属品牌的在线外教口语平台，提供国际化标准的专业外教师资库，科学系统的教学体系和产品，以及全方位的市场运营支持服务。微语言现已覆盖 PC 端、Pad 端和手机移动端，国内签约专职外教 1 000 余名、海外储备师资超过 5 000 名，2015 年获得美国 TESOL 教育学会授权，成为国内 TESOL 国际英语教师资格认证考试中心之一，教学产品涵盖青少版块、成人版块、考试中心版块和国际教育版块。

2015 年 11 月，微语言获得黑马基金 150 万天使轮融资，2016 年 3 月微语言平台正式上线。2017 年 2 月 6 日，微语言对外宣布已获得 5 000 万元 A 轮融资。2017 年 8 月 4 日，微语言宣布完成 3 000 万元 A+ 轮融资，由微影资本投资。截至 2018 年年初，已签约合作的客户 400 余家（公立校和教育培训机构），注册用户逾百万。

9. 外教易

北京外教易教育科技有限公司（简称外教易），由原 91 外教 CEO、原好未来（学而思）乐外教总经理郑金礼创办，专注于为教育机构提供在线外教业务整体解决方案。外教易的团队拥有 8 年对 C 端学员招生及服务的经验，团队运营学而思乐外教期间，创造了一年半招生 4 万、续报率超过 85% 的优异成绩。外教易是在线外教双师班课的先行者，可以向机构提供成熟、可靠的线上 + 线下学习服务，有效帮助机构提升品牌竞争力。2018 年 3 月获得创新工场 1 500 万元天使轮融资，2018 年 4 月完成由顺为资本、创新工场投资的 3 000 万元 Pre-A 轮融资。

10. DaDa 英语

DaDa 成立于 2013 年 4 月，是一家专注于 4～16 周岁青少儿英语学习的一对一在线教育平台。DaDa 通过技术研发，不断完善先进的实时互动教室，让孩子在家中通过流畅的网络和身处世界各地的英语教师自信交流，目前，DaDa 已经拥有付费学员数万人，注册学员数十万人，学员遍布中国大陆、香港、台湾，以及韩国、日本、法国、德国等英语非母语国家和地区。师资团队达数千人，所有外教均来自英语为母语的国家，纯正英语口音为小学员们提供优质的教育服务。

2014 年 DaDa 获得由青松基金投资的数百万元天使轮融资；2015 年完成数千万元 Pre-A 轮融资，由龙腾资本、飞马基金－飞马旅、青松基金投资；2016 年 9 月完成亿元及以上 B 轮融资；2016 年 12 月获得东方富海领投，涌铧投资跟投的亿元及以上 B+ 轮融资；2018 年 1 月完成由好未来、老虎基金投资的 C 轮 1 亿美元融资。

二、中小学教育

1. 乂学教育

乂学教育是国内第一家人工智能自适应在线教育公司。乂学教育成功开发了国内第一个拥有完整自主知识产权、以高级算法为核心的自适应学习引擎。像 AlphaGo 模拟围棋大师，乂学 AI 系统模拟特级教师为学生量身定做教育方案，比传统教育效率提升 5～10 倍。乂学教育还与斯坦福国际研究院（SRI）成立了人工智能联合实验室，并入选了腾讯的 AI 实验室 "AILab"。

其人工智能自适应学习系统松鼠 AI 采用 70% 系统授课 +30% 教师授课的混合模式，利用纳米级知识图谱结合 KST 算法和信息论技术，用少量题目精准高效地检测学生对知识点的掌握状态，通过教育数据挖掘和学习分析技术真正了解学生的学习过程和学习效果，更新学生画像，实时连续地根据学生学习状态及场景数据评估并预测学生学习能力在个性化学习目标上的进展可能以及概率分布，根据学生当前知识状态和个人偏好，以及学习风格实时动态地进行个性化规划最佳学习路径并匹配最合适的学习内容，实现学习效率最大化。

学生在进入乂学教育的智能自适应学习系统时，需要进行一次知识检测，测试学生目前对知识的掌握状况，然后在智能自适应学习系统实时采集学习过程中产生的学习数据，结合历史数据，不断更新学生掌握的知识体系并及时为学生匹配最优的学习方案。松鼠 AI 运用贝叶斯理论和贝叶斯网络算法并结合纳米级知识图谱为每一位学生制定个性化的学习方案。

2015 年 7 月，乂学教育获得 3 000 万元种子轮投资，由青松基金领投、正和磁系资本和新东方创始人俞敏洪个人跟投；2016 年 12 月，乂学教育获得 1.2 亿元天使轮融资。由景林投资、国科嘉和、新东方联合领投；2017 年 6 月，乂学教育获得 SIG 海纳亚洲和诺基亚成长基金的 1.5 亿元天使轮追加投资，至此天使轮累计融资达到 2.7 亿元。

2017 年 10 月，义学教育在河南郑州组织了一场别开生面的"人机大战"比赛。比赛结果显示：智能自适应教学机器人全面碾压真人教学，在最核心的平均提分上以 36.13 分（机器教学）完胜 26.18 分（真人教学），在最大提分和最小提分两项上，机器组也分别高出真人组 5 分和 4 分。智能自适应教育采用了人工智能技术和大数据技术，提供系统化、精细化的教学内容，带给学生个性化的学习体验，实现了因材施教。

2018 年 6 月 20 日，义学教育举办发布会正式推出"松鼠 AI"品牌并发布松鼠 AI 一对一产品，并宣布由影视演员吴秀波担任松鼠 AI 的代言人及首席好家长。松鼠 AI 定位于中小学全科智适应辅导，借助松鼠 AI 智适应系统，根据不同学生的知识点掌握程度来定制个性化的学习方案，帮学生查漏补缺，提升学习效率。

2. 三好网

三好网是一家专注于为中小学生提供在线个性化教育的服务平台。平台包含高频一对一互动教学、教师展示、智能选课、知识测评、精品课、公开课，以及学生、家长和教师社群社区服务、教育信息发布。2014 年 7 月，三好网完成 1 300 万元种子轮融资，由磐谷创投投资；2016 年 3 月，完成 7 500 万元 Pre-A 轮融资，由亦庄互联基金领投，沃衍资本、金百朋投资、天使投资、方磐谷资本跟投；2016 年 10 月，完成 A 轮融资，由清科资本、青桐资本投资；2017 年 8 月，完成 A+ 轮融资，由合鲸资本投资；2017 年 12 月，完成数亿元 B 轮融资，由立思辰华海资本、国中创投、清科资本、贤二资本、博大信远资本、核一资本投资。

3. 学霸君

学霸君是一款针对初高中生的学习辅助软件，提供在线免费解答作业题、疑难点的功能。庞大题库、拍照扫题、及时问答让学生做题更加容易。学霸君于 2014 年 3 月获得祥峰投资 Vertex 的 500 万美元的投资。2015 年 6 月获得由挚信资本、启明创投领投，M fund、祥峰资本跟投的 5 000 万美元 B 轮融资。2016 年 6 月，学霸君上线在线直播品牌不二课堂，进军教育直播领域。2017 年 1 月，学霸君宣布完成 1 亿美元的 C 轮融资。据悉，此轮融资由招商局资本和远翼投资领投，皖新传媒、挚信资本、启明创投、祥峰投资、当代集团旗下的晟道投资和雅达教育等多家机构跟投。

4. 猿辅导

猿题库诞生于 2012 年，由粉笔题库转型而来。当年获得 IDG 资本 220 万美元的 A 轮融资，2013 年获得由经纬中国领投、IDG 资本跟投的 700 万美元 B 轮融资。2014 年 7 月，完成 C 轮 1 500 万美元融资。2015 年 6 月，猿题库推出拍照搜题兄弟应用品牌——小猿搜题。2015 年 3 月，获得华人文化产业投资基金领投，新天域资本、IDG 资本和经纬中国跟投的 6 000 万美元 D 轮融资，估值 3.6 亿美元。2015 年 6 月，猿题库推出 K12 在线辅导平台——猿辅导。2016 年 5 月，猿题库获得腾讯 4 000 万美元战略投资。2017 年 5 月 31 日，猿辅导公司宣布，近日完成 E 轮融资，融资金额为 1.2 亿美元。本轮融资由华平投资集团领投，腾讯公司跟投。据了解，其最新估值超过 10 亿，跻身"独角兽"行列。

5. 作业帮

作业帮项目由百度孵化，2014 年 1 月 15 日，作业帮 Android 正式发布，2014 年 3 月 19 日，作业帮 iOS 版在 App Store 正式上线。2015 年 1—2 月，先后上线拍照搜题和语音答疑功能。2015 年 9 月正式独立运营，A 轮融资由红杉资本和君联资本领投。2016 年 7 月 7 日，作业帮直播课功能上线，提供线上教师、课程服务，可在手机上进行互动和辅导。2016 年 8 月 18 日，完成 B 轮融资，由纪源资本和襄禾资本领投，A 轮投资人跟投。2017 年 8 月完成 1.5 亿美元 C 轮融资，由 H Capital 领投，老虎基金、红杉资本、君联资本、GGV、襄禾跟投，是 K12 在线教育领域迄今为止最大规模的 C 轮单笔融资。

6. 掌门 1 对 1

掌门 1 对 1 创办于 2014 年 7 月，主打为中小学生提供在线一对一的基础教育培训服务。2014 年 12 月，成立不到半年的掌门 1 对 1 获得青松基金投资的数百万元的天使投资。2015 年 7 月，掌门 1 对 1 再次获得顺为基金和青松基金合投的 2 000 万元的 A 轮融资。2016 年 3 月，掌门 1 对 1 获得顺为基金和达晨创投合投的数千万元的 B 轮融资。2016 年 9 月，仅仅过去半年，掌门 1 对 1 再次获得由华兴资本和顺为基金、达晨创投合投的上亿元 B+ 轮融资。C 轮融资后，掌门 1 对 1 将开始全国范围内的招商及线下品牌合作，从线上到线下全面拓展全国的中小学培训市场。2017 年 7 月 5 日，掌门 1 对 1 完成 C+ 轮融资，投资方为影视明星任泉、李冰冰、黄晓明、章子怡和黄渤共同出资组建的风险投资机构 StarVC。12 月 26 日，掌门 1 对 1 宣布获得了 D 轮 1.2 亿美元融资，投资方暂未透露。

7. 高思教育

高思教育成立于 2009 年，经过几年的飞速发展，已成为中小学培训机构的佼佼者。2011 年获得了千万美元的 A 轮投资，投资方为晨兴创投。2015 年，高思教育完成 B 轮投资，投资方是九鼎投资。2016 年 11 月 30 日，高思教育挂牌新三板。2017 年 9 月 20 日，高思教育宣布已完成 5.5 亿元融资，本轮融资由华人文化产业投资基金和沸点资本领投，创新工场、中金公司、正心谷创新资本等参与跟投。

8. 海风教育

海风教育创办于 2010 年 4 月，5 月即获得盛大资本数百万元天使投资。海风教育开始为线上培训班和在线培训课堂相结合的培训机构，2010 年 12 月，海风教育开始砍掉线下业务，转型为一对一的补习平台，培训范围也从自主招生扩展到 K12。

2015 年 12 月，海风教育获得肇晟投资数千万元 A 轮融资，开始在中小学在线一对一市场发力。2016 年 7 月，海风教育宣布获得大型在线教育企业沪江网旗下互桂基金所投的数千万元 A+ 轮融资，在行业内产生巨大的影响力。

2017 年 7 月，海风教育完成数千万元 B 轮融资，该轮融资由零一创投、涌铧投资、奇成投资、雍时投资等共同投资。2018 年 1 月，海风教育完成 C 轮融资，融资金额为数千万美元，投资方为源码资本、好未来。2018 年 7 月，海风教育宣布完成 C+ 轮融资，由好未来、源码资本和某主权基金联合领投，涌铧资本、零一创投等跟投。

9. 作业盒子

作业盒子成立于 2014 年，隶属于北京知识印象科技有限公司旗下产品，该公司除了拥有初高中作业应用"作业盒子"以外，还拥有小学速算应用"速算盒子"及其家长端。2014 年 12 月，获得联想之星 100 万美元天使轮投资。2015 年 7 月，再次获得好未来、刘强东以及联想之星的 1 000 万美元 A 轮投资。2017 年 10 月 28 日，作业盒子宣布完成近 1 亿元 B 轮融资，此轮融资由德联资本领投，原来的投资方联想之星跟投。

2018 年 2 月，作业盒子已获得 1 亿美元 C 轮融资，由云锋基金领投，好未来等机构继续跟投。

10. 洋葱数学

洋葱数学是光合新知（北京）科技有限公司旗下主要产品。光合新知是一家专注于 K12 互联网教育产品开发的初创公司，其产品"洋葱数学"主打以趣味动画短视频的形式，研发适合初中生在线学习的教学内容，分为免费和付费两部分。

2014 年 2 月，光合新知获得数百万元天使轮融资，6 月获得晨兴资本 A 轮融资。2015 年 2 月，获得祥瑞资本 A+ 轮融资，当月洋葱数学正式上线。2017 年 5 月 22 日，洋葱数学宣布已获得 B 轮融资，由 StarVC 和青松基金领投，上一轮投资方峰瑞资本跟投。2018 年 2 月底，洋葱数学完成 C 轮融资，金额达 1.2 亿美元，投资方为腾讯、君联资本。

三、学前教育

1. 凯叔讲故事

"凯叔讲故事"微信公众号和"凯叔讲故事"APP 由原中央电视台主持人王凯创办，运营主体凯盛文化传媒于 2013 年 3 月成立。2014 年 10 月，公司完成 450 万元 Pre-A 轮融资，投资方为黑马基金和天神娱乐。2015 年 11 月，公司完成分享投资、森马服饰和丰厚资本参与的 A 轮融资，但并未透露具体融资金额。

2017 年 6 月 1 日，宣布获得 9 000 万元 B 轮融资，由新东方领投，挚信资本、浙数文化（原浙报传媒）旗下基金、艾瑞资本跟投。

2018 年 3 月 7 日，凯叔讲故事完成 B+ 轮 1.56 亿元融资。本次投资为微影资本、正心谷创投、上海坤言投资领投，挚信资本、前海母基金跟投。华兴 Alpha 任此次融资的独家财务顾问。

2. 咔哒故事

咔哒故事母公司杭州红花朵朵网络科技有限公司成立于 2014 年 12 月，咔哒故事 APP 于 2015 年 6 月正式发布。咔哒故事是专门为 0～9 岁儿童打造的内容平台，也是儿童的"移动图书馆"。该平台包含有声绘本、听书、儿歌、视频、早教互动游戏等丰富的内容。

2016 年 6 月，咔哒故事获得元璟资本、华睿投资数千万元 Pre-A 轮融资。2017 年 9 月 13 日，咔哒故事正式宣布完成 A 轮融资，由好未来领投，元璟资本、华睿投资跟投。

3. 智慧树

智慧树幼教云平台是由北京环宇万维科技有限公司（简称环宇万维）开发，以幼儿园园长、老师、家长为主要服务对象，专注于打造家园共育一体化的服务平台。智慧树幼教云平台于 2014 年 4 月正式上线，截至 2017 年年底，已广泛应用于全国范围内的 15 万所幼儿园，总用户量达到 2 800 万人，每月在线活跃用户 1 100 万人。

2014 年 9 月，智慧树完成 A 轮融资。2015 年 11 月，完成 B 轮 1 亿元融资，融资投资人主要包括前海海润、和晶科技、楚源投资等。2016 年 10 月 26 日，和晶科技发布公告表示对智慧树增资 5 000 万元，并成为环宇万维的第一大股东。

4. 贝尔科教

贝尔科教集团是一家专注于儿童机器人教育的企业。2016 年 9 月 21 日，贝尔科教集团完成 8 000 多万元的 A 轮融资。本轮投资由高通创投、黑马基金及天使投资人杨向阳等共同完成。2018 年 3 月 20 日，贝尔科教集团获得亿元以上 B 轮融资，投资方为国家中小企业发展基金（国中创投）领投，创创壹号、淳信长赢投资、星河集团、高通创投跟投。

四、少儿编程

1. 编程猫

编程猫隶属于深圳点猫科技有限公司，是国内针对 6～16 岁少年儿童的少儿编程教育品牌，集在线编程课程、科技主题的青少年冬夏令营、国际化的全球赛事、图形化的编程技术平台为一身。2015 年，编程猫获得数百万元种子轮融资；2016 年 4 月，获得数百万元天使轮融资；2016 年 12 月，获得 2 000 万元 A 轮融资。

2017 年 5 月，编程猫获得 1 500 万元 A+ 轮融资。2017 年 11 月 16 日，编程猫宣布完成 1.2 亿元 B 轮融资，由高瓴资本领投，清流资本、清晗基金、猎豹移动跟投，其中的清晗基金正是由鹿晗、清流资本、新希望集团一起高调成立的清晗基金，这也是他们投出的首个教育项目。

2018 年 1 月 19 日，编程猫完成战略投资，由慕华投资；2018 年 5 月，完成 3 亿元 C 轮融资，由招银国际领投，新京报、山水创投、松禾资本及寻找中国创客导师基金跟投。

2. 编玩边学

编玩边学少儿编程教育项目，最初为北京大学 CodePKU 学生团队在校期间发起的科研项目。从 2012 年起，在深圳地区持续进行青少年编程教学实验、创造力研究，培养的编程少年屡获大奖、多位被美国名校录取，教学实验取得巨大成功。同时在 2013 年获得中国创新创业大赛（深圳）全国总决赛第 2 名，得到深圳市政府专项资助，于 2014 年在深圳成立公司。坝已发展为集技术研发、课程体系、在线服务、线下教育于一体的综合性教育科技公司。

2016 年 12 月 27 日，编玩边学获得 80 万元种子轮融资；2017 年 4 月 12 日，获得 1 000 万元天使轮融资；2017 年 10 月 16 日，获得数千万元 Pre-A 轮融资，由君联资本领投，泰亚鼎富跟投。

3. VIPCODE

VIPCODE 是针对 6~18 岁青少年的"一对一"或"一对多"真人线上少儿编程教育学习平台。2017 年 12 月 5 日，STEAM 在线少儿编程教育学习平台 VIPCODE 正式上线。VIPCODE 项目启动即受到投资市场的特别关注，天使轮已获得真格基金、蓝湖资本累计超过 1 000 万元投资，市场估值 8 000 万元，是天使轮融资最多的少儿编程品牌。2018 年 6 月 VIPCODE 获得由创新工场领投，软银中国跟投，天使轮投资方蓝湖资本和真格基金跟投的 8 500 万元 A 轮融资。

4. Makeblock 葫芦机器人科技

深圳市创客工场科技有限公司成立于 2013 年，其主品牌 Makeblock 始于 2011 年，是一个行业领先的 IY 机器人搭建和 STEAM 教育学习平台。

Makeblock 主要面向创客、DIY 爱好者、STEAM 教育的学生和教育者。Makeblock 产品主要包含 STEAM 教育套件、科技玩具套件、DIY 机器人套件，以及拥有超过 500 种机械和电子部件的金属积木搭建平台，配套容易入门的图形化编程软件及丰富的线上与线下教程资源。

2012 年 3 月，Makeblock 获得数十万美元的种子轮融资。2015 年 4 月，获得红杉资本中国基金投资的 600 万美元 A 轮融资。2017 年 3 月 16 日，Makeblock 宣布完成 B 轮 2 亿元融资，领投方为 EMC（Evolution Media China）和深圳市创新投资集团有限公司。

五、职业教育

1. 邢帅教育

邢帅教育于 2009 年 1 月创建，目前有 2 000 多个教学班，学生有 10 万人以上，培养出的人才赢得了社会各界人士的广泛关注和赞誉。2013 年 7 月，邢帅教育完成 1 500 万元的 A 轮融资。2016 年 4 月，邢帅教育完成 3 亿元 B 轮融资，由国泰君安、中国移动、华盖资本和中民投联合投资。

2. 慧科教育

慧科教育是国内前沿科技领域综合教育解决方案的提供商，致力于移动互联网、云计算、大数据、互联网营销等前沿科技领域的软件开发、交互设计及项目管理等人才培养，与北京航空航天大学、上海交通大学等 985 高校及百度、联想等 IT 企业建立合作。2014 年 2 月，慧科教育获得 2 000 万美元的 A 轮融资；2015 年，获得 3 亿元 B 轮融资，由千合资本王亚伟领投，复兴昆仲、高榕资本跟投。2016 年 3 月，慧科教育并购线下 IT 培训机构无限互联。2016 年 8 月 26 日，慧科教育宣布并购创意设计职业教育机构莱茵教育（换股 70%）、互联网产品社群产品壹佰和一站式互联网学习平台美好学院，与慧科旗下

IT 教育产品。2016 年 10 月 26 日，慧科教育完成 C 轮融资，融资金额达亿元以上，投资方为华宏资产。

3. UniCareer

UniCareer 是一家在线职业教育科技平台，团队于 2014 年年初创立于美国，主要服务于国际留学生市场，旨在通过在线职场技能学习、网红导师直播、智能语音模拟面试及校企合作，帮助求职跳槽者迅速积累求职硬技能，第一时间获取优质职场信息及职位速递。

UniCareer 在 2014 年 6 月完成种子轮融资，在 2015 年完成 100 万美元 Pre-A 轮融资，PreAngel 领投，Wei Fund 唯品会 LP 跟投。2016 年，UniCareer 获得 3 000 万元 A 轮融资，由潇湘资本领投、Yi Shi Foundation for Innovations、云毅资本跟投。2017 年 7 月，UniCareer 完成 5 000 万元 B 轮融资，由新东方与昆仲资本联合领投。2018 年 3 月 15 日，UniCareer 完成 2 亿元 C 轮融资，由东方富海、猎聘网领投，新东方与昆仲资本跟投。

4. 恒企教育

2002 年，广西柳州市恒企财务咨询有限公司［上海恒企教育培训有限公司（简称恒企教育）］在广西柳州成立，专门为企业提供财务顾问服务。2010 年，公司迁至广西省会南宁，当年发展为广西会计培训机构，率先引入实训课程。2013 年，恒企教育正式上市，实行规范大区制管理，在全国范围内推广星火培训计划，拓展校区达 160 家。2015 年 9 月，恒企教育自主研发的"移动式会计真人问答工具"——会答 APP 上线。2016 年 3 月，恒企教育行业账实训云系统上线并创新性推出微课堂与直播课堂。

2016 年 6 月 13 日，上市公司开元仪器发布公告称，拟向恒企教育所有股东发行股份购买其持有的恒企教育 100% 股权；2016 年 12 月，并购案获中国证监会上市公司并购重组委员会审核条件通过。2017 年 10 月 15 日，开元股份发布公告称，其全资子公司恒企教育拟收购上海天琥教育培训有限公司（简称天琥教育）56% 的股权，收购对价为 11 760 万元。

5. 翡翠教育

翡翠教育集团创立于 2012 年，是一家专注于科技互联网产业及数字娱乐领域的综合职教集团，目前主要开展移动互联网、艺术设计、程序开发、影视动漫、数字娱乐、营销与运营六大版块，下设前端开发、Android 应用开发、iOS 平台开发、影视特效设计、游戏特效设计、网络创业与营销等学科。

2015 年 3 月，翡翠教育获得数千万元 A 轮融资；2015 年 12 月，获得 1.5 亿元 B 轮融资；2016 年 12 月，获得御泓资本 2 亿元 C 轮融资。2017 年 1 月 23 日，翡翠教育宣布获得 C+ 轮融资，融资金额 3 亿元。2017 年 9 月 20 日，文化长城发布公告称，公司拟发行股份及支付现金购买北京翡翠教育科技集团有限公司 100% 股权，交易作价为 157 500.00 万元。

六、技术服务提供商

1. CC 视频

CC 视频成立于 2005 年，一直专注于视频技术的研发。2006 年 10 月，CC 视频发布免费视频服务。2007 年年底，CC 视频完成了首次融资，2008 年收购一家同行业公司。日本、欧洲等地。2015 年 8 月，CC 视频宣布完成 B 轮融资 2 000 万美元。该轮融资由迪士尼旗下思伟投资领投，IDG 资本、江苏高科技投资集团跟投。2017 年 11 月 9 日，CC 视频获得 2.08 亿元 C 轮融资，投资方为稼沃资本、新程投资及丝路华创。

2. EduSoho

EduSoho 网络课堂隶属于杭州阔知网络科技有限公司。EduSoho 是一套开源的网络系统，能够帮助教育机构快速搭建网校。EduSoho 功能涵盖在线教学所需要的点播、直播、PPT、题库、咨询、小组和移动 APP，同时搭建其配套的云服务。2014 年 3 月，阔知网络完成了数百万元的天使融资。2016 年 8 月，阔知网络宣布获得华睿资本数千万元 A 轮融资。

3. 校宝在线

校宝在线成立于 2010 年，总部在杭州，旨在为教育培训机构提供信息化的解决方案和基于教育智能的技术服务，包括教务管理系统（ERP）和学习管理系统（LMS）的软件开发与技术服务，以及新媒体营销工具的开发与服务。

2014 年 4 月 26 日，校宝在线获得好未来数千万元 A 轮融资；2016 年 8 月 20 日，获得梧桐树资本领投，普华天晴跟投的数千万元融资。2017 年 2 月 9 日，校宝在线挂牌新三板。2017 年 6 月 6 日，新三板企业校宝在线发布公告称，北京学而思教育科技有限公司通过协议转让的交易方式受让 59.14 万股股票，由公司第二大股东成为第一大股东。2017 年 12 月 12 日，校宝在线宣布完成超过 1 亿元的 C 轮融资，投资方上海云鑫为蚂蚁金服旗下子公司。

4. 西普教育

西普教育成立于 2002 年，以 U-SaaS 云平台为线上教学服务载体，以专业共建、实验实训室、实习就业等为线下教学服务载体，主要开发线上与线下相融合的教育解决方案。

2015 年 12 月 27 日，西普教育挂牌新三板。2017 年 7 月 21 日，西普教育宣布获得 6 000 万元战略融资，由华图资本领投，几何投资、中创红星、汇冠股份跟投。2017 年 8 月 31 日，西普教育再次获得 4 000 万元融资，由华图资本领投，丰厚资本、汇冠股份、中创红星跟投。

第二节　互联网教育上市企业

一、综合性教育上市企业

1. 新东方

新东方创建于 1993 年 11 月 16 日，前身为北京新东方培训学校。新东方于 2006 年在美国纽约证券交易所上市，是国内第一家在美国上市的教育机构。截至 2017 年 12 月 31 日，新东方市值 145.80 亿美元。

新东方很早就开始了在互联网教育领域的布局，2005 年上线的在线学习平台新东方在线就是其走出的第一步。2014 年 3 月，新东方参与教育 O2O 导购平台决胜网 A 轮融资。2014 年 7 月，新东方与腾讯联合创办北京微学明日网络科技有限公司，推出中小学在线答疑品牌——优答。2015 年 3 月，新东方联合朗玛峰创投和软银中国，投资了口语测评服务商口语 100 的 B 轮融资。

2017 年 4 月 26 日，美股教育上市公司新东方总市值首次突破百亿美元，成为首支市值超过 100 亿美元的教育股。2019 年 1 月 22 日，新东方教育集团发布 2018 年 Q2 季度财报，报告期内营业收入 5.97 亿美元，同比增长 27.8%。这得益于 K12 业务收入增长的强劲拉力。

2. 好未来

北京好未来教育集团起源于张邦鑫 2003 年创办的学而思培训学校，先后在国内 42 座城市开设了教育培训中心，下设学而思培优、学而思网校、智康一对一等多个教育子品牌。2010 年 10 月 20 日，好未来的前身学而思在美国纽约证券交易所正式挂牌交易，成为国内首家在美国上市的中小学教育机构。2013 年学而思教育改名为好未来。

2014 年以来，好未来先后投资了宝宝树、宝宝巴士、轻轻家教、学科网、顺顺留学、果壳网、多贝网、飞博教育等各个细分领域的互联网教育品牌，并先后全资收购了高考派、考研网、励步英语、唯佳教育等多个细分领域的教育品牌。

2016 年 6 月，好未来控股顺顺留学，全面进入国际教育。2016 年 9 月，收购唯佳聚，并联合发布留学培训品牌乐为来。2017 年 5 月，好未来战略控股围棋在线教育爱棋道开始布局素质教育领域。2018 年 1 月，好未来对 DaDa 的投资进一步深入了 K12 在线教育英语学习的领域。

3. 网龙网络

网龙网络（简称网龙）是中国的网络游戏、移动互联网应用行业的领军者，但同时也是中国互联网教育的领先力量。福建华渔教育科技有限公司成立于 2010 年 11 月，注册资本 2 亿元，是网龙（中国）的全资子公司。它结合了优质的教育资源并有核心技术支持，专注于移动互联网全民终身教育。

网龙目前主要运营非学历教育全国公共服务体系，全国远程中职公共服务体系，其中的 K12 事业群则主要承载基础教育阶段的布局，搭建基于中小学及幼儿园阶段的教学服务平台。2015 年，网龙先后收购智能语音技术提供商驰声科技和互动教学解决方案提供商普罗米修斯。2016 年 9 月网龙宣布，将电子白板教育工作者社区"普罗米修斯星球"与教学软件协作社区 ClassFlow 整合，形成课程资源互通共享。

4. 立思辰

立思辰科技股份有限公司创立于 1999 年 1 月，2009 年 10 月于深圳证券交易所创业板上市，目前公司已经发展形成教育集团与信息安全科技集团两大产业集团。近来，立思辰大举开拓教育产业，同时在 K12、职业教育领域布局海内外市场。

2013—2015 年，立思辰先后并购合众天恒、康邦科技、明特昭阳、乐易考，布局教育信息化和教育培训市场。2016 年 7 月，立思辰以 3.44 亿元全资收购 360 教育集团，布局留学教育培训和服务市场。2016 年 9 月，立思辰以自由基金 2.85 亿元收购高考升学咨询机构百年英才，完成了教育战略当中教育服务的组成部分。2016 年 10 月，立思辰以 2.51 亿元收购互联网教育品牌跨学网，获得优质在线教育资产。

2017 年 9 月，立思辰增资创数教育，以此丰富 K12 领域教学服务。2018 年 2 月 4 日，立思辰公布以 4.81 亿元收购语文学科辅导机构中文未来 51% 的股权，继续完善公司在线教育领域的布局。

二、K12 教育

1. 全通教育

广东全通教育股份有限公司正式成立于 2005 年 6 月。全通教育一直专注于教育信息化领域的研发与服务，其家校互动升级业务是在基础运营商家校互动业务的基础上针对学校及家庭用户进行功能升级，融合了动力加·智能校园、全课通、成长帮手等增值业务，为 K12 家庭提供孩子在校的基础信息服务、在线学科辅导和家庭教育指导等。

全通教育多年来致力于教育信息化及信息服务，以 K12 阶段家校互动服务起步，业务逐步发展至涵盖 K12 教育、家庭教育及教师继续教育等不同领域；围绕中国家长广泛存在的与学校老师的互动配合、关注子女学知识、提成绩、促成长、保安全的需求点，从应试教育、德育教育、素质教育、安全教育、健康教育着手，结合软件、互联网、电子产品终端等技术，承接、整合及自主创造各类品牌教育服务产品的推广运营，形成了涵盖家校互动、课堂教育、课外教育、校园安全等全过程多媒介的教育信息化产品。

2. 拓维信息

拓维信息系统股份有限公司成立于 1996 年，是一家主营游戏、教育、软件三大业务的综合型互联网企业。2007 年，拓维信息在深证证券交易所中小企业板上市。近年来，拓维信息逐渐将业务的重心放到了互联网教育上，希望与其早期开设的线下多所中小学培训机构形成教育线上与线下结合模式闭环。

拓维信息主营业务包括教育服务业、手机游戏及软件云服务，其中教育服务业收入占比达 71.22%，是公司核心业务。公司是一家聚焦 K15（通常将学前教育、小学、初中和高中称为 K15）领域的在线教育平台型企业，具体包括具有龙头地位的全国中、高考等高利害考试评卷及教育评价服务、面向教育管理部门及校园的信息化解决方案、面向 K12 的线上与线下相结合课外培训服务的拓维学堂、幼儿园多媒体教学内容服务。

2014 年 9 月，拓维信息全资收购了教育信息化服务商天天向上网络科技。2015 年，拓维信息先后收购了幼教内容输出品牌长征教育和考试评价服务品牌海云天科技。2017 年年底，拓维教育已形成了从 0～18 岁整个 K12 阶段的互联网教育产品线，包含信息化服务、在线教学与测练、在线教育直播等多种互联网教育产品。2018 年 1 月，拓维信息发布拟在长沙国家高新技术产业开发区内投资建设拓维教育产业园项目，形成教育产研一体化。

3. 世纪天鸿

山东世纪天鸿文教科技股份有限公司始创于 1994 年，是志鸿教育集团旗下的全资主业子公司，主要从事文教图书及教育信息化产品的策划、研发、发行，是国内首家同时获得"出版物国内总发行权"和"出版物全国连锁经营权"两项图书发行资质的民营企业，是出版发行业第一家获得 ISO 9001 质量体系认证的单位，是中国书刊发行协会副会长单位。

2015 年 9 月，世纪天鸿中小企业股份转让系统挂牌，2017 年 8 月末从新三板摘牌。2017 年 9 月 26 日，山东世纪天鸿文教科技股份有限公司在深圳证券交易所创业板挂牌上市，首次股票发行，募集资金总额 1.80 亿元。据悉，此次募集资金拟投资于内容策划与图书发行项目、营销网络建设项目、信息化系统建设项目和教育云平台项目。

三、职业教育

1. 中公教育

北京中公教育科技股份有限公司成立于 2010 年。公司创始人团队于 1999 年开始创业，2000 年进入公务员考试培训行业，经过近 20 年的创业积累，快速带领公司成为国内领先的职业就业培训综合服务提供商，每年培训学员超过 140 万人。

中公教育业务类型主要包括面授培训，网络远程教学，各类教育辅导图书、音像、教材等产品编辑及出版发行。截至 2017 年年底，中公教育在全国 31 个省市、319 个地区建立了 582 家直营分部和学习中心，拥有 6 500 余名全职教师，近 1 000 名专职研发人员；2017 年获得"高新技术企业"荣誉证书；2018 年获得首批党建协同办事资格证，2018 年 5 月，中公教育被亚夏汽车以 185 亿元并购，本次交易构成重组上市，意味着中公教育将借壳上市成功。

2. 东大正保

东大正保远程教育是自主建设智能交互远程教育平台，采用高清视频课件并结合手机移动课堂，为学员提供高质量的课程，并辅以 24 小时在线答疑和客户服务，打造完美的虚拟课堂，开设 200 多个辅导类别，覆盖了近 13 个不同的行业。2008 年 7 月 30 日，东大正保远程教育成功登陆美国纽约证券交易所，成为国内第一家在美国纽约证券交易所上市的远程教育公司。

2016 年年初，正保育才拆分创业培训业务成立北京正保育才科技股份有限公司。2016 年 6 月，正保育才在新三板挂牌。2016 年 10 月，正保育才获得南京正保通信、东大正保远程教育董事合投的 8 000 万元战略投资。2017 年 7 月，东大正保远程教育以 1.92 亿元收购瑞达法考，2018 年 3 月参透牛客网。

3. 达内科技

达内科技于 2001 年 8 月在加拿大多伦多创办，2002 年 9 月入驻中关村国际孵化园，正式在中国落户。达内科技提供面向电子通信、互联网领域的 Java、C++、C#/.Net、软件测试、嵌入式、PHP、Android 等方面的 IT 课程培训。2003 年 9 月，达内科技获得 IDG 数百万元 A 轮融资；2008 年 11 月，获得集富亚洲和 IDG 合投的数千万美元 B 轮融资；

2011 年 9 月，获得高盛集团 2 000 万美元 C 轮融资。2014 年 2 月，达内提交赴美上市申请，3 月，新东方以股票发行价格认购总价值 1 350 万美元的达内股票，4 月，达内正式在美国纳斯达克证券交易所上市。

经过 15 年的运营，达内科技累计培训了 15 万名学员，并且在全国 34 个城市先后建立了 100 家教育培训机构。2015 年 3 月，达内科技推出在线学习平台 TMOOC。2017 年，达内科技实现总营收 19.7 亿元。

4. 洪涛股份

洪涛装饰股份有限公司成立于 1985 年 1 月，2009 年 12 月 A 股上市。2014 年开始，洪涛股份逐渐由传统建筑装饰业务转型互联网教育。2015 年 3 月，洪涛股份以 2.35 亿元收购高端学历培训服务品牌跨考教育 70% 股权。2015 年 9 月，洪涛股份宣布以 2.98 亿元收购建筑培训线上与线下结合模式品牌学尔森 85% 股权，以 3 900 万元收购在线医学学习平台金英杰教育。2015 年年底，洪涛股份职业教育业务实现营收 1.19 亿元。2018 年 3 月，洪涛股份以 3.355 亿元收购广州涉外学院，升级职业教育产业布局。

四、技术及内容服务提供商

1. 科大讯飞

科大讯飞股份有限公司成立于 1999 年 12 月 30 日，专业从事智能语音及语言技术研究、软件及芯片产品开发、语音信息服务及电子政务系统集成，是中国智能语音技术提供商，在智能语音技术领域具有长期的研究积累，并在中文语音合成、语音识别、口语评测等多项技术上拥有国际领先的成果。

科大讯飞把 1/3 的人力投入在线教育，开始形成"考试落地→学校推广→获取学生用户"的三步走战略，其利用先进的语音技术进军英语教学和音乐艺术教学领域，拥有独特的核心技术壁垒和优势。科大讯飞推出了畅言交互式多媒体教学系统，具有课堂教学内容的标准带读、口语评测、互动教学、同步教学资源、教学设备应用统计与监管、交互式课件快速制作等功能。

2. 方直科技

深圳市方直科技股份有限公司成立于 1993 年，致力于多媒体教育软件，以及网络教育软件的研发、生产、销售与服务，借助创新技术与专业服务，得到了业内外的高度认可，被评为国家高新技术企业、双软企业、重点文化企业、重点软件企业、重点技术服务单位、深圳知名品牌、南山区领军企业。

该公司的主导产品包括为学生提供的教材配套软件、学习辅导软件、网络在线教育服务，以及为教师提供的教师用书配套软件、教学资源类产品，其中教材配套软件连续多届获得中国国际软件博览会金奖，并多次被中国软件行业协会评为优秀软件产品。2011 年 6 月 29 日，方直科技在深圳证券交易所创业板挂牌上市。

3. 天喻信息

武汉天喻信息产业股份有限公司成立于 1999 年 8 月，是一家致力于在数据安全、在线教育、移动支付服务等领域提供卓越产品和服务的高新技术企业。在在线教育领域，天喻信息通过搭建涵盖核心应用的教育云平台，同时汇聚第三方优质资源及应用，面向教育机构、老师、学生、家长提供一站式的教学服务。目前，天喻信息在在线教育业务上已形成了教育云平台、智慧学习、智慧研训、智慧评价、智慧管理、智慧校园、智慧教学这 7 个产品体系。过去几年，天喻信息先后中标浙江东阳、广西柳州、新疆克拉玛依、浙江、福建、成都青白江、宁夏、武汉、沈阳、湖北宜昌、宁波等地的教育云平台建设、运维或运营项目。

第九章
中国教育信息化产业分析

第一节　教育信息化概论

一、教育信息化定义

所谓教育信息化，是指在国家及教育部门的统一规划和组织下，在教育系统的各个领域（教育管理、教育教学和教育科研）全面、深入地应用现代信息技术，加速实现教育现代化的过程。

二、教育信息化的来源

"信息化"（对应于西方的"数字化"，digitalization）一词最早于 20 世纪 60 年代出现在日本的一些学术文献中，当时对"信息化"这一概念主要是从产业角度进行阐述和界定的。20世纪70年代，德国、欧共体和联合国教科文组织等先后出台了一系列推动信息技术在社会中应用和发展的规划，这些规划都把信息基础设施作为重要一环。

1993年9月，美国克林顿政府正式提出建设"国家信息基础设施"（National Information Infrastructure，NII），俗称"信息高速公路"（Information Superhighway，ISHW）计划，其核心是发展以互联网为核心的综合化信息服务体系和推进"信息技术"（Information Technology，IT）在社会各领域的广泛应用。在其带动之下，许多发达国家和发展中国家相继出台了一系列国家信息基础设施建设规划，从而带动了全球信息化建设的浪潮。

教育信息化的概念是在20世纪90年代伴随着信息高速公路的兴建而提出的。在美国的"信息高速公路"计划中，特别把IT在教育中的应用作为实施面向21世纪教育改革的重要途径，美国的这一举动引起了世界各国的积极响应，许多国家的政府相继制订了推进本国IT在教育中应用的计划。

中国自20世纪90年代末开始，随着网络技术的迅速普及，整个社会的发展与信息技术的关系越来越密切，人们越来越关注信息技术对社会发展的影响，"社会信息化"的提法开始出现，联系到教育改革和发展，"教育信息化"的提法也开始出现了。政府的各种文件已经正式使用"教育信息化"这一概念，并高度重视教育信息化相关工作。

三、我国教育信息化的发展简史

我国教育信息化始于1978年。1978年4月，我国政府印发《关于电化教育工作的初步规划》，8月，电化教育馆开始在各级教育单位建设，电化教育拉开了我国教育信息化的序幕。

20世纪80年代末到90年代初，计算机和互联网逐步开始进入中国，原国家教育委员会颁布《国家教育管理信息系统总体规范纳要》，信息化技术开始应用到教育管理过程中。全国学术性计算机互联网络开始建设，我国教育信息化历程步入初级阶段。

2000年，"校校通工程"开始实施，教育信息化基础设施建设工作开始加强。2010年，我国颁布《国家中长期教育改革和发展规划纲要（2010—2020年)》，把教育信息化纳入国家信息化发展整体战略。2012年9月，刘延东在教育信息工作会议上首次提出"三通两平台"概念，明确了当前教育信息化的工作目标。2013年，我国明确把教育信息化作为推动我国教育改革的重要内容。

2015 年 5 月，在首届国际教育信息化大会上，刘延东发表重要演讲，提出四点教育信息化倡议：一是顺应大势，更加重视教育信息化的作用和地位；二是以人为本，推动信息技术与教育教学的深度融合；三是共建共享，不断扩大优质教育资源的覆盖面；四是互学互鉴，开创人类文明传承发展的新境界。

2016 年 7 月，教育部印发的《教育信息化"十三五"规划》中提出了"三个基本"发展目标。第一，到 2020 年，基本建成"人人皆学、处处能学、时时可学"，与国家教育现代化发展目标相适应的教育信息化体系；第二，基本实现教育信息化对学生全面发展的促进作用，对深化教育领域综合改革的支撑作用和对教育创新发展、均衡发展、优质发展的提升作用；第三，基本形成具有国际先进水平、信息技术与教育融合创新发展的中国特色教育信息化发展路子。

2017 年 1 月 19 日，国务院印发关于《国家教育事业发展"十三五"规划》的通知。在"改革创新驱动教育发展"中，着重强调要积极发展互联网教育，并就制度环境、基础条件、技术与教学融合、资源建设 4 个方面提出了建设目标。

2018 年 4 月 18 日，教育部印发《教育信息化 2.0 行动计划》通知，对于我国教育信息化建设发展提出了新的目标任务和行动计划。基本目标是"通过实施教育信息化 2.0 行动计划，到 2022 年基本实现'三全两高一大'的发展目标"，即教学应用覆盖全体教师、学习应用覆盖全体适龄学生、数字校园建设覆盖全体学校，信息化应用水平和师生信息素养普遍提高，建成"互联网＋教育"大平台。

四、教育信息化意义

由于历史积累、地理环境、思想意识、人员素质等多种因素的综合影响，我国教育信息化发展呈现明显的不平衡态势，东西差距、城乡差距明显。教育信息化的重要目的就是要通过信息技术在教育领域的普及应用，突破时空限制和技术壁垒，促进优质教育资源向贫困、偏远地区输送，提高当地的教育质量和水平，促进教育均衡发展。

① 教育信息化集顶尖的学校资源、优秀的教师资源和丰富的素材资源于一体，能够实现资源的跨区、跨校传播和分享，解决资源分布不平衡的现状。

② 教育信息化能够突破教育环境的时空限制，有助于加强课堂与现实世界的联系。通过数字化的方式，将教、学、练、管等环节信息化，简化了传统教育教学环节中大量烦琐的环节，有利于提高教育教学的效率。

③ 教育信息化有助于培养学生的创造性思维能力。网络和多媒体技术构建的丰富多样的学习环境和工具，能够激发学生的好奇心、求知欲，有利于他们创造性思维的形成和发展。

第二节　教育信息化的发展现状

一、行业发展特点

1. 技术特点

（1）数字化。

教育数字化体现为教育内容的数字化，如电子文档、音频、视频、动漫、游戏、**APP** 等都是内容数字化的形式。

（2）网络化。

教育网络化主要体现为教育传播的网络化，运用互联网技术进行教育内容的传播，如在线直播、录播、题库等都是教育网络化的表现形式。

（3）智能化。

智能化体现为学习过程的高效性、便捷性及个性化，如学习软件系统对学生学习数据的记录、学习成果的评价和学习内容的个性化推荐、阅卷系统的自动批改、考勤系统的自动考勤、排课系统的自动排课等，都是教育信息化与智能化的体现。

（4）多媒体化。

多媒体化指的是数字化教育内容的多样化，现在的数字化内容不再只是单一的音频和视频，而是由图像、音频、视频和动漫等结合起来的富媒体形式。

2. 基本特征

（1）开放性。

教育信息化作为国家的系统工程，面向各级教育部门、学校、教师、学生、家长提供现代化的教育事业服务。教育信息化工程由教育部主导并拨付资金支持，各级教育部门协同，社会企业、组织、资本共同参与为各级学校提供教育信息化服务。近年来，随着教育信息化政策的不断完善，其面向社会大众的开放性也越来越强。

（2）共享性。

教育信息化拉近了城乡教育的差距，乡镇学生通过互联网也能接收到大城市的教育内容。正如习近平同志在致首届国际教育信息化大会的贺信中说的："让亿万孩子同在蓝天下，共享优质教育资源。"

（3）交互性。

教育信息化工程经过近十年的发展，已经由最初的基础设施建设进入到内容工具应用阶段。移动互联网的教学工具，增强了教师与学生之间、教师与家长之间、学生与家长之间三方的互动交流。移动学习工具，通过学生与智能软件的交互式学习，达到自适应高效学习的目的。

（4）协作性。

在教育信息化环境下，学生的自主学习获得了越来越好的学习体验和成效。在新的教育理念支撑下，学生之间交流、讨论、协作的学习模式逐渐获得更多的认可。

二、当前教育信息化的热点

1. 智慧校园

智慧校园指的是以物联网为基础，以各种应用服务系统为载体，建设融合教学、科研、管理和校园环境的智慧化环境。

智慧校园将为广大师生提供智能感知环境和综合信息服务平台。该平台将具有三个核心功能：一是将为广大师生提供的个性化定制服务；二是沟通学校的各个应用与服务领域；三是为学校与外部提供一个交流、感知的接口。

2. 智慧教室

智慧教室是基于物联网技术建立的具备智慧教学、人员考勤、环境智慧调节、视频监控及远程控制等功能的现代化智慧教室管理系统。

3. 虚拟实验室

虚拟实验室本质上是借助 Web 技术、VR 技术，对现有教学实验室的数字化和虚拟化，由虚拟实验台、虚拟器材库和开放式实验室管理系统 3 部分组成。虚拟实验室的构建将为实验教学提供全新的教学环境。这种虚拟实验台可以模拟真实实验台，给予老师和学生充分的选择权，教师和学生可以利用虚拟器材库中的器材自由搭建任意合理的典型实验。同时，学生在虚拟状态中完成多种实验，既能真切感受实验过程又能规避实验风险。

4. STEAM 教育

STEAM 教育最早由美国提出，STEAM 中的字母分别表示 Science（科学）、Technology（技术）、Engineering（工程）、Arts（艺术）、Mathematics（数学），重视学生在这 5 个领域的发展，旨在培养解决问题的综合能力，适应未来社会对于综合型人才的需求。

STEAM 的原身是 STEM 理念。STEM 是科学（Science）、技术（Technology）、工程（Engineering）和数学（Mathematics）4 门学科的简称。STEM 教育则是培养学生的科学素养、技术素养、工程素养和数学素养这 4 方面整体组合的 STEM 素养。STEM 教育不是直接把科学、技术、工程和数学教育进行简单结合，而是要将这 4 门学科内容交叉融合形成一个整体，从而达到培养学生的创新精神与实践能力的目的。

联合国教科文组织《教育 2030：行动框架》目标 3 中的内容："鼓励学生尽早接触科学、技术、工程和数学（STEM）领域。"2010 年，我国通过《国家中长期教育改革和发展规划纲要（2010—2020 年）》，强调培养学生创新精神和实践能力的重要性。2016 年教育部在《教育信息化"十三五"规划》中进一步要求："有条件的地区要积极探索信息技术在'众创空间'、跨学科学习（STEAM 教育）、创客教育等新的教育模式中的应用，着力提升学生的信息素养、创新意识和创新能力，养成数字化学习习惯，促进学生的全面发展，发挥信息化面向未来培养高素质人才的支撑引领作用。"

2018 年 1 月教育部颁布了《普通高中信息技术课程标准（2017 年版）》，突出信息技术是一门基础课程，强调构建具有时代特征的学习内容，兼重理论学习和实践应用，将知识建构、技能培养与思维发展融入运用数字化工具解决问题和完成任务的过程中，让学生参与到信息技术支持的沟通、共享、合作与协商中，体验知识的社会性建构，从而成为具有较高信息素养的中国公民。

三、教育信息化发展存在的问题

1. 教育信息化发展失衡

教育信息化发展失衡主要包括教育信息化建设过程中重硬件而轻软件、重装备而轻应用、重投入而轻管理这 3 个方面。

这 3 个方面的问题在全国范围内都普遍存在，特别是中西部地区。在软硬件投入上，很多地方政府在申报项目时只写硬件建设而不写软件，预算也只写硬件。这种问题造成的现象就是，学校的硬件设施空置，或者是信息化系统严重落后无法使用。造成这种问题的原因：一是信息化认识问题，在很多教育主管部门眼中，硬件投入的效果是显而易见的，而软件的投入需要长期才能看见成效；二是市面上信息化硬件都有通用的技术评价标准，而软件产品市场却鱼龙混杂，缺乏相应的评价标准，造成学校难以选择继而放弃选择。重装备轻应用的问题是政策驱动下的应付式产物，直接造成的就是教育信息化资源的严重浪费。重投入轻管理，源于学校管理层对于信息化系统认知不足，信息化系统在学校配置后，没有安排相应的技术人员去维护和管理，最后导致资源荒废。

解决方案：针对教育信息化发展失衡的问题，首先需要从根源上提升各级教育主管部门、学校全体教师对于教育信息化的认知。教育信息化政策文件应下达各级教育主管部门和学校，组织政策落实地方会议，研究并执行教育信息化落地方案。在落地方案中需让各级教育主管单位深刻理解教育信息化的理念，深度认识教育信息化的作用。需在方案中明确注明教育信息化建设中软硬件投入分配比例，各市级教育主管部门需根据当地信息化建设现状，制定软硬件建设标准。地方教育主管部门需统筹分配各学校信息化技术管理人才，学校组织全体师生进行教育信息化应用培训。

2. 教师信息化教学技能欠缺

教师信息化教学技能欠缺是指学校教师的信息化教学技术能力无法达到现代化教育教学的要求。教师信息化教学技能不足的现象普遍存在，甚至高龄教师的信息化教学能力还停留在 20 年前。造成这种现象的原因：一是很多稍有资历的老师年龄偏大，对信息技术的接受和学习能力较差；二是现代信息技术的日新月异，很多老师没有及时学习跟上时代步伐；三是应试教育传统下，新技术的学习和应用对任务繁重的老师造成了严重的负担。

解决方案：解决教师信息化教学技能欠缺的问题，首先需要学校全面提升对教育信息化教学的重视程度，需要在全体教师内心建立现代化的教学观念。学校需定期安排信息化技术人员对全体教师进行信息化技能培训，包括课件制作、微课录制、信息化软硬件应用等。同时，应将信息化教学技能作为绩效考核的标准之一，从制度上提升教师学习和应用信息化技能的动力。此外，地区教育主管部门可以定期举办信息化教学技能大赛，提升教师学习和应用信息化技能的热情。

3. 教育信息技术与学科整合不够全面

课堂教育信息化可以分为 3 个阶段。

初级阶段：老师主导下的演示型教学模式。

中级阶段：老师主导，学生参与的互动型教学模式。

高级阶段：学生主导，老师引导的混合型教学模式。

目前课堂的教育信息化还停留在初级阶段，也就是演示型教学模式阶段。

认知上，现在的教育信息技术非常多样，现代的多媒体网络系统能够提供大量的多媒体信息和资料，创设了丰富有效的教学场景，不仅有利于学生对知识的获取，而且扩大了学生的知识面。但现实的情况是，目前在教育信息技术的应用层面还停留在原始阶段，老师只是将原来黑板上的东西照搬到屏幕上，将教育信息技术只当作教学辅助的工具，而没有意识到，教育信息化不仅是要为老师减轻上课负担，更重要的是要能够培养学生的逻辑思维和创新能力，从长远的角度来说是将"以教师为中心的教学模式"转向"以学生为中心的教学模式"。如果教育信息技术无法深入实际的教学场景中，只停留在教学课件阶段的话，那么将是毫无意义的。

根据目前的情况来看，要解决这一问题，需要从以下几方面采取措施来促进教育信息技术与学科之间的整合。

内容层面：除了现有的课程体系之外，还需要引进其他课程，将课程整合与职业技能、素质教育、艺术教育等有机结合起来，构建新型的教学模式和评价体系。

教师层面：加强相关理论和技能的研究学习，培养一批勇于创新的学科骨干教师，开展课程整合的教学实践。

学生层面：加强引导学生的自主学习意识，使其能够主动利用教育信息技术获取丰富的学习资源，从而增加学习动力和提高学习效率。

4. 缺少统一的标准，造成"信息孤岛"

目前教育信息化经过多年的推进已经卓有成效。但是在这些看得到的成绩背后，还存在一个制约教育信息化发展的瓶颈，那就是"信息孤岛"问题。所谓"信息孤岛"是指教育信息资源分散，没有形成一个统一的信息资源整体，各信息源之间无法进行信息的有效沟通，信息资源不能共享，从而造成资源浪费、重复投资、效率低下的现象，阻碍了教育信息化的快速发展。

"信息孤岛"的形成原因主要有以下几方面。

① 学校在信息系统建设之初，空有热情，而缺乏长远的思考，大多是根据自身利益出发建设自己的信息系统，没有资源共享的意识，存在"各自为政"的情况。

② 各个学校之间资源分配不均衡，存在软硬件不同步的情况。如今软件产品的更新速度比较频繁，过多的系统升级不但浪费时间，也加大了硬件的适配难度。不同的学校之间，其软硬件的更新速度也是不一样的，这就导致出现了发展不平衡和信息对接不及时、不精确的"孤岛"现象。

"信息孤岛"带来的坏处是显而易见的，首先就是系统的重复建设、重复投资导致的资源浪费，然后就是教育信息的资源分散，各信息源之间不能进行资源互通、信息共享，导致的数据重复录入，学校管理效率下降。

为了避免信息系统的重复建设，彻底消除"信息孤岛"问题，区域性的教育信息化建设需要统一规划、集中管理。在建设过程中，建立统一的标准，设立专门的工作小组，对该区域的信息化建设工作进行规划、组织、协调。相关建设工作由信息主管部门落实，信息主管部门既要全面落实学校的信息化建设任务，又要实际地获取各业务部门的实际需求，并且组织会议对建设需求进行协调沟通。消除"信息孤岛"的核心要从信息资源系统本身出发，关键在于使信息资源在学校内、学校之间的信息资源系统得到流通、共享和兼容，实现这个目标的方法就是进行全校信息资源整合，在此基础上再不断扩展校际联系。

四、教育信息化企业四大成长维度

K12 教育信息化的 B 端市场拥有约 1 500 亿元的市场规模,不同的公司凭借其深厚的技术储备、教育行业理解和积淀、资本市场的融资优势在全国范围内不断扩张。相关公司的成长维度可以概括如下。

① 不同城市的不断扩张。

② 同一城市内不同学校的不断拓展。

③ 同一城市或学校的不同产品线不断延伸和同一城市或学校的相同产品线的升级改造。

④ 班班通等业务的内容收费。

第三节　典型的教育信息化企业

一、超星集团

1. 企业简介

超星集团成立于 1993 年,总部设在北京,是北京市政府认定的高新技术企业和软件企业。公司长期从事图书、文献、教育资源数字化工作,是专业的数字图书资源提供商和学术视频资源制作商之一。

超星独立研发的电子图书、教育视频、数字试题等系列产品,被广泛应用于我国高等教育、基础教育、社区教育、行业信息服务领域。

2. 业务模式

（1）教育平台。

超星发现系统:以数十亿计的元数据为基础,利用数据仓储、资源整合、知识挖掘、数据分析、文献计量学模型等相关技术,通过分面检索与聚类分析、引文分析、知识关联分析等,实现高效、精准、统一的学术资源搜索。

百链云图书馆：通过对元数据仓储数据与用户本地资源的分布建立定位链接，实现图书馆的互联互通、共建共享，最终通过原文链接和云服务模式，帮助读者高效搜索。

（2）教育资源。

超星期刊：超星联合学术界、期刊界、图情界等，共同探索并提出当下期刊最符合的出版模式——域出版。

超星数字图书馆：内含中图法 22 大分类、数百万种图书资源，甚至包括大量珍本善本、民国图书等稀缺文献资源。电子图书分为汇雅电子书和超星书世界两个品牌，汇雅电子书为图像格式图书，超星书世界为全文本格式图书。

（3）手机客户端。

超星学习通：一款集学习、分享交流、办公为一体的新一代应用，为教育行业提供教育支持，为企业决策提供帮助，可以自助完成图书馆藏书借阅查询、电子资源搜索下载、图书馆最新资讯浏览、学习学校专业课程、进行小组讨论、查看本校通讯录等功能，同时拥有超过百万册电子图书、海量报纸文章以及中外文献元数据，为用户提供方便快捷的移动学习服务。

超星移动图书馆：以图书馆集成管理系统平台、云共享服务为保障，整合元数据的信息资源，为用户提供搜索和阅读等业务。

二、伟东云教育

1. 企业简介

伟东云教育于 2012 年在中国青岛创办，现已在全球 16 个国家设立分支机构。

在国内基础教育领域，目前已在国内各大省份的区域教育信息化建设中提供了整体解决方案，在职业教育领域拥有超过 200 万名在线课程学习用户，服务于 35 000 余家政府、企业、机构组织、院校客户，其中包含 330 多家世界 500 强企业。

在海外教育领域，伟东云教育作为联合国教科文组织的战略合作伙伴，积极助力"一带一路"建设，为其 195 个成员国及地区提供国际数字化教育资源共享平台，并连续承办两届 4 次国际教育信息化大会。

2. 业务模式

在基础教育方面，公司业务具备完整的基础教育产品体系，覆盖智慧教学、教师发展、学生成长、评价分析、教育管理所有教学场景，为教育资源共建共享提供支撑。目前产品主要有"资源云平台""人人通""E 教学""电子书包""寻知图""教师专业发展平台""教学质量评测"。

在职业教育方面，伟东云职业教育提供"平台 + 课程 + 运营 + 国际学历 + 游学访问 + 学历证书 + 实习就业"的一体化服务方案。2B 业务包括启学在线、院校教学及智慧管理平台、行业人才培训平台、网上党校、赛乐学；职业教育 2C 业务垂直细分领域包括累加学院（互联网行业在线直播学习平台）、趣编码（主打 IT 程序员培训）及传统行业培训。

目前，伟东云教育旗下已经拥有 8 000 多名全球化讲师，与 Demos 国际职业教育集团、法国布雷斯特高等商学院、国际互联网教育研究院、国内顶尖高校和出版社建立合作，可为学员提供游学参访机会、500 强企业实习机会。

在国际教育方面，2018 年 3 月 21 日，伟东云教育集团的"云教育平台"国际版正式问世。该平台整合伟东云教育自身优质产品、资源，以及全球优质资源，为国际学习者提供终身教育服务。"伟东云远程智慧教室"将在柬埔寨、巴基斯坦、斯里兰卡、埃及、埃塞俄比亚和吉布提亚非 6 国落地。

三、立思辰

1. 企业简介

北京立思辰科技股份有限公司（简称立思辰）创立于 1999 年 1 月 8 日，2013 年登录创业板。立思辰起步于视频通信服务，目前发展成为集信息安全和教育两大业务的综合性集团。

近年来，随着科技教育的兴起，立思辰通过不断并购拥有了立思辰合众、敏特昭阳、康邦科技、跨学网、留学 360、百年英才、乐易考等多个教育子品牌。目前，立思辰教育集团下设智慧教育和教育服务两大版块，其中智慧教育版块面向学前教育、基础教育、职业教育、高等教育、社区（终身）教育提供云服务平台及各体系教育解决方案。教育服务版块覆盖 K12 和职业教育，业务涵盖了 K12 学习、高考升学服务、海外留学、大学生就业服务和学习服务等系列业务单元。

2. 业务模式

在智慧教育方面，公司业务涵盖区域智慧教育、智慧校园顶层设计规划与建设、K12 学科应用、教育资源建设、校本课程体系建设、STEAM 与创客教育。康邦科技的加入，使公司在智慧校园及区域云平台领域的竞争力大幅提升，教育信息化业务规模跃居行业前列。公司智慧教育业务已形成"区域平台＋智慧校园＋服务（课堂应用）"的产品组合及战略入口，在我国教育信息化领域尤其是智慧教育与校内 K12 互联网学科应用方面，公司具有明显的市场领先优势。

经过持续不断的技术研发和坚持不懈的市场推广，截至目前，公司智慧教育已累计进入 27 个省、13 000 余所学校，累计覆盖 1 700 多万名中小学生，为教育服务的导入形成了坚实的客户和用户基础。公司智慧教育产品及管理解决方案 2016 年实现营业收入 86 097.62 万元，同比增长 1 369.57%。

四、科大讯飞

1. 企业简介

科大讯飞的前身为 1999 年成立的安徽中科大讯飞信息科技有限公司，2014 年 4 月更名为科大讯飞股份有限公司，专门从事智能语音及语音技术研究、软件及芯片产品开发、语音信息服务的研究开发，在语音合成、语音识别、口语评测、语言翻译等智能语音与人工智能核心技术上拥有国际较高水平，旗下产品有灵犀语音助手、讯飞输入法等。2008 年，科大讯飞在深圳证券交易所挂牌上市。

2. 业务模式

（1）教学产品。

畅言智慧校园依托人工智能技术，无缝衔接教、考、评、学、管，打造智慧课堂、智能考试、智慧学习、智慧管理和智慧环境五大核心业务。

（2）考试产品。

考试产品：讯飞启明标准化考场解决方案、讯飞启明网上阅卷系统、讯飞启明招生考试管理平台、国家普通话智能测试系统、讯飞听说智能测试系统、中国少数民族汉语水平等级考试系统、全国音乐等级考试智能模拟测试系统、大学英语纸笔考试智能阅卷与分析系统、大学英语纸笔考试智能阅卷与分析系统、大学英语四六级口语考试系统、普通话模拟测试与学习系统。

（3）学习产品。

智学网（www.zhixue.com）：该网站是基于知识点地图和优质题库资源，为满足学校日常考试及发展性教学与评价需求推出的智能化教学辅导平台。

移动学习产品：熊宝报听写、熊宝背课文是基于口语发音评测技术开发的移动学习软件，能够满足中小学英语课后学习需求。

（4）儿童智能硬件。

阿尔法蛋系列："阿尔法小蛋""阿尔法蛋机器人"。

智能可穿戴设备：讯飞 AI 儿童手表。

智能家居系列：讯飞智能护眼灯。

五、网龙

1. 企业简介

网龙网络控股有限公司成立于 1999 年，总部在中国福州。2015 年网龙教育子公司获得 5 250 万美元的 A 轮股权融资，2017 年推出了全球第一个教育性 VR 编辑器——101 创想世界，2018 年 4 月，网龙收购全球教育网络 Edmodo 公司，致力于创建全球最大的教育社区。

2. 业务模式

101 校友：将生活、学习、管理融于一体，为不同高校群体提供针对性、综合性服务平台，包含学生、教师两个客户端，且各项功能可根据学校实际情况做出针对性调整。学生端的主要功能有 IM（即时通信模块）、发现（类微博模块）、校园热图榜等；教师端的主要功能有宿舍报修系统（报修单处理）、通知系统等。

华渔·公益学院：立足华渔教育大平台，集成、整合全球优质教学资源的共享，提供学前教育、基础教育、高等教育、中职教育、终身教育等一系列公益教学解决方案；同时致力于全球公益教育事业，包括全球公益教育的热点资讯聚焦、公益教学资源的输出及需求募集、全球教育资源支援行动等。

多学企业培训互联网平台：以学习资源为核心，采用开放平台模式，满足企业各种培训场景，集系统、资源、硬件及 VR、移动技术于一体，包括学习平台搭建、课程建设、专家服务、运营支持，通过游戏化运营激发团队动力和斗志，为企业创造崭新的员工培训模式。

驰声：提供专业的语音评测、口语考试技术和服务，打造智能人机交互学习和考试产品。

六、卓铭助力

1. 卓铭助力简介

优易课是北京卓铭助力教育科技有限公司旗下一个著名的教育品牌，该公司成立于 2007 年，是我国国家高新技术企业、中关村高新技术企业、国家信标委成员企业和中关村诚信企业。卓铭助力是数字智慧化教育教研领域的先行者，是知识结构化领域的领军企业，拥有多项核心知识产权和专利，尤其在流体化知识结构领域遥遥领先世界其他同行，逆转了中国在该领域长期落后于美国的局面。

卓铭助力专注教育信息技术与教学教研服务 10 多年，为体制内和体制外教育机构提供完整的数字智慧化解决方案，并自主运营 2C 业务。致力于打造全国优质教育资源平台和先进信息技术平台，汇聚国内顶级名师，融合教育和技术的精华，把优质教育资源通过数字信息化系统为教师教学和学生学习提供路径和内容支撑、为管理者提供决策数据支撑。

2. 进步可视化体系产品简介

（1）数字化产品——书网结合（可视化、可互动、可体验）。

借助数字技术，把传统纸质图书升级为一本视频教材，通过多媒体设备，学生可以有针对性地学习每一个知识点和题目，增效减负。

（2）网络化产品——优易课课程平台（可视化、可互动、可体验）。

师资力量空前强大，全部都是来自一流名校的顶级名师，重点突出知识点详解与知识体系的构建。目前课程合作方绝大多数是上市公司，包括腾讯、淘宝、百度、金山词霸、超星、CIBN 等合作伙伴。

（3）可视化产品——知识图谱体系（可视化、可互动、可体验）。

不仅涵盖兴趣激发，还包括精准教学、精熟训练和智能反思等模块，让学习参与者学会学习方法，提升学习能力，并拥有多项知识产权和专利，领先国内国际至少两代。

（4）智慧化产品——题库与测评（可视化、可交互、可分析、可体验）。

拥有千万级别自有题库，涵盖 K12 全学段各学科、3～6 级知识分类、系统的分析评价体系、作业体系、家校互通体系和自适应学习体系。以大数据为基础，人工智能为手段，为学生提供科学的学习诊断，实现智慧学习。

第四节　教育信息化的业务发展模式

一、基础教育信息化服务的四大业务模式

基础教育信息化企业提供学校信息化教育、信息化设备和软件系统，通过投标参与地区教育信息化项目建设。依托于四大主要业务模式，直销模式、代理模式、PPP 模式和融资租赁模式。信息化企业不断拿下各地项目大单，并不断发展壮大。

1. 直销模式

直销模式就是直接通过投标参与公立学校的教育信息化项目建设，提供教育信息化必要的硬件设备和技术服务，由地方教育局支付项目建设费用。

2. 代理模式

教育信息化领域的代理模式是指教育信息化的地方代理商通过投标参与学校教育信息

化项目建设，项目建设费用由当地政府支付给代理商。建设过程中如果需要信息化服务，总公司也会提供技术支持。

3. PPP 模式

教育信息化领域的 PPP 模式是指教育信息化企业与政府签订针对当地学校的信息化建设、运营和服务合同，政企之间形成"利益共享、风险共担、全程合作"的伙伴合作关系。信息化企业自行出资承担初期项目建设和长期信息化系统的运营维护，允许企业在学校教育信息化系统长期运营和发展中获益。

4. 融资租赁模式

教育信息化领域的融资租赁模式是指融资租赁公司作为出租人，将出资向供货人（教育信息化公司）购买租赁物件和项目，并租给承租人（地方教育局等政府部门下属的中小学校）使用，承租人则分期向出租人支付租金。融资租赁模式将大幅缓解项目承建方的资金压力。

二、PPP 模式已成为教育信息化业务拓展的重要模式

近年来，国家教育信息化管理中心大力推进中国教育信息化建设工程进程，虽然在一些一线、二线城市取得了卓有成效的进展，但在一些西部偏远地区，学校的信息化建设工作却不尽如人意。究其原因，政府财政紧缺是阻碍当地教育信息化进度的重要因素，而 PPP 模式（政府和企业资本合作模式）是解决这个难题的有效策略。中国的 PPP 模式起源于 20 世纪 80 年代，2015 年，我国《基础设施和公用事业特许经营管理办法》正式施行，确立了大力推广 PPP 模式的规范。PPP 模式成为当下的热词，山东、安徽、江苏、福建率先成为 PPP 模式的典范。

我国教育行业引入 PPP 模式较晚，目前仍处于起步阶段。根据财政部全国 PPP 模式综合信息平台项目管理库数据显示，截至 2018 年 3 月末，教育行业项目数共有 358 个，在 19 个行业中处于第 5 位，占比为 4.8%，总投资额 2 142 亿元，占比为 1.9%，远不及市政工程与交通运输等已成熟运用 PPP 模式的行业。在区域分布上，我国教育类 PPP 项目在地域间分布不均，地域性分布特征明显，贵州、山东、四川、河南的项目数量占比为 38.2%。而在项目类型的分布上，义务教育、高中教育与职业教育阶段的项目占比最大。

从国外基础教育 PPP 模式办学的实践情况来看，按照与基础教育供给的非核心服务到核心服务的紧密程度和复杂程度，PPP 模式所能提供的服务可依次分为辅助性服务、设施设备供给、专业性服务、管理服务、运营服务、教育服务。这几类服务并不是相互独立的，在实际操作上，一个基础教育 PPP 项目经常涉及多种服务，各种服务之间是相辅相成的。由此可见，PPP 模式是一个全生命周期管理的流程，包括项目的设计、建设、运营、维护的全过程，政府和企业需要各司其职、明确分工，最终才能提高教育服务输出效率。在国内，我国现有的项目仍以学校建设及改造等辅助性活动为主，并未真正触及教育的核心内容。从参与主体来看，参与到教育 PPP 项目的企业以建筑公司为主，教育企业尚未享受到 PPP 模式红利。

《中国教育信息化发展报告（2017）》显示，经过前期发展，我国教育信息化总体上已经进入深化推进阶段。在基础教育信息化方面，我国中小学教育信息化基础设施已经初具规模，宽带网络接入情况、信息化学习终端覆盖率等指数均有较大提高，但中西部、城乡数字鸿沟依然较大，信息技术教学应用水平总体上还不高，均衡发展仍是需要关注的重点问题。

顺应人工智能、大数据、区域链等新技术浪潮，教育部 2018 年 4 月发布了《教育信息化 2.0 行动计划》，根据这份行动计划，到 2022 年将基本实现"三全两高一大"的发展目标，即教学应用覆盖全体教师、学习应用覆盖全体适龄学生、数字校园建设覆盖全体学校，信息化应用水平和师生信息素养普遍提高，建成"互联网＋教育"大平台。

PPP 模式作为教育信息化建设升级的加速器，在教育信息化建设落后的中西部地区，对当地政府而言，在教育信息化项目的建设中引入 PPP 模式不失为一条突破当前困境的有效路径，既能加速推进中西部教育信息化进程，缩小地区差距，同时又能减轻中西部政府的相关经费压力。更广泛地说，随着教育信息化基础设施初具规模，数字教育资源体系逐步形成，2016 年教育信息化的发展重心将从搭建基础平台转移到深化应用、促进变革上。通过 PPP 模式，政府可以向优秀的教育企业购买相关应用和内容，以加快教育信息化整体的进度，提高教育质量以及推进教育公平，这对政府、学校、企业、学生而言都将是一个多赢局面。

在我国当前的大环境下，随着社会与政府对教育的重视程度逐步提高，加之教育信息化作为一项能有效解决教育公平、提升教育质量的国家战略，PPP 模式作为一种能有效缓解中西部教育投入不足的困境又能加速教育信息化建设升级的模式，在教育领域中的应用将是大势所趋，而企业借此进军公立学校教育信息化领域的市场前景也十分广阔。

三、教育信息化服务中 PPP 模式的经典案例

伟东云教育集团通过公开竞标的形式与黑龙江省鸡西市教育局签订协议，正式确立了政府与社会资本的合作模式。按照教育信息化总体要求，采取"政府主导、企业运作、合作共赢"的市场化运作方式，全面推进教育信息化建设。

在"一带一路"建设中，伟东云教育集团积极响应国家政策，近年来已在法国落地互联网平台，并在巴基斯坦、埃塞俄比亚、新加坡、东盟十国等国家和地区布局，主要是把我国的中文和数学通过互联网平台传送出去。

第五节　教育信息化产业发展趋势

宏观来看，推进教育信息化是时代的必然，但这是一项宏大的工程，需要高校、相关企业甚至整个社会的参与。就目前我国教育信息化产业的发展情况来看，发展呈现三大特点。

1. 教育信息化将改变教育系统体制，同时也改变教育本身

教育信息化不是平常人们所认为的"传统教育信息化"。"现代信息化教育"加速了教育系统的体制变革，同时也在改变整个时代的学习和教育本身。

改革开放以来，我国教育改革经历了从宏观层面的教育体制、教育法制的改革，再到学校教室层面、学校层面、学区层面的变革。通过逐步深入发展，信息化基础设施建设取得了明显的进步，但是在实际教学过程中还存在很多问题，比如学校较少使用、教学资源不丰富等。

可见，我国的教育信息化还有很长的一段路要走。一般我们理解的教育信息化有两层含义，一个可以称之为"传统教育信息化"，在科研和教学中运用信息技术手段，充分开

发教育信息资源；另一个可以称之为"现代信息化教育"，注重提高信息素养，培养适应信息时代的人才。

如果说过去教育信息化因为过多停留在基础设施的建设上，更多算是"传统教育信息化"，那么接下来对于教育信息化产业来说，则是要将教育变成"现代信息化教育"。将互联网时代的学习的终身性、创新性、流动性和实践性等特性，真正运用到教学过程、学习过程中。真正从重视硬件到优化软件，从完善基础设施建设到优化信息化应用，从重视技术到提升教师教学能力和学生的学习能力。

2. 教育信息化产业逐渐呈现市场化、信息服务化特征

从教育信息化的建设来看，社会上的企业、公司等提供资金与技术支持，推动教育信息化加速推进，为学校的硬件、软件建设出钱出力。在这一过程中，教育将逐渐发展成为在市场经济体制下运行的产业。而一旦成为产业，教育信息化产业就必然面临市场的考验，不能满足市场需要的产品和服务就难逃被淘汰的结果。

因此如何找准市场定位，如何满足不同"口味"的顾客需求，如何适应不同地区的发展水平，为学校或者个人定制相应产品或服务，以及如何做好销售环节工作，是每个踏入这一产业的公司必然要面对的难题，也将促使教育系统逐渐呈现市场化特征。

从时代发展来看，新技术手段赋能教育，重构了教育过程，传统教育系统一时难以适应，需要专业人员的配合。同时，多样化人才发展需求也远远超出传统教育的内容，时代呼唤多元需求的教育体系。企业相关线上与线下服务可作为教育体系的补充，如提供基础教育的网校、农村中小学现代远程教育工程、高等学校现代远程教育以及向职工提供培训的 e-Learning 系统，将发挥巨大的力量。

随着技术在教育多层面的应用而产生的各种专门服务，如教育信息管理与发布、网络教学支撑服务、网络通信系统等，反映出教育信息化产业已经不再是以往人们认为的传统教育的信息化，而是越来越呈现出一种信息服务化特征。

第十章
中小学在线教育产业分析

第一节　中小学在线教育定义及特点

一、中小学在线教育定义

　　在线教育是在任何时间、任何地点接入互联网，自主地选择学习内容的教育形态。相对于面授教育而言，在线教育最大限度地突破了教育的时空限制，是师生分离、非面对面组织的教学活动，是一种跨学校、跨地区的教学模式。

　　本书把"中小学在线教育"定义为：借助计算机、互联网（包括移动互联网）技术，以提升中小学教学、考试、辅导等教学环节的效率和效果为目标的教学模式。

二、中小学在线教育主要特点

1. 企业两极分化，竞争加剧

中小学在线教育市场的一个重要特点是很多企业都看好这个领域。2012 年以来，在线教育投资热潮一浪高过一浪，在中小学领域内的投资有数千个新增项目。

除了一起作业网、猿题库、学霸君等融资规模在亿元以上的企业外，还有很多大型企业加入这个行业，如网龙教育、立思辰、全通教育等上市公司。另外，还有爱学堂、高思等融资数亿元的企业后来居上。

从表面上看，中小学在线教育市场的门槛较低，但是实际上是非常高的。原因在于家长对在线教育的接受度较差、学生作为用户使用的时间较少，而内容开发成本因教材版本繁多居高不下，另外渠道推广成本较高也是一个重要原因。

2. 视频微课、题库、在线答疑构成主要产品模式

在中小学在线教育项目中，以视频和微课教学为主的项目占很大比重，这说明在线教育在优质师资资源的传播上，有不可比拟的优势。但是视频授课的开发成本较高，优质师资的授课成本平均每课时在 1 000~1 500 元以上，而优质视频资源的积累又需要很长的时间，因此这类项目的可增长空间有限。

与视频微课教学不同的是，题库和答疑成为异军突起的新项目。尤其是猿题库高调进军智能题库以来，使得在线题库成为在线教育的热门话题。另外，基于手机 APP 的试题答疑服务也层出不穷，如爱辅导、学霸君、快乐学习网、爱考拉等。

3. 新技术、新模式不断涌现

在线教育领域的技术一直停滞不前，主要原因在于在线教育市场还没有得到大资本的关注，从而使技术投入过少。比如课件技术一直停留在以三分屏为主、Flash 为辅，先进技术没有在行业中得到普及。

随着大量资本的进入，新技术和新思维不断涌现，近几年兴起了智能测评技术、智能拍照搜题技术，包括人工智能自适应学习技术等，使得在线教育领域的技术存在短板的状况迅速改善。比如近几年智能作文批改、语音测评技术得到长足发展，以及利用人工智能、大数据形成的自适应学习系统开始逐步进入实用阶段。

4. 企业多集中在北上广深等一线城市，二线城市数量显著增多

中小学在线教育企业总部设在北京的占多数，其次是上海、深圳、广州等地。这是由北京地处我国互联网和教育的中心所决定的。由于居高不下的房价，导致北京地区用人成本剧增，教育行业的高速发展又推高了教师等稀缺教育资源的成本。

值得注意的是，二线城市，如南京、苏州、杭州、长沙、武汉、大连、成都、石家庄、郑州等地也出现了在线教育企业，但这些企业多为小企业，在观念、技术、人才等方面，远落后于北京等地区。由于二线城市的人力成本相对要低得多，所以会有更多的大型企业落户在二线、三线城市。

5. 多数企业尚未盈利

中小学在线教育企业盈利的并不多，除了 101 网校、北京四中网校、简单学习网等少数中小学项目赢利之外，多数企业赢利不多或还没有开始赢利。但这并不意味着中小学在线教育不能赢利，从现在的趋势来看，在线辅导是最有可能先盈利的，而以纯粹的"互联网思维"运营的项目，其赢利周期要在 3～5 年以后。

在线教育"火"的同时，也让不少创业者感受到了"冰"的滋味。中小学在线教育的泡沫开始显现，这说明中小学在线教育并非一日之功。

三、中小学在线教育主要产品类型

1. 在线辅导

在线辅导有两种模式，直播班课和在线一对一。

直播班课，指的是教育培训通过搭建网络在线直播课堂进行班级授课的模式。直播班课规模小的可能只有数人，大的可能有上万人。多人同时在线的网络课堂对网络并发量要求很高，要求企业有足够大的带宽和服务器。中小学直播班课兴起的时间比较早，但由于网络基础设施较差等原因一直处于不温不火的状态。随着近两年网络直播技术的快速提升，以及直播行业的兴起，直播班课的方式受到了火热追捧。

在线一对一，指的是教育培训机构的教师通过网络的方式给学生提供一对一的培训服务。比起直播班课的方式，在线一对一的价格要高得多，而相对于线下一对一的价格，在线一对一的价格却很实惠。通过在线一对一的模式，学生可以自由选择自己

的老师，同时师生之间的互动性更强，学习的效率也提升了很多。

在线一对一的典型企业三好网是一家专注于为中小学生提供在线一对一个性化教育的服务平台。平台包含高频一对一互动教学、教师展示、智能选课、知识测评、精品课、公开课，以及学生、家长和教师社群社区服务、教育信息发布。

2. 人工智能自适应教育

自适应学习致力于通过计算机手段检测学生当前的学习水平和状态，并相应地调整后面的学习内容和路径，帮助学生提升学习效率。

自适应学习早在 20 世纪 90 年代的美国就已存在，目前已得到较为广泛的应用。2015 年，人工智能自适应开始在国内受到关注。彼时在线教育正野蛮生长，一小批人注意到在线教育存在的必然缺陷，继而大力押注人工智能教育，企图找到科技教育的终极解决方案。最先进入人工智能教育研发领域的是一批中小学教育企业，如乂学教育、高木学习、先声教育，并已经获得了初步应用与成果。

据了解，目前已有 40 多家企业进入人工智能教育领域。由于行业技术门槛高，虽然进入的企业不多，但多家企业都获得了数亿元融资。但不可否认的是，从行业发展的阶段来看，目前人工智能自适应教育行业仍处在发展早期，并且由于"人工智能"概念过热，加上市场受到巨头进入、大额融资等事件的刺激，从而存在一定的炒作现象，但这是一项新兴事物发展的必经之路。

乂学教育是国内第一家人工智能自适应在线教育公司。乂学教育成功开发了国内第一个拥有完整自主知识产权、以高级算法为核心的自适应学习系统松鼠 AI。就像 AlphaGo 模拟围棋大师，松鼠 AI 系统模拟特级教师给孩子一对一量身定做教育方案并且一对一实施教育，比传统教育方式的效率提升 5～10 倍。

松鼠 AI 采用 70% 系统授课 +30% 辅导老师授课的混合模式，利用纳米级知识图谱结合 KST 算法和信息论技术，用少量题目精准高效地检测出学生知识点的掌握状态，通过教育数据挖掘和学习分析技术真正了解学生学习过程和学习效果，更新学生画像，实时连续地根据学生学习状态及场景数据评估预测学生学习能力在个性化学习目标上的进展可能及概率分布，根据学生当前的知识状态和个人偏好以及学习风格实时动态地、个性化地规划最佳学习路径和匹配最合适的学习内容，实现最大限度地提高学习效率。

3. 在线题库

在线题库主要分为两种类型：一类是在线做题 APP 应用，为用户提供交互答题和答案、解析反馈，通过反复练习，达到掌握知识和提升成绩的目的；另一类是试题网站，提供海量的考试真题供用户下载使用。

典型在线题库产品菁优网是一个 2009 年成立于深圳的学习网站，涉及的学科包括小学数学、初中数学、初中物理、初中化学、初中生物、初中地理、初中英语、初中语文、初中政治、初中历史、高中数学、高中物理、高中化学和高中生物。网站收录了全国各地历届中考题、高考题、期中期末考题，甚至各校月考题等海量题库，且收录的每道题目均附有细致入微的解析，并提供试卷下载、在线作业以及社交娱乐等各种服务。

4. 在线答疑

在线答疑，指通过海量知识库或在线教学模式，及时在线上解决用户遇到的问题。目前市面上的在线答疑主要有 3 种模式：拍照搜题、在线答题和问答社区。典型的在线答疑产品有学霸君、小猿搜题、作业帮、阿凡题、口袋老师。

5. 互动作业

互动作业产品提供了一个课后在线作业工具，通过教师在线布置作业，学生在线写作业，教师在线批改作业的互动循环过程，达成学生课后巩固知识点的目的。通过学生学习数据的记录、统计和分析，教师可以掌握班级整体及个人学情，为教师改善教学过程提供数据支持，同时系统还能根据个体数据，个性化推荐学习内容。

典型互动作业产品一起作业是 K12 智能教育平台一起科技针对学校场景推出的教育科技品牌。一起作业提供了一整套以优质教学内容和数据分析为核心，智能、高效的教学解决方案，并实现了 K12 阶段的全学段、全学科覆盖。以作业为纽带，串联起了教师、学生、家长三方人群，并有效地促进了师生、家校、亲子之间的互动。

在平台上，教师可以根据本地的教学需求，选择适合的作业类型，高效批改阅卷，即时掌握学生学习情况，便捷地获取丰富的教学资源。学生可以在寓教于乐的作业体验中，完成知识和能力的掌握，获得个性化的学习指导，养成自主、自信的学习品格。家长则可以及时查看孩子的作业报告，获取专业的家庭教育指导，并为孩子定制科学、个性化的成长路径。

6. 家教预约平台

家教预约平台源于教育 O2O 的概念，希望将教育培训去中介化，直接连接学生、家长和家教老师。平台基于学科、地理位置、客单价等信息提供家教老师的服务信息，学生、家长在线进行交易，家教老师上门授课。

家教预约平台乘着 2015—2016 年的 O2O，迅速成为互联网教育创投风口。多家机构获得大手笔融资，各家机构之间打起了补贴大战。随着 O2O 泡沫的破灭，家教预约平台急转直下，有些机构无力维持后只得关闭，有些机构转型做了其他类型的平台，能够坚持 O2O 模式经营下来的企业只有数家。

第二节　中小学在线教育行业需求分析

作者针对 K12 在线教育企业进行了抽样调研，结果如下。

一、市场预期：K12 在线教育将进入爆发期，但困难较大

调研结果显示，对 K12 在线教育的市场预期，一种观点是"将进入爆发期"，另一种观点是"有大幅度增长，但难以大有作为"，以此形成两股对立观点，但更多的观点认为在线教育进入爆发期，说明多数人对中小学的在线教育市场前景是看好的（图 10.1）。

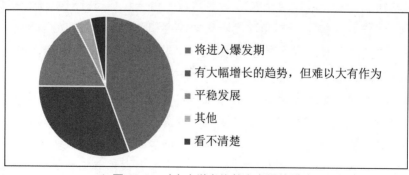

将进入爆发期
有大幅增长的趋势，但难以大有作为
平稳发展
其他
看不清楚

▲ 图 10.1　对中小学在线教育市场的看法

少数的观点认为，未来几年在线教育的发展会趋于平稳。这说明对未来几年里中小学在线教育产业如何发展尚存争议，这也表明 K12 在线教育并不容易操作，有较大的难度。

二、市场的需求点：提高成绩占据最高点

在"中小学生在线教育市场的需求点"这个问题上，超过 70% 的观点将提高成绩作为首要需求点，这说明中小学长期以来学习的目的就是考试，学习目标的功利性可见一斑。就目前的市场而言，以兴趣为出发点的在线教育还不太成熟（图 10.2）。

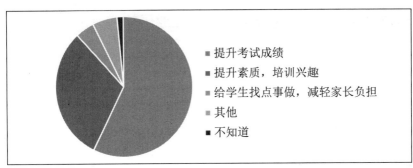

- ■ 提升考试成绩
- ■ 提升素质，培训兴趣
- ■ 给学生找点事做，减轻家长负担
- ■ 其他
- ■ 不知道

▲ 图 10.2　对中小学生在线教育市场的需求点的看法

目前的中国应试教育的需求点依然定位在"提高成绩"这一刚性需求上，这使得在线教育应将考试类的培训作为最大的需求点供应。这意味着在从事 K12 在线教育时，"提升成绩"是必须要考虑的因素。但是需要注意的是，在未来的教育体制改革中，应试教育会被削弱，以提升素质、培养兴趣为目的的教育比重将会提升。

三、中小学在线教育的定价：应大幅低于面授培训

对于"中小学在线教育的定价"这个问题，参与者的普遍观点是中小学生的在线教育定价应低于面授培训类，少数人认为应该像网上共享资料一样免费（图 10.3）。

这种观点类似于"网店的价格比实体店要低"一样，说明在线教育的价值之一就是能够降低培训的成本。

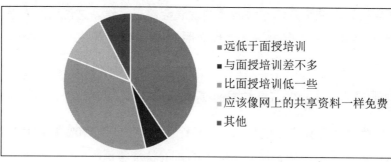

▲ 图 10.3　对中小学在线教育的定价的看法

四、最被看好的企业：面授培训及互联网企业居首

对于从事中小学生在线教育的企业，最被看好的是"由面授培训机构主办的网校"及"互联网背景的企业"。这说明中小学在线教育是一个服务成本很高的行业，面授培训最符合中小学生教学的特点。其次在网络科技飞速发展的推动下，新兴互联网企业作为生力军，其创新能力非常强，进入在线教育的力度也越来越大（图 10.4）。

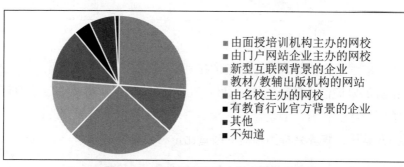

▲ 图 10.4　最被看好的中小学在线教育企业

这种面授培训机构与新兴互联网企业受到热捧的现象，说明了在线教育既具有"教育培训"属性，也具有"互联网"属性，这两个属性得到了充分的重视。但是教辅机构作为纸质教学内容的提供方，其价值远没有得到重视。教材 / 教辅行业为教学提供了大量的内容（如知识体系、试题、答案等），而且在长期的发展过程中与学校、学生形成了庞大的生态圈，因此也不应忽视其作用。

五、中小学的产品和服务模式：在线练习、录播、直播成主流

对于中小学的产品和服务模式，占用最多的当属"在线练习、考试、题库"，可见应试教育的影响非常大。录播课程（录制好的课程）居于第二位，而直播居于第四位，说明当前中小学在线教学以录播为主，这是由中小学在线教育用户在空间上和时间上分散的特点决定的（图 10.5）。

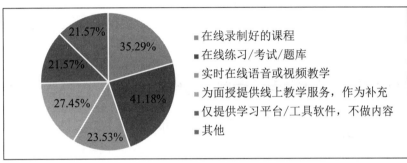

▲ 图 10.5　中小学的产品和服务模式分布（多选）

实时课堂模式关注的比例也不小，这说明其在学习中的重要性越来越突出。实时直播具有现场感强、互动性好的特点，因此应在教学中给予重视。

还有就是作为面授培训的辅助，没有单独运营网络教学。这种属于线上与线下结合模式。随着在线教育的火爆，越来越多的面授培训机构会引入在线教育。

六、目前中小学在线教育用户：尚未爆发

目前中小学的在线学习用户量，大部分企业集中在 10 万人以下，仅有近 5% 的企业的用户数量在 500 万人以上。现有的在线教育体验还不理想，这说明当前的在线学习技术及体验存在巨大的改善空间。更多的用户需求还没有被激发，在线教育存在巨大的发展空间（图 10.6）。

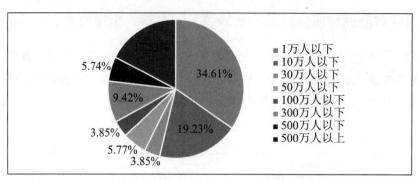

▲ 图 10.6　各企业中小学在线教育用户数

七、用户群主要分布：以一线、二线、三线城市为主

目前的用户群主要分布在一线、二线、三线城市，只有少数用户群分布在四线、五线城市。说明对于四线、五线城市的推广未涉及或涉及甚少。不同互联网发展水平导致用户的使用分布有所不同（图 10.7）。

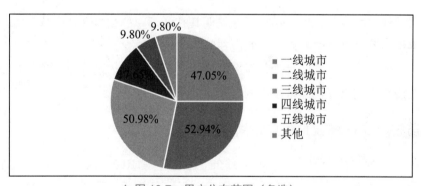

▲ 图 10.7　用户分布范围（多选）

比较发达的一线、二线、三线城市相对于四线、五线城市来说，属于经济和互联网较发达的地区，从而导致了中小学在线教育用户群的分布差异。其中的原因有以下两点。

1. 计算机及网络普及程度不同

发达地区的计算机和互联网的普及程度要明显远高于不发达地区。在线教育的基础条件就是计算机、移动设备和网络的普及，这一前提不具备，在线教育也就无法进行。

2. 对在线教育的认知和认同程度不同

作为互联网应用的一个行业分支，互联网技术的普及显然会严重影响家长对在线教育的认知和认同程度。长期以来，家长对面授辅导形成了刻板认识，对于看不见、摸不着、只能通过计算机屏幕来感受的在线教育来说，选择面授辅导班是更为现实、可靠的选择。

随着互联网条件的改善，在线教育的影响程度也会逐渐深入人心，四线、五线城市在未来的在线教育发展中，用户群也会达到一定的规模，但这是一个长期的过程，需要企业特别注重对用户，尤其对家长的引导。

八、主流营销渠道：线下代理商占主流，网络广告作用大，电商作用尚小

对于业务的营销模式来说，大部分在线教育的企业还是采取最为传统的线下代理为主，通过非网络的营销手段来推销产品。代理模式占有的比重较高，这说明传统逐级代理制和区域化的营销渠道，仍然在中小学教育领域中占有非常高的比重。这是由我国中小学生群体分布广以及中小学产品营销的特点所决定。

然而通过自己的网站直销、利用互联网广告、线下自主营销来打通知名度的渠道仍占有一定的比例。这说明中小学在线教育的销售渠道具有多样化的特点（图 10.8）。

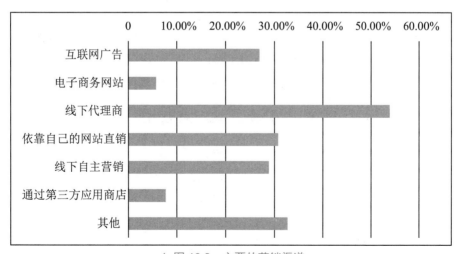

▲ 图 10.8　主要的营销渠道

通过电子商务的渠道的比例还非常少，说明在线教育对于淘宝、京东等电商领域的渠道还未真正利用起来。众所周知，阿里巴巴也在进军在线教育领域，经过不断探索与实践，将重点放在在线教育上，京东教育也逐渐发展壮大，这说明电子商务网站在未来的几年将逐渐成为在线教育的重要营销渠道，只是目前所占的比例相对较少而已。

九、当前企业收入水平：中小规模居多

在受访企业中，约 30% 的企业的年收入在 300 万元以下，年收入在 1 亿元以上的企业占少数，说明现阶段，中小学在线教育企业规模以中小型企业为主（图 10.9）。

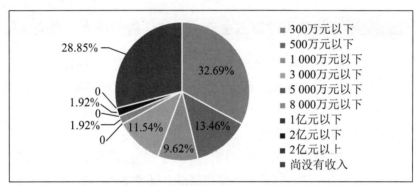

▲ 图 10.9　中小学在线教育企业年收入水平分布（多选）

根据统计，中小学在线教育业务年收入过亿元的企业，占同类企业的 3% 以下。大型企业的内容、品牌、渠道优势更为明显，因此中小学在线教育的格局还处于无序竞争状态。2013 年大量资本的介入，使得中小学在线教育的企业数量迅速增多。

十、当前在线教育主流教学方式：以考试、点播为主

在课程的学习方式上，调查结果显示，现有的中小学在线教育以录播和考试为主，占到近 40% 左右，成为当前学习方式的主要形式。采用师生实时一对一的在线互动教学方式尚未成为主流。这说明当前的学习方式依旧更倾向于以练习考试、知识传播、在线点播教学为主（图 10.10）。

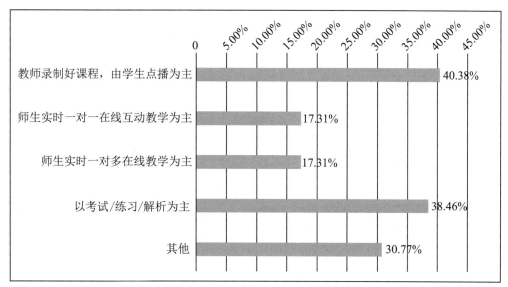

▲ 图 10.10 在线学习方式分布

值得说明的是，在在线教育的潮流中，以师生实时一对一在线互动教学的学习方式还没有得到充分重视。在线教育仅仅采用以上形式仍难以吸引用户的眼球，因此在线教育企业应该在课程形式上创新，开发出更加生动有趣的课程，才能使在线教育得到更好的发展。

十一、在线学习的三大阻碍：家长不接受、学生不适应、产品和服务不够好

调研结果表明，对于中小学生在线学习的最大障碍，除了中小学教育的产品和服务不够好之外，还包括家长对于在线产品的担忧及学生的自主学习能力较差，这是制约中小学在线教育最重要的三个因素（图 10.11）。

家长对于网上学习的接受程度，说明具有选择权的家长是在线教育企业必须要说服的对象。另外，企业要符合中小学生在线学习的需求，针对中小学生对网上自主学习能力较差的这一缺点，采用线上与线下结合的混合式教学模式是必然之选。

用户还没有形成网上学习的意识及学习时间太少也是不容忽视的阻碍因素。这说明对于中小学在线教育产品的企业来说，如果不能解决家长对在线教育的抗拒，不能争取到学生的在线学习时间，即使产品做得再好，也不会有好的效果。

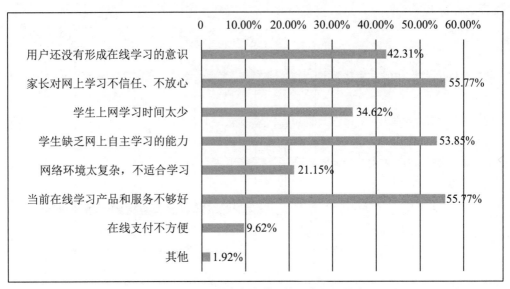

▲ 图 10.11　影响在线学习的最大阻碍因素

十二、课件的主要内容来源：自主开发为主

目前有超过 70% 的企业采用自主编写和开发的形式来提供在线教育内容，说明自主编写是内容来源的主要形式。约 1/3 的企业课件内容来自第三方，仅有不到 14% 来自互联网资源整理出的内容，说明互联网所提供的资源库并不被行业所看好，在线教育具有专业化的特点（图 10.12）。

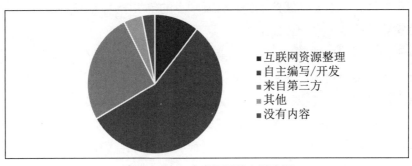

▲ 图 10.12　内容资源的主要来源

十三、主要的师资来源：以外聘为主，专职为辅

对于"网上授课的师资"这一问题的调研结果显示，主要以外聘授课较好的一线教师为主的观点占近30%，以自己的专职教师为主的企业也占有同样比例。

高薪外聘的约占20%，说明大部分的企业采取外聘教师和自己的专职教师为主的师资力量来组织在线教学，外聘大学生兼职的比例不到10%，这说明中小学在线教育更倾向于有经验的师资力量。但从实际情况看，聘请大学生授课在业界也是一种通行的做法，尤其是在答疑等领域，聘请大学生的比例并不低（图10.13）。

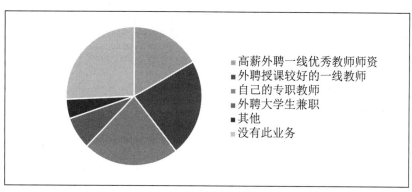

■高薪外聘一线优秀教师师资
■外聘授课较好的一线教师
■自己的专职教师
■外聘大学生兼职
■其他
■没有此业务

▲ 图 10.13　主要的师资来源

十四、投入的师资成本：100～500 元 / 小时为主

对于在线教育的师资投入成本来说，尚未投入师资成本的企业占四成，这类企业多属于提供在线测试的企业。对于投入师资成本的企业来说，每小时师资成本的分布主要在100～500元，高于这个价格的企业并不多（图10.14）。

▲ 图 10.14　投入的师资成本水平

十五、移动设备学习：与面授培训结合更佳，远超 PC

调查结果表明，有一半参与者认同持"移动设备学习会逐渐超过基于 PC 的在线学习"这一观点，另近一半参与者认为"与面授培训相结合的效果会更佳"。只有一小部分持否定的观点（图 10.15）。因此可以预见，在未来几年，基于移动设备的学习会逐渐成为在线学习的主流模式。

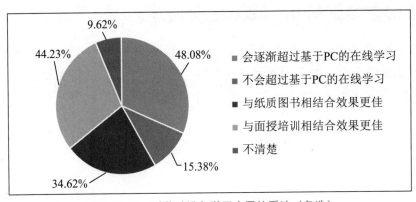

▲ 图 10.15　对移动设备学习应用的看法（多选）

与纸质图书相结合效果更佳的观点也是不容忽视的。传统教育以纸质图书结合教师面授为主，这也说明纸质图书的学习方法依旧需要关注，发展与之结合的移动学习更容易被用户接受，效果也会更佳。

十六、试题拍照在线寻求答案模式：需求多，盈利难

移动学习是大势所趋，这是不容争辩的定论。对于"学生用手机或平板电脑将试题拍照，并将图片发送至网络寻求答案的模式"这一问题，约 76% 的参与者认为"需求很多，但盈利很难"。说明这一模式目前还处于探索期，市场有待拓展，盈利模式有待探索（图 10.16）。

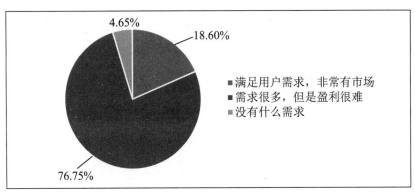

▲ 图 10.16　对拍照搜题模式的看法

十七、寓教于乐的游戏式学习：适用于特定人群、特定学科

寓教于乐的游戏式学习方式一直是被大家所看好的方式之一，但对于这种方式，超过一半的观点认为"适用于低年级""因学科而异"。认为"寓教于乐的学习方式是必然趋势""能大大促进学生的学习"的观点比较少（图 10.17）。

这说明在现有枯燥的应试教学体制下，单纯地引入游戏式学习来适应应试教学内容是不合适的。经过企业的实践，游戏式学习的确没有表现出顽强的生命力。但是，"寓教于乐"是一个必然趋势，这在好未来等企业开发的充满趣味元素的微课中已经得到了初步体现。

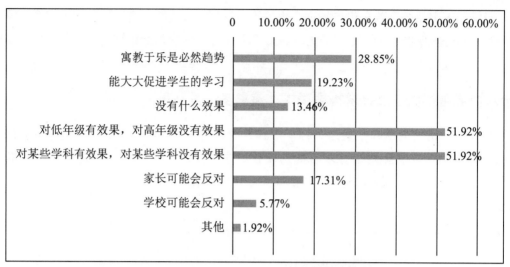

▲ 图 10.17　对寓教于乐的游戏式学习方式的看法

十八、制约企业在线教育的发展因素：难盈利成最大阻碍

对于研发在线教育的企业来说，"如何将用户基数转变为销售收入"是困扰中小学在线教育企业最大的问题（图 10.18）。

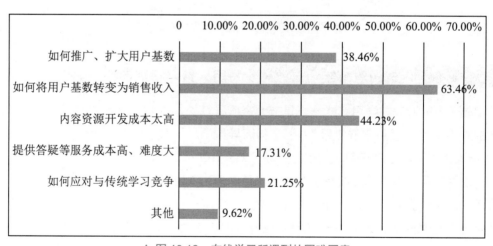

▲ 图 10.18　在线学习所遇到的困难因素

实际上，中小学网校一直与传统学习模式（如面授）存在相互替代的竞争关系。在线教育在中小学教育培训领域中仅占极少的市场份额，这是由中小学学生学习自制力较差、家长对在线教育认可度不高所决定的。

十九、最被看好的业务模式：大数据和游戏化

针对中小学生在线教育业务的各类模式来说，持有"大数据模式和题库模式相结合"观点的占 37%，说明海量题库的模式是被看好的业务模式。另外，"游戏化 + 实体班级"的业务模式被看好，寓教于乐加上传统的班级授课模式，成为中小学在线教育的重要业务模式（图 10.19）。

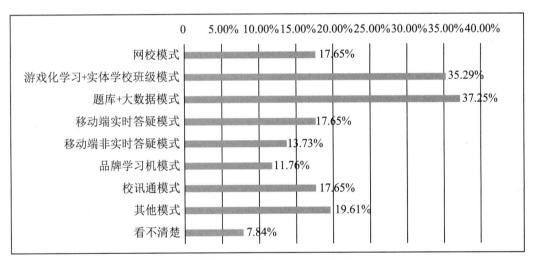

▲ 图 10.19 被看好的业务模式

基于移动端、名校网校、品牌学习机、校讯通的业务模式也各占有一定比例。这说明中小学在线教育的商业实现模式具有各种可能性，不同的企业从各自的角度都可以切入中小学在线教育这个市场。

第三节　中小学在线教育市场规模分析

一、2018 年中小学在线教育细分领域市场规模

1. 在线一对一课外辅导：100 亿元

在线一对一课外辅导是指掌门 1 对 1、三好网、海风教育、学霸 1 对 1 等通过在线一对一提供个性化辅导为主的教学平台。在线一对一课外辅导一直是在线教育的投资热点，市场规模达到 100 亿元。相比线下一对一更加便利，且学费低于线下，运作效率较高，但是没有线下的现场感，家长认可度还不太高。

2. 智能学习：20 亿元

智能学习包括人工智能自适应学习、线上与线下 AI 三师教学模式，是 AI+ 教育的深度融合，从而形成智适应个性化教育。智能学习是 2018 年以义学教育为代表的新兴业务模式，目前智能学习赛道已获得不少企业的青睐，已有上百家企业发力进入智能学习的赛场，其市场规模仅 20 亿元，增长空间还很大。

3. 中小学网校（体制外）：60 亿元

学而思网校、北京 101 网校、北京四中网校、简单学习网等网校，以体制外市场为主。这是最早出现的中小学在线教育模式，但是长期以来市场规模增量不多，传统网校模式难有强劲的增长。

4. 少儿在线外教：150 亿元

少儿在线外教是中小学在线教育领域里占比最多的一个分赛道，其市场规模达150 亿元，占比将近一半。少儿在线外教的同类替代品多，消费者选择余地大，市场竞争激烈。随着英语在高考中的改革，英语的口语和听说能力将会是英语教学的重点。

二、中小学在线教育市场潜力分析

中国大约有 2 亿多名在校中小学生，这意味着中小学培训市场有 2 亿多人的潜在客户规模。

线下教育市场中近几年来产生了学而思、学大（已被并购）等上市公司，老牌教育巨头新东方也大力投入中小学教辅领域，各地还有很多如巨人、龙文等准上市公司。在一线城市，课外辅导的普及率已接近 70%。

而相比之下，中小学在线教育在整个中小学的教育培训产业中，仅占据非常小的市场，不到其中的 1%。目前来看，2017 年中小学在线教育市场交易规模约为 230 亿元，2018 年达到了 350 亿元。如果中小学在线教育的渗透率达到 30%，那么中小学在线教育的市场规模就能达到每年 2 000 亿元，发展潜力巨大（图 10.20）。

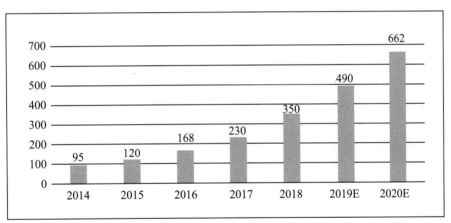

▲ 图 10.20　2018—2020 年中小学在线教育市场规模预测（单位：亿元）

近几年中小学在线教育增速仍保持在 30%～35%，具有非常大的市场潜力，很多企业也都看到这块市场，纷纷在此领域持续增资（图 10.21）。

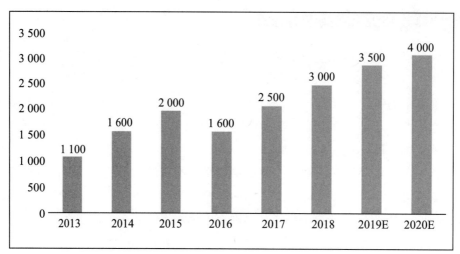

▲ 图 10.21 2018—2020 年中小学在线教育企业数量预测（单位：家）

预计到 2020 年，中小学在线教育业务模式将趋于成熟，大量的培训机构将会转型，成为线下、线上及 AI 结合的混合式教育结构。同时，此类专门从事中小学在线教育的企业数量也将进入平稳期，约为 4 000 家，但运用这些企业的产品和服务的教育培训机构将在 10 万家以上，市场规模预计将达到 662 亿元。

三、中小学网校市场分析

中小学网校已出现近 20 年，但是市场整体发展并不快，其原因有以下几点。

1. 家长的接受度一直不高

在网络开始普及的时期，家长的主要群体是"60 后"和"70 后"，有相当一部分家长还不是网民，因此他们对互联网教育的接受度有限，往往选择面授方式。

网校虽然带来了很高的自由度，但是家长之所以选择面授，是因为也有将孩子托管给培训机构的想法，而网校无法实现这一职能。

2. 中小学生自制力较差

中小学生自制力较差，在开放的网络上学习，很容易被游戏、聊天软件所吸引，而这一直是家长所担心的，使得家长对网络的认可度一直难以提升。

3. 学生的时间有限

中学生是网校用户的主要群体，但因为学校课堂教学和线下培训班占用了大部分时间，网校所能占用的学生时间非常有限，从而制约了网校（也包括其他在线教育形态）的应用。

4. 中小学网校学习互动性较差

早期网校一直采用录播为主的授课方式，学习互动性较差，对学生的学习服务也较少，因此效果不够理想。近几年随着以学而思网校为代表的网校的直播比率越来越高，直播教学的效果越来越好，因此受到了学生的喜爱。

随着互联网技术的不断演进及家长、学生对在线教育的认可度不断提升，网校教学将向提升教学互动性、提升教学效果的方向发展，其发展空间也非常大。

第四节　中小学在线教育企业分析

一、中小学在线教育企业区域分布

科技和资讯较发达的北京，在线教育企业的数量位居榜首，约占全国中小学在线教育领域企业数目的 44%，实际上如果按产值和投资规模，北京占总量的 80% 以上，说明投资规模大、档次高的企业多分布在北京。

其次便是广东和上海，浙江的在线教育行业的发展也比较迅速。江苏和四川的教育一直在国内享誉盛名，在经济快速发展的带动下，近几年这两个地区的在线教育企业也开始崭露头角（图 10.22）。

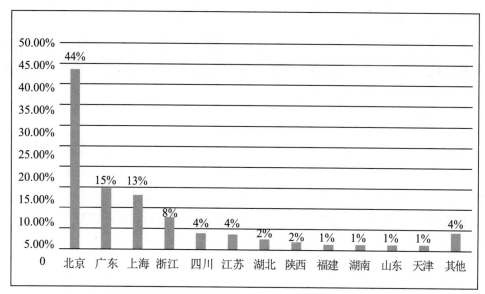

▲ 图 10.22　中小学在线教育企业地域分布

因为在线教育企业属于科技密集型企业，所以其他地区的在线教育企业相对较少。因为北京自身具备科技和经济的优越性，其在线教育的发展在全国范围是较领先的。从现在兴起的在线教育企业来看，湖北、陕西、福建、山东等省份也出现了一些在线教育公司，但是其规模和档次与北京、上海、广州、深圳等一线城市仍无法匹敌。

二、中小学在线教育产品类型分布

从当前的市场统计结果来看，目前市面上的中小学在线教育产品主要有内容资源、直播班课、教学管理平台、交易平台、技术服务、在线一对一、在线答疑、其他、智能硬件、教育游戏、在线测评共 11 个小类（图 10.23）。

中小学的内容资源类产品指的是为学生和老师提供视频课程、试题试卷、课件材料等内容的网站、APP 等产品。图 10.23 所示的调查结果中，中小学内容资源类产品最多，占比达到 20.82%。提供内容资源的网站出现得很早，如学科网、菁优网等。近两年随着移动互联网的兴起，在线题库 APP 大放异彩，如猿题库、易题库等都是在线题库 APP 的典型代表。

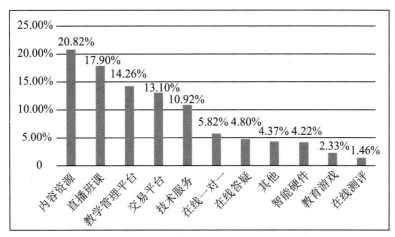

▲ 图 10.23　中小学在线教育产品类型分布

中小学直播班课，是指中小学教育机构利用网络直播平台进行在线直播授课的教学模式。直播班课兴起于 2012 年开始的互联网浪潮，2015—2016 年随着直播平台和网红的热度不断攀升，中小学的在线直播课模式受到热烈的追逐。调查结果中，直播班课产品的比率达到 17.9% 也在情理之中。学而思网校、简单学习网、名师教育、精华教育等机构都开设了直播班课。跟谁学、疯狂老师等教育 O2O 平台也转型做直播班课。

教学管理平台是指为学校和培训机构提供教学和管理的在线教育产品，包括课堂在线教学系统、作业布置与提交、校园考勤、家校互动、通知发布等功能的产品。K12 教育信息化市场空间非常大，参与竞争的企业也非常多。典型的教学管理平台有一起作业网、拓维信息旗下的云校园、大家汇旗下的汇学习。

中小学交易平台包括两类：一类是为用户提供课程、课件、试题等资料分享和交易的平台；另一类是为用户提供家教、培训课程等信息并可以自主预约交易的平台。典型的资料交易平台有中国教育在线旗下的好课网、宽图教育等；典型的预约交易平台有跟谁学、请他教、拼课网等。

技术服务包含 3 类：第一类是为公办学校提供的教育信息化服务；第二类是为教育企业或机构提供的在线教育产品基础技术服务；第三类是为教育企业提供外包的教学内容开发制作服务。提供教育信息化服务的企业很多，如全通教育、天喻信息、科大讯飞等；提供在线教育技术服务的企业也很多，如超星集团、EduSoho、云朵课堂、展视互动等；提供教育内容外包服务的企业有时代光华、睿泰集团、德胜制课等。

中小学在线一对一兴起于 2015 年，在线一对一的培训模式具有互动性好、个性化辅导、效率高等特点，比起线下一对一模式要实惠很多。未来几年，提供中小学在线一对一培训服务的企业也会持续增长。目前典型的中小学在线一对一的品牌有三好网、掌门 1 对 1、一米辅导等。

在线答疑指的是为学生提供在线解答难题服务的产品。在线答疑产品兴起于 2012 年，根据答疑的方式可分为两种：一种是拍照搜题式的自动答疑，另一种是教师在线实时答疑。拍照搜题产品凭借操作简便、服务免费的优势获取了大批中小学生用户。而在线实时答疑是一种收费的服务，但实时的互动性更好。也有很多在线答疑产品采取拍照搜题的方式打开市场，靠实时答疑的方式盈利。同时使用这两种答疑方式的典型产品有学霸君、小猿搜题、阿凡题等。

智能硬件主要是指学习机、学生平板、学生手机、益智机器人等类型的教育产品。学习机在过去 10 年很流行，也造就了如诺亚舟、好记星、步步高等学习机大品牌。随着移动互联网的不断发展，学生平板、学生手机产品开始兴起，学习机也在不断优化，市场也没有衰退的迹象。

教育游戏始终是一种备受学生喜爱的产品，在中小学亦是如此。由于研发成本高、盈利模式不清晰等，市面上的教育游戏产品并不多，因而在中小学的在线教育产品中只有 2.33% 的市场份额。

中小学的在线测评产品是指可以为学生提供基础知识测评、升学测评等服务的产品。由于测评服务专业性强且应用范围比较窄，通常与其他的服务组合在同一在线教育产品中，因而在目前的中小学在线教育产品中的占比不高。典型的在线测评产品有必由学、优学云测评、升学网等。

三、中小学在线教育企业竞争分析

中小学在线教育企业之间的竞争非常激烈，主要在以下几个方面展开竞争。

1. 产品和技术的竞争

产品和技术的竞争是第一步的竞争，在产品和技术上竞争最激烈的是拍照搜题和答疑等方面的竞争，如学霸君、小猿搜题、阿凡题、作业帮、学习宝等；题库方面的竞争企业有学科网、猿题库、高考资源网、箐优网等；微课方面的竞争企业有爱学堂、乐乐课堂、微课网、洋葱数学等。

随着在线教育竞争的升级，对产品和技术的竞争也不断升级。如拍照搜题技术，原来是学霸君的独家技术，现在已经有四五家企业拥有同类产品。原来这个技术是专有技术，现在已经逐步变为标配技术。题库也是如此，现在 500 万道以上试题的题库已经成为标配。

2. 客户资源的竞争

对于 B2B 模式的在线教育企业来说，客户资源（学校和培训机构）的竞争是最重要和最关键的。尤其是以学校为客户的企业，拥有教育部、教育厅、市教育局、县教育局、学校校长、授课教师、学生等一系列资源。B2B 模式的在线教育企业的产品体系贯穿了较长的组织结构，需要非常深厚的客户资源。

3. 推广渠道的竞争

推广渠道分为互联网渠道和线下渠道。互联网推广 APP 类的产品，其成本是 5～10 元 / 用户。线下渠道除了电视媒体、平面广告媒体等之外，还包括代理商等，这类渠道也是各企业争夺的目标。推广渠道的成本要远大于产品开发的成本。

4. 用户的竞争

用户的竞争意味着同一类型的产品，用户只会选用一两种，其他同类产品均无机会。比如拍照搜题类产品，用户试用几种后最终只会选择一种，这意味着效果更好、更易用、更贴近用户的产品，才会受到用户的青睐。

5. 与传统教学模式的竞争

在线教育作为一种新型教学模式，与原有的传统教学模式之间存在竞争关系。家长、学生在选择的时候，会把在线教育与传统教学模式放在一起对比，因此在线教育要与传统教学模式有效竞争，则必须在效果、性价比等方面超过传统教学模式。

尤其是中小学在线教育，中小学生的时间非常有限，因此在线教育要取得突破，必然会与传统教学模式产生竞争。

以上竞争的特点，决定了在线教育领域是投入资金多、盈利周期长、企业死亡率高的行业。只有对教育和互联网均有深入理解，同时在资金、产品、技术、渠道等各方面均无明显短板的企业，才能够生存下来，胜出的企业更是如此。

第五节　中小学在线教育产业发展预测

一、企业数量预测

2015 年年底到 2016 年年初是在线教育企业的倒闭潮和行业的拐点。大部分的中小学在线教育项目都有缺陷，而且在线教育项目的开发者，有一部分是互联网出身的创业者，而非教育行业出身。对于他们而言，不懂教育就是一大缺陷。同时，一个行业要取得发展，总要经过一个非常热的泡沫，然后再冷却的过程。2001—2003 年兴起了四大门户网站，分别为腾讯、新浪、搜狐、网易，它们也是经过市场的洗礼才生存下来的。而互联网教育行业的企业能在 2017 年生存下来且在 2018 年迅速发展起来，都是通过市场验证后留下的一些有价值的企业。

未来几年，大量的无盈利公司会被淘汰，但也会诞生一批具有优质产品和口碑的巨头公司。到 2020 年，中小学在线教育业务模式将趋于稳定，大量的体制内的中小学和体制外的培训机构会转型为线下与线上相结合的混合式教育机构，使用在线教育的产品和服务的教育培训机构将会非常多，会在数十万家以上。

二、产品与服务模式预测

在线教育的产业链条正在迅速分化，分工越来越细，产生了很多流派。有学习交易平台，提供学习者和教师之间的交易环节；有提供在线教育的技术平台，使培训机构和学校更容易搭建在线教育平台，如各类网校系统、云存储、云加速等；有提供内容资源服务的平台，如各种各样的试题、视频等。

中小学在线教育的业务模式非常多，与教学有关的主要有在线一对一、在线一对多小班课、在线测试、微课、翻转课堂、在线答疑、直播互动教学等。到底哪种模式有发展前景呢？这里主要论述几种有前途的细分产品与服务。

1. 高质量课程资源市场潜力巨大

笔者很早就撰文提出"没有高质量的内容，在线教育就是缘木求鱼"，并预测高质量的内容将会流行。因为高质量的内容是在线教育的核心和灵魂，这里的高质量内容指的是高质量的内容资源，如视频课程、动画课程、试题、答疑、直播课程等。

然而，还有相当一部分从业者还在低水平重复开发低质量的课程，这些课程的生命周期短。与其浪费大量成本，不如主动改进。2015 年是在线教育课程大变革的一年，迎合大趋势是必然之选。2015 年以高质量的内容资源作为特色，获得投资方青睐的项目有很多，如爱学堂、乐乐课堂、洋葱数学等。

2. 在线一对一热潮涌动

经过过去几年商业模式的演变，中小学在线教育行业逐渐回归到在线辅导上，而在线辅导中最热门的还数在线一对一。中小学一对一模式在传统辅导行业早已得到验证，将之搬到线上尝试也是一开始就有了底气。在线一对一模式，对于学生来说可以获得个性化辅导的机会，而且客单价要比传统线下一对一实惠得多；对于企业来说，运营模式相对简单，对师资的招聘要求也降低了。

2015—2016 年，中小学在线一对一模式逐渐兴起，掌门 1 对 1、海风教育、三好网等多家机构获得多轮融资。不仅追逐这一模式的初创企业不断兴起，而且很多做题库、答疑、直播班课的企业逐渐转身投入在线一对一的怀抱，如作业帮、学霸君、阿凡题分别推出在线一对一子品牌作业帮·一课、学霸君一对一和阿凡题一对一，100 教育在线班课也转型在线一对一。

2017 年，资本继续在一对一赛道加持，掌门 1 对 1、海风教育、嗨课堂等企业获得新一轮融资；2018 年，资本持续在此赛道上加持并打造出"独角兽"企业。目前正值中小学在线一对一热潮涌动的时期，未来几年，经过长期的运营，行业会再次进行洗牌，最终 3～5 家头部企业会脱颖而出。

3. 游戏化学习即将兴起

"游戏化学习"是 2015 年在线教育的重要关键词。兴趣是学生具有学习的自觉性和积极性的最直接因素，同时是其最大的学习动力。在传统教学模式下，往往是教师一人讲，讲得头头是道，学生却觉得索然无味、昏昏欲睡。如果在线教育也是如此，就不能引起学生的学习兴趣。

竞争刺激是游戏化学习的一大亮点，通过竞争的方式学习，不仅能使学生获得知识，而且能培养学生的竞争意识。趣味化学习课程的开发成本，显然要远高于普通课程。如果在线教育企业还是一味地录制枯燥无味的视频课程，不提升学生的学习体验，就不能在产品上与同类竞争对手相抗衡。

游戏化学习以生动有趣的界面和用户体验，以闯关等形式，将知识点难易程度呈现给学生，在学习过程中学生会不断思考，防止答题出错。游戏化学习可在闯关模块中设置好友排名功能，利用学生好胜心理，刺激学生不断学习。

第十一章
在线英语学习产业分析

第一节　在线英语学习产业概述

一、在线英语学习定义

在线英语学习（Online English Learning），从字面上理解为通过互联网渠道进行英语学习，即通过手机、平板电脑、计算机进行一系列英语学习的活动。

二、传统英语学习方式的变革

近几年，移动互联网的飞速发展改变了人们生活的方方面面，其中英语学习的方式也面临着变革。传统的线下一对一或班课培训模式，已无法满足当今英语学习者的需求，传统英语培训行业红火不再，一些小型的线下英语培训机构面临倒闭。外教在线一对一、网络英语在线课堂等新型的英语学习模式被更多年轻一代的英语学习者所喜爱，同时催生了一大批英语培训行业的创新企业。

技术的革新、学习方式的转变使传统的英语培训企业面临变革，来不及变革或无法变革的企业只能面临被淘汰关闭的局面。整个教育培训市场正经历一个前所未有的变革时代，究竟哪些传统英语培训企业转型成功，哪些转型失败，哪些来不及转型，哪些不愿意转型，他们的成败与否我们拭目以待。

三、科技时代背景下的英语学习

很多人从字面上将在线英语学习简单地理解为，直接把传统的英语教材、视频、音频搬到网上，就是互联网学习。这种理解是不全面的，特别是在当今移动互联网、大数据、云计算飞速发展的时代。

移动互联网的发展使学习者可以随时随地地学习，也使学习变得有趣、高效。移动社交英语、游戏闯关英语等新兴的英语学习模式，也被众多教育软件开发商和英语爱好者所青睐，同时移动互联网的发展催生出"碎片化学习"的概念，短小精悍的微课越来越受互联网学习者的喜爱，尤其是平时工作繁忙的白领一族。

大数据的运用，使英语学习产品被使用的时间越长就越懂使用者哪一类单词积累不够、喜欢哪一类英语资讯、哪些英语基础知识薄弱等。智能化英语学习产品能将合适的内容推荐给用户。云计算对英语学习的促进作用主要体现在语音识别方面，可以帮助学习者纠正单词的读音，练习阅读和对话时正确的语气。

英语学习方式的变革不只体现于移动端，在传统的 PC 端，宽带网络的大幅提速，使得资源获取的速度加快了，这对英语视频资源的传播速度和传播范围的影响也是巨大的，由此新生的网络公开课、在线一对一的英语学习方式被大众所喜爱。同时，新型的网络交互技术的发展和网页风格的转变，使得用户对英语互联网学习产品的体验感受更好了，如在英语测评上更美观、更有趣的答题方式获得了年轻一代英语学习者的认可。

总体而言，在线英语学习不仅是将传统的英语课程搬到了网上，而且采用最新的互联网技术使英语学习变得简单高效。移动化学习、碎片化学习、体验式学习是当今互联网教育也是在线英语学习的新模式。

第二节　在线英语学习产业发展现状

一、在线英语学习产业细分市场

　　虽然互联网语言学习产业在科目上已分到了最细，但由于英语学习在其中所占市场份额的比率比较大，以及英语学习科目本身的细致性，在线英语学习还可以在受众群体、知识体系、产品类型、内容细分市场上做进一步细分。如图 11.1 所示为在线英语学习产业分类示意。

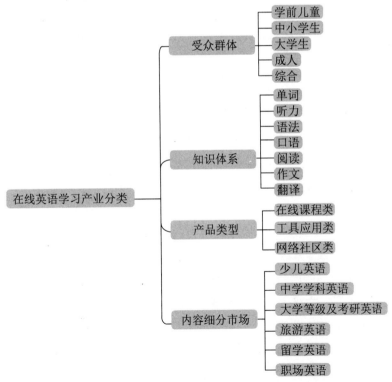

　　▲ 图 11.1　在线英语学习产业分类示意

二、在线英语学习受众分类

据笔者调研，目前在线英语学习产业中，在线英语学习的面向对象可大致分为学前儿童、中小学生、大学生、成人和综合（面向以上两类或多类对象）。面向学前儿童的产品占 2%，面向中小学生的产品占 25%，面向大学生的产品占 13%，面向成人的产品占 25%，综合的产品占 35%，如图 11.2 所示。

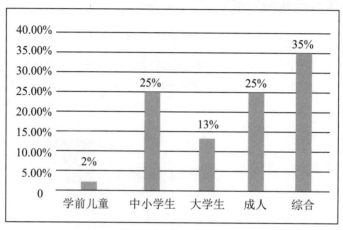

▲ 图 11.2　在线英语受众

在受众对比上可以得出，综合的英语学习产品占比最多。由此说明，虽然当前大众创业提倡在垂直细分领域创造佳绩，但对于英语学习产业，大多数企业还是希望自己的产品面向更多的群体，形成一条完整的产业链。

在面向群体的对比数据中，成人产品的占比和中小学生产品的占比并列处于第二位。由此可以看出，职场从业人员与面临升学压力的中小学生具有同等英语学习和培训的需求。虽然大学生有英语四 / 六级、雅思、托福、GRE 等一系列英语考试，但面向中小学生的产品几乎是大学生产品的两倍。首先是因为中小学生的人群比大学生多得多；其次是一般大学生参加的只有四 / 六级考试，非英语专业学生考六级的并不多，参加雅思、托福考试的更少。学前英语所占比率很小，可以看出目前国内处于学习启蒙阶段的少儿对英语学习的需求很少，在幼儿阶段能引导孩子去学英语的家长并不多见。

三、产品类型分类

在产品本身的类型上，也可大致分为直播班课、内容资源、在线一对一、工具应用、学习社区、教育游戏、交易平台、教育门户、其他、在线测评 10 小类。其中，直播班课占比为 33.09%，内容资源为 21.01%，在线一对一为 13.29%，工具应用为 8.70%，学习社区为 6.52%，教育游戏为 4.35%，交易平台为 3.86%，教育门户为 3.38%，其他为 3.14%，在线测评为 2.66%，如图 11.3 所示。

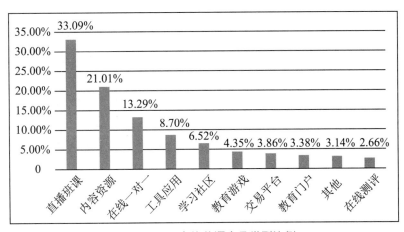

▲ 图 11.3　在线英语产品类型比例

1. 直播班课

直播班课起源比较早，大型的教育机构可能会定制开发直播平台进行直播教学，一些小型的机构可能会采用 YY 直播、QQ 群等工具采取直播。而随着互联网科技的不断进步，大型的互联网教育企业有了自己的直播系统，小型企业也都可以选择在腾讯课堂、百度传课、淘宝教育、网易云课堂等平台上开课。

2. 内容资源

内容资源类产品大多是在 20 世纪末、21 世纪初第一波互联网浪潮下诞生的，主要有听力资源、试题资源、课件资源等，在如今网络带宽提速的条件下，又添加了课堂视频资源。虽然这类在线英语学习产品属于 20 世纪的产物，但依据在线英语学习的理念，这类产品在市场上仍占有不少份额，故纳入本次讨论范围之列。

3. 在线一对一

英语学习领域的在线一对一模式兴起得比较早，最早是使用电话进行一对一教学，也兴起了一些电话英语培训企业。后来随着 QQ、YY 直播、Skype 等工具的兴起，更多的企业选择这些免费的直播工具。而现在直播技术有了很大的提升，大型的企业也都有了在线一对一的直播平台，小企业依然使用 QQ、Skype 等工具。

4. 工具应用

英语学习中的工具应用主要指的是在线词典、在线翻译、单词记忆、英语听说等功能性很强的软件产品。

5. 学习社区

英语学习方面的学习社区也诞生较早，互联网社区兴起后，这类学习社区也随之兴起。英语学习社区提供用户问答、分享、讨论英语热门话题或知识服务。

6. 教育游戏

教育游戏包括两种：一种是传统的 PC 端的网页游戏，另一种是移动互联网时代的英语学习 APP 游戏。游戏类英语学习 APP 不仅受到中小学生的喜爱，就连步入职场的白领们也玩得不亦乐乎。

7. 交易平台

交易平台也可以称为互联网教育的电商。在英语类的交易平台中上架的大多是英语学习视频课程，也有部分交易平台作为直播课堂的入口。

8. 教育门户

教育门户类英语学习网站是第一波互联网浪潮下三大门户网站引领下的产物。由于互联网到移动互联网的变革才刚刚来临，所以很多传统的门户类英语学习网站仍被大批学习者使用，故而仍占近 6% 的市场份额。

9. 在线测评

英语学习上的在线测评指的是提供英语口语测评、作文测评高技术含量的产品。人工智能被认为是互联网教育产品的发展方向之一，未来英语上的在线测评产品也会越来越多，测评准确率也会越来越高。

四、产业发展地域对比

如今互联网市场上爆发的在线教育投资热是史上第二波在线教育浪潮，新一波的在线教育浪潮首先由我国一线城市创业者带起，继而二线、三线城市的创业者也加入了在线教育的行列。在线教育中英语学习产业是一大投资热门。由笔者收集的部分企业整理的主营英语学习类产品的企业的地域分布如图 11.4 所示。

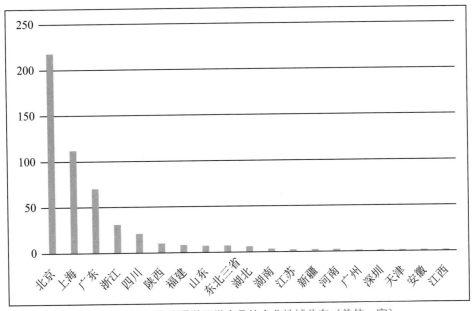

▲ 图 11.4　主营英语学习类产品的企业地域分布（单位：家）

从图 11.4 中可以看出，绝大部分主营英语学习类产品的企业位于北京、上海、广东等一线城市或省份，剩下的也多在沿海省份。由此说明，整个英语学习乃至在线教育市场，一线城市仍处于主导地位，沿海经济发达城市处于追赶状态。

五、行业发展特点

数万家培训机构中，以新东方、环球雅思、美联英语、韦伯国际英语、英孚教育等机构较知名，外界以为这些机构已经占据绝大部分市场份额，然而事实却并非如此。

1. 大型机构知名度高，但市场仍以小机构居多

教育市场非常庞大，但也非常分散，在线英语培训市场也是如此。虽然新东方、环球雅思、美联英语等机构每年营业收入为数亿元乃至数十亿元，但目前绝大部分的市场份额仍被小型机构占据。如图 11.5 所示为不同规模在线英语教育企业的占比。

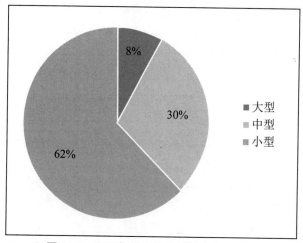

▲ 图 11.5 不同规模在线英语教育企业的占比

如图 11.5 所示，在主营英语学习的企业中，小型企业所占比率已超过半数，为 62%，说明在线教育英语学习企业依然处在成长期。

其次，大型企业在数量上虽然不占优势，但是它们在整个市场份额中却拥有独一无二的主导地位，如新东方在线、沪江网、TutorABC、智课网、100 教育、魔方英语、洪恩在线、环球雅思及 2016 年登陆美股的 51Talk 等。

当然，市场并不是只被中小型企业所充斥，还有占比约为 30% 的中型企业。换句话

说，在某种程度上，它们是一群找到了自身发展的正确模式，在恰好的时候获得了应有的融资，并逐渐壮大的中小型企业。

2. 受众年龄跨度大，但黏性不大

虽然互联网教育是一个以内容为王的领域，但是能够造福用户才是它价值的真正所在。有人曾这样评价中小学教育这块"蛋糕"，它有着从小学一年级到初中三年级的各阶段用户，且有着长达 12 年的用户黏性。因为"应试"这个功能，中小学教育有着得天独厚的优势。

英语培训行业的受众年龄跨度虽然大，从学前、中小学、大学直到成人都有，但英语学习本身是一种枯燥的、重复性的活动，它对一个人的耐性要求比较高。所以，想依靠一款互联网教育产品完全吸引用户是比较难的。

各个年龄阶段的需求不同，使用的时间也是有限的。例如，针对大学生这个受众群体的主要是考研、考雅思和托福，他们的学习年限多数只是一年。所以对于英语培训行业来说，需要树立自己的口碑，从而不断地扩招，吸引更多的新用户。可以说，在用户的黏性上，在线英语学习行业需要加强。

3. 细分市场各取所需，学习需求持续强烈

据笔者不完全统计，2017 年各细分市场融资事件占比分别为：语言学习占比 12.9%，K12 在线教育占比 15.1%，职业教育占比 11.4%，STEAM/ 创客教育占比 11%。由此可见，语言学习市场需求还是比较旺盛的，语言培训行业的需求是持续性的，并不是短暂的。

因为英语行业培训的年龄跨度较大，为了满足各个年龄段的需要，英语行业产品的类型也是多种多样的。无论是记单词类的 APP、训练口语的真人电话课程，还是小型的网络互动课堂，以及海量的听力题库等，都是互联网英语培训行业有着实际需求性的项目。所以英语培训行业的用户需求不仅是持续性的，而且是多样性的。英语培训是互联网教育领域一个应试和素质的结合点，一直受到家长的追捧，竞争也非常激烈。

第三节　在线英语学习市场发展现状

一、用户规模

　　由于语言学习的受众年龄跨度非常大，且受众角色遍布各色人群，因而也造就了英语学习市场海量的用户。如图 11.6 所示为 2012—2019 年中国在线语言学习用户规模。

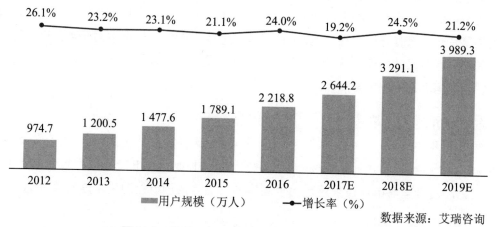

| | 26.1% | 23.2% | 23.1% | 21.1% | 24.0% | 19.2% | 24.5% | 21.2% |

数据来源：艾瑞咨询

用户规模（万人）：974.7（2012）、1 200.5（2013）、1 477.6（2014）、1 789.1（2015）、2 218.8（2016）、2 644.2（2017E）、3 291.1（2018E）、3 989.3（2019E）

用户规模（万人）　　增长率（%）

▲ 图 11.6　2012—2019 年中国在线语言学习用户规模

　　由艾瑞咨询数据显示，过去 5 年中国在线语言学习用户每年保持 20%～25% 的增长率，持续稳定增长，用户规模从 2012 年的 974.7 万名增长到 2017 年的 2 644.2 万名。按照这个增长速度，预计 2021 年中国在线语言学习的用户规模将突破 5 000 万名，也就是在 10 年内将用户规模翻了 4 倍。

二、市场规模

持续增长的在线英语学习用户规模激励了庞大的市场消费规模。近年来，随着中产阶级家庭教育消费的不断升级，对语言学习特别是少儿英语学习的需求也在不断增长，促进了在线语言学习市场规模的持续增长。据学易时代咨询统计，在线语言学习 2017 年市场规模为 150 亿元左右，2018 年达到 180 亿元。在线语言学习领域创造一定收入的也就数十家企业，大部分仍处在线教学模式的尝试期。未来随着低龄化出国热，在线语言学习市场将会持续扩大规模。

第四节　典型的在线英语学习企业

一、在线培训类

1. VIPKID

（1）品牌简介。

VIPKID 创立于 2013 年年底，由长江商学院孵化，北极光、经纬中国、创新工场和红杉资本和真格基金联合投资，致力于整合全世界最优秀的北美外教，为中国小朋友提供极致、高效的英语学习体验。

VIPKID 目前针对 4～12 岁小朋友提供北美外教一对一在线学科英语课程。VIPKID 学习平台通过一对一实时在线视频学习平台，将中国小朋友和北美外教进行连接，旨在为 4～12 岁孩子带去最纯正的英语语言学习及美式教育。

（2）产品特点。

① 高资历北美外教。VIPKID 北美外教均具备英语教学或教育辅导经验，其中部分外教是北美小学教师或具备 ESL 教学、辅导经验。经过严格的面试甄选，任用懂教育、爱孩子、擅长在线授课的优秀教师。

② 一对一定制化服务。北美外教一对一，打造适合中国本土小朋友的美国小学课程，因材施教。专业班主任教师一对一，全程提供五星级服务，为孩子和家长及时解决各种问题，有效提升学习效果。

③ 纯正美国课程体验。VIPKID 教材和教学内容根据美国 CCSS（美国共同核心州立课程标准），结合我国学生特性，由强大教研专家团队潜心研发，注重语言能力培养的同时，塑造孩子多样综合素质。

④ 浸入式学习体验。运用"浸入式"教学法，让孩子在原汁原味的英文环境中完成教学内容的消化吸收，自然习得纯正美式英语与文化思维。

⑤ 透明在线课堂。课程中，家长可从手机端实时监课，随时随地掌握课堂实况。课程结束后，回放录像、外教反馈与学习报告，帮助家长及时了解孩子的学习和语言掌握情况。

⑥ 随时随地便捷上课。笔记本、台式机、Pad 多终端学习平台覆盖。自由选择时间、地点，随时约课、上课，免除线下机构路途奔波，高效利用碎片化学习时间。

（3）最新发展现状。

2017 年 8 月 23 日，VIPKID 完成总额达 2 亿美元的 D 轮融资，此轮融资由红杉资本领投，腾讯公司战略投资，云锋基金、经纬创投、真格基金、ZTwo Capital 等参与跟投。据悉，这也是迄今为止全球 K12 在线教育领域最大的一笔融资。

2018 年 6 月 21 日，VIPKID 确认完成 5 亿美元的 D+ 轮融资，此轮投资由全球知名投资管理机构 Coatue、腾讯公司、红杉资本中国基金、云锋基金携手领投。加上 2017 年 8 月获得的 2 亿美元 D 轮融资，不到一年，VIPKID 连续两次刷新全球在线教育领域的最高融资纪录。

此次融资后，VIPKID 成为 2018 年国内教育类创业公司中唯一一家估值超 200 亿元的企业，同时是连续三次获得云锋基金投资和首个获得红杉资本中国基金"5 连投"的公司。

目前该平台的北美外教数量超过 4 万名，付费学员数量超过 30 万名，遍布全球 35 个国家和地区。中国科学院《2017 年中国在线少儿英语教育白皮书》的相关数据显示，目前 VIPKID 占据国内在线少儿英语教育市场的 55% 份额，每两个在线少儿英语学习者中就有一个是 VIPKID 学员。

2. DaDa

（1）企业简介。

DaDa 是一款专注于 K12 领域的专业在线青少儿英语教育应用。自 2013 年成立以来，通过不断完善与发展，DaDa 现支持 Pad 双向视频互动教室，让家长可用手机等移动终端监控孩子的学习情况。

（2）产品特色。

① 一对一固定私教。DaDa 的外教来自英国、美国、澳大利亚等以英语为母语的国家。聘用外教需要经过严格的考核：初步面试，试讲，分数考核，外教录取率为 10%。纯欧美外教一对一教学，不用家长抢约教师，心仪教师永远陪伴孩子，实现学习效果最优化。

② 原版引进教材。引进并同步国际学校原版教材，匹配分级阅读材料。课程设置有趣又有效，使孩子足不出户就能享受到国际学校的优质教育资源。通过不同题材的阅读材料及真实地道的语言最终达到语言学习的目标——会说会用，能表达自己的观点。

③ 随时随地监看孩子上课实况。DaDa 教室 100% 透明，家长可随时随地了解孩子的上课情况，通过各种终端实时监看孩子上课实况，清清楚楚地了解上课进展。

④ 一对一助教服务。每个学员都有一名一对一助教，为家长答疑，为孩子定期测评，巩固学习内容，调整课程进度，保障学习效果。

⑤ 多屏随时上课。DaDa 支持计算机、Pad、手机等多个客户端上课，支持 Pad 双向视频互动教室的在线学习平台。所有 1A 以上课程都支持在线点读，预习、复习更便捷；不需要耳麦，双向互动视频上课，音质更清晰，画质更流畅。

（3）近期发展现状。

2018 年 5 月，DaDa 在北京宣布全面升级品牌及价值理念，发布了新的英文 Logo，并将"陪伴"作为教育理念内核，试图通过专属服务和陪伴式教育理念，与孩子、教师们重新建立情感连接。

3. 51Talk（无忧英语）

（1）品牌简介。

51Talk 创立于 2011 年 7 月，当年获得真格基金天使轮投资。2016 年 6 月，登陆美国纽约证券交易所，成为中国第一家赴美上市的在线教育公司。

51Talk 专注于外教一对一，通过有效的沉浸式教学方法，打破传统的英语"知识"学习模式。专业国际团队研发的适合中国人学习的英语课程，帮助中国人用更快捷有效的方式，达到英语水平的提升。

（2）产品特点。

① 上万名金牌外教团队。聘请经验丰富的外教团队，优中选优，优选率仅为 3%；一对一教学，为用户提供 VIP 专属服务。

② 超强的教材研发实力。10 年以上教学经验的课程研发团队超过 10 万小时的精心投入，专业打造适合中国学习者的系统教材。

③ 随时随地，轻松提升。功能强大的在线教室 AC（Air Class）无缝衔接手机、Pad、计算机三个客户端，足不出户即可约课、预习、上课、复习。

4. TutorABC

（1）品牌简介。

TutorABC 成立于 2004 年，是隶属于 iTutorGroup 在线教育集团的主要品牌。iTutorGroup 在线教育集团于 2001 年创立，目前旗下有 TutorABC 成人在线英语教育品牌、TutorMing 在线汉语教育品牌及 vipJr 青少儿在线教育品牌。

TutorABC 是全球 24×7×365 全年无休的真人在线教育机构，拥有 10 000 多位外籍顾问。每年提供超过千万堂在线教育课程，客户遍及全球 135 个国家和地区。

（2）产品特点。

① 全球精选师资。具有 TEFL、TESOL 国际专业英语教学资格，通过严格的教学、沟通能力培训与考核，拥有商学、法律、管理等多种行业背景。

② 真人在线互动。真人外教在线教学，课后效果双向评鉴，私人专属课程服务团队全程保障用户的学习体验。

③ 随时随地学习。可通过手机、计算机、平板、电视任意设备在线学习，高效利用碎片时间，24 小时随时随地上课。

④ DCGS 量身定制。DCGS 动态课程系统集合学员的语言程度、兴趣偏好、行业、职业等要素，量身定制主题课程与教材，让学习更加有针对性。

（3）近期发展概况。

2017 年 12 月 16 日，全球领先的 iTutorGroup 在线教育集团旗下的成人英语教育品牌 tutorabc 正式升级为 TutorABC。这一变化意味着专注在线英语 20 年、服务人次超过 1.8 亿的 TutorABC 迎来全面的品牌升级。

5. 小站教育

（1）品牌简介。

小站教育正式成立于 2011 年，由王浩平、于洋、陈汉臣联合创办。小站教育主要为准备出国的学员提供留学外语考试培训服务，推出的一对一陪护式培训班采用互联网线上授课模式，极大地提高了学员的学习效率。目前已开设托福、雅思、SAT、ACT、GRE、GMAT 一对一在线课程及申请文书相关服务。

（2）产品特点。

① 个性制定赢 + 学习计划全方位。

② 普思、剑桥权威英语定位测试，360° 精准领航。

③ VIP 六步督学法，全程伴读式服务。

④ 24 小时随时随心学，灵活互动、实时在线。

⑤ 私人定制真人在线课程，100% 个性化针对性教学。

⑥ 名师团队保驾护航，让学员学半功倍。

（3）近期发展现状。

2018 年 1 月 18 日，小站教育举办发布会，宣布战略投资沃邦国际教育，开始布局高端低龄留学市场。CEO 王浩平透露，2017 年小站教育在线下已经覆盖了北京、上海、武汉、西安、杭州、厦门、呼和浩特 7 个城市。在 2018 年，小站教育将继续和线下机构合作，计划覆盖 20～30 个主流一线、二线城市，加速线下布局。

目前 iTutorGroup 在线教育集团拥有 5 000 多名员工和 2 万多名外籍顾问，每年提供超过千万堂在线课程，服务人次超过 1.8 亿，用户遍及全球 135 个国家和地区。据 2018 年 4 月 25 日彭博新闻社的报道，iTutorGroup 公司 2017 年的营业收入超过 3.5 亿美元，毛利率高达 82%。

6. 智课教育

（1）品牌简介。

智课网是智课教育旗下的在线学习平台，以翻转课堂为核心，致力于打造"学、练、改、管、测"一站式学习服务。智课网汇聚了出国考试、考研全科、大学英语四六级、语言学习等各科首席教学专家，以及遍布全球的外教专家，他们为学员提供名师课程、真题精讲、写作批改、口语诊断、学习督导等专业服务。智课网同时为学员提供模考、练习、抢考位、院校库、备考资料等一系列免费学习工具。

（2）产品特点。

① 全明星师资阵容。智课网拥有 GRE、GMAT 写作首尊韦晓亮，TOEFL 口语王、GMAT 教育管卫东，中国 GRE、GMAT 阅读之王陈虎平，雅思阅读天后乐静等 160 多位业内标杆级名师，超过 10 年教龄，100 本图书，合计培训超过 300 万名学子。

②"学、练、改、管、测"五位一体。在 160 余位顶尖名师的辅导下，采用直播课程、录播课程、智课 APP 等多种方式的学习，包含 10 200 道真题练习，同时配套逐题精讲。592 位外教考官，一对一批改教授学员地道表达。155 位教学督导，5 对 1 全程管理、科学规划学习路径；130 道仿真模拟考试试题不断更新，检测真实水平。

③ 陪伴式的教与学。160 余位顶级名师，权威解读出国考试。个性化备考服务，激发学员高速成长；多种授课形式，及时传递考试状态。

（3）最新发展现状。

2017 年 11 月 1 日，一站式国际教育服务机构"智课教育"宣布获得 2 亿元 B+ 轮融资，投资方为国科嘉和基金。2017 年下半年，智课教育推出了"海啸计划"，160 余位顶尖名师、7 200 小时大片级课程、12 800 个知识点，登录智课名师课 APP 上分享，就能免费学习这些价值 1 亿元的名师专家课程。

2018 年 6 月 22 日，智课教育发布少儿英语品牌 USKid，加速国际布局，目前在全球已有 34 家智课出国学习中心。

二、学习工具类

1. 有道词典

（1）产品简介。

有道词典是网易有道信息技术（北京）有限公司于 2007 年推出的一款免费翻译软件，除具备中英翻译、英中翻译、英英翻译、汉语词典功能外，还加入了日语、法语、韩语查词功能。同时，通过独创的网络释义功能将各类新兴词汇和英文缩写收录其中，并依托有道搜索引擎的强大技术支持及独创的"网络萃取"技术，配合以创新的视频原声例句、Chrome 等多款浏览器下的屏幕取词及有道指点技术，为用户提供最佳的翻译体验。

（2）产品特点。

① 神经网络翻译。采用翻译领域较前沿的 NMT 技术，翻译结果更精准、更流畅。

② 多语种。支持中、英、日、韩、法、德、西、葡、俄、藏多语种互译。

③ 拍照翻译。拍照即可查词翻译，英语翻译一拍立得。

④ 离线词库。离线词库容量与以往相比提高 10 倍，词库内容扩大到 100 万条。

⑤ 网络释义。独创"网络释义"，轻松囊括互联网上的新词、热词。

⑥ 单词本。支持与桌面词典的复习计划同步，随时随地背单词。

2. 百词斩

（1）产品简介。

百词斩是由成都超有爱科技有限公司针对英语学习开发的一款"看图背单词软件"。该软件为每一个单词提供了趣味的配图和例句，让记单词成为一种乐趣。

（2）产品特点。

① 各种考试单词全覆盖。百词斩覆盖了初中、高中、四六级、考研、雅思、托福、SAT、GMAT、GRE 等全部英语考试词表，适合 12～24 岁的所有学生群体备考英语。

② 单词记忆与图片视频结合。一个单词一张图，利用图形建立单词与真实环境的联系，打造最易记、最难忘的背单词软件。提供单词 TV 和单词电台，通过英语老师原创趣味内容可深度解读 10 000 多个单词，提供更多样的学习方式。

③ 学习过程社交分享。直接添加好友，既能互相看见学习动态，还能一起冲刺每周排行榜。背单词，不再是一个人。

④ 学习评估测试。参考美国 SAT 的词汇量评估模型，准确测试单词量，记录成长的每一步。

⑤ 锁屏碎片化学习。锁屏背单词，在锁屏界面即可完美背单词，充分利用每天的碎片时间。

3. 流利说

（1）产品简介。

流利说由王翌、胡哲人和林晖在 2012 年 9 月共同创立，自主研发了世界领先的英语口语评测、写作打分引擎和深度自适应学习系统，并且拥有巨型"中国人英语语音数据库"，从听说读写多个维度，为用户打造个性化、系统化的英语学习方案。

2016 年 7 月，推出历时两年斥巨资打造的人工智能老师——懂你英语，为每个用户提供个性化的学习内容和计划，被业界称为是一次语言学习的革命。

（2）产品特色。

① 系统的内容编排。流利说为用户每日推送经过系统编排的地道美语对话，只要每天跟随练习就能在不知不觉中提高英语口语水平，攻克"开口"难关。

② 个性化口语私教。流利说内置来自硅谷的最新语音评估技术，给用户英语口语实时打分，不需联网照样识别。有了流利说，相当于有了贴身英语私教随时陪伴。

③ 全新的产品体验。流利说让用户一边玩闯关游戏，一边练习英语口语；一边和各路学友飙积分，一边修炼、提升、进阶，真正让口语练习变得轻松好玩！

④ 创新的教学方法。流利说采用创新的英语口语教学理念，直接从真实对话入手，带动词汇、语法、听力等其他能力的全面提升，帮助用户真正解决在各类实际对话场景中说什么话题，怎么说的问题。

⑤ 自由的练习时间。流利说专门为忙碌的"移动一族"打造，模块化的内容设计，几分钟就可以完成一次练习，方便忙碌的用户随时随地利用碎片时间练习口语。

⑥ 丰富的学习素材。流利说的对话内容覆盖生活、商务、职场、旅游等各类场景和不同的难易程度，注重系统性和进阶性。不论是新手上路还是资深英语爱好者，都能找到适合自己的学习素材。

4. 句酷批改网

（1）产品简介。

句酷批改网隶属于北京词网科技有限公司，是一个用计算机自动批改英语作文的在线系统，教师可以用批改网自动扫描学生作文的各种参数，进而做出更精准、更客观的判断和点评。

（2）产品特点。

① 简单错误自动批改。句酷批改网能自动识别词汇、搭配、语法等常见错误并给出修改建议，教师不需要花时间帮学生指正。

② 作文分数立等可得。句酷批改网能实时对用户提交的作文进行批改，并立刻给出作文分数及分析反馈，让学生在写完作文后可以趁热打铁，迅速纠正其中存在的错误。

③ 按句点评一目了然。句酷批改网能指出作文每一句中存在的拼写、语法、词汇、搭配错误，并一一给出修改建议，作文存在的错误，一目了然。除此之外，句酷批改网还为学生用户提供特定知识点的扩展训练、搭配推荐、参考例句等，为学生提供全面的写作指导，帮助学生自主学习。

④ 重复错误只改一次。人工批改作文时，20 个学生犯相同的错误，教师需要重复批改 20 次，需要浪费大量时间做重复的工作，句酷批改网能自动积累教师的批改经验，并用于作文批改，教师不需花费大量时间重复批改相同的错误。

5. 口语100

（1）产品简介。

口语100 隶属于苏州清睿教育科技股份有限公司，通过将用户的发音与标准英语对比，对每个音节进行评分，即使在没有外教的情况下，也可以通过该软件的语音反馈来纠正。口语100 同时为英语学习者提供精彩广泛的课程，被广大英语爱好者评为最有趣的发音纠正软件，使快乐学习成为现实。

（2）产品特色。

① 世界领先智能口语教练，让开口成为乐趣。应用清华大学和美国加州大学的世界领先人工智能技术，是世界上智能度较高的智能口语软件，让每个学生拥有一对一的智能私人口语教练。

② 独特的认知心理优化设计，高效的听力提升办法。听力训练的核心是对大脑听觉中枢能力的开发。超级听写根据认知心理学规律设计，短时间、高强度、重点刺激语言中枢，是目前训练听力较好的方法。

③ 移动端口语教练。移动学习是未来的学习模式，学习是随时随地可以实现的。只要家长在手机或平板电脑上安装口语 100 智能教练，就可以和孩子在任何空闲时间进行练习。

④ 社区和班级的语言环境。口语 100 网上虚拟环境，通过观摩、范文、互相点评，充分激发学习者的学习热情。而且可以让同学之间或老师、家长、同学之间积极互动。无论在哪里，用户丝毫不会感到孤单和无趣，这是最佳的语言训练环境。

三、社区类

1. 大耳朵英语

（1）品牌简介。

大耳朵英语网创建于 2003 年 9 月 15 日，是英语学习门户网站，坚持以免费、实用为网站宗旨。该网站致力于为国内外的英语学习者、教育者免费提供优质的英语互动学习平台和实用的学习资讯，是一个很有影响力的英语学习网站。

（2）产品特色。

大耳朵社区网提供的学习资源主要分为 3 个版块：一是文章阅读版块，包含新闻、剧本、文库、歌曲、电影、小语种、雅思、考试、语法、试题、试卷、书籍；二是英语听力版块，包含考试、教材、口语、词汇、品牌、广播、博客、少儿、小学、初中、高中、四级、六级、考研；三是学习工具版块，包含口语训练、网络课堂、在线模考、社区、视频、背单词、写作训练、双语桌面、在线查词、翻译、QQ 群、专题。

2. 爱思英语

（1）品牌介绍。

爱思英语网是国内最具影响力的英语学习门户网站之一，拥有很多独家的高品质英语学习内容，与 BBC 英伦网、中国日报网、《英语世界》杂志等权威机构有着多种形式的合作。爱思英语网由四川师范大学的教师周玉亮先生创办于 2003 年 8 月。爱思的名字源自 ACE，鼓励大家相互欣赏（Appreciation），彼此合作（Cooperation），追求卓越（Excellence）；同时爱思也是数字 24 的谐音，寓意为 24 小时在线英语学习平台。

（2）产品特色。

爱思英语是一个综合性的英语学习社区，提供了各类丰富的学习资源，满足各类人群的学习需求。学习资源包含特色专栏、影视英语、英文小说，以及听力、口语、VOA 英语三方面的专项资源。在特色人群需求上，爱思英语提供零基础、出国留学、四六级英语、少儿英语、商务英语五类特色需求英语。

第五节　在线英语学习产业的发展态势

一、少儿英语持续增长，外教一对一赛道尘埃落定

据亿欧智库预测，未来五年中国少儿在线英语教育市场将迎来持续增长期，2018 年增长率预计将达到 19.6%，2022 年付费总额将接近 800 亿元，五年增长 3.3 倍左右。

二、用户体验提升

在线英语教育市场被进一步细分，发展机遇良好。但大多数在线教育机构在发展中投入的广告成本过多，导致产品价格不断上升，相较于传统教育已经失去价格优势，一线品牌除了在用户群体、授课模式、盈利模式上下工夫外，开始从上课工具、自研教材、教学服务等方面不断提升用户体验，提高教学质量。

三、少儿英语用户规模庞大

根据国家统计局调查报告网发布的《2015—2020 中国少儿英语培训行业市场分析》，少儿英语培训市场规模在 600 亿元左右，而且每年还在以 20% 的速度增长。由于市场规模巨大，少儿英语赛道的融资规模也大于成人英语培训。

第十二章
在线职业教育培训产业分析

第一节　在线职业教育培训行业概述

一、定义

　　在线职业教育培训指的是为获取某种职业资质、提升职业技能而进行的培训和考试，主要用户群体为成年人。

二、细分领域

　　众所周知，在中国与职业发展相关的市场非常大。目前比较常见的职业培训和考试，大约有以下几类（图 12.1）。

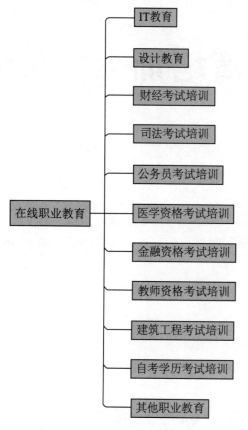

▲ 图12.1　在线职业教育分类

① IT 教育：嵌入式开发、应用程序开发、网页设计、数据库搭建、大数据开发、微信开发等信息技术类学习与培训。

② 设计教育：平面设计、UI 设计、空间设计、服装设计、游戏动漫设计、环境设计等视觉设计相关的学习与培训。

③ 财经考试培训：注册会计师、会计从业、经济分析师、银行从业等一系列财会、经济类考试、考证培训。

④ 司法考试培训：司法考试相关的法律法规培训。

⑤ 公务员考试培训：国家公务员、地方公务员、事业单位考试、考证相关的培训服务。

⑥ 医学资格考试培训：医师、药师、护士相关的职业考试、考证培训。

⑦ 金融资格考试培训：货币、证券、期货等从业资格考试、考证培训。

⑧ 教师资格考试培训：教育资格考证、教师编制考试相关的培训。

⑨ 建筑工程考试培训：建造工程师、消防工程师、道路桥梁工程师等相关的考试、考证培训。

⑩ 自考学历考试培训：大学生、成人自考学历的考试培训。

⑪ 其他职业教育：航空人员培训、礼仪培训等其他职业方面的教育与培训。

职业教育市场现在正在向非常好的方向发展，不仅职业考试类的职业考前培训市场火爆，而且就业技能类培训、在职培训的需求也很强劲。以前职业教育被人看作蓝领的教育，如今，从刚工作的毕业生到职场上已是顶梁柱的核心中层，一直到企业的高管，各行各业的人都参与到职业教育中。

职业教育也分为素质教育、技能教育等，还有行业内一些专门的特殊培训，这种变化表明了中国的职业教育市场越来越成熟。而且随着在线学习、移动学习先进手段的普及，教育方式、效率及资源共享程度也越来越高。

职业培训网络教育提供财经、司法、英语、IT 等各方面的职业教学服务，如 IT 培训类以青鸟、达内为主，在会计类培训领域，以中华会计网比较有名，考研辅导市场中水木清华考研远程辅导网具有一定的影响力，在自考方面则以华夏大地教育网为主。

在职业认证考试类的企业中，东大正保的规模较大，但是其他竞争对手的实力也不容小觑，如东奥会计在线、环球职业教育在线等，每年也有数千万元到上亿元的收入。有的培训机构采用混合式学习的模式，将在线与面授结合起来，起到了降低成本的作用。

考试类的市场空间非常大。虽然东大正保的规模相当大，但是也只占有部分市场。根据东大正保官方数据，东大正保经历了十几年的发展，目前已拥有 18 个品牌网站，开设 200 多个辅导类别，覆盖了会计、法律、医药卫生、建设工程、中小学、自考、成人高考、考研、外语、职业培训等 13 个不同行业，2017 年培训规模达 340 万人。

三、市场特点

与其他教育培训行业相比，在线职业教育培训市场具有以下几个特点。

1. 就业刚性需求非常强烈

绝大多数人参加各类职业培训，其目的非常明确：找一个更稳定或更高薪酬的工作，这一点是毋庸置疑的。因此无论是公务员考试，还是 IT 培训，其目的都是围绕"就业"这个刚性需求来进行的。

2. 职业技能提升需求强

即使是工作多年的在职人员，随着岗位对知识技能的要求不断增加，提升职业技能也是必需的。因此各类职业技能提升的需求也非常强烈，如管理技能、产品经理、项目经理等培训的需求也随之上升。而在线教育时间和地点灵活、成本低、可方便共享全国优质师资资源的特点，使在线学习成为最好的选择。

3. 在线职业培训的比例加重可能迅速颠覆面授培训

与 K12 和高等教育不同，在线职业类培训和学习将是最先颠覆传统教育的细分市场。这与职业培训的群体（成人）对在线教育的接受度较高，而且其支付能力较强有很大的关系。其实在会计培训领域，很早以前 70% 以上的市场份额就被在线教育所占据。

随着时间的推移，对在线教育的接受度越来越高，在线职业培训的比重将会越来越高。当前资本越来越关注在线教育，会投入很多资金开发产品和培训市场，越来越多的用户会关注在线教育，在线职业培训的比例可能会在未来 3～5 年内整体提升至市场份额的40%～50%。

另外，复杂程度很高的 IT 培训则不容易被在线教育所颠覆，原因是在线教育很难代替线下的集中授课和答疑，但传统课堂授课模式也受师资力量参差不齐现状的局限，因此线上与线下结合的模式更可能被接受。将 IT 技术整合到面授培训之中，对提升教育培训质量将会起到重要的作用。

4. 行业差异巨大

职业培训领域的一个重要特征是隔行如隔山。每个行业的在线教育的内容资源无法复制到其他领域中，比如公务员考试的课程无法应用到医学课程中，而司法考试的课程也无法被会计课程所复用。因此内容资源之间是无法复用的，甚至不同的行业其师资成本、授课方式的差异也是非常大的。比如 IT 类培训，以"知识讲授＋实际项目操作"为主要教学模式，而司法考试的课程则以知识点讲授和案例解析为主要教学模式，二者的差异非常大。

对于从业人员来说，从事不同领域的在线教育，则必须要有不同领域的师资，各个项目之间的师资共享是不可能的。而每个领域的市场规模也是不同的，除了规模比较大的公务员考试、医学考试、司法考试、建造师考试等外，其他总体规模较小的行业，如心理学、人力资源等，难以形成数十亿元的市场。

5. 师资非常重要

对于职业培训人员来说，"师资"是其选择培训机构的关键因素之一，难度越大的考试，师资的重要程度就越高。互联网的普及使师资的作用被放大了无数倍，老师的水平如何会成为学员品头论足的谈资。

以司法考试为例，有些学员在网上"吐槽"："司法考试培训教师讲课效果不尽如人意，有的学科甚至找不出一个真正令人满意的教师，很多老师讲课都逻辑性不强，这些老师的课废话能占到三分之一，严重的甚至占到二分之一，可见废话之多，这无疑在浪费学员的时间、金钱，在做无用功，涉嫌拖课时赚取课时费。"

四、在线职业教育培训市场的前景

在严峻的就业形势面前，职业学校的毕业生成为就业市场的宠儿。据教育部职业教育与成人教育司副司长周为介绍，我国中等职业学校的毕业生就业率常年保持在 95% 以上，高职超过了 90%。从 IT 职业培训机构毕业的"非正规军"却成为用人单位的宠儿，很多学员还未毕业，用人单位已下了"订单"。

就业的利好消息，直接带动了职业教育招生规模的水涨船高。据教育部公布，2017年全国有 1.23 万所职业院校开设了约 10 万个专业，年招生规模达到 930 万人，在校生达到 2 682 万人，每年培训上亿人次。社会职业培训机构同样面临广阔的发展空间。

从某种意义上说，企业用人观的转变对职业院校就业率的走高起到了重要的推动作用。越来越多的用人单位有了"用人成本"的意识，这种成本不但包括给员工的薪酬待遇，还包括培训他们所花费的成本。而对于某些岗位来说，录用职校生比录用本科生可以花费更少的用人成本而获得更好的用人效果。企业挑选人才从看"学历"到看"学力"的转变带来了职校生的高就业率。

随着互联网在职业培训中的作用越来越大，意味着在线教育在职业教育培训领域中将起到越来越大的作用。职业教育以其实用性强、用户愿意付费、用户在线学习习惯容易培养等特点，更容易颠覆传统教育培训。

笔者预计，在未来 3～5 年，互联网对成人教育培训将会产生巨大的冲击。互联网教育热潮将会继续发展，占据成人教育培训的半壁江山，而职业教育作为成人教育中占比最大的部分，必然也在其中。

第二节　在线职业教育培训行业投资状况

一、在线职业教育迅速发展的原因

1. 国家政策支持

2014 年 6 月 22 日，国务院发布了《关于加快发展现代职业教育的决定》（以下简称《决定》），全面部署加快发展现代职业教育。

2017 年 9 月 5 日，教育部办公厅印发《教育部关于进一步推进职业教育信息化发展的指导意见》，就全面提升信息技术支撑和引领职业教育创新发展的能力，加快推进职业教育现代化，进一步推进职业教育信息化发展提出意见。

2018 年 5 月 3 日，国务院出台《关于推行终身职业技能培训制度的意见》，在 2010 年《关于加强职业培训促进就业的意见》基础上，将"职业技能培训"和"终身教育"纳入政策考量，以此促进劳动者素质提升和经济高质量发展，这被认为是推行终身教育体系的一项重要措施。

2. 市场需求强烈

职业院校毕业的学生的就业率较高，企业用人观念开始转变，开始注重人才技能而非学历。由此带来的就业利好消息使更多的人转向职业培训以寻求更好的就业机会。

3. 互联网教育发展的结果

互联网的快速发展正在颠覆传统的学习模式，不同于传统机构的面授培训需要抽出整块的学习时间，在线职业教育可以利用碎片化时间，实现随时随地学习。

二、在线职业教育投资状况分析

北京学易时代咨询公司搜集了 2014—2018 年在线职业教育领域的投资事件，对该领域内的投资轮次和投资金额进行了统计（图 12.2 和图 12.3）。

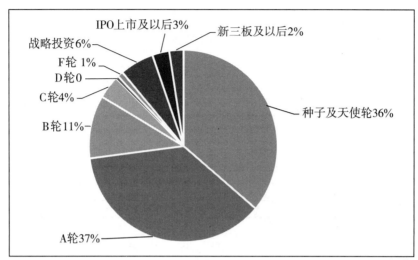

▲ 图 12.2　2014—2018 年在线职业教育投资轮次分布

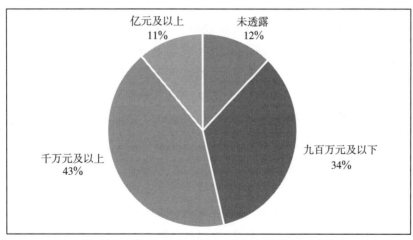

▲ 图 12.3　2014—2018 年在线职业教育投资金额分布

从数据上看，职业教育领域的投资事件主要集中在种子及天使轮和 A 轮的投资，投资金额的规模集中在千万元人民币及以上级别。

三、在线职业教育企业分布

目前在线职业教育类企业已经有上千家，而 IT 培训类的企业数量最多，其次是市场火爆的公务员考试。而在每个细分市场内，企业之间的竞争也非常激烈（图 12.4）。

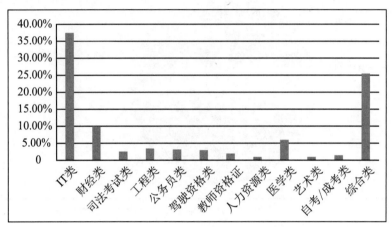

▲ 图 12.4　在线职业教育市场企业分布

在线职业教育的两大上市公司：达内科技和东大正保远程教育。

达内科技：2013 年中国职业培训的市场规模是 675 亿元，其中 IT 类的份额约占 11.4%（77 亿元），达内科技占有其中 8.3% 的市场份额。2014 年 4 月 3 日晚，达内科技集团成功登陆美国纳斯达克证券交易所。2018 年第一季度，总净营业收入 4.06 亿元，同比增长 22.1%。本季度达内科技招生总人数为 30 647 人，同比增长 10.3%。截至 2018 年 3 月 31 日，学习中心总数从 2017 年 3 月 31 日的 160 个增加到了 200 个。2018 年第四季度，达内科技集团为减少运营成本，关闭和合并了 12 家学习中心，2018 年全年成人总入学人数达到 147 692 人，同比增加 14.7%。

东大正保远程教育：东大正保远程教育以"中华会计网校"起家，旗下拥有 18 家品牌网校，开设了 200 多个辅导类别，覆盖了会计、法律、工程、医药卫生、自考、成人高考、考研、外语、中小学培训、IT 培训等诸多领域。2018 财年总净营业收入 1.167 亿美元，较去年同期增长了 27.2%，其中会计的增长速度较明显。

第三节 在线职业教育市场发展概况

一、在线职业教育企业细分领域分布

职业教育已有企业上千家，而在职业教育中，IT 类为主要细分领域，占比 35.27%，远超于财经、医学等类。如图 12.5 所示为职业互联网教育细分领域。

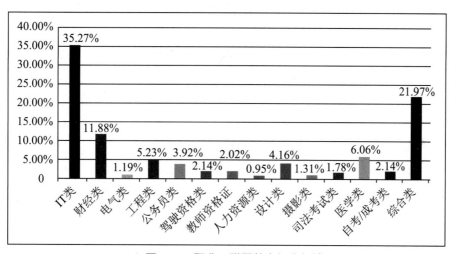

▲ 图 12.5 职业互联网教育细分领域

另外，综合类互联网职业教育企业的教育内容，包含 IT 类、财经类、电气类、工程类、公务员类、驾驶资格类、教师资格类、人力资源类、设计类、摄影类、司法考试类、医学类、自考/成考类，或包含以上任何三类以及大于三类的（综合类），故 IT 类的占比远比我们当前独立出来的数据还要多。

二、在线职业教育细分领域发展概况

职业教育事实上是一个非常细分的行业，随着对专业人才的需求逐步加大，将会有更多专注于更加细分的市场的企业出现，这里选取几个主要的在线职业教育市场进行分析。

1. 公务员考试

随着国内就业压力的不断增加，持续升温的国家公务员考试催生了一个特别的族群——"考碗族"，这些"考碗族"有的是即将毕业的大学生，有的是已在职场中打拼了几年的白领，他们有一个共同的特点就是狂啃考试书籍，不惜一切代价，投入大量的时间、精力和金钱，只为捧一个稳定的公务员"饭碗"。

据中公教育官网统计，2018 年国家公务员考试报考人数为 165.97 万人，共招录 2.8 万余人，竞争比例为 58：1，而其中国家统计局云南调查队的一个科员职位，竞争比例就高达 1 282：1。三线、四线城市的公务员考试培训招生情况总体好于一线、二线城市，公务员考试培训在这些地区非常火爆。

按照 150 万人的国家公务员考试和 250 万人的地方公务员考试的规模，如果有 20% 的参培率，每年就会有至少 80 万考生参加各种考前培训，按照平均 5 000 元 / 次的培训花费，仅这一块的收入就可以达到 40 亿元，再加上购买辅导教材产生的十几亿元的收入，公务员考试市场的规模将会超过 50 亿元，因此在中国教育培训市场的份额不可忽视。

经过十多年的平稳发展，国家公务员考试培训已经形成一个稳定成熟的大产业，其中面授培训占据这个市场的主导，大约占据 70% 的市场份额，图书和辅导教材则占据 28% 的市场份额，而网校这一块目前规模还比较小，仅占 3%～5% 的份额。

像中公教育、华图教育这样的全国性的国家公务员考试教育培训机构在全国主要的地级市都设有教学点，其中中公教育有 300 多个教学点，华图教育也有 200 个教学点，机构开设基础班、模块班、强化班、冲刺班、点题班等不同阶段的备考培训班，而不同课程的收费也从几百元、几千元到几万元不等。粗略计算一下，考生即便是只报最基础的《行政职业能力测试》《申论》《公务员面试指导》，三门加起来少则几百元，多则一两千元，如果从基础班到点题班全部学下来，则需要一万多元。

据调查，目前全国有 700～1 000 家针对国家公务员考试的培训机构，其中有以中公教育、华图教育为代表的全国性的连锁培训机构，也有很多区域性的培训机构，有的以省为中心，在全省范围布点，有的则以市为中心。在国家公务员考试的教辅图书市场，中公教育和华图教育基本垄断了这块市场，每年出版数千种教材。

公务员考试培训市场由面授培训、图书及在线网校构成，其规模超过 50 亿元。目前在线学习的市场不到 2 亿元，预计在线公务员考试培训市场可以占据 50% 的市场规模，还是有非常大的发展空间的。

典型企业：中公教育、华图教育。

2. 金融类资格认证考试

2015 年金融类、会计类人才需求尤为旺盛，网络在线职位数同比上季度达到 37% 和 36% 的增长。从智联招聘网站了解到，2018 年 1—4 月竞争最激烈的岗位除去 IT 类就是会计类岗位。金融行业的职业教育大多数属于继续教育，消费人群大多数是职场人士，因此消费能力较高。金融行业成为继 IT 行业和公务员市场后的又一大职业教育市场。

在线职业教育商业模式典型的成功案例是东大正保远程教育，在 2008 年登陆纳斯达克。在经历若干生死考验之后，如今会计专业几乎人人都知道中华会计网校。它在成功之后迅速拓展其他领域，如司法考试、医学考试、中小学网校等，但是收益远未达到预期。

根据东大正保远程教育最新公布的 2018 财年第四季度财报显示，净营业收入为 5 360 万美元，比去年同期的 4 170 万美元增长 28.6%。此次东大正保净营业收入的增长主要与会计高端班次的缴费现金收入和背后会计教育版块的强势增长，以及新收购的北京瑞达法考带来的收入有关。

东大正保远程教育在会计、护理、建筑工程类领域的收益还是相当不错的，是在线职业培训领域中的领军企业。东大正保远程教育还推出了职业考试 APP，作为在线教育的延伸。这说明在线教育市场有非常大的空间。

典型企业：东大正保远程教育。

3. 建筑工程考试

根据国内某专业招聘网站统计数据显示，2018 年 5 月，建筑与工程行业网上发布职位数超过 7 万个，在招聘企业中将近六成是民营企业。随着国民经济的发展，人民生活水平的不断提高，住房成为国民的刚需，所以对于建筑行业人才的需求也是日趋增加。

我国建筑业施工企业有 10 万多家，从业人员超过 4 000 万人，其中专业持证人员的数量不足 1%。通过建造师考试有一定难度，目前行业仍面临一级建造师、二级建造师较大缺口。在市场刚需的促使下，建造师属于极具潜力的岗位。

根据国家法律规定，从事工程项目管理的专业技术人员，应当具有城市规划师、建筑师、工程师、建造师、监理工程师、造价工程师等一项或者多项执业资格，可以说对人才的要求非常高，因此对于人才的招聘之"难"也是可以理解的。有业内人士表示"建筑企业提供的招聘岗位很丰富，但基本上都要求有工作经验的人，并且不少岗位涉及公司管理中高层。应届毕业生或者刚入职相关行业一两年的求职者，很难被公司看中。"

典型企业：学尔森教育、龙本教育、筑龙网等。

4. 司法考试

参加司法考试等重要资格考试的人群也成为公务员考试培训的一支主力军。与其他政府部门所招聘的公务员职位有所不同，想要成为一名法官或检察官，要经过公务员考试与司法考试的双重考核。而要通过百里挑一的公务员考试，以及被称之为"中国第一难考"，通过率只有 10% 左右的司法考试简直是难比登天。2017 年国家司法考试报名人数高达 64.9 万人，而录取人数只有 8.92 万人。

司法考试大军的不断壮大推动了培训机构的蓬勃发展，产生了万国学校、三校名师等专业培训机构。就业压力、司考政策的调整，以及法官等职业的高社会地位，使参加司法考试的人数大幅增加，而考试的高难度和低通过率，也使很多考生不得不求助于培训机构，这直接为培训市场带来了丰厚的利润。

在司法考试培训市场快速发展的同时，面对各类社会培训机构，很多考生在选择上变得更加稳重，更加懂得理性地挑选真正适合自己的培训班。比如先依据自身情况选择是面授还是网授，然后再比较内容、师资和价格。当然，在众多选择条件中，最能够直观反映培训机构教育质量和服务专业程度的司法考试通过率，无疑是考生最关注的。

名师同样也是考生选择培训机构时的重要考虑因素。就司法考试的十几个部门法而言，已形成了一两位名师在市场中的影响力和品牌号召力。比如国内司法考试刑法辅导专家韩友谊，凭借轻松、幽默、深入浅出的授课形式和对考察要点的精准把握，得到学员的广泛好评和认可。

典型企业：万国学校、三校名师等。

第十三章
幼儿数字教育产业分析

第一节　幼儿数字教育产业概论

一、幼儿数字教育定义

幼儿数字教育是指面向 0～6 岁（包含早教和幼教）儿童教育阶段，提供数字化的教育资源、数字化的学习平台或数字化的智能终端。

二、幼儿数字教育受众

表面上看幼儿数字教育面向的是 0～6 岁的幼儿，但从幼儿教育的教育场景来看，教师和家长也是幼儿数字教育的受众。对于教师而言，幼儿教育心理学、课堂教学方法、幼儿沟通技巧等都是幼师教育需求方案。对于家长而言，育儿知识、亲子关系、家庭教育等都是教育需求方向。

三、幼儿数字教育作用

1. 行为习惯

针对学龄前儿童启蒙教育的第一步是对儿童行为习惯的启蒙。对于主要通过模仿来学习的幼儿来说，一个良好的家庭教育环境非常重要。

2. 逻辑思维

学龄前儿童的逻辑思维教育主要分为 3 个方面：口头书面表达能力、基础逻辑思考能力和创造性思维能力。

3. 兴趣爱好

现阶段学龄前儿童的性格、爱好、兴趣培养等教育越来越受到家长的重视。幼儿性格的养成需要家长的正确引导，而兴趣爱好的培养过程也是亲子关系的增进过程。

4. 心理素养

目前对幼儿的启蒙和智力等方面开放的多为寓教于乐的内容。对于学龄前儿童来讲，快乐成长才是第一位的。幼儿的心理健康同样不可忽视。

四、幼儿数字教育特点

随着 80 后父母成为中国父母的主要群体，数码电子产品消费率迅速提升，幼儿教育市场每年可产生数百亿元的市场容量。幼儿数字教育市场与其他互联网教育相比，有巨大的差异，主要表现为以下几点。

1. 载体

因为家长对低龄儿童使用计算机有很大的担心，一是担心辐射等对儿童身体的损害；二是担心网络上的不良信息对儿童身心的影响。近几年随着智能手机和平板电脑的普及，很多家长选择平板电脑、光盘、MP3 播放器等作为儿童学习的载体，因此幼儿学习的主要载体是平板电脑，而不是计算机。

2. 形态

幼儿互联网教育的主要产品形态不是在线视频、在线考试等学习产品，而是多媒体动画、游戏等。

3. 内容

在内容上，学前儿童以认知、情感、日常生活等为主要学习目标，其表现形式是图文并茂的图书、轻松活泼的多媒体游戏等，与中学阶段以知识和技能为主完全不同。

4. 使用场景

在使用场景上，家长和老师是儿童使用这些设备的管理者。比较常见的现象是由家长下载软件安装到计算机或平板电脑及手机上，教孩子来使用。在幼儿园，多媒体学习软件的用途则是由教师使用大屏幕电视或平板电脑放映。

5. 客户与用户分离

幼儿数字教育的客户是家长、幼儿园，而使用者则是没有决策能力的学前儿童。这决定了数字教育产品的选购者是家长和幼儿园，而不是儿童自身。

6. 处于补充和从属地位

幼儿数字教育产品以 APP 为主要表现形式，但是与幼儿学习产品相比，面授培训、图书产品显然占据主导地位，由于家长担心过度使用电子设备会导致儿童视力下降等因素，因此幼儿数字教育产品还处于补充和从属地位。

但是随着互联网和移动互联网的发展，数字教育的地位必然会越来越高，因此与其他产品形态的互补性还是非常强的。

第二节　幼儿数字教育发展现状

一、产品类型

因为用户对线上教育的支付意愿远低于预期，盈利和推广等多方面的压力都在逼迫着创业团队转型。这里列举最近几年涌现出的儿童互联网创业公司、产品，按不同的发展方向分为以下 3 类。

1. 儿童数字阅读

相关创业公司有铁皮人科技（联想之星、清科创投）、乐豚 Yippee（创新工场、贝塔斯曼亚洲投资基金）、AppleTreeBook（九合创投）、上海童石网络（华映资本）、iCheersApp、Childroad、星宝书等。

2. 儿童互动娱乐教育

此类移动应用竞争日趋激烈，相关创业公司有贝瓦网（曾李青启明创投）、CheerZ Kids、网趣宝贝、斑马骑士、拉比盒子、信恩科技（K2 基金）、黑麦工作室（君联资本、联想投资）、有伴网、天空树、欧拉岛、薇薇魔法屋、巴别时代、星果网络、卡酷岛、Yateland Games 等。

3. 母婴互动社区及应用

相关社区有丫丫网、宝宝淘、妈妈帮、妈妈说、宝宝说和袋鼠妈妈等。相关 APP 有米格 365、宝贝全计划、微宝贝、BabyLife 和开心果等。

二、市场概况

目前教育类数字产品可以大致分为趣味问答游戏、中文学习、外语学习、日常生活、百科常识等几大类，这些幼儿学习类产品数以千计。

目前国内从业企业，一部分来自出版社，另一部分是互联网公司团队创业，比较多的是创业者。教育APP在市场上非常受欢迎和关注，但是由于目前国内盗版现象严重，以及用户付费意愿的相对低下，大部分教育APP开发团队现在盈利还较为困难。这个市场尚属于早期，无论从内容的深度，还是从从业者专业能力的发展上，都有一个发展的过程。

国内从事儿童教育APP的公司数量大约为300家，其中绝大部分是拥有传统互联网背景或移动互联网经验的技术型公司，其做法多是将传统内容照搬到移动终端上。东方爱婴是少有的几家格外关注APP应用的传统教育企业，两年多来一直在针对教育APP市场进行研发。未来东方爱婴的APP要以虚拟物理特性呈现一些教育内容，增强孩子使用、学习、互动的趣味性，比如利用Pad的重力感应特性，水平放置时它是一个水杯和水壶的画面，稍微一倾斜，水就会从水壶注入水杯中。

同样作为早教机构的天才宝贝，目前更看重的是如何利用APP为会员提供增值服务。现在80后父母已经成为其主流会员，他们最大的特征就是离不开智能手机和Pad，因此天才宝贝在2011年开始推出针对会员的APP应用。会员可以利用它们随时查看孩子的课堂视频、天才宝贝的新闻，以及与天才宝贝的及时互动沟通等方方面面的内容，为家长提供便利。

相对于那些苦苦探索如何盈利的APP企业而言，天才宝贝将其变成教学的辅助手段，通过增强客户体验的方式，在无形中为企业创造了价值。

三、从业建议

徐大伟策划机构对儿童数字产品进行了一些研究，建议开发者在从事儿童数字教育产品行业时，采用以下原则。

1. 细分市场再细分，产品开发坚持简单原则

在儿童阶段（5~15周岁），性别喜好将表现得更为明显。如传统玩具、游戏方面，男性儿童因活泼、好动，会偏向于运动较激烈、力量型的玩具，如变形金刚、蜘蛛侠、奥特曼等；而女性儿童喜静性格的会偏向于色彩鲜艳、简单的玩具，如芭比娃娃、跳绳等。

同样，儿童产品可以更有针对性地进行设计开发，以适应目标市场的选择。但是，最主要的一点是必须坚持内容为王原则。从产品的层次来说，儿童 APP 虽然区别于实体产品，但实际的价值效用、利益依然是吸引儿童的主要方面。另外，基于儿童智力发展阶段因素，儿童产品开发在内容方面不仅应坚持简单原则，而且要具备一定的智力引导功能——解除父母"玩物丧志"的担忧。儿童游戏应进行防沉迷设置，最长半个小时游戏时间，超时将自动退出程序。

2. 外观、色彩、功能要加以区别

通常来说，儿童阶段是对事物的好奇心最强烈的时期，他们求新、好胜、好奇，对事物的认识主要由直观刺激引起，对产品的注意和兴趣主要来自产品外观因素的影响，色彩鲜明、造型别致往往能引起儿童明显的注意。而且，对于游戏的把关者父母来说，色彩鲜明、造型别致、卡通的图标会比较容易吸引父母的眼球，会直觉性地将其归于儿童游戏领域。

3. 坚持多语言开发原则

将自己的产品推广到国外儿童教育市场，对于有远见的开发者来说是必然的目标。因此，在每次推出新版本的产品时配套做一个新的外文版本是必要的。如少儿益智游戏品牌斑马骑士在开发其多个 APP 时都附带开发了英文版本。

4. 推广平台的选择

对 APP 来说，App Store 依然是目前最大的推广平台。App Store 虽然平台最广，但是其中入驻的应用程序也同样最多，开发者如何才能从中脱颖而出？

平台推广渠道常用划分有：下载市场（Android、机锋、木蚂蚁等），应用商店（App Store、Google 市场等），大平台（腾讯应用中心、沃商店、天翼空间等），客户端（豌豆荚手机精灵、手机助手等）等。产品开发后的第一步就是进入市场领域，不同的平台发布意味着推广可以接触更广的消费群体。

5. 盈利模式的组合

收费还是免费，这个问题一直困扰着开发商，但就整体市场而言，在中国市场领域，建议还是坚持免费，除非 APP 具有不可比拟的优越性、独特性。当然，免费 APP

现在也完全可以考虑进行内嵌广告方式盈利。除此之外，还有一种较常用的盈利模式，就是应用内收费模式，这种方式建议尽量少用，除非能做到像福尔摩斯故事那样引人入胜。

免费方式可以带来巨大的用户量及口碑，虽然产品本身并不会产生收入，但是海量的用户基数会带来不少的广告收入，另外还可以衍生出儿童图书、儿童玩具、生活用品、儿童亲子活动、儿童医疗等各种增值服务，儿童数字教育市场的特点是依靠增值服务，因此需要创业者对盈利模式有深刻的理解。

学前教育与相关社区结合已经成为母婴市场产品的一大趋势，通过品牌建设或者 IP 形象的塑造，积淀客户流量和品牌认知，为社区带来教育内容和服务，并借助社区更好地积累用户、增强黏性，推广相关衍生服务和产品，也是变现盈利的模式。

第三节　幼儿数字教育产业分析

一、新生幼儿大幅增长

中华人民共和国自成立以来，经历了 20 世纪 50 年代、六七十年代、90 年代三次生育高峰。计划生育政策的实行，使得已经进入育龄的 80 后生产的新生儿人数显著减少，近几年新生儿数量一直维持在 1 600 万人。但是随着 2015 年 12 月 27 日全国人大常委会表决通过了人口与计划生育法修正案，全面放开二孩政策于 2016 年 1 月 1 日起正式实施，中国也迎来新一波生育高峰。图 13.1 所示为 2002—2016 年中国出生人口走势图。

据国家统计局公布的数据显示，从 2010 年中国出生人口呈上升趋势，到 2016 年中国新生幼儿出生人数达到 1 786 万人，2016 年是增速最快的一年，相比 2015 年增长了 7.92%，这是由于全面放开二孩政策激励了新生幼儿数量大幅增长，幼儿教育消费市场迎来人口红利。

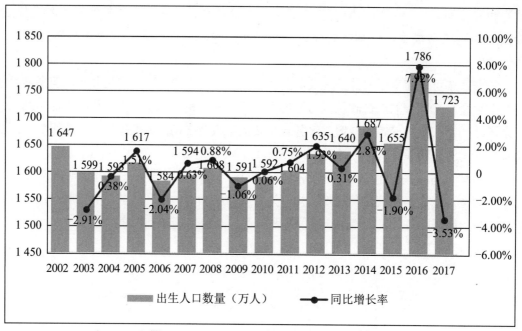

▲ 图 13.1　2002—2016 年中国出生人口走势图

二、市场规模持续扩大

　　得益于全面放开二孩政策下迎来的幼儿消费人口红利，新生幼儿的大幅增长以及近年来的家庭教育消费升级，幼儿数字教育的消费市场规模持续扩大。

　　据易观数据统计，2017 年互联网学前教育市场交易规模达到 39.2 亿元，相比 2016 年同比增长 28.9%，增长率相比 2016 年有所下降，这是政策反响和资本转向后的市场正常回落现象。而据易观估计，2019 年市场交易规模将达到 66.9 亿元，相比 2018 年增长 58.5%。2016 年迎来的新生幼儿数量大幅增长，三年后这批儿童正好进入教育消费市场，这将促使 2019 年的交易市场增长率迎来大幅增长。

第四节　幼儿数字教育典型企业分析

一、宝宝树

1. 品牌简介

宝宝树隶属北京众鸣世纪科技有限公司，该公司成立于 2007 年。宝宝树是一个让父母们进行有价值的经验分享以及育儿方法、得到愉快的和有意义的育儿及成长体验、为千万新手爸爸妈妈提供资源共享的交流平台，同时满足他们多层次、全方位、适应时代进步的育儿需求。2016 年 7 月，宝宝树获得 30 亿元融资。2017 年 12 月，宝宝树入围《2017 胡润大中华区独角兽指数》，成为估值超过 100 亿元的幼教企业。2018 年 6 月 28 日，宝宝树向香港证券交易所递交招股说明书，成为首家赴港上市的幼教企业。

2. 宝宝树系列产品

（1）宝宝树网站。

宝宝树网站是中国规模最大、最受关注的育儿网站，瞄准的是快速增长的 6 000 万名中国上网父母，以及由此辐射到的价值 540 亿美元的孕婴童市场。

（2）米卡成长天地。

米卡成长天地是宝宝树研发的一款分月龄家庭早教产品。针对 0～6 岁不同年龄段宝宝特点精心设计，通过多媒体的方式，全面系统解决父母育儿过程中的各种困惑。每期产品中的 DVD、书籍、玩具，让宝宝从视觉、听觉、触觉等方面多次接触到同一个主题，发挥各种载体的优势，加深宝宝的理解。

（3）Baby Box。

Baby Box 是宝宝树联合众多优质母婴品牌，为妈妈和宝宝倾力打造的关怀大礼，完全免费。宝宝汇集精选了自孕期至婴儿期的各类品牌，以抽奖方式回馈参与活动的宝宝树注册用户。每个宝宝树注册用户只需提交本人真实、详细信息均可申请。每月宝宝树会通过系统抽选出中奖用户，并于月底将 Baby Box 礼包递送到用户家中。用户在收到 Baby Box 礼包后，通过体验产品，提交产品体验报告。

（4）育儿问答。

育儿问答是宝宝树旗下的一款免费应用产品。宝宝树育儿问答是中国年轻父母首选的育儿问答互动平台，具有如下特点。

① 全面：130 万个育儿问答随时查询。

② 即时：10 分钟内有问必答，新答案不断添加。

③ 贴心：1 038 万名爱心妈妈真实经验分享，过来人帮助新手。

（5）快乐孕期。

快乐孕期是 1 000 万准妈妈每天都会使用的贴心伴侣，由知名母婴网站宝宝树荣誉出品。全新打造准爸爸功能，让准爸爸、准妈妈一起享受甜蜜快乐的孕期；每日权威的孕期知识与指导；知名专家在线答疑；和相同孕期、相同医院的准妈妈们即时交流；更有价值不菲的母婴用品免费申请赠送。

（6）快乐育儿。

快乐育儿是知名母婴网站宝宝树，携手众多育儿专家倾力打造的，365 天贴心陪伴式早教育儿应用产品。从宝宝出生那一刻起，快乐育儿将为父母们提供专业、全面的育儿知识，喂养、护理、游戏与早教全面覆盖，呵护宝宝成长。这里有最具人气的辣妈社区，帮助父母们交流心得、组织亲子聚会，分享快乐点滴。快乐育儿是新手父母们的必备应用产品。

（7）快乐辣妈。

快乐辣妈是宝宝树育儿网旗下的女性手机社区。在不同话题的"圈子"中，大家可以畅谈时尚美妆、瘦身健康、购物攻略、育儿经验、情感家庭、婆媳关系、早教方法等同时能够帮助妈妈们轻松找到同城市、同龄、同兴趣的辣妈，交流育儿疑惑、参与同城活动。

二、宝宝巴士

1.品牌简介

宝宝巴士（BabyBus）是专注 0～6 岁宝宝启蒙的移动互联网早教品牌，历经 7 年产品研发，为全球 3 亿户家庭提供一站式教养方案。宝宝巴士以孩子的兴趣启蒙为出发点，从健康、语言、社会、科学、艺术五大领域关注幼儿成长，汲取蒙氏教育的精髓，根据幼儿不同年龄段左右脑发育、敏感期特点和学习重点来设计产品，打造"年龄＋能力"的多元化产品体系。宝宝巴士为全球不同肤色、不同文化、不同年龄的孩子量身定制了玩（APP）、视（动画）、听（儿歌）全方位的启蒙产品。寓教于乐，宝宝巴士全面满足学龄前宝宝的需求，陪伴宝宝快乐成长，同时为家长提供专业、全面、丰富及个性化的教育产品和社区服务。

2. 系列产品

宝宝巴士产品主要分为 3 种类型，应用、儿歌和动画，全面满足幼儿玩、听、看的学习需求。应用上，宝宝巴士产品涵盖艺术创造、智力开发、社交礼仪、语言训练、生活习惯和认知百科 6 个方面，合计 160 余款软件。儿歌上，宝宝巴士平台提供原创、经典和英文三类儿歌，合计 160 余首。动画上，宝宝巴士目前有 10 部左右。2018 年 7 月，宝宝巴士"趣味有声童书""宝宝巴士好习惯行为引导"系列和"宝宝巴士奇妙救援队"系列上市。

三、贝瓦网

1. 品牌简介

贝瓦网是芝兰玉树（北京）科技股份有限公司旗下的网站，是一家提供全媒体家庭早教产品的互联网公司，通过贝瓦儿歌、儿歌视频大全、儿歌大头贴、儿童故事、早教淘奇包、儿童小游戏、儿童舞蹈等优质产品，为中国儿童提供全方位的教育资源。贝瓦网目前已经挂牌新三板。

2015 年 6 月获得乐视网、天使汇投资的数千万元，完成 C 轮融资。

2. 系列产品

（1）贝瓦儿歌。

贝瓦儿歌包含中文经典儿歌、新潮儿歌、英文儿歌 3 种类型。

（2）贝瓦故事。

贝瓦故事包含睡前故事、童话故事、寓言故事、成语故事、科学故事 5 种类型。

（3）动画片。

贝瓦网出品了 5 部动画片，分别是小猪班纳、哪吒传奇、熊出没、海绵宝宝、猫和老鼠。

（4）快乐学堂。

快乐学堂提供 6 方面的课程，包括拼音、英语、唐诗、数学、识字、科普。

（5）益智游戏。

益智游戏包括男孩游戏、女孩游戏、观察力游戏、反应力游戏、数学逻辑游戏。

四、小伴龙

小伴龙隶属深圳市有伴科技有限公司，是一款面向 0～8 岁儿童的早教产品，通过小伴龙这个虚拟的卡通形象，给孩子带来正面、积极、有价值的影响，让孩子在享受求知和探索乐趣的同时，培养孩子积极乐观向上的心态，全方位陪伴孩子快乐成长。2015 年 5 月，小伴龙获得好未来数千万元 B 轮融资。

据小伴龙官网公布，至 2018 年 5 月，小伴龙已获得 5 项国家教育专利，下载量超过 2 亿次，每月使用次数超过 5 亿次，总独立用户人数超过 8 000 万。

五、小熊尼奥

1. 品牌简介

小熊尼奥隶属于央数文化（上海）股份有限公司，专注于 2～10 岁学龄前和学龄期儿童的互动智能产品的开发与销售。为了让神奇梦幻世界不再局限于虚拟世界里，小熊尼奥利用高科技增强现实（AR）技术为孩子造梦，创造出很多寓教于乐的新型启蒙益智玩具，为孩子带来无与伦比的学习和互动体验。2016 年 10 月，小熊尼奥完成 B 轮 2.5 亿元融资。2018 年 2 月小熊尼奥上榜年度上海企业创新文化品牌展评名单。

2. 系列产品

（1）AR 系列。

小熊尼奥 AR 系列产品包括 AR 梦幻公主系列、AR 积木拼图小马宝莉系列、AR 神奇拼图变形金刚系列、AR 识汉字系列、AR 地球仪、AR 早教卡。

（2）口袋系列。

口袋系列包含口袋动物园、口袋动物园2、口袋交通三款产品。

（3）神笔立体画系列。

神笔立体画系列包括尼奥环球旅行、圣经故事、巴拉巴拉小魔仙、大头儿子小头爸爸、美食大冒险。

第五节　幼儿数字教育发展趋势

一、学龄前教育与母婴市场相结合，寻求新的变现模式

针对学龄前的在线学习产品主要还是以家长指导使用为主，且学龄前家长用户获取育儿知识的需求属于强烈需求，因此学龄前教育产品可以免费提供知识内容服务，然后向母婴市场引流及拓展业务，再以社区、社群的形式满足学龄前家长用户的交流需求来增加家长用户的使用频率，从而增强学龄前家长用户的付费意愿。

二、软件与智能硬件结合，创造更具科技感的教育产品

在长期的互联网免费思维模式下，直接进行内容销售并不容易。而在当下，家庭教育消费升级，用户对教育衍生品的需要也越来越高。在移动互联网技术日渐成熟的情况下，将学前教育软件与移动智能硬件相结合，是一条很好的盈利思路。

教育软件及内容仍采取免费的模式，而智能硬件则收费。学前的智能硬件最好是一个衍生品的科技化，简单的如在一个布娃娃身上安装音像和蓝牙系统，连上手机蓝牙即可播放APP上的儿歌、故事等内容。更具科技感的则可以是一个语音交互的AI智能玩偶，达成互动学习、寓教于乐的效果。总体来说，科技玩具要比普通的玩具更能引起孩子们的兴趣。

在这种模式下，互联网学前教育企业与玩具制造商需建立合作关系，在产品的设计、生产、定价、电商销售等方面投入精力，同时需要学前教育企业的领导者在教育培训行业之外还要懂得一些生产加工的知识。

三、打造儿童精品内容，由知识免费走向知识付费

在音乐、影视等娱乐内容付费兴起后，知识付费也成为大势所趋。过去几年，随着大众消费升级，以及一些前沿公司的极力探索，用户知识付费习惯正在逐步养成。传统的教育培训直接采取课程培训，而互联网教育企业过去常采用互联网流量变现的模式，在用户规模化后盈利模式却一直是个难题。一旦在线教育内容付费用户习惯养成，在线教育盈利将又多出一种盈利模式。

教育是一个用户价值判断很高的行业，因而对于内容及培训的要求非常高。内容是教育培训的核心，而对于学前培训而言更是如此。继而强调，知识付费绝不是将原来免费的知识直接变成收费，而是将原有的低品质内容精品化后再推向付费。

由于学龄前儿童的自主学习能力较弱，对于学龄前在线教育内容的精品化显然要比K12 和职业教育高得多。这就要求学前企业不仅要有很好的互联网技术，还要有很好的教育产品设计思维。如此，学前培训的知识免费才能顺利走向知识付费。

第十四章
少儿编程产业分析

第一节　少儿编程概论

一、定义

少儿编程是针对 5～18 岁的青少儿所设计的编程学习类产品，使用计算机语言、可以以主要目的是提升少儿的动手能力、逻辑思维能力及计算能力等，也可以说少儿编程就是为了普及编程而设计的编程方式，是每个少儿都可以学的零基础编程。

二、发展简史

2011 年可以说是少儿编程的初始时期，在此时期，最早出现的是以硬件为主、软件操作为辅的针对青少年的机器人教育，如贝尔机器人、makeblock 创客工场等，主要是通过机器人教育提升青少年的动手能力，以培养青少年的科学素质教育。

2013—2015 年，随着 MIT 推出了一套 Scratch 编程语言后，市场开始出现以图形化和游戏化的教学产品，与此同时，STEM 概念开始在中国传播并得到普及，传统编程向图形化程序系统转型，此时出现了一批针对青少儿的在线编程教育平台，如 2014 年成立的傲梦编程以及 2015 年成立的编程猫、编玩边学等。

2016 年以来，人工智能逐渐成为新时代的焦点。程序是人工智能的核心之一，有人断言"代码才是未来世界的通用语"，因此编程培训越来越受到人们的重视，其中与大热的 STEAM 教育联系紧密的少儿编程行业更是受到各路资本的追捧。A 股市场上，盛通股份入股编程猫；美股市场上，达内教育开创童程童美、好未来旗下的摩比牵手国外少儿编程龙头 Scratch，以及新东方投资极客晨星。数十家创业机构和产品不断进入市场，多家机构获得资本青睐并赢得大笔融资，少儿编程行业迎来发展机遇。

2017 年至今是少儿编程迅速发展的阶段，这主要是由于国务院发文推进 AI、编程教育的普及，以及信息技术（编程）加入浙江省高考选考科目等一系列政策的支持，同时也为少儿编程找到了对接应试教育的出口，部分少儿编程企业在 2017 年得到资本的青睐，获得多轮融资，整个少儿编程领域快速发展。

三、少儿编程的重要性

1. 提升少儿的逻辑思维能力

少儿编程逐渐成为热门领域，或许能成为未来工作和生活必备的技能之一，而且是学习知识，培养少儿的动手能力、逻辑思维能力、计算机能力等综合能力的一种方式。孩子在学习编程的过程中提升逻辑思维能力和解决问题的能力。

2. 全世界的通用语言

编程是没有国界的、适用于全世界的一种科技语言。许多国家都意识到编程教育的重要性，开始加大推广编程教育，呼吁学生学习编程，如英国将编程列入中小学必修课程，美国前总统奥巴马呼吁全民学编程，苹果 CEO 库克也曾说过："学习编程要比学习英语更重要，因为编程语言可以影响全球 70 亿人。"

3. 有可能发展成中小学生必学的一门基础课程

作者之前了解到很多国家都开始普及编程教育，将编程列为学生的必修课程。我国国务院印发的《新一代人工智能发展规划》中，明确提出实施全民智能教育项目，在中小学阶段设置人工智能相关课程，逐步推广编程教育。2017 年年底，浙江省信息技术课程改革方案中明确将 Python 编程纳入浙江省信息技术高考。

2018 年 1 月 16 日，教育部公布的《普通高中课程方案和语文等学科课程标准（2017 年版）》中，明确表示：对于在艺术、技术上有兴趣的学生，可以在这两个学科方向上学习更多的"可选择必修课程"。

政策的大力支持反映了教育部对编程教育的重视及推广，使得少儿编程逐步成为中小学生学习中的必要学习内容。而且编程与学科知识的结合，可以提升孩子的学习动力，激发学生的学习兴趣。因此，未来编程有可能成为中小学生必学的一门基础课程。

四、少儿编程产品类型

1. 编程机器人

通过编程机器人将虚拟世界和真实世界联系起来，不仅可以在虚拟世界里运行程序，还可以在现实世界里控制机器人运动。最典型的就是乐高机器人。

2. 编程玩具

编程机器人的优化版，针对低龄儿童，将编程学习和玩具结合起来，寓教于乐，潜移默化地让孩子从小就理解编程思维，例如编程玩具 Primo Toys、Dash & Dot 等。

3. 编程电脑

树莓派（Raspberry Pi）是专为学习计算机编程教育而设计，仅有信用卡大小的微型计算机。树莓派的编程计算机，不仅可以让孩子在组装计算机的过程中理解硬件知识，还可以在自己组装的计算机上学习编程，激发学习兴趣。

4. 编程游戏

孩子可以通过编程语言来控制游戏中的主角，在游戏的过程中学习编程的基本思维模式以及简单的编程语言，既包括针对低龄儿童的卡通游戏，也包括适合青少年的格斗类游戏。例如，微软推出了热门游戏 Minecraft（我的世界）的编程教育版本。

5. 可视化编程

通过预设的模块让孩子亲自创作一个简单的动画、音乐、游戏等。这类产品的特点在于不使用编程语言，而是用已经设定好的编程模块。可视化编程强调的不是怎么写计算机语言，而是要让孩子学习编程思维以及创造最后的作品。一般来讲，可视化编程工具提供商都会建立一个编程论坛，方便用户交流作品、互相学习。

第二节　在线少儿编程行业发展现状

一、少儿编程的政策支持

2016 年 6 月，教育部印发《教育信息化"十三五"规划》通知，把信息化教学能力纳入学校办学水平考评体系，将 STEAM 教育纳入基础学科。

2017 年 7 月，国务院印发《新一代人工智能发展规划》，明确提出实施全民智能教育项目，在中小学阶段设置人工智能相关课程，逐步推广编程教育，鼓励社会力量参与寓教于乐的编程教学软件、游戏的开发和推广。

2017 年浙江省将信息技术（包含编程）作为高考选考科目（7 选 3）中的一门，与传统物理、化学、生物科目具有同等地位。2018 年，江苏省要求在中小学普及编程教育，重庆市教委要求将编程教育列入中小学必学科目。"两会"期间，国务院总理李克强在政府工作报告中提出，2018 年要加强新一代人工智能研发应用，国家已把人工智能列为国家发展战略之一。

二、教育巨头布局少儿编程

2018 年 1 月，新东方投资极客晨星 A 轮 2 000 万元。新东方 CEO 展爽表示，双方将展开多层次的合作，充分发挥新东方的销售渠道和课程管理优势。由于与新东方泡泡英语客户群体相似，极客晨星的新校区将选在其附近，如一栋大厦的不同楼层。目前，极客晨星的推广海报已经贴在了新东方泡泡英语的教室中，品牌名前写着"新东方旗下少儿编程教育机构"。

2017年5月，好未来旗下的摩比思维馆宣布与Scratch达成合作，通过Scratch的工具和平台做教学研发，开发出一套体系化的少儿编程课程。Scratch方面将协助摩比在中国推广编程学习，并支持好未来的师资培训体系建设。

2015年11月，中国最大的IT职业教育公司——达内时代科技集团在中关村创业大街隆重召开新闻发布会，正式对外宣布推出少儿计算机编程和少儿计算机美术培训课程，并形成独立品牌——童程童美。

三、少儿编程创投风口初现

少儿编程培训在受到大公司追捧的同时，相关创业项目也如雨后春笋般出现。有媒体统计，截至2016年年底，国内涌现出的少儿编程教育产品有7个，其中只有4个完成了融资。而2017年之后，这个细分赛道受到了越来越多创业者、教育机构以及资本的热捧。据不完全统计，从2017—2019年3月底，少儿编程这一领域共发生了42起融资事件，涉及27家企业，具体情况见表14-1。

表14-1　2017—2019年3月底少儿编程融资事件

日期	品牌名称	轮次	金额（元）	投资机构
2019年2月26日	乐芒iMango	天使轮	数百万	寓乐湾 弘慧教育发展基金会（领投）
2019年2月20日	小码王	B+轮	1亿	未透露
2019年2月18日	核桃编程	A+轮	1.2亿	高瓴资本（领投） XVC创投 源码资本 安可资本（财务顾问）
2019年1月18日	和码编程	A轮	未透露	众为资本
2018年12月14日	立乐教育	A轮	6 000万	未透露

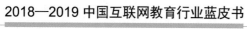

（续表）

日期	品牌名称	轮次	金额（元）	投资机构
2018 年 12 月 11 日	贝壳编程	天使轮	500 万	未透露
2018 年 10 月 15 日	未徕科技学堂		数百万	未透露
2018 年 10 月 9 日	编程屋	天使轮	数百万	有成资本
2018 年 10 月 8 日	Pipacode	天使轮	1 000 万	未透露
2018 年 9 月 14 日	橙旭园	Pre-A 轮	超千万	华盖资本
2018 年 9 月 12 日	傲梦编程	B 轮	1.2 亿	IDG 资本好未来（学而思） 前海母基金
2018 年 9 月 7 日	妙小程	A 轮	1 000 万	三七互娱创世伙伴资本
2018 年 9 月 5 日	斑码编程	Pre-A 轮	5 000 万	华创资本 梅花创投 兴旺投资
2018 年 8 月 23 日	大耳猴少儿编程	天使轮	数百万	在线途游
2018 年 8 月 16 日	编玩边学	Pre-B 轮	数千万	君联资本 科大讯飞
2018 年 7 月 9 日	核桃编程	A 轮	数千万	源码资本 XVC
2018 年 7 月 5 日	代码星球	天使轮	未透露	闯先生
2018 年 7 月 3 日	啊哈编程星球	天使轮	1 000 万	丰厚资本
2018 年 6 月 25	一码学程	天使轮	数百万	慕华投资（慕华教育）
2018 年 6 月 14 日	大思码	天使轮	500 万	新西兰天使投资人 George Wang
2018 年 6 月 1 日	VIPCODE	A 轮	8 500 万	创新工场 软银中国 真格基金 蓝湖资本
2018 年 5 月 25 日	编程猫	C 轮	3 亿	招银国际 新京报 山水创投 松禾资本 寻找中国创客导师基金
2018 年 5 月 3 日	小码王	B 轮	1.3 亿	微光创投 钟鼎创投 涌铧投资
2018 年 4 月 27 日	酷码编程	天使轮	未透露	头头是道基金 第四象限基金
2018 年 4 月 10 日	酷码教育	天使轮	未透露	头头是道基金
2018 年 4 月 10 日	妙小程	Pre-A 轮	1 600 万	易成投资 正念投资

（续表）

日期	品牌名称	轮次	金额（元）	投资机构
2018 年 3 月 8 日	智慧喵	天使轮	数百万	寒武创投
2018 年 3 月 6 日	核桃编程	Pre-A 轮	数千万	XVC 创投　山行资本　嘉程资本
2018 年 1 月 22 日	极客晨星	A 轮	2 000 万	新东方
2018 年 1 月 22 日	编程猫	B+ 轮	未透露	慕华投资
2017 年 12 月 8 日	傲梦编程	A 轮	数千万	青松基金　东方富海　王刚　原子创投
2017 年 12 月 7 日	VIPCODE	天使轮 / Pre-A 轮	数千万	蓝湖资本　真格基金
2017 年 11 月 20 日	编程星球	种子轮	数百万	未透露
2017 年 11 月 17 日	编程猫	B 轮	1.2 亿	高瓴资本　清流资本　清晗基金　猎豹移动
2017 年 10 月 16 日	编玩边学	Pre-A 轮	数千万	君联资本
2017 年 9 月 30 日	石头村	种子轮	未透露	洪泰基金　洪泰智造
2017 年 7 月 28 日	小码王	A 轮	数千万	涌铧投资
2017 年 6 月 4 日	妙小程	天使轮	数百万	未透露
2017 年 6 月 3 日	极客晨星	Pre-A 轮	未透露	北京协同创新京福投资基金
2017 年 5 月 16 日	编程猫	A+ 轮	1 500 万	知行教育　盛通股份
2017 年 4 月 12 日	编玩边学	天使轮	1 000 万	未透露
2017 年 3 月 1 日	Makeblock	B 轮	2 亿	媒体基金　深创投

　　两年多的时间里，有近 20 多家公司获得资本青睐，融资规模达数十亿，少儿编程的风口已经显现。在参与的投资机构中，不乏深创投、君联资本、高瓴资本、真格基金、青松基金等业内知名投资机构，也不乏王刚这样的知名天使投资人。

　　2018 年上半年，11 家少儿编程公司获得融资，可见在 2018 年，少儿编程领域的投融资热火继续燃烧，且比 2017 年更加迅猛，2018 年获得融资的企业有一半都是在 2017 年已获得融资，其中编程猫在 2018 年就获得 B+ 轮、C 轮两轮融资，且 C 轮融资高达 3 亿元，成为少儿编程领域的最大一起融资事件。2019 年，核桃编程、小码王分别再次获得 1.2 亿元和 1 亿元 A+ 轮、B+ 轮融资。

四、少儿编程发展存在的障碍

近两年少儿编程行业发展速度迅猛，许多线上与线下的培训机构纷纷成立并得到资本的青睐，但是此行业仍处于发展初期，依然存在很多问题及障碍。

1. 学生课业负担重

学生课业负担重是一直困扰我国基础教育发展的顽症。据《全国中小学生学习压力调查》数据显示，我国中小学生平均每天写作业的时间为 3 小时，是全球均数的 2 倍，法国的 3 倍，日本的 4 倍，韩国的 6 倍。普遍睡眠不足 7 小时，46.3% 的初中生和 90% 的高中生每天在 23 点以后入睡。面对如此繁重的学业，学生很难再有精力参加这种课外兴趣类的培训。但是 2017 年年底浙江省将编程 Python 作为高考内容，与传统物理、化学、生物等科目具有同等地位，各类减负政策也为少儿编程的发展提供了有利条件。

2. 少儿编程受家长认可程度差

由于少儿编程还没有在国内普及，很多家长对于编程还不是太了解，所以对于少儿编程培训的接受认可度较差，大部分家长宁愿让孩子把时间用在学科相关或者其他艺术类的课外辅导上，也不愿意让孩子去学习编程。所以想要少儿编程扩大发展空间，还需要国家加大对编程教育意义的普及及推广。

3. 少儿编程专业性强，对培训机构要求较高

由于少儿编程是基于计算机语言的基础上进行图形化、游戏化的系统学习方式，是比较专业性的培训形式，所以少儿编程培训机构和其他兴趣培训班不同，其要求较高，首先需要配备计算机等教学的硬件设备，其次对培训机构的整体团队的专业度要求很高，要有专业性强的优质教师。目前国内的教育机构大多采用"借鉴国外体系 + 自己的教研团队研发"进行课程体系设计，尚处于发展初期阶段。

第三节　少儿编程市场规模

一、少儿编程用户规模

据 2018 年全国教育事业统计公报显示，义务教育阶段在校生为 1.50 亿人。如此看来，少儿编程面向的学生用户达 1.50 亿人，即少儿编程的潜在用户规模为 1.50 亿人。据有关研究机构统计，目前中国大陆的少儿编程教育的渗透率为 1%，按这个比例计算，目前中国少儿编程市场用户规模达 150 万人。

二、少儿编程企业规模

通过百度搜索引擎不完全搜索统计到的少儿编程企业约 80 家。初步估计，中国目前涉足少儿编程的企业应该在 500 多家。2016—2017 年，少儿编程初步显现出创投风口，而且 2018 年这波创投风口越发高涨。随着初创少儿编程企业的井喷式增长，预计未来一年内中国少儿编程企业有望增长到上千家。

三、少儿编程市场规模

市场对少儿编程培训行业的态度普遍偏乐观，通常将其对标 600 亿元规模、年增速 15%～20% 的少儿英语培训市场。联讯证券研报显示，少儿编程行业未来市场规模可达 230 亿～350 亿元。

四、少儿编程的投融资规模

少儿编程自 2016 年开始萌芽，但也仅有编程猫、编玩边学等企业在这一年获得种子天使轮融资，少儿编程市场并没有受到太多的关注。2017 年，少儿编程领域正式迎来井喷，十几家企业获得资本青睐，编程猫、编玩边学、VIPCODE 更是在一年完成两轮融资。

编程猫 2017 年半年内再度完成 A+ 轮和 B 轮融资，这是继 2016 年之后编程猫再度一年内获得两轮投资。更令人惊叹的是，编程猫 B 轮融资高达 1.2 亿元，这是数字教育领域少有的。2018 年开年，编程猫再次得到 B+ 轮融资，同年 6 月份获得高达 3 亿元的 C 轮融资。编玩边学同样在 2017 连续完成天使轮和 Pre-A 轮融资，合计融资金额达数千万元。

教育机器人公司 Makeblock 在 2017 年 3 月获得 2 亿元融资后，2017 年 11 月推出了首款编程机器人，受到市场的格外关注。VIPCODE 在 2017 年 12 月 7 日上线当天就宣布完成天使轮融资，2018 年 6 月再次完成 8 500 万元 A 轮融资，成为少儿编程领域的一匹黑马。小码王 2017 年获得数千万元 A 轮融资，在 2018 年 5 月再次获得高达 1.3 亿元的 B 轮融资。

第四节　在线少儿编程的典型企业

一、编程猫

1. 品牌简介

编程猫成立于 2015 年 3 月，是深圳点猫科技有限公司自主研发的一款图形化编程工具平台。该平台依据少儿的学习特点与中国现代教育理念来设计，采用不同于传统代码的"图形化编程模块"的创作方式及"寓教于乐"的教育理念，通过有趣的游戏化课程与语、数、英等各学科相结合，让孩子在游戏中掌握知识点，快速了解编程概念，锻炼孩子的逻辑思维能力和创新实践能力。2018 年 1 月、2018 年 5 月分别完成 B+ 轮、C 轮融资。

2. 课程体系

编程猫课程体系见表 14-2。

表 14-2　编程猫课程体系

级别	学习内容	训练能力
S1	图形化游戏编程，STEAM 教学体系，在游戏中学会所有基础编程知识	编程思维、独立思考、想象力
S2	图形化游戏编程，学习游戏中的算法与数据结构知识	分析与解决问题、发散思维
S3	学习专业的编程语言 Python，PBL 项目制学习爬虫、数据库、智能算法等知识	拓展思维、协作创新
M1	学习计算机软硬件知识、数据结构及相关算法，NOIP 信息学竞赛入门	坚持、求知、团队决策
M2	学习计算机网络知识，更难的算法设计和算法优化，成为 NOIP 竞赛选手	辩证思维能力、应用能力
M3	学习计算机操作系统知识，涉及概率学、统计学等数学知识，培养开发简单的编程语言	采集数据、记录数据
L1	深入学习计算机系统结构，培养管理和开发 Linux 的能力，最终设计小型的 CPU 芯片	整理、理解数据，会反思
L2	进行复杂数据分析处理，设计简单的弱人工智能，能够自主推动软件开发项目	探究未知、分析能力
L3	与人工智能科技最前沿接轨，搭建、管理大型数据库和大型网站的开发	全面整合能力，达到专业开发者要求，拥有优秀的思考能力

二、编玩边学

1. 品牌简介

编玩边学隶属于深圳市编玩边学教育科技有限公司，是国内少儿编程教育的开创者，致力于为 7～16 岁青少年提供专业的在线编程教育。目前已发展成为集少儿编程教育技术研发、课程体系、教学服务等于一体的"互联网＋"教育平台。2017 年 10 月完成数千万元的 Pre-A 轮融资。

2. 课程体系

（1）Scratch。

编玩边学 Scratch 课程体系见表 14-3。

表 14-3　编玩边学 Scratch 课程体系

等级	适用年龄	课程内容
Level 1	7 岁以上（零基础）	本课程以 Scratch 图形化编程语言为载体，采用项目制教学模式，每节课带领学生完成一个独立的小项目。每堂课学生需要完成知识点学习、案例练习、自由创作及测评等环节。在一系列课程中，同学们将学会创作故事、动画、音乐、美术及小游戏。完成所有课程后，同学们将学会事件、循环、变量、逻辑判断等基本的计算机程序知识，可以独立创作一些小程序
Level 2	8 岁以上	本课程以 Scratch 图形化编程语言为载体，利用 Picoboard 硬件的各种传感结构，同学们将完成 12 个软硬件相结合的编程项目。每堂课学生需要完成知识点学习、案例练习、自由创作及测评等环节。在难度上，相比 Level 1 有大幅的提升，更加考验学生解构复杂项目的逻辑分析能力和对 Scratch 编程工具的应用了解
Level 3	9 岁以上（零基础）	本课程以 Arduino 这一块拓展性极强的电路板为主要教具，采用项目制教学模式。在一系列课程中，同学们将熟悉各类传感器的应用，并通过 Scratch 编程控制硬件功能效果展示。每堂课学生需要完成知识点学习、案例练习、自由创作及测评等环节。完成所有课程后，同学们将能够利用各类熟知的传感器为自己创作的作品搭建硬件躯体，而后用软件为硬件赋予灵魂的能力

（续表）

等级	适用年龄	课程内容
Level 4	9 岁以上	本课程以 Arduino 这一块拓展性极强的电路板为主要教具，采用项目制教学模式。该系列课程是上一系列课程 Level 3 的延伸和拓展，无论在广度上还是深度上，对于 Arduino 和 Scratch 相关知识的讲解都会进一步加深。通过学习这一系列的课程，同学们将掌握更多传感器的使用方法，也能更加深入地学习 Scratch 编程思想，进而创造出有趣而极具互动性的作品。每堂课都有知识点学习、案例练习、自由创作及测评等环节，能充分锻炼同学们的动手能力和逻辑思维能力

（2）Python。

编玩边学 Python 课程体系见表 14-4。

表 14-4　编玩边学 Python 课程体系

等级	适用年龄	课程内容
Level 1	10 岁以上	本课程主要以"玩仔大冒险"的故事情节为背景，再配合生动有趣的动画来讲解 Python 相关知识。寓教于乐的教学方式，能让学生们一边学习 Python 知识，一边跟着"玩仔"闯关冒险。每节课学习完，同学们都能学会用一个小程序来解决"玩仔"遇到的困难，并且循序渐进地学会 Python 的基础知识
Level 2	10 岁以上	本课程的主要内容是 Python 在游戏中的应用。在这一系列课程中，每节课都会教同学们用 Python 制作一个小游戏，并且会讲解必要的数学与动画知识。学习完这一系列课程，同学们不仅巩固了 Python 的基本知识，还能自己动手制作出如"打砖块""贪吃蛇"等一些有趣的游戏
Level 3	10 岁以上	本课程将教会同学们写 Python 爬虫。通过 Python 爬虫来自动化访问网页并下载页面的资源，如图片、音频、视频等。通过学习该系列课程，同学们能掌握网页的基本结构和网络协议，并且能够自如地抓取想要的网络资源
Level 4	10 岁以上	本课程将教会同学们用 Python 知识制作一个网站。在这一系列课程中，同学们不仅能够学习和巩固 Python 相关知识，还能掌握 HTML、CSS 和 Javascript 等网页制作知识。学习完课程后，同学们能够创造自己的"留言板"和"博客"，打造属于自己的一片小天地

（3）NOIP。

编玩边学 NOIP 课程体系见表 14-5。

表 14-5　编玩边学 NOIP 课程体系

等级	适用年龄	课程内容
Level 1	11 岁以上	在这一系列课程中，同学们将会学习到 C++ 基础理论、分支语句、循环语句及数组等知识
Level 2	11 岁以上	在这一系列课程中，同学们将会学习到高精度算法、枚举技巧、完全搜索算法、深度优先算法、广度优先算法和一些常用的数学思想等知识
Level 3	12 岁以上	在这一系列课程中，同学们将会学习到高效排序算法、二分查找法、分治算法、二叉树、堆、图的拓扑排序和图的最小生成树等知识
Level 4	12 岁以上	在这一系列课程中，同学们将会学习到图的最短路、KMP 和字典树、链表、搜索剪枝、数论等知识。最后也会有一些综合型训练，以巩固之前学习到的知识

三、童程童美

达内科技于 2015 年年底正式推出童程童美，凭借敏锐的市场嗅觉、强大的教研能力和完善的线下培训网点，迅速取得先发优势，成为目前国内最大的青少儿编程培训机构。童程童美教育培训包含童程、童美、童创三个部分，分别是面向 6～18 岁青少儿的编程、3D 打印和机器人课程。其中，编程是童程童美的业务核心，2/3 为编程课程招生，1/3 为机器人课程招生，3D 打印课程发展速度较慢。现有少儿编程、智能机器人编程、信息学奥赛编程、创意启蒙课程、少儿手机编程、编程数学 6 大系列课程。

2018 年达内童程童美战略收购青少儿机器人培训机构好小子，进一步加码青少儿编程和机器人编程培训市场。童程童美少儿编程级别如图 14.1 所示。

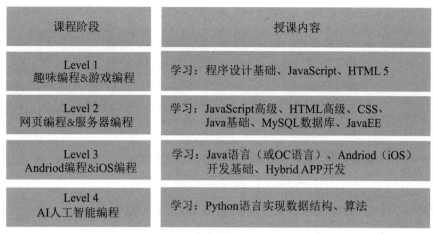

课程阶段	授课内容
Level 1 趣味编程&游戏编程	学习：程序设计基础、JavaScript、HTML 5
Level 2 网页编程&服务器编程	学习：JavaScript高级、HTML高级、CSS、 Java基础、MySQL数据库、JavaEE
Level 3 Andriod编程&iOS编程	学习：Java语言（或OC语言）、Andriod（iOS） 开发基础、Hybrid APP开发
Level 4 AI人工智能编程	学习：Python语言实现数据结构、算法

▲ 图 14.1 童程童美少儿编程级别

四、傲梦编程

1. 品牌简介

傲梦编程（简称傲梦）隶属于上海傲梦网络科技有限公司，创办于 2014 年 3 月，是国内青少儿编程培训的开创者，主要致力于教授 8～18 岁青少儿计算思维、计算机编程、游戏应用开发等课程，帮助孩子们提升其抽象逻辑思维、计算思维、创新与创造能力。

团队将编程与 STEAM 教育结合，并结合多元智能理论测评体系、PBL 项目式教学和国外先进的 RBLOOM 教学模型，自主研发出在线一对一真人直播个性化教学方式，结合编程、数学、艺术，实现跨学科教学，寓教于乐。

2016 年傲梦在扩大线下业务的同时正式开展线上教学，面向全国的青少儿教授编程思维，使全国 5～18 岁的青少儿都可以在线一对一学习超前的编程思维和技能。目前，凭借傲梦独创的"编程思维"教育理念及技术优势，已经有来自全国各地 24 座城市，共计 5 000 多名学员来傲梦学习编程，累计上课的课时达 50 多万小时。

2. 课程体系

傲梦编程的课程体系如图 14.2 所示。

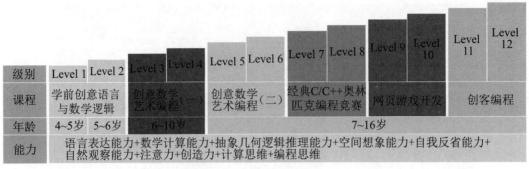

级别	Level 1	Level 2	Level 3	Level 4	Level 5	Level 6	Level 7	Level 8	Level 9	Level 10	Level 11	Level 12
课程	学前创意语言与数学逻辑		创意数学艺术编程（一）		创意数学艺术编程（二）		经典C/C++奥林匹克编程竞赛		网页游戏开发		创客编程	
年龄	4~5岁	5~6岁	6~10岁				7~16岁					
能力	语言表达能力+数学计算能力+抽象几何逻辑推理能力+空间想象能力+自我反省能力+自然观察能力+注意力+创造力+计算思维+编程思维											

▲ 图 14.2　傲梦编程的课程体系

第五节　在线少儿编程的发展趋势

一、创业企业井喷，未来三年将达到 2 000 家以上

少儿编程在 2015—2016 年萌芽，并在 2017 年形成互联网教育投融资新风口。2017 年，教育资本回暖，在家庭消费升级的背景下素质教育市场全面开发，其中少儿编程成为最热门的领域。

据统计，2017 年共发生 12 起少儿编程投资事件，涉及 10 家企业。截至 2019 年 3 月底，共有 27 家少儿编程企业获得融资，有 3 家企业已完成 B 轮上亿元融资，融资金额业内少见。资本的市场投资热也吸引了大批创业企业加入少儿编程大军，据统计，目前少儿编程领域至少有 500 多家企业。按照目前的趋势，2018—2019 年将迎来少儿编程创业企业的井喷，未来三年预计将达到 2 000 家以上。

二、创投市场发展迅猛，政策红利将带动消费市场的春天

按照目前少儿编程创投市场的发展趋势，2018 年迎来了少儿编程创投市场的井喷。未来两到三年内，少儿编程的赛道竞争将很快演变为资本竞争。在资本助推下，少儿编程

市场上将会出现 3~5 家头部企业，并有机会出现估值超过 10 亿美元的"独角兽"企业。

创投市场热潮汹涌，但消费市场仍需长时间培育。少儿编程作为素质教育的一部分，在中国尚属于概念期，在应试教育环境下，尚未获得广大父母的认可。虽然目前少儿编程培训企业增长非常快，但为孩子购买培训服务的只有少数具有前瞻眼光的家庭。据估测，少儿编程只有不到百亿的规模，在教育培训市场这是一个很小的数字，消费市场还需要更多时间的培育。

虽然目前信息技术已经成为浙江省高考选考科目，且北京、山东、上海也有引入信息技术作为高考选考科目的计划，但目前尚处于试验阶段，全国大面积普及还需要一定时间。按照目前的政策趋势，未来三到五年内，少儿编程课会进入中小学课堂成为基础课。届时少儿编程成为刚需，少儿编程市场才能真正迎来春天。

三、学校师资培训浮现大市场，编程教室建设将成为教育信息化重点

当少儿编程成为中小学基础课后，少儿编程师资将出现数百万名的人才缺口。中小学少儿编程教师的缺口，一方面需要从师范院校进行招录，另一方面需要对现有师资进行进修培训。

《教育信息化"十三五"规划》明确提出将信息化教学纳入学校办学水平考评体系，未来教师的信息技术培训成为学校的迫切需求。目前，我国中小学教师信息技术水平普遍不高，具备编程技术的教师更是少之又少，因此中小学师资编程培训将浮现非常大的市场。

对于学校而言，进行编程教学不仅缺乏师资，更缺乏符合标准的教学环境。少儿编程教学，不仅需要性能优良的计算机以及配套的软件，而且需要相应的玩具、机器人、积木等组件配合使用。因此，编程教室建设将成为中小学的刚需，成为学校教育信息化工程的重要组成部分。未来，教育信息化工程中，编程教室项目也将出现数百亿元的市场。

第十五章
企业e-Learning行业发展研究

第一节 企业e-Learning概论

一、定义

e-Learning 一词来源于美国，最初的定义是电子化学习，指借助电子化的技术提升学习效率。2000 年，美国教育部在"教育技术白皮书"里对"e-Learning"进行了重新阐述，e-Learning 指的是通过互联网进行的教育及相关服务。

然而，随着技术的进步，e-Learning 早已超出了字面意思和最初的定义。如今比较流行的在线学习、移动学习、自适应学习都可以称之为 e-Learning，在线教育、互联网教育、数字教育都与 e-Learning 密切相关。

基于 e-Learning 行业的最新发展现状，从狭义上讲，基于信息技术的内容和传播方式的 e-Learning 概念最早诞生于 20 世纪六七十年代，行业兴起于 90 年代，2000 年前后进入我国。

基于 e-Learning 本身的定义，电子化学习强调的是一种学习者的学习新模式。青少年阶段的学习行为更多依赖于学校的约束和教师的引导，而在企业内部的学习行为更加依靠员工主动的自学意识和能力，因而基于技术手段的学习行为，在企业内部培训中使用 e-Learning 更合适。

20 世纪六七十年代，互联网还没有兴起，学习资源的承载介质、呈现方式和传播方式尚未数字化，电子化学习成为当时最流行的学习方式。进入中国后，e-Learning 的培训方式也最早在企业内训中兴起。长期下来，e-Learning 成为企业数字化培训最常提到的概念。虽然 e-Learning 理念同样可以被应用在青少年教育、职业教育等教育领域中，但行业内更习惯于谈论企业 e-Learning。

二、企业 e-Learning 相关的概念

1. 在岗学习

在岗学习又称在岗培训（On the Job Training），是指在工作现场内，上司和技能娴熟的老员工对下属、普通员工和新员工们在日常的工作中，对必要的知识、技能、工作方法等进行指导、培训的一种学习方法。它的特点是不离开工作环境，在具体工作中双方一边示范讲解、一边实践学习，有了不明之处可以当场询问、补充和纠正。

2. 团队学习

团队学习是指一个单位的集体性学习，它是学习型组织进行学习的基本组成单位，便于单位成员之间的互相学习、互相交流、互相启发、共同进步。团队学习是发展团体成员整体搭配与实现共同目标能力的过程。团队学习对组织与个体来说是双赢的选择，也是双赢的结果。团队目标一致与知识共享是团队学习的重要特征。

3. 非正式学习

非正式学习（Informal Learning）是指在非正式学习时间和场所发生的，通过非教学性质的社会交往来传递和渗透知识的学习模式，非正式学习通常由学习者自我发起、自我调

控、自我负责。非正式学习无处不在，如参加会议、读书、浏览网站、交谈等，在工作和生活中非正式学习随时随处都能发生。

4. 碎片化学习

碎片化学习是指利用零碎的时间，进行短、平、快的学习方式。现代社会忙碌的节奏，让总是处于忙碌状态的人可自由支配的完整时间越来越少，而与此相对应的零敲碎打的时间却多了起来。

碎片化学习除了传统的看书、读报、听广播之外，手机阅读、电子书阅读等新兴方式的兴起也为实现碎片化学习提供了更多方式。

5. 移动学习

移动学习（Mobile Learning）是借助于学习者随身携带的数字化设备而实现的随时随地的学习。较为常见的数字化设备包括：智能手机、MP3、MP4、PDA、PSP、电子书阅读器及便携笔记本电脑等。随着移动通信技术及终端设备的进一步发展，将会有更多适合于移动学习的产品出现。

在组织中，由于移动学习可以很好地满足员工即时学习（Just In-Time Learning）的需要，在未来企业教育培训中其作用和价值会越来越大。同时，对于培训管理者而言，移动终端也可以用于对 LMS（学习管理系统）进行管理操作。

6. 嵌入混合式学习

狭义的混合式学习是指在线学习与面授学习相结合的学习方式，具体又可划分为以面授为主、在线学习为辅模式及在线学习为主、面授为辅模式。广义的混合式学习是指围绕学习目标，通过不同学习策略、方式与技术的综合运用来获得最佳的学习效果，并达成最终的学习目标。

三、企业 e-Learning 发展简史

1. 第一阶段：1999—2003 年引入期

企业 e-Learning 最早由学富网创始人孙瑛自 1999 年引入中国，通过举办培训和咨询推广企业 e-Learning，并成功为当时的小网通实施了 e-Learning 系统。此后，来自外资和港资投资的北京傲资时代、北京华夏大地、上海易学等一批公司陆续成立，持续推动企业

e-Learning 应用。2001 年，IBM 和 Oracle 等 IT 巨头也加入这个市场，IBM 成功实施了中国工商银行 e-Learning 系统，Oracle 成功实施了太平洋保险 e-Learning 系统。由于受当时网络环境、企业培训水平及提供商水平等多种因素的影响，企业 e-Learning 应用环境并不成熟，没有达到预期的使用效果，学富网和上海易学等一批公司陆续关闭。此阶段用户和提供商都处在探索阶段，是引入期。

2. 第二阶段：2003—2010 年快速发展期

企业 e-Learning 的转机出现在 2003 年上半年的 SARS 时期，由于限制出差和召开面对面的会议，部分企业不得不使用 e-Learning，他们发现虽然有些难度，但还是很有价值的，自此 e-Learning 进入了快速成长期。这时期的典型用户是中国电信网络，中国电信大学借助董事长王晓初新上任推动企业转型的契机，在全集团内推广 e-Learning，很快取得显著效果，并进一步确保领导支持和持续投入，不断发展。到 2008 年年底，注册用户 38 万人，学员累计学习 1 亿小时，有力地支持了中国电信的各项业务，中国电信先后获得 5 次 ASTD 提名奖和 2 次 ASTD 大奖。这一阶段的用户主要是大型外企、大型国有企业（特别是央企）和知名民营企业，在这个阶段大家不再怀疑 e-Learning 的价值，而是考虑如何结合企业的实际情况，将 e-Learning 用出价值。

3. 第三阶段：2010 年至今全面发展期

在这个阶段，不仅仅是大型企业，很多中型企业，甚至是小型企业都在使用 e-Learning，比如很多中小城市的商业银行在 e-Learning 方面都有 100 万元以上的预算。总结这一时期的发展主要有以下几个原因。

① 中国企业管理水平提升，普遍重视人才发展，学习需求推动。

② 应用软件和解决方案逐渐完备。

③ 已经使用过 e-Learning 的培训人员从外企和大型企业向中小企业流动，从而推动中小企业使用。

④ 以时代光华为代表的提供 e-Learning、SAAS 服务的企业极大地降低了使用门槛，促使中小企业尝试使用 e-Learning。

4. 现阶段发展概况

经过近二十年的发展，企业 e-Learning 的行业格局基本形成。现阶段，企业 e-Learning

的市场被睿泰集团、时代光华、新为软件、鑫日科、汇思等数家企业占领，剩下的一些区域性的企业瓜分了剩余市场。

在移动互联网、大数据、人工智能技术的冲击下，传统的企业 e-Learning 产品急需变革。然而原有市场的固化，致使当下的企业 e-Learning 严重缺乏创新活力，产品研发和迭代升级非常缓慢，至今尚未看到颠覆性的产品出现。

当下在线教育行业的投融资浪潮和持续高速增长的市场趋势，激励了一批为传统培训机构提供学习平台、招生管理工具、直播录播技术等服务的企业快速成长并获得大笔融资，在为培训机构提供 e-Learning 服务的市场呈现出了一定的活力，并具有很好的市场发展趋势。

四、企业 e-Learning 应用优势

1. 提升培训效率

企业 e-Learning 能全面提升企业培训效率。由于时空条件的限制，传统培训解决了企业培训"点"与"线"的问题，而 e-Learning 和 OJT（在职辅导与训练）一起，则实现了随时、随地培训，因而解决了组织培训"面"的问题。

2. 提升培训效能

企业 e-Learning 能大大提升组织整体培训效能。由于 e-Learning 所涉及的培训内容可以统一规划，覆盖面广泛，组织中的每一个学习者都可获得相应的培训，因而可以大大提升组织整体培训效能。

3. 节约培训成本

企业 e-Learning 能节约企业培训成本，提升培训效益。由于跨越时空带来的可重复学习、普及学习、差旅节约等因素，对组织而言，可以大大节约培训成本，提升培训效益。

4. 达成人才个性化培养

企业 e-Learning 大大强化了培训的针对性。由于每一个学习者都可以根据工作需要独立选择适合自己的学习内容，将学习与工作质量改善、自我提升紧密结合，因而大大强化了培训的针对性。

5. 推动企业培训的持续性发展

企业 e-Learning 能推动企业培训可持续发展。企业 e-Learning 系统的应用，不仅能便捷高效地发起培训，还能有效地进行知识的高效组织、管理和留存。借助于移动化、碎片化的学习培训理念和工具，能帮助学习者养成长期的自我学习习惯。学习管理系统也能及时记录学习者数据，为整体培训组织和个人学习情况提供数据支持，便于对培训内容和培训形式进行持续的改善。如此来看，企业 e-Learning 的使用，能够在知识管理、数据记录、习惯养成等多个方面，促进企业培训的持续性发展。

五、企业 e-Learning 的产业模式

1. 内容服务

（1）通用内容。

通用课程提供商以提供 e-Learning 通用课件内容为主，可分为语言类、管理类、技能类、IT 类、文化类等。其中通用课程提供商包括国内外各类 e-Learning 课件内容提供商、网络院校、出版社、行业协会、各类教育培训机构及 e-Learning 课件制作服务商。通用课程提供商一般采取直销和代理两种运营模式，国内目前专门提供课程代理的公司较少，更多是平台商或培训机构利用自身渠道和现有资源，代理与其相关的课程产品。

（2）定制化内容。

课程定制开发服务商为企业提供 e-Learning 课程的定制开发服务。在 e-Learning 行业市场初期，因课程开发所需时间长，制作成本高，需求量较低，产品生命周期不长等原因，e-Learning 的定制课件服务不多，应用企业大多数通过购买通用课程或通过工具自制课件为主。然而随着市场逐步对"内容为王"的普遍认同，以及对 e-Learning 课件应用效果的关注，定制化服务的需求越来越大，课件制作厂商也如雨后春笋般多起来，在未来具有很大的上升空间。并且课件制作服务商因具有课程制作所需的相关专业知识，进入门槛相对较高，常成为其他类别提供商争取合作的对象。

2. 技术服务

（1）学习管理系统。

学习管理系统，（Learning Management System，LMS）是指管理组织中员工培训与学

习相关事务的信息化管理系统。学习管理系统可以将分散在组织内部的学习与知识资源集中管理起来，使组织和员工拥有更高的学习效率。学习管理系统主要功能包括：管理培训业务、管理员工学习流程、实现并管理在线学习、管理各种类型的课程和知识资源、在线考试、生成管理报表等。

学习管理系统的发展趋势一方面与企业绩效管理紧密结合，逐渐形成统一的人才管理系统；另一方面，学习管理系统将整合越来越多新的学习技术和学习模式，向以个人为中心的学习门户演变，并且学习管理系统将逐步与知识管理系统整合，最终走向企业单一的学习或知识门户。

（2）课程管理系统。

课程管理系统（Course Management System，CMS）就是为课程建立网站，老师可以在上面发布课程大纲、教学计划，以及每堂课的教学内容，布置作业，批改作业，公布学生成绩。课程管理系统往往还为课程提供一些通信工具，如讨论组、聊天室，支持这门课程师生之间的交流。课程管理系统具有组织、跟踪、评估、发送的功能。

（3）课件制作工具。

最常见的课件制作工具是 Office 系列下的 PowerPoint 和 WPS 系列下的演示文档，但对于制作内容更精致、功能更多样的课件，这两个软件远远无法满足需求。社会上有一些企业针对课件制作推出了专业化的工具。

① 课件制作 PowerPoint 插件。ispring 和 articulate 是国外比较流行的适用于 PowerPoint 课件制作的功能插件。可以轻松地将 PPT 演示文档加入声音、视频、测试题、交互等，同时一键转换为 Flash 影片。

② 多媒体创作工具。如 AuthorWare 是课件制作工具中应用比较广泛的平台，由 Macromedia 公司（现已被 Adobe 公司收购）开发的一种多媒体制作软件。它的最大特点是创造了基于图标的创作方式，用可见的流程贯穿课件制作的整个过程，清晰有序。我们只需对 13 种图标进行拖放及设置，就可以完成普通课件的开发，无须编写过多的程序代码。国内比较知名的多媒体创作软件有方正奥思、课件大师、广州凯迪、101 教育 PPT。

③ 录屏软件。录屏软件用于实时录制电脑桌面的动态变化，方便记录桌面课件、文档、视频等演示过程，还能即时录制授课者的语言，轻松地将授课内容录制成可以广泛传播的视频课程。典型的录屏软件有韩国 bandisoft 公司出品的 Bandicam、OBS Studio、

Camtasia Studio，国内的 KK 录像机、EV 录屏、迅捷录屏录像工具等。

3. 运营服务

（1）平台租用服务。

SAAS 运营服务商专注于为企业提供平台或课程的租用服务，通常按时间、账号数量进行销售。SAAS 有向 PASS 延伸的趋势，即从软件应用服务向平台应用服务延伸。PASS 在客户化、二次开发上有很大的优势。

（2）平台运营服务。

行业运营服务商专注于为某行业、专业领域提供 e-Learning 综合服务。近年来，e-Learning 综合服务商开始从行业标杆企业走向更多普通企业，为 e-Learning 行业运营服务商提供了广阔的应用前景。若要为某一行业提供深入的 e-Learning 解决方案，需要具备一定的条件：一是要有至少 3～5 年的行业经验；二是要有一定数量和质量的专业课程和方案；三是要有专业人士的加入。

4. 解决方案

企业 e-Learning 解决方案是指为企业的培训学习提供一系列的学习平台搭建、课件制作、课程录制、平台运营、培训组织等综合性服务。

第二节 中国企业e-Learning行业发展现状

一、行业发展特点

1. 应用比例不高

我国企业以中小型企业居多，缺乏 e-Learning 组织培训的需要大多数持续性的学习，需求不强，e-Learning 培训难以长期持续。

据 IDC（互联网数据中心）统计，美国 92% 的大型企业已经或开始采用在线学习，其中 60% 的企业已经将 e-Learning 作为企业实施培训的主要辅助工具。而在中国，根据 online-edu 统计，500 人以上规模的企业 e-Learning 普及率为 10.8%，远低于国际水平，市场潜力巨大。

2. 应用集中传统行业

通过调研发现，e-Learning 产品在传统行业的企业中应用更为广泛，而在互联网高新技术产业的企业应用中相对较少。金融、汽车零售等传统行业在世界上有数百年的发展历史，在我国有 40~70 年的发展历史，而互联网等高新技术行业最近十几年发展的产业，在我国只有 10~20 年的发展历史。二者在产业属性、产业规模、产业动能等多方面具有明显差异，这也造就了 e-Learning 在传统行业中的应用更为广泛。

（1）产品诉求更强。

传统行业企业对 e-Learning 产品的诉求更强。传统行业企业人员规模相对较大，且常分布于全国各地，传统的线下培训组织起来比较困难且成本比较高。在各种困难的约束下，这些企业迫切需要一套高效便捷的网络培训方案。

（2）知识组织管理能力强。

传统行业企业知识组织管理能力比较强。传统企业一般组建了专门的企业内训团队甚至是企业大学，有一整套知识采集、加工、组织、存储、管理、传播、更新、迭代的流程，在知识组织管理方面有较强的执行力。

（3）拥有足够的知识积累。

传统行业企业拥有足够的知识积累。首先，传统行业发展历程较长，行业内就有非常成熟的知识沉淀。其次，一般传统企业自身也有数十年的发展历史，在企业长期发展中有丰富的知识积累，且最适合本企业的培训发展。企业足够多的知识积累和沉淀，使得使用 e-Learning 的企业培训可以快速高效开展。

（4）培训内容相对简单。

传统行业培训内容相对简单。一方面，传统行业知识已经有了长期的积累沉淀，且很多知识已经得到了验证和长期使用，比起不确定的互联网行业，传统行业的知识更加稳定，使得培训内容的组织上相对简单。另一方面，传统行业企业组织大规模的网络培训，一般面向基层员工，培训方向一般为专业、行业和商务的基础知识，培训内容也比较基础简单。

（5）完善的人力资源体系。

传统行业企业有完善的人力资源体系。传统行业企业庞大的人员规模，使企业必须搭建完善的人力资源体系。在完善人力资源体系的支撑下，能够形成招聘—培训—考核—评估等一系列的培训链条。企业 e-Learning 的使用，既能方便培训的组织实施，又能形成培训效果的及时反馈，从而不断改善培训效能。

（6）足够的培训成本。

传统企业拥有足够的培训成本。传统行业企业动则数百亿的营收规模，让企业有足够的资本投入到人才培养中。足够的培训成本，也让企业愿意尝试采用 e-Learning 系统进行企业培训。

3. 行业创投活跃度不高

通过对过去五年中国互联网教育投融资情况深入了解发现，企业 e-Learning 的初创企业非常少，获得融资的企业更是少之又少。哪怕是有幸获投的几家企业，也是为传统培训机构提供 SAAS 平台、招生管理工具等服务的企业，这还是受惠于在线教育的持续高速增长。企业 e-Learning 为何不受资本市场欢迎，经分析主要有以下几方面的原因。

首先是企业 e-Learning 跨行业能力不强。企业 e-Learning 作为服务型机构，往往只能专注于某几个领域，基于行业的差异壁垒，其产品和服务大多无法在多个行业使用。企业 e-Learning 跨行业能力不强，也将难以在市场上形成大规模，因而不被资本看好。

其次是企业 e-Learning 成长高度有限。企业 e-Learning 作为为企业提供的培训解决方案，产品销售常依赖于公关拜访。产品获客难度要比个人产品高得多，导致产品与服务难以大面积推广使用，因而 e-Learning 企业的成长高度有限。

最后是企业 e-Learning 难以产生颠覆性的效应。企业 e-Learning 本身作为一个二十年发展历史的行业，行业基本格局已经形成，难以有颠覆性的产品和企业出现。基于 e-Learning 培训本身的教育理念、技术和模式，常作为传统线下培训的补充或者与之相辅相成。从市场定位上看，企业 e-Learning 并不具有颠覆传统培训的目的和能力。

4. 行业服务主体分散

依赖于 e-Learning 服务企业商务公关的销售模式，往往通过自身渠道资源来进行行业务扩张。企业一般在自身所在地区具有渠道优势，因而各家 e-Learning 企业最开始是在本地占领市场。在发展到一定规模后，e-Learning 企业才会选择在市场空间大、竞争小的城市建立分公司来进一步拓展业务。企业自身本地渠道优势，再加上各企业自然选择不同区域拓展业务，继而都在各自企业所属和业务覆盖区域发展壮大，形成了非常分散的市场。

二、企业 e-Learning 发展阶段

通过一些重要指标的评估就会发现，每个企业实际的 e-Learning 应用所处阶段一目了然，e-Learning 成熟度模型的意义在于可以清晰地描述 e-Learning 阶段性框架和发展方向，企业可以根据自己的实际环境选择适合的 e-Learning 应用策略，从而避免 e-Learning 项目的失败。下面就 e-Learning 应用成熟度模型的每个阶段进行逐一描述（图 15.1）。

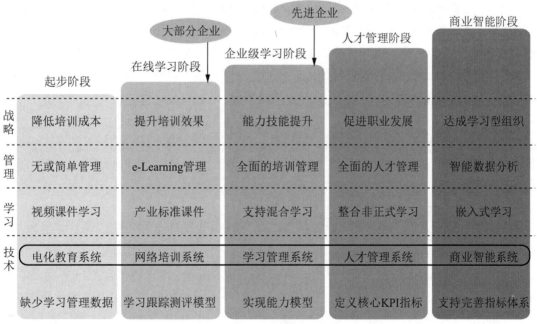

▲ 图 15.1　e-Learning 应用成熟度模型（摘自在线教育资讯网）

1. 第一阶段：电化培训应用阶段

e-Learning 成熟度模型的第一阶段是电化培训应用阶段，e-Learning 应用的方式是利用电视录像、VCD/DVD 光盘、网络视频等。缓解培训压力、降低培训成本是该阶段 e-Learning

应用的直接驱动力。该阶段中 e-Learning 课程多为从传统培训或讲座转换的视频课件。该阶段一般没有培训评估，也没有专门的学习或培训管理平台，同步教学系统或虚拟教室实时传输的 e-Learning 方式也属于该阶段，是一种粗放式的 e-Learning 应用阶段。第一阶段 e-Learning 应用主要由培训部门主导，大型企业通常由电化教育中心负责推广实施，而中小型企业通常由培训专员兼职负责。

2. 第二阶段：网络培训应用阶段

当以电子化辅助培训为主的第一阶段应用成熟后，培训部门开始考虑 e-Learning 如何更好地提升培训效果，这时就已经开始进入 e-Learning 成熟度模型的第二阶段——网络培训应用阶段。强化 e-Learning 的功能、提升学习效果是该阶段 e-Learning 应用的直接驱动力。该阶段中企业开始实施真正的 c-Learning 平台，并开始购置和开发符合 AICC 或 SCORM 1.2 标准的课件，课件的表现形式从简单的视频发展为表现形式更为丰富的网络多媒体形式。该阶段企业通常采购专业的 e-Learning 公司提供的平台产品，能够实现学习跟踪、在线考试、培训流程管理等功能。该阶段中企业员工已经广泛接受 e-Learning 的学习模式，部分培训内容以 e-Learning 方式固化下来，e-Learning 已经不是一种辅助手段，而成为培训体系中不可缺少的部分。第二阶段 e-Learning 的推动和应用仍然由培训部门主导，部分企业在培训部门中开始设置全职的 e-Learning 专员，负责 e-Learning 应用和推广工作。

3. 第三阶段：学习管理系统应用阶段

进入第三阶段的标志是基于能力模型的学习开始代替基于内容的培训。该阶段中，LMS（学习管理系统）开始广泛应用，LMS 最早是指 e-Learning 平台，发展到这个阶段，其功能和管理所覆盖的范围更大，不仅仅是 e-Learning，它还包含传统面授在内的各种学习方式。该阶段中 LMS 的成熟使学习与基于能力模型的绩效提升开始关联起来，这种关联是通过灵活、有效的在线评估方式实现的，平衡计分卡、360° 评估等绩效管理方式均可通过 LMS 与学习连接。LMS 是否有能力模型管理模块，以及是否能够与匹配的学习资源相连接是评估是否进入该阶段的一个重要标志。在第三阶段，有效支持能力提升的学习方式中正规培训所占比例大幅下降，开始更多采用更为有效的混合式学习模式。在该阶段中，培训部门以整体管理和通用性学习资源建设为主，学习的实施甚至课程的开发主要是由业务部门来主导完成。在第三阶段学习管理系统的推动和应用虽然仍然是培训部门，但不能缺少人力资源部门及业务部门的参与。达到这一应用阶段的主要是一些国际化的大型企业，国内企业由于环境成熟度不够，很少有企业能够达到这个阶段。

4. 第四阶段：人才管理系统应用阶段

当基于能力模型的学习管理系统得到成熟应用后，学习管理系统开始进入与其他人力资源相关系统的整合，形成以人的管理为核心的综合管理系统。这标志着 e-Learning 成熟度开始进入第四阶段，即人才管理系统应用阶段。促进人才发展或职业生涯规划是该阶段 e-Learning 应用的驱动力。2016 年 5 月，Bersin & Associates 发布了一份高效人才管理架构的报告 "*High Impact Talent Management Framework*"。

该报告从更高的层次进一步分析了人力资源管理的未来发展方向。从图 15.1 中我们可以看到，企业中的传统培训包括 e-Learning 已经完全融入人才管理架构中的学习与发展部分，学习通过中间的"能力管理"实现促进企业人才发展的各个环节的运转。在第四阶段中，混合式学习得到更加广泛和深入的应用，企业建立了学习资源库，能够有效管理组织中的非正式学习。在该阶段企业已经形成良好的学习文化氛围，学习成为组织和个人和谐发展的重要驱动力，培训部门已经完全转变为学习与发展部门，与第三阶段相比，学习不仅与能力模型相关联，而且与员工职业发展的关联更加紧密。

5. 第五阶段：商业智能应用阶段

未来，企业信息化系统只包括几个关键的信息化系统，例如，以人为核心的人才管理系统、以资源和流程管理为核心的 ERP 系统等。这些企业信息化子系统高度成熟后，便开始进入更高级的信息整合阶段，即商业智能应用阶段（Business Intelligence）。商业智能通常被理解为将企业现有的数据转化为知识，帮助企业做出明智的业务经营决策的工具。从某种意义上来说，商业智能应用阶段是 IT 应用于企业管理的最高境界，目前并没有一个企业能够完全达到这个层次。但是，商业智能应用阶段可以为企业信息化发展指明发展方向和目标。

目前大部分国有企业基本处于第二阶段向第三阶段发展的阶段，部分较好的民营企业已经到了第三阶段向第四阶段转变的阶段，很多优秀的外企已经到了第四阶段。

三、国外 e-Learning 行业现状

欧洲知名 e-Learning 公司 Docebo 于 2014 年 6 月发布的全球 e-Learning 市场趋势展望与预测——《2014—2016 年 e-Learning 市场趋势》显示，全球 e-Learning 市场规模于 2011 年达到了 356 亿美元，接下来五年内的年均复合增长率约为 7.6%，2016 年全球 e-Learning 销售额达到 515 亿美元。而某些地区远超全球水平，根据区域研究，年增长率最高的是亚太地区，达 17.3%，增长最快的是印度、中国和澳大利亚，中国的年增长率达 30%；其次是东欧、非洲和拉丁美洲。

世界各地区的 e-Learning 增长因素各不相同。欧美市场最为成熟，其中美国在自主学习（Self-paced learning）的支出上位居世界第一，西欧排行第二，但到 2016 年亚洲预计要超过西欧，成为 e-Learning 市场上支出的第二大地区。

在 e-Learning 的发源地美国，目前通过网络进行学习的人数正以每年 300% 的速度增长，并且有 60% 的企业通过网络的形式进行员工培训。依据 IDC 的估计，电子化学习正以每年 83% 的速度飞快跃升，将达到占企业总训练量的 40%，而使传统的教室训练由占总训练量的 80% 下降至 60%。美国培训与发展协会（ASTD）预测，到 2016 年雇员人数超过 500 人的公司中 95% 都将采用 e-Learning 进行培训。

四、国内 e-Learning 行业现状

在中国，该领域目前尚处于起步阶段。根据《中国远程教育（资讯版）》中对中国培训市场所做的分析统计，在参加调研的 69 家公司中有 97% 的企业都进行了企业培训，但只有 29% 采用网络方式进行培训。从总体看，企业培训市场还主要以传统培训为主，企业 e-Learning 服务市场的空间很大。

据艾瑞咨询数据统计，在在线教育行业内，e-Learning 的市场份额连年上涨，所有的 e-Learning 产品（课件内容、平台和课件制作工具）均显现出积极的增长态势。2017 年，预计企业 e-Learning 在在线教育的市场份额将达到 3.7%。

市场对在线教育反应良好，规模各异的企业纷纷开始涉足 e-Learning。企业的人力资源部门逐渐看到了应用 e-Learning 能为企业带来的优势，不但节省培训经费，还可以使企业内部的知识在网络上快速传播和更新。

第三节　企业e-Learning的典型企业

一、睿泰集团

1. 企业简介

睿泰集团成立于 2007 年，总部位于上海复旦科技园，是中国领先的"知识服务提供商"。集团业务聚焦职业教育、K12 教育、数字出版三大领域，是目前全国最大的数字课件和超媒体图书制作机构之一，也是全国最优秀的 e-Learning 和数字出版整体解决方案提供商之一。

2017 年 6 月 22 日，睿泰职业教育版块（简称睿泰科技，股票代码: RTE）成功在澳洲证券交易所挂牌上市。2017 年 11 月，睿泰科技获得华融投资近亿元股权投资。

2. 产品简介

（1）e-Learning 学习平台。

e-Learning 学习平台以更好的服务学习为目标，以建设数据共通、安全为准则，贯彻实用、易用、好用的标准，通过 3 个层面实现在线学习平台。平台以应用为核心，从实用性、易用性、先进性、稳定性、安全性 5 项原则出发，力求最大限度地提升用户体验（图 15.2）。

满足企业员工通过 Internet 或局域网开展在线学习、考试、培训、调查、交流和资料查询等活动，同时满足企业大学或培训部门的教培管理、组织考试、竞赛、成绩统计、绩效考核、员工晋升等，为领导者对员工素质进行公正评价和准确分析提供有力的数据支持。

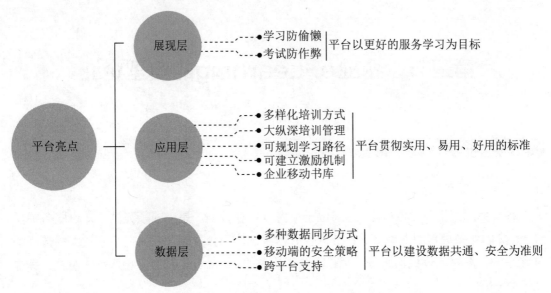

▲ 图 15.2　睿泰集团 e-Learning 学习平台

（2）M-Learning 平台。

移动学习是在 e-Learning 的基础上发展起来的。随着智能手机的快速普及，多种智能终端爆发性增长，以及手机 3G 时代的到来，移动学习必然成为未来学习的发展趋势。睿泰紧跟移动学习的大潮流，结合移动学习的特点，开发了睿泰 M-Learning 学习平台，其功能包含在线登录、在线播放学习视频等。对于学习资料，可以提供视频、音频、图片和文字等多种方式，支持在线学习和离线学习两种模式。

（3）微信学习平台。

睿翼（睿泰开发）微信学习平台通过微信公众平台，利用资源申请和问题反馈等方式将教师和学生用户引流到微信公众平台，向学生推送优质的课程，并可通过微信完成在线考试，同时进行平台推广和互动（图 15.3）。

▲ 图 15.3 睿翼微信学习平台

基于第三方 APP 接口的微信学习平台，可以通过公众号和企业号进行企业移动学习，不需另外安装 APP，且内部可以自行组群，提高学习和互动的积极性。

从收效看，企业可以通过微信来运营推广自身品牌，提升品牌竞争力，员工可以通过微信来学习分享，提升个人能力，实现双赢。

（4）培训小助手。

培训小助手借力移动便捷性，将面授培训中的签到、课前预习、课堂互动、课后评估等过程搬至线上，实现课前、课中、课后有效串联，营造线上、线下培训环境，重塑混合式一体化培训流程（图 15.4）。

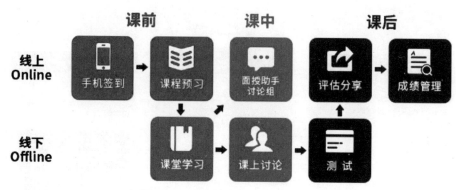

▲ 图 15.4　睿泰线上与线下培训小助手

3. 内容服务

内容服务包括定制课件、行业通用课件两种，其中定制课件包括 SCORM 标准课件、移动微课和超媒体电子书。行业通用课件包括行业精品通用课件和跨行业通用课件。覆盖汽车、金融、零售连锁等多个行业。

（1）定制课件。

① scorm 标准课件。全媒体开发，如 Flash 动画制作、3D 模拟等。支持多种标准，如 SCORM、AICC、HTML 5 等。

② 移动微课。基于"微"学习目标，利用较短的时间讲解一个知识点或传授一项技能，供学习者自学的电子课件，其显著特点就是"短小精悍"，一般时长不超过 5 分钟。

③ 超媒体电子书。基于 iOS 及 Android 系统的互动电子书（图 15.5）。

▲ 图 15.5　睿泰超媒体电子书

（2）行业通用课件。

① 行业精品通用课件。睿泰的行业级通用课件主要聚焦在汽车、金融和零售连锁三

个行业，通过与各行业内容权威机构进行合作，开发通用性行业内容，并制作课件产品，供客户选择。

②跨行业通用课件。跨行业通用课件产品丰富，种类繁多，如图 15.6 所示。

▲ 图 15.6　睿泰跨行业通用课件

4. 解决方案

（1）在线学习解决方案。

睿泰面向企业、政府和职业院校，为其内部成员及外部客户、提供商、合作伙伴提供在线学习平台、设计培训体系、定制数字课件，同时整合睿泰课程云内容，帮助组织提升培训效率，降低成本，并通过对学习者行为数据的收集和分析，让系统成为每个人的学习顾问，实现差异化、个性化的学习路径选择。

（2）培训运营解决方案。

睿泰帮助传统职业培训机构实现线上与线下结合的教学组织模式，将招生范围从一个地区扩展到全球，提高了教学资源的使用效率，扩充了教育产品线和定价模式，帮助培训机构实现更快的增长和更大的盈利空间。

通过社交化和大数据挖掘，增加了学员对平台的依赖度，利于培训机构的可持续发展。

睿泰强调与培训机构进行收入分成，而不是一次性付费，是由于睿泰在技术服务之外，可以持续地帮助合作伙伴进行网络营销和代运营，而传统培训机构并不擅长。

（3）睿泰版权云解决方案。

基于存量客户资源和快速的市场拓展，睿泰推出"课程云服务"，扩大用户采购。睿泰版权云的内容初期来自自有版权研发和主要合作伙伴，如 TAFE，瞄准既有客户需求，在此阶段，睿泰将成长为中国的 SkillSoft。睿泰版权云的发展目标是希望打造一个交易和结算系统，让课程的需求方和版权所有人进行自由的在线交易，并逐步实现版权金融服务和证券化。

二、时代光华

1. 企业简介

时代光华（Times Bright CreSuccess，TBC）成立于 2002 年，是一家为企业组织提供内部培训整体解决方案的服务机构。自公司成立以来，时代光华积累了丰富的内容资源、专业技术、运营服务经验及成功案例。截至 2017 年，时代光华积聚了国内 70% 以上的一流讲师，拥有 5 000 多个小时符合国际标准的自主知识产权课件。时代光华已经从最初的单一业务发展到具有综合教育培训实力的产业集团，从最初的学习资源提供商发展为国内领先的企业在线学习方案服务商。

2. 产品介绍

（1）ELP5.0。

云计算 +PaaS 技术帮助企业构建结合正式学习和非正式学习的企业大学。

（2）收获 APP。

为中小微企业量身打造基于移动端的企业学习平台。

（3）有丝社群。

提高社群管理效率实现多社群统一管理，拉动社群粉丝活跃。

（4）易企播。

易企播是时代光华为中小企业打造的专属直播平台，支持桌面共享、手机美颜、聊天问答、白板教学、弹幕互动、权限设定、信息收集、分享推广、打赏、抽奖、问卷等多重适用特色功能。易企播适用于新员工培训、新产品培训、内训师培训、内部课程萃取、领导人战略同步、市场活动支持等多种企业培训直播场景。

易企播全面覆盖 Web、Android、iOS、Mac OS、Windows 多个计算机端和移动端的操作系统，并支持多种摄像设备的接入，随时随地都可以发起直播。易企播系统全面覆盖 500+CDN 节点，直播时可以智能切换优选线路。普通视频不足 300kbps，受众在 3G 环境下可以流畅观看直播。受众不需下载任何插件，即可在多个终端上观看直播。直播结束后，发起人可以一件生成回放，受众可以随时查看回放。

三、深圳新为软件

1. 企业简介

深圳新为软件股份有限公司成立于 2003 年 8 月，是目前中国最大的学习管理软件提供商之一。2004 年，新为发布国内首款全 B/S 架构 e-Learning 产品 Smart Learning 在线培训系统；发布国内首套融入课程体系和培训目标管理的 e-Learning 平台；推出 Smart Builder 课件制作系统，全面支持 SCORM 标准。2008 年，新为发布 Smart Learning 学习发展系统、Smart Media P2P 流媒体平台。2014 年，新为软件变更为股份制公司，完成 A 轮融资。2015 年 3 月 11 日，正式在新三板挂牌上市。2017 年，完成第四轮增资，发布新版 Smart Learning SP。

2. 产品介绍

（1）智慧云。

① 智慧云学院。智慧云学院开放的智慧云平台直接提供丰富的精品课程和权威的能

力测评服务。在管理功能和技术架构上达到世界 500 强企业网络学院的水准。相对于传统的面授培训、账号租用（SaaS）和自建学习平台，Smart Learning@Cloud 采用创新的 BOT 模式，让企业零投资、低成本充分享受全面、专业和实用的服务。

② 行业云。行业云帮助希望开展学习运营的客户，快速构建 B2B 模式学习运营网站，涵盖报名、缴费、学习、考试、发证等全流程管理，支持移动应用，更能与新为智慧云无缝集成，帮助客户将业务快速拓展至数千家。

③ 微软云。在中国大陆独立运营，与全球微软 Azure 服务在物理上和逻辑上独立；采用微软服务于全球的 Azure 技术，为客户提供全球一致的服务质量保障；上海和北京双数据中心提供异地复制，保障业务永续、数据永存；BGP 直连三大运营商，为用户提供高速稳定的网络访问体验；顶级数据中心，绿色节能，采用 N+1 或者 2N 路不间断电源保护；稳定舒适的机房环境，配有新风系统，最大限度地降低数据中心的 PUE。

（2）移动应用及微信学习。

新为 Mobile Learning 移动学习系统是基于移动互联网，将新为 Smart Learning 学习发展系统，以及学习、考试、社区、调查、通知等核心应用，扩展到移动终端的移动学习方案。全面支持 Android 和 iOS 等操作系统，是能够满足于各种移动学习、移动考试、移动学习社区等应用的移动网络学院。

新为 Mobile Learning 移动学习系统能够全面支持 APP 和微信学习模式，能与新为的其他 e-Learning 系统对接，在计算机和移动终端之间形成无缝连接，为学习者提供真正的随时随地的、个性化的、开放式的碎片化学习。

（3）学习发展系统。

学习发展系统能够帮助企事业单位向学习型组织转变，支持学习型组织持续建设。在功能上支持组织架构、岗位体系、进阶通道、学习活动 4 项基本元素，能够满足组织领导、员工、培训管理人员 3 类核心人员的需求，包含资源库、知识库 2 个基本库，以及 1 个能力素质模型。

（4）在线考试平台。

在线考试平台能够全面满足传统考试需求，并能实现很多优越的功能体验，支持传统考试中的各种题型，并且支持用户自定义题型。系统支持从 Word、Excel、文本文件中批量导入题库，并支持批量修改、智能排重、过期检查等功能。支持手工出卷、固定取题和随机取题三种方式的组卷方案，其中随机取题支持打乱考题选项次序，完全杜绝抄袭现象。

在线考试平台支持集团管理模式，按角色分配权限，支持权限的叠加、分级授权及权限的继承。考试结束后，系统可以以表格和图表的形式，列出参考人数、平均分数、及格率、答题人数、答题通过率、答题时间等，并根据考生分类、职务、工作类型等多种要素进行全方位的统计、分析、比较。

（5）课件制作系统。

新为 Smart Producer 课件制作系统是支持基于 Web 和离线混合的开发课件产品服务。其最大特点是能够与学习系统完美结合，为用户在线提供开发课件资源、开发、发布、一键上传课件的解决方案。在开发课件的过程中，本课件开发工具的方便轻松地拖曳操作、超强功能设置、极富创意的模板效果和适用性，都远胜过传统的课件制作方法。

（6）培训会议系统。

Live Learning 是一种典型的互动网络虚拟教室，教师通过完全教学模式，让学生的计算机桌面与教师的显示完全同步，随着教师的操作而变换内容，学生只需坐在计算机前听和看即可。学生可以随时举手申请发言等，教师根据具体情况批准或拒绝。该模式已经在教育和培训机构中获得了广泛的应用，它是一种现实教育的延伸，适用于各行各业的教学、培训、互动答疑、技术支援、客户服务等。

3. 解决方案

新为公司根据政府、金融、IT、零售、汽车、医疗等各行业组织在改革和发展过程中的人才资源需求，通过新为 Smart Learning 学习发展系统为各企业组织实现培训体系、培训实施、培训评估等业务流程的科学规范管理。帮助各机构组织快速建设在线培训平台，形成浓厚的学习氛围，从而提高企业组织人才培训效率和效能。

新为培训解决方案主要包含人才培养规划、岗位素质模型、专业课程资源、培训学习、评估考核和学习档案管理等人才资源管理功能组成的解决方案。根据行业解决方案、企业发展的特点及培训管理中所存在的问题，将先进的培训管理理念与先进的技术融合，推出全面而专业的解决方案。

四、云学堂

1. 企业简介

江苏云学堂网络科技有限公司成立于 2011 年 12 月，通过独创企业人才发展服务的 BaaS 模式，通过软件平台、课程服务、课程创作工具、运营服务等维度，提供专业的企业大学整体解决方案。

2012 年，云学堂发布企业大学、机构网校（课橙）系统。2014 年 7 月，完成 A 轮融资。

2014 年 12 月，炫课－H5 课件工具正式发布。2015 年，发布企业沟通学习解决方案——乐才。2017 年 4 月，云学堂完成 B 轮 2 200 万美元融资。

2. 产品简介

（1）课橙。

课橙是隶属于云学堂旗下的机构网校产品品牌，主要为培训机构、咨询机构以及企业提供互联网在线培训及服务平台。它既具有常规的教学交付功能，如在线课管理、文库、直播课接入、线下课、班级、考试、作业等，又具有强大的互联网教学培训运营功能，如全场打折、红包、优惠券、会员权益体系等推广营销功能。同时支持微信端的全面接入和全流程展示、报名、购买支付等过程，能快速地帮助用户建立起基于微信端的培训服务社区。

课橙产品从 2012 年年底正式发布，已经历经 4 年多的产品发展及升级过程。

（2）炫课。

H5 课件制作工具：炫课。炫课是云学堂旗下专门服务于微课程制作的品牌。由炫课提供的多彩炫页工具套件是国内第一套 HTML 5 微课程制作工具，它帮助微课程设计者轻松地制作出高交互、炫动画、跨平台浏览和学习的 HTML 5 微课程。

（3）会汇。

会汇是一个简单易用的视频会议系统，客户只需输入会议号码和入会密码就可加入会议。支持计算机端桌面共享和手机端屏幕共享。会汇采用了世界领先的编解码技术和算法，给用户随时随地清晰流畅的会议体验。

（4）临境直播。

临境直播，只专注直播教学场景。凭借多码率推流、全网加速、T 级宽带、实时流录制、直播互动等专业直播技术，帮助企业学习组织和教育培训机构轻松步入直播时代。临境直播具有电子白板、聊天互动、点名签到、桌面共享、文档共享、图片共享、多媒体共享、主播切换、多视频流接入、互动问答、互动答题、同步录制 12 种直播功能，开放了丰富的 WebAPI 和 SDK 接口，实现了与 OA、LMS、e-Learning、CRM 等系统的完美融合。

3. 解决方案

（1）企业大学建设解决方案。

云学堂乐才构建以"软件平台 + 课件工具 + 课程服务 + 运营支持"为核心的人才服务体系，帮助每一家企业建设自己的企业大学，培养高素质的职场人才。

云学堂乐才提供的专业的企业大学解决方案，能有效地帮助员工快速成长、帮助部门更高效地工作、帮助企业实现有效地人才培养，全面助力企业战略和文化落地。

（2）中小企业学习解决方案。

云学堂金牌团队将线上与线下的优质课程资源与简单高效的学习平台相结合，为广大中小企业提供知识萃取、课程匹配、学习跟踪、员工互动等快速有效的学习组合方案。

金牌团队学习平台将帮助企业快速上线自己的在线学习平台，免去了烦琐的配置。所提供的线上运营服务，也为企业节省了组织成本。同时，金牌团队学习平台还为企业提供优质的学习内容资源，快速帮助企业培训工作落地。

五、汇思

1. 企业简介

广州汇思信息科技有限公司（Cyberwisdom，简称汇思）成立于 2013 年 11 月，隶属于香港汇思集团。目前，汇思在香港、北京、上海、广州和深圳均设有分支机构。汇思自主研发了一系列的企业级人才发展学习方案，包括 wizBank 学习管理系统（Learning Management System）、wizMobile 的移动化及社区化（社会化）学习平台、完整的微信学习系统，致力于为政府和教育机构提供全方位及领先的移动学习方案。

2. 平台产品

（1）整合式学习。

整合式学习是集中了 e-Learning 及培训管理信息化，包括面授培训管理、混合式管理、移动学习 APP，集微信端于一身的大平台。wizBank 让企业所有分公司的培训及实施管理于一体，给所有管理者及学员"一个账号，轻松学习管理"的目标。

（2）微信移动学习平台。

汇思移动学习平台（wizMobile）提供全方位及领先的移动学习方案，实现移动互联与绩效支持相结合，赋予企业移动学习（Mobile Learning）新定义。wizMobile 并不是多了一种学习方式，而是呈现包括面授培训、面授管理、PC 端学习、移动端学习等所有学员学习概况和培训流程有关的信息，统一在移动端实现，打通线上与线下培训，为企业提供高效统一的学习管理平台。

（3）直播平台。

汇思培训直播平台，给行业带来了全新的移动学习体验。用户准备好硬件（摄像机、采集卡、电脑等），电脑联网后运行直播客户端，即可开启直播。在会议、路演、年会、演唱会、发布会、录屏教学、拍摄教学等活动中都可接入。

使用国内顶级的 CDN 服务，500+CDN 节点，覆盖全国各个省市及各运营商网络，3 000+ 服务器，实时转码支持多终端播放，使用智能手机、平板电脑、桌面 PC 都可流畅地观看直播内容。

（4）"快数据"管理平台。

wizTool 是汇思推出的强大且灵活的"快数据"平台。行业应用中时间就是金钱，如何缩短资料分析时间，透过即时资讯来加速决策执行，是企业改善甚至创造新业务模式的重要手段。

wizTool 可以自定义功能，包括员工通讯录、员工休假管理、移动考勤、调查问卷、简历管理等。同时，wizTool 也能帮助用户丢掉枯燥的 Excel，轻松设计精美表格，摆脱枯燥的数字，用图形的方式让数据一目了然。

（5）微学宝微课平台。

微学宝，专业微课、快课制作平台。它致力于提供移动学习的整体解决方案。突破了多年来移动课程开发的难点和弊端，在内容和视觉上都达到了轻松享受的效果。秉承轻便、极速、自由的理念，5 分钟就可以快速创建属于自己的微课，任何移动端也都可以轻松制作自己的课程。

微学宝提供了微课制作、微课传播统计、数据收集与二次营销功能。制作微课支持图片、文字、背景音乐、音频、视频、链接、动画、样式设计等功能，能充分支持用户的创意发挥。微学宝经过不断地创新与发展，拥有一系列的"黑科技"成就。

3. 解决方案

汇思提供整合式的企业学习方案，包括在线学习方案、在线学习＋线上与线下结合实施方案、整合式学习方案、整合式学习＋社区化绩效支持方案。

在线学习方案，解决了学习覆盖面、便利性、考核与成本等问题。在线学习＋线上与线下结合实施方案，有针对性地解决了网络培训不能解决的问题。整合式学习方案，是集网络学习＋线上与线下结合实施＋平台实施方案的综合性学习方案，能解决学习应用、分享交流、工作化常态学习互助、专家支持等生态化成长问题。

第四节 企业e-Learning的未来发展趋势

一、产品层面

1. 产品关注对象从企业转向员工

过去十年，大批企业从企业 e-Learning 培训中获益，培训诉求从降低培训成本到提升培训效果再到提升员工技能。未来随着企业的发展，对于 e-Learning 的培训诉求还会继续上升为促进员工的职业发展。

现阶段多数企业尚处于提升培训效果的阶段，因而市面上的大部分产品也处于满足企业这一培训诉求阶段。而未来随着企业培训诉求从企业过渡到员工，产品的关注对象自然也将过渡到员工。

2. 产品从标准化走向个性化

企业 e-Learning 关注点从企业过渡到员工，自然要关注个体员工的差异。通过关注员工的年龄、性格、知识储备、学习能力等因素，学习系统通过收集员工的学习数据，针对不同员工推荐个性化学习内容，甚至是制订个性化学习方案。企业培训诉求的变化，促使 e-Learning 产品从标注化走向个性化。

3. 产品从满足需求到引导学习

企业培训需求从提升培训效果过渡到能力技能提升，e-Learning 产品的定位也将从满足需求过渡到引导式学习。提升培训效果可以通过制作精品内容、提升学习技术、改善培训过程等实现，而促使员工能力技能提升则要关注个体因素。员工培训不仅要提供学习内容，更需要通过一些新技术、新理念引导员工学习。

4. 培训模式从系统化走向碎片化

随着移动互联网与生活融合度越来越高，大众的学习、工作、生活逐渐被碎片化，企业 e-Learning 产品的培训模式自然也需从系统化走向碎片化。碎片化培训模式的关键在于，充分高效利用员工的碎片时间吸引注意力，在有限专注的时间内，达到培训输入的目的。

二、产业层面

1. 行业更加垂直化

由于互联网经济的快速发展，传统行业正面临供给侧改革。在政策支持和技术进步的有利条件下，多个行业正在剧烈变革。行业剧变，企业对于内部培训的需求将更加强烈，且更加注重培训效果，行业知识和专业知识的变化速度也将更快。在有限的资源内，e-Learning 服务需要专注于某个擅长的特点行业，甚至是特点职业和特点岗位，e-Learning 行业将向更加垂直细分化发展。

2. 企业 e-Learning 在特定行业内蓬勃发展

近年来，受益于政策、经济、社会、技术等多个层面的利好因素，教育、医疗、金融等多个行业引来良好的发展态势。教育消费升级和资本热炒，互联网教育蓬勃发展。企业 e-Learning 作为互联网教育的一部分，获得了最直接的激烈发展。区块链技术的到来，金融行业颠覆性契机出现，行业机遇与危机并存，企业培训需求增长。金融行业的 e-Learning 已经有长期的积累，在此契机下金融业的 e-Learning 必然也获得持续增长的机会。基因测序、人造器官、脑机界面、人工智能等医疗技术的进步，医疗行业的 e-Learning 也将引来变革。此外，国家政策也在不断支持中医药行业的发展。在中西医全面发展之际，行业企业培训需求也会不断增强。伴随着行业变革的契机，企业 e-Learning 将会在教育、医疗、金融等某些特色行业内迎来蓬勃发展的机会。

第十六章
教育产业并购分析

第一节　教育行业细分领域概述

教育行业，从投资的角度可以划分为多个细分领域。总体上，根据教学行为是否为师生授课，可以分为师生授课和非师生授课两大版块。师生授课版块依据教学场景，可以分为校外机构、学校、线上三个二级版块。非师生授课版块，可以依据服务的技术属性分为信息化和其他两个二级版块。而每个二级版块又可以依据用户（客户）属性分为多个细分市场。

如图 16.1 所示，从教育投资的角度，教育市场可以分为 K12 培训、职业培训、学前培训、民办学校、幼儿园、在线教育、学校信息化、机构信息化、出国留学、教育装备、教育出版等多个细分市场。

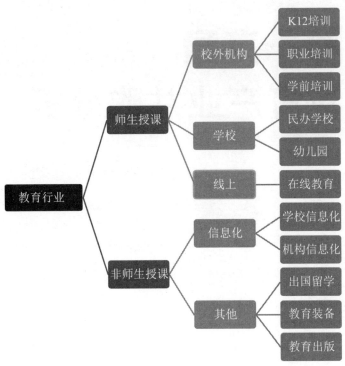

▲ 图 16.1　教育行业细分领域

第二节　教育上市公司发展现状

教育上市公司相对于其他行业总数比较少，教育行业是个极度分散的领域。K12 领域是规模最大的细分领域，用户群体最大，投入最大，也酝酿出了最大市值的公司。学校教育信息化领域，市场巨大，上市公司也多。职业培训教育更多的是体现在并购案例中。民办学校已有不少上市公司，上市时间都不长，但通道已打开，国内还有很多同等规模或略小的教育集团，今后将会有更多上市的民办教育集团。但这个领域孕育出上市公司的时间很长。

早幼教和幼儿园领域中上市公司较少。在线教育领域还是个新兴的领域，更多是在一级市场中培育。

一、中国教育上市公司总体发展概况

在中国，教育长期以来是一项公益事业，教育企业资产归属不明。近年来，随着《中华人民共和国民办教育促进法》（以下简称《民促法》）的多次修订，教育企业逐渐获得营利性企业权利，在资产证券化道路上的政策壁垒逐渐消除。

2016 年年底《民促法》三审过会，允许非义务教育阶段的民办教育企业自行分类登记为营利性和非营利性机构。政策红利到来，多家教育机构赴美、赴港上市，也有数十家企业选择登陆市盈率更高的 A 股市场。截至 2019 年 3 月底，中国共有 106 家泛教育上市企业，分布于 A 股、港股和美股三大市场。下图为中国教育上市企业的股市分布数据概况。

如图 16.2 可知，A 股上市主营教育业务的企业有 28 家。A 股参与教育产业并购的企业有 42 家。港股上市教育企业为 20 家，美股为 16 家。结合以往数据来看，A 股教育业务并购趋势最为明显。

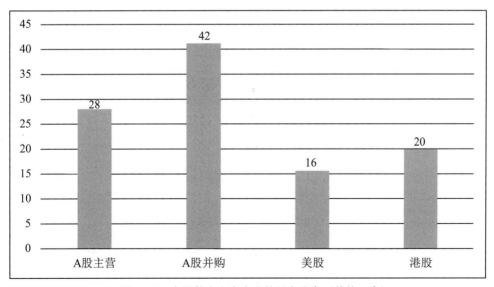

▲ 图 16.2 中国教育上市企业的股市分布（单位：家）

二、A股主营企业发展现状

A股28家主营教育业务的企业，多是主营教育信息化、教育出版和教育装备3种业务的企业，而主营教育培训业务的企业尚未出现。

主营教育信息化业务的主要有全通教育、拓维信息、立思辰等9家企业，各企业市值及盈利情况见表16-1。

表 16-1　A股主营教育信息化业务的企业

序号	企业名称	类别	市值（亿元）	2017年营收（亿元）	2017年利润（亿元）	2018年营收（亿元）	2018年利润（亿元）
1	全通教育	学校教育信息化	52.29	10.31	0.66	8.4	−6.57
2	拓维信息	学校教育信息化	69.57	11.19	0.66	11.85	−13.66
3	立思辰	学校教育信息化	91.87	21.61	2.03	19.52	−13.93
4	方直科技	学校教育信息化	20.11	1.01	0.09	1.07	0.12
5	天喻信息	学校教育信息化	62.7	19.36	0.23	23.97	1.01
6	科大讯飞	学校教育信息化	737.83	54.45	4.35	79.17	5.42
7	焦点科技	学校教育信息化	39.69	12.11	0.73	8.75	0.56
8	正元智慧	学校教育信息化	24.74	4.49	0.42	5.67	0.5
9	新开普	学校教育信息化	46.52	7.7	1.2	8.38	0.96

其中全通教育为纯教育业务企业，拓维信息、立思辰、方直科技、天喻信息、科大讯飞为以教育业务为主营业务的企业，焦点教育、正元智慧和新开普为涉足教育业务的企业。

主营教育出版业务的企业主要有中文在线、凤凰传媒、皖新传媒等13家企业，各企业市值及盈利情况见表16-2。

表 16-2　A股主营教育出版业务的企业

序号	企业名称	类别	市值（亿元）	2017年营收（亿元）	2017年利润（亿元）	2018年营收（亿元）	2018年利润（亿元）
1	中文在线	教育出版	47.32	7.17	0.78	8.90	−14.69
2	凤凰传媒	教育出版	219.37	110.50	11.66	78.57（前三季度）	11.04（前三季度）

（续表）

序号	企业名称	类别	市值（亿元）	2017年营收（亿元）	2017年利润（亿元）	2018年营收（亿元）	2018年利润（亿元）
3	中原传媒	教育出版	93.93	81.74	6.93	90.01	7.34
4	皖新传媒	教育出版	155.36	87.10	11.17	98.32	10.87
5	世纪天鸿	教育出版	25.75	3.81	0.31	3.81	0.32
6	中南传媒	教育出版	233.66	103.60	15.13	95.76	12.38
7	中文传媒	教育出版	207.79	133.06	14.52	115.13	16.19
8	时代出版	教育出版	57.31	66.07	3.00	44.62（前三季度）	2.38（前三季度）
9	长江传媒	教育出版	92.84	112.32	6.13	76.84（前三季度）	6.34（前三季度）
10	出版传媒	教育出版	44.90	19.31	1.61	17.19（前三季度）	1.21（前三季度）
11	新华文轩	教育出版	172.61	73.46	9.24	81.87	9.32
12	读者传媒	教育出版	41.18	7.90	0.75	4.87（前三季度）	0.31（前三季度）
13	天舟文化	教育出版	43.77	9.36	1.34	11.26	−10.86

值得注意的是这13家企业只是涉足教育出版的企业，其中并无一家纯教育出版业务的企业。这些企业多是涉足文版、发行、印刷、文化创意等多元业务的企业，教育出版只占其业务的一小部分。

由数据可知，主营教育出版业务的企业中规模最大的为中南传媒，2018年营收高达95.76亿元，目前市值达到233.66亿元。但熟悉这些企业的行业人士必然知道，最值得关注的反而是2017年营收只有3.81亿元的世纪天鸿，因为它是这13家企业中涉足教育出版业务最大的企业。世纪天鸿主营基础教育教辅出版发行，近年来涉足职业教育和文化创意产业。2017年9月世纪天鸿教育登陆A股市场，成为A股市场上第一家教育出版企业。

主营教育装备的企业有珠江钢琴、方正科技、星网锐捷等6家企业，各企业市值及盈利情况见表16-3。

表 16-3　A 股主营教育装备业务的企业

序号	企业名称	类别	市值（亿元）	2017年营收（亿元）	2017年利润（亿元）	2018年营收（亿元）	2018年利润（亿元）
1	视源股份	教育装备教育信息化	487.03	108.68	6.91	169.84	10.04
2	珠江钢琴	教育装备培训	101.06	17.9	1.65	19.75	1.76
3	海伦钢琴	教育装备培训	23.36	4.7	0.41	5.27	0.55
4	方正科技	教育出版教育信息化	86.04	50.99	−8.22	57.01	0.55
5	汉王科技	教育装备教育信息化	39.37	6.04	0.43	7.47	0.16
6	星网锐捷	教育装备教育信息化	164.78	77.05	4.72	91.32	5.81

这 6 家企业中，视源股份、汉王科技、星网锐捷是提供交互显示屏、一卡通考勤、智能识别等智能硬件的企业，并以智能硬件为基础研发整合其他技术切入教育信息化市场。珠江钢琴和海伦钢琴原本为规模庞大的钢琴生产商，在制造业下滑、教育业上升的时期，推出智能教学钢琴，并研发配套的在线钢琴教育软件，从而进入互联网教育市场。方正科技是一家涉足集成电路、通信服务、行业信息化服务、IT 软件等多元业务的上市公司，在教育上提供包括教育管理、教育资源、家校互动、在线学习等综合性的智慧教育解决方案。

三、A 股并购企业发展现状

受政策红利、消费升级、知识焦虑、技术进步等多方面利好因素的影响，教育行业在过去五年持续上升，成为最具投资潜力的行业之一。这几年，正值中国制造业下滑，多家制造业企业业绩出现严重滑坡，企业面临转型保壳的重要关口。恰遇国内在线教育风口及教育行业投融资春天，多家 A 股传统制造业企业布局教育行业，甚至是剥离制造业务，全面转型为教育企业。

据调查，2015—2017 年年底，大约有 100 多起上市公司发起的教育并购案例，并购标的平均市值达到 2.7 亿元。一般情况下，教育标的并购估值约为标的当年净利润的 15 倍 PE，通常并购方会与标的方签订 3 年利润对赌，从而规避并购风险。

虽然教育行业一片向好，布局教育行业是一件选择正确的事情。然而教育是一个复杂的行业，没有长期的积淀难以在教育行业中获益，因此制造业并购教育标的是一件风险很大的事情。据了解，过去几年有 100 多起教育并购案例，由于各种原因最后失败比例竟高达三分之一。

A 股上市公司并购教育资产，100 多起 A 股教育企业并购案全面分布于 K12 培训、职业培训、民办学校及幼儿园、出国留学、教育信息化、教育装备 6 大领域，其中以前 3 大领域的并购案居多。

K12 培训领域并购案主要有新南洋并购昂立教育、勤上股份并购龙文教育、银润资本并购学大教育、伍德克斯并购龙门教育、盛通股份并购乐博教育。据统计，5 起并购案平均并购价格为 14 亿元。

通过并购进入职业培训领域的企业主要有：文化长城、中国高科、洪涛股份、世纪鼎利、华媒控股、百洋股份、神州泰岳、开元股份。

通过并购进入民办学校及幼儿园领域的企业主要有：中泰桥梁、森马服饰、秀强股份、威创股份、长方集团、阳光城、皇氏集团、电光科技。

通过并购进入出国留学领域的企业主要有：华闻传媒、三垒股份、四通股份。

通过并购进入教育信息化领域的企业主要有：和晶科技、高乐股份、汇冠股份、二六三、保千里、国脉科技。

通过并购进入教育装备领域的企业主要有三爱富、鹏博士。

四、港股企业发展现状

《民促法》三审法案过会前后，中国教育企业形成了一股教育企业上市热潮，其中赴港上市的趋势最为迅猛。截至 2019 年 3 月，共有 20 家中国教育企业在港股上市，其中民办学校 14 所，其他类型企业 6 所，详见表 16-4。

表16-4　港股上市教育企业

序号	企业名称	上市时间	上市版块	主营业务
1	中国网络教育	2001年12月	联交所主板	职业教育培训
2	新华文轩	2007年5月	联交所主板	出版传媒
3	睿见教育	2017年1月	联交所主板	民办中小学
4	宇华教育	2017年2月	联交所主板	民办幼儿园到大学
5	民生教育	2017年3月	联交所主板	民办本科、高职、中职院校
6	新高教集团	2017年4月	联交所主板	民办本科、高职院校
7	中教控股	2017年12月	联交所主板	民办本科、高职院校
8	成实外教育	2016年1月	联交所主板	民办中小学、民办大学
9	枫叶教育	2014年11月	联交所主板	民办国际学校
10	网龙网络	2007年11月	联交所创业板	教育、游戏
11	大地教育	2017年2月	联交所创业板	海外升学顾问
12	中国新华教育	2018年3月	联交所主板	民办教育
13	21世纪教育	2018年5月	联交所主板	民办高等教育
14	天立教育	2018年7月	联交所主板	民办教育
15	博骏教育	2018年7月	联交所主板	民办幼儿园、初、高中
16	希望教育	2018年8月	联交所主板	民办高等教育
17	春来教育	2018年9月	联交所主板	民办教育
18	卓越教育	2018年12月	联交所主板	K12教育培训
19	银杏教育	2019年1月	联交所主板	民办高等学校
20	新东方在线	2019年3月	联交所主板	在线课程

　　最新数据统计发现，20家港股上市企业平均市值约76.90亿港元，2018财年平均营收11.71亿元，平均利润2.26亿元。

　　2018年7月3日，沪江网向香港证券交易所提交招股说明书，其2017年营收5.55亿元，亏损5.4亿元。上市前最后一次融资对其估值约180亿元。

五、美股企业发展现状

　　早年间，受限于国内资本市场的体制不完善及教育政策壁垒，教育企业资产证券化首先是登陆美股。2006年，新东方教育科技集团登陆纽约证券交易所，成为我们第一家登陆美股的教育企业。2010 年，教育市场迎来美股上市热潮，多家中国教育企业登陆纽约证券交易所或者纳斯达克（NASDAQ）。但由于一些企业的管理乱象，多家企业被美股交易所勒令退市，或者是完成私有化退市，美股中国教育概念股出现了一些跌宕。直到 2017 年前后，中国教育市场一片大好，美股才再次迎来中国教育企业上市热潮。2017 年，中国教育赴美上市的企业共有 11 家。2018 年尚德机构于北京时间 2 月 24 日凌晨正式向纽交所提交上市申请，3 月 23 日正式上市。2018 年 3 月 28 日，精锐教育登陆美股。2018 年 6 月，安博教育及朴新教育先后登陆美股。

截至 2019 年 3 月底，中国教育赴美上市的共有 16 家企业，其中综合性教育集团 4 家，K12 培训 3 家，职业培训 3 家，民办学校及幼儿园 3 家，教育技术服务 1 家，在线教育 1 家，语言学习 1 家。各企业上市信息见表 16-5。

表 16-5　美股上市教育企业

序号	企业名称	类别	上市时间	上市版块	2018（财）年营收（亿元）	2019 年 4 月市值（亿美元）
1	新东方	综合教育	2006 年 9 月	纽交所	168.11	142.4
2	好未来	综合教育	2010 年 10 月	纽交所	117.82	196.51
3	东大正保远程教育	职业教育	2008 年 7 月	纽交所	11.45	2.23
4	达内教育	职业教育	2014 年 4 月	纳斯达克	22.39	2.81
5	海亮教育	民办学校	2015 年 7 月	纳斯达克	11.69	11.63
6	博实乐	民办学校	2017 年 5 月	纽交所	17.19	14.09
7	红黄蓝	民办幼儿园	2017 年 9 月	纽交所	10.75	2.27
8	瑞思学科英语	K12 培训	2017 年 10 月	纳斯达克	9.69（2017 财年）	6.34
9	四季教育	K12 培训	2017 年 11 月	纽交所	3.01	1.08
10	ATA	技术服务	2008 年 1 月	纳斯达克	4.72（2017 财年）	0.63
11	51Talk	在线教育	2016 年 6 月	纽交所	11.46	1.2
12	精锐教育	K12 培训	2018 年 3 月	纽交所	28.63	13.55
13	尚德机构	职业教育	2018 年 3 月	纽交所	19.74	5.72
14	安博教育	综合教育	2018 年 6 月	美国证券交易所	5.31	1.09
15	朴新教育	综合教育	2018 年 6 月	纽交所	22.28	9.98
16	流利说	语言学习	2018 年 9 月	纽交所	6.37	5.36

2017 年 4 月 25 日和 5 月 8 日，美股教育上市公司新东方和好未来总市值首次突破百亿美元，先后成为首支、第二支市值超过 100 亿美元的教育股。截至 2017 年年底，新东方的市值超过了 130 亿美元，好未来更是超过了 160 亿美元。新东方和好未来的市值在 2017 年基本都实现了翻番，增长的速度令人惊叹。2019 年 4 月新东方和好未来两大教育界的巨头，市值分别达到 142.4 亿美元、196.51 亿美元。

第三节　教育各细分领域投资并购案例分析

在教育产业呈现大好趋势后，多家 A 股传统企业通过投资或并购的方式切入教育市场。依据当时的市场趋势和企业自身的发展计划，有的企业选择切入 K12 培训市场，有的企业选择切入职业培训市场，有的企业选择切入学前培训市场，一时间教育市场呈现出一股 A 股企业跨界投资并购浪潮。

一、K12 培训

K12 培训市场空间很大，跨界投资并购 K12 领域的企业非常多。截至 2019 年 3 月底，A 股上市企业并购规模比较大的案例有 7 起，详细信息见表 16-6。

表 16-6　A 股上市企业并购 K12 领域案例

公告时间	上市公司	并购标的	持股比例	交易价格	支付方式
2013 年 8 月	新南洋	昂立教育	100%	5.82 亿元	发行股份
2015 年 7 月	银润投资	学大教育	100%	23 亿元	现金
2016 年 1 月	勤上股份	龙文教育	100%	20 亿元	发行股份＋现金
2016 年 4 月	盛通股份	乐博教育	100%	4.3 亿元	发行股份＋现金
2017 年 5 月	科技伍德	龙门教育	51%	7.49 亿元	现金
2018 年 3 月	天润数娱	凯华教育	100%	2.3 亿元	发行股份＋现金
2018 年 10 月	科斯伍德	龙门教育	50.24%	未透露	现金＋发行股份

7 起并购案例中最被行业从业人士熟知的，当属 2013 年开始的新南洋并购昂立教育的案例。由于中国教育资产证券化的政策壁垒，昂立教育并购被证监会多次问询和驳回，在政策试点开放后，最终曲折地成功过会，成为我国第一家 A 股上市的教育企业。

K12 培训属于教育行业的投资热点，每年投资案例上百起，在此不做详细分析。

二、职业培训

职业培训领域细分市场众多，用户规模庞大，用户培训需求强烈且购买力强。因此，也有大批上市企业通过投资并购的方式进入职业培训领域。

1. 并购案例

2015—2019 年 3 月底，职业培训领域典型的并购案例主要有 13 起，总体交易规模约 258 亿元。并购案例的详细信息见表 16-7。

表 16-7　A 股上市企业并购职业培训领域案例

公告时间	上市公司	并购标的	持股比例	交易价格	支付方式
2014 年 7 月	世纪鼎利	智翔教育	100%	6.25 亿元	发行股份＋现金
2015 年 3 月	洪涛股份	跨考教育	70%	3.35 亿元	现金
2015 年 9 月	洪涛股份	学尔森	85%	3.5 亿元	现金
2015 年 9 月	洪涛股份	金英杰	20%	1.95 亿元	现金
2016 年 10 月	文化长城	智游臻龙	100%	3 亿元	现金
2016 年 3 月	华媒控股	中教未来	30%	8.7 亿元	现金
2016 年 3 月	正保远程	厦门网中网	80%	2.65 亿元	现金
2016 年 6 月	开元股份	恒企教育	100%	12 亿元	发行股份
2016 年 6 月	开元股份	中大英才	70%	2.6 亿元	发行股份
2017 年 6 月	百洋股份	火星时代	100%	9.74 亿元	发行股份＋现金
2017 年 9 月	文化长城	翡翠教育	100%	15.75 亿元	发行股份＋现金
2017 年 9 月	世纪鼎利	美都教育	100%	3.6 亿元	现金
2018 年 12 月	亚夏汽车	中公教育	100%	185 亿元	重大资产置换、发行股份购买资产、股份转让

2. 投资案例

2016—2019 年 3 月底，A 股企业投资职业培训的案例达 50 多起，比较典型的案例有 3 起，分别是千合资本 3 亿元投资慧科教育，神州泰岳 2.2 亿元投资蓝鸥科技，国泰君安 1.4 亿元投资老 A 商学院。

三、学前培训

自全面放开二孩政策发布后，我国新生幼儿出生数量大幅增长，幼儿消费市场潜力明显增大。虽然由政策红利带来了市场潜力，但学前培训市场规模化能力不足，因而通过投资并购进入学前培训市场的 A 股上市企业不多。

学前培训领域典型的 A 股并购案例有森马服饰 1.46 亿元并购天才宝贝。典型的投资案例有善财资产 6 600 万元投资乐思塾教育。

四、民办学校

1. 并购案例

2016—2019 年 3 月底，A 股上市企业并购民办学校案例总共有 6 起，详细信息见表 16-8。

表 16-8　A 股上市企业并购民办学校案例

公告时间	上市公司	并购标的	持股比例	交易价格	支付方式
2016 年 10 月	勤上股份	英伦教育	40%	6 600 万元	发行股份 + 现金
2016 年 12 月	勤上股份	爱迪教育	100%	29 亿元	现金
2017 年 3 月	勤上股份	成都七中实验学校	100%	——	——
2016 年 8 月	首控集团	昆艺学院	70%	2.1 亿元	现金
2016 年 11 月	首控集团	西山学校	58%	3.5 亿元	现金
2016 年 12 月	中泰桥梁	文凯兴	20%	2.5 亿元	发行股份

2. 投资情况

专业股权投资机构在一级市场投资民办学校的很少，更多是民间资本在投资，预计未来专业投资机构进入会增多。

五、幼儿园

比起学前培训机构，民办幼儿园的运营模式要简单得多，现金流也比较充足，因而幼儿园是更为优质的资产。许多 A 股上市公司选择以并购或者投资的形式布局幼儿园产业，在此只对规模比较大的典型案例进行分析。

1. 并购案例

2015—2019 年 3 月底，A 股上市企业并购幼儿园且金额过亿的案例有 7 起，其中最为活跃的是勤上股份和首控股份两家企业，并购的详细信息见表 16-9。

表 16-9　A 股上市企业并购幼儿园案例

公告时间	上市公司	并购标的	持股比例	交易价格	支付方式
2016 年 10 月	勤上股份	英伦教育	40%	6 600 万元	发行股份＋现金
2016 年 12 月	勤上股份	爱迪教育	100%	29 亿元	现金
2017 年 3 月	勤上股份	成都七中实验学校	100%	—	—
2016 年 8 月	首控集团	昆艺学院	70%	2.1 亿元	现金
2016 年 11 月	首控集团	西山学校	58%	3.5 亿元	现金
2016 年 12 月	中泰桥梁	文凯兴	20%	2.5 亿元	发行股份
2018 年 6 月	三类股份	美吉姆	100%	33 亿元	现金

此外还有十几起小型幼儿园的并购案例，标的交易价格在 1 000 万元左右，在此不做详述。

2. 投资情况

在投资上，专业股权投资机构在一级市场直接投资幼儿园的很少。

六、学校教育信息化

教育信息化作为国家战略化工程，国家每年投入数千亿元的财政经费支持教育信息化建设发展。自 2011 年《教育信息化十年发展规划（2011—2020 年）》颁布后，多家通信业、IT 业、系统集成等行业企业投身教育信息化行业。近年来，国家对教育信息化工程的支持力度越来越大，且政策向社会民营企业的开放力度更大。更多的企业有机会参与到教育信息化中，通过投标的方式为学校信息化建设提供服务。

虽然教育信息化的市场空间非常庞大，但对企业的技术、资本、渠道等各方面的实力要求非常高。因而，投身教育信息化的企业虽然很多，然而在市场上做出大规模的企业却并不多见，有实力登陆 A 股市场的企业更是少之又少。目前，登陆 A 股主营教育信息化的企业只有 10 家左右，还有一些 A 股企业则通过并购的方式切入教育信息化市场。

1. 并购案例

2016—2017 年年底，A 股上市企业并购教育信息化产业的案例有数十起，其中标的上亿元的并购案例约 5 起，详细情况见表 16-10。

表 16-10　A 股上市企业并购教育信息化产业案例

公告时间	上市公司	并购标的	持股比例	交易价格	支付方式
2015 年 11 月	立思辰	康邦科技	100%	17.6 亿元	发行股份 + 现金
2016 年 5 月	科大讯飞	乐知行	100%	4.96 亿元	发行股份 + 现金
2016 年 2 月	文化长城	联讯教育	80%	5.76 亿元	发行股份 + 现金
2016 年 7 月	汇冠股份	恒锋信息	100%	8.06 亿元	发行股份 + 现金
2016 年 9 月	保千里	小豆科技	100%	3.9 亿元	现金

2. 投资情况

教育技术近年来不断突破，多家企业投身于教育技术研发，并将其整合到教育信息化产品中。这一类企业具有技术优势因此能获得资本青睐，但数量却并不多见。2015 年，已有 17 家具有高端技术的信息化企业获得资本青睐，典型的企业如极课大数据，2017 年获得 B 轮亿元融资。

七、培训机构信息化

培训机构信息化指的是为教育培训机构提供学习平台、招生工具、管理平台等信息技术服务的市场。在在线教育迅猛发展后，线下培训机构感受到了生存危机，纷纷布局在线培训业务。传统培训技术大多不具备技术研发能力，通常通过购买第三方服务的方式开展线上业务。因而，线下培训机构对直播、录播、网校平台、管理平台、招生工具等技术产品的需求非常大，也由此成就了多家为此服务的企业，其中也有多家机构获得融资。

1. 并购案例

由于目前培训机构信息化服务企业虽然具有很好的现金流，但技术研发和市场尚处于发展阶段，因而出现的并购案例不多。典型的并购案例有 A 股上市公司二六三网络 3.4 亿元并购直播技术服务商展示互动。

2. 投资案例

在线教育成为必然趋势后，传统培训机构对于在线学习运营平台的需求非常大，因而培训机构信息化也成为一股投资热。典型的获投企业如教育直播技术服务商 CC 视频，2017 年 11 月获得了 C 轮 2.08 亿元融资。教育 SAAS 平台服务商校宝在线，2017 年 12 月，获得了蚂蚁金服上亿元 C 轮融资，2018 年 5 月继续获得蚂蚁金服领投，万融资本及歌斐资产跟投的 1 亿元 C+ 轮融资。

八、出国留学

家庭教育消费升级后，出国留学市场也呈现出快速增长的趋势。市场形势大好，多家 A 股企业通过并购的方式切入出国留学市场。

1. 并购案例

2013—2018 年 6 月底，A 股上市企业并购留学服务企业的典型案例有 6 起，详细并购信息见表 16-11。

表 16-11 A 股上市企业并购留学服务企业案例

公告时间	上市公司	并购标的	持股比例	交易价格	支付方式
2013 年 7 月	华闻传媒	太傻网	100%	7 亿元	发行股份
2015 年 12 月	电光科技	雅力科技	100%	1.28 亿元	发行股份 + 现金
2016 年 7 月	立思辰	360 教育集团	100%	3.44 亿元	现金
2016 年 6 月	好未来	顺顺留学	100%	1.1 亿元	现金
2017 年 2 月	三垒股份	楷德教育	100%	3 亿元	现金
2017 年 12 月	神州数码	启德教育	100%	46.5 亿元	发行股份 + 现金

2. 投资情况

虽然传统的出国留学市场局势已经形成，但在线教育投资热潮到来后，一些企业利用在线教育概念推出互联网留学服务，因而也一定程度地呈现出投资热点。2015—2018 年 6 月有将近 60 家互联网留学企业获得融资。典型的融资案例有顺顺留学 2015 年获得 1 800 万美元 A 轮融资，2016 年 6 月被好未来以数千万元收购；知鸟留学 2016 年获得 2 000 万元 A 轮融资；学无国际 2017 年获得 A+ 轮数千万元融资；2018 年 2 月，青岛诺培教育 IOP 上市融资 3 000 万元。

九、教育装备

教育装备属于传统的制造业，虽然受教育市场持续增长的利好，但资本市场并不活跃。A 股上市公司并购教育装备的案例非常少，近几年只观察到 3 起案例。其中典型的案例有 2017 年 8 月三爱富发布公告拟以 19 亿元并购奥维亚。而在风险投资上，一级市场投资案例比较少，每年只有数起，在此不做分析。

十、教育出版

比起其他教育领域，教育出版属于比较传统的文化行业，市场运营模式主要以代理商和经销商的形式开展，是非直面客户的 B2C 模式。教育出版早在 20 世纪就已经是成熟固化的行业，资本市场已不再具有活力。因而教育出版市场长期以来无论是投资还是并购的案例都非常少，在此不做分析。

第四节　教育各细分领域投资建议

一、K12 培训

K12 领域，单纯的线下培训业务的机构由于成本高对教师人力的依赖度较高，以及招生竞争激烈等因素，扩张起来非常难，也很难有快速发展的机会。因而，K12 线下培训机构在早期发展阶段投资并购的吸引力并不大。目前，市场上投资并购案例更多是处于中晚期发展的标的。相对 K12 市场规模，并购和投资案例并不算多。

针对高考改革背景下的特长生培训将是个快速增长的市场。高考录取方式的改变，更多的自主招生和三位一体的评价方式使特长生更有优势，今后需要更多的机构服务于学校和校内学生，从小学高年级开始，即介入学生的学业规划。无论学科类、素质类还是泛创客类，未来都有很大的发展机会，但需要考虑校内校外结合的模式，不局限于区域和地方机构。

二、职业培训

职业培训领域市场规模非常大，用户培训刚需和付费能力也非常强，相比 K12 和学前教育领域，职业培训更容易形成细分领域竞争壁垒。职业教育线上、线下结合已成为共识和趋势，因而线上与线下结合的模式更易于机构实现全国性扩张。

职业培训现金流比较好，因而资本市场上的投资并购也非常活跃，在线职业教育成为风险投资热门领域。目前，职业教育更成为 A 股上市公司的投资并购热点。

随着科技发展，职业教育还有很多产业升级的机会，市场需求仍处于快速增长中。在职业培训领域，泛 IT 类、医疗健康类、精密制造类、师资类培训，具有更大的发展机会。

三、学前培训

学前培训领域市场规模不小，但机构分布极度分散，用户需求也非常分散。由于缺少行业评判标准，学前培训产业难以往线上发展。由于受区域因素限制严重，除了少数形成连锁品牌，学前培训机构更多是以地方性小型机构存在。学前培训机构连锁化是一个发展趋势，目前市场上依然缺少领先的国内品牌。

学前培训领域在家庭教育消费升级下，市场需求和市场总量处于快速增长中。近年来，学前培训机构走向教育综合体的模式成为一种趋势，但都还在试验阶段，缺少成功模式。

目前学前培训领域并购和投资都不够活跃，而且项目融资和退出比较难，因而不建议投资或者并购学前培训机构。

四、民办学校

民办学校的投资周期很长，而且受政策约束较多。民办学校对团队的教学教研及管理能力要求较高，早期投资基金很难介入民办学校。

随着新的《民办教育促进法》实施，非义务教育阶段的民办学校投资并购迎来政策利好。目前，中国教育市场上发展到一定规模且具有良好现金流的办学集团不少，值得 PE 和并购基金介入。待投资管理成熟后，运营利润率会比较高。

民办学校过去更多走 VIE 模式（Variable Interest Entities）。现在国内二级市场已经为民办学校打开。虽然目前还没有成功案例，但不久的未来民办学校登陆 A 股的形式即将明朗。

五、在线教育

在线教育有着良好的发展趋势，市场处于快速增长中。但在线教育的市场渗透率还不到 5%，用户习惯还需要继续长期培养。

在线教育领域，语言外教类是最大的细分市场，但目前竞争已经非常激烈。基于专项知识和技能的泛职业教育，从线下转向线上是个大趋势，多个细分领域仍有很多的发展机会。中小学学科辅导，无论是一对一还是小班课，都将呈现快速增长的趋势，但产品和运营模式仍需更多创新。

六、教育信息化

教育信息化既是传统生意，也是不断兴起、产品迭代的新市场。政府教育经费每年投入 3 000 多亿元在教育信息化上，在各个文件的教育规划中也都高度强调教育信息化的重要性，但至今收效甚微。通过教育信息化明显提升教学质量和效率仍是难点，中国应试教育导向也是重要影响因素。

总体来看，教育信息化市场非常大，潜在机会非常多。但教育信息化大多属于关系型销售，通常涉及项目化操作的运营方案。因而，教育信息化业务需要既懂教育又有互联网基因的团队才能做好，而且还得具备超强的 ToB 销售能力。

七、培训机构教育信息化

工具平台类教育信息化产品涉及细分门类非常多，产品鱼龙混杂。工具平台型教育信息化以 C 端为主要服务对象，用户群体规模很大，潜在需求非常多。虽然刚需很难挖掘和满足，但还是值得各类产品去尝试。

工具平台型教育信息化同样需要既懂教育又有互联网基因的团队才能做好，而且要超强的 ToC 运营能力。

八、出国留学

未来，出国留学市场还将呈快速增长趋势，具有很好的发展潜力。出国留学涉及考试语言培训、择校咨询、签证办理、留学后就业等多项业务，单个客户可挖掘的消费成本非常高。目前，语言技能类培训已形成相对垄断格局，市场已被新东方、启德留学、新通教育等大型机构占领。而咨询服务类小型机构数量虽然众多，但扩张发展壮大比较难，市场增长速度也较缓慢。

对于出国留学领域，技术提升基本无用武之地，产品与服务难以创新。目前，出国留学的行业格局已经基本形成，而在游学类还存在一些机会。

九、教育装备

教育装备是个传统市场，也是个产品不断更新换代的市场。教育装备企业属于重资产、重渠道销售、重技术研发的企业。结合未来教育技术发展趋势，具有创新性的教学设备有较大的发展机会。

第十七章
创新教育技术前瞻

第一节 VR和AR在教育中的应用

一、VR 的定义及应用

虚拟现实（Virtual Reality，VR），是由美国 VPL 公司创建人拉尼尔（Jaron Lanier）在 20 世纪 80 年代初提出的。其具体内涵是综合利用计算机图形系统和各种现实及控制等接口设备，在计算机上生成的、可交互的三维环境中提供沉浸感觉的技术。其中，计算机生成的、可交互的三维环境称为虚拟环境（Virtual Environment，VE）。虚拟现实技术是一种可以创建和体验虚拟世界的计算机仿真系统。它利用计算机生成一种模拟环境，利用多源信息融合的交互式三维动态视景和实体行为的系统仿真，使用户沉浸到该环境中。

VR 技术可广泛地应用于城市规划、室内设计、工业仿真、古迹复原、桥梁道路设计、房地产销售、旅游教学、水利电力、地质灾害、教育培训等众多领域，并为其提供切实可行的解决方案。

二、VR 技术与教育结合

VR 在媒体呈现上开辟了一个新的里程碑，而媒体呈现是与教学过程紧密相连的。那么 VR 到底如何与教育相融合，适合于哪些教育科目呢？我们认为它比较适合自然科学工程、语言文化、人文历史等。比如自然科学里面的生物、物理、化学，工艺加工、工程技术、飞行驾驶这样的基础学科，还有一些可视化的历史、人文、语言学习、文化叙述等。总之，凡是可视化的学科都可以用 VR 来呈现。不太容易可视化的学科在 VR 上就很难得到运用，比如一些非常抽象的概念、逻辑学，还有一些数学上出现的概念，这些是不容易用 VR 去表现的。

VR 有一种非常强的沉浸感，如果要学习生物，我们会进入细胞的内部，看到 DNA 的结构，它是非常形象的。也就是说所有的知识，无论是哪个学科领域，它都能够用可视化的形态将其表现得更好。VR 的适用性非常广泛，尤其是在自然科学工程领域，应用效果会更好。

三、教育 VR 的生命周期

一项技术从萌芽到普及会受到以下因素的影响。一种是体验效果。例如在移动学习早期由于体验性差，发展一直徘徊不前，自从苹果设备出现后才得到普及；第二种便是设备的普及率，VR 就像我们 2007 年苹果手机出现一样，大家都认为这个非常好，但是它需要一个过程。只要设备普及到一定程度了，应用的数量、质量也会出现，为其开发的应用也会比较多，到时这种应用就会爆发，相应地用户的使用习惯也开始培养起来。另外，这跟资本的力量催熟也有很大的关系，一种产品的资本推动越大，那么它的成熟周期就越短。比如资本用了三年时间催熟了滴滴打车这类应用，为大家所广泛接受。

2016 年是 VR 元年，这有点像 2013 年，也曾被认为是在线教育的元年。其实中国的在线教育在 1996 年已经开始萌芽，但是在 2013 年才开始爆发。同样，2016 年是

VR 投资的爆发期，而不是应用的爆发期，大量投资进来，资本加速它的发展。我们认为过几年将会有更加优秀的硬件产品出现，从 2019—2020 年开始将会进入应用的发展期。

四、AR 的定义

增强现实（Augmented Reality，AR），也称为扩增现实。增强现实技术，是一种将真实世界信息和虚拟世界信息"无缝"集成的新技术，是把原本在现实世界的一定时间、空间范围内很难体验到的实体信息（视觉信息、声音、味道、触觉等）通过计算机等科学技术，模拟仿真后再叠加，将虚拟的信息应用到真实世界，被人类感官所感知，从而达到超越现实的感官体验。

五、AR 在教育中的应用

1. AR 图书

AR 图书外表看起来与传统图书差不多，不过当用摄像头扫描时，3D 动画元素、视频、声音就会显示出来。有些 AR 图书包含互动元素，需要使用者下载并安装软件才能阅读内嵌在书中的一些内容。

2. AR 教育游戏

目前，移动增强现实教育游戏更多地应用于科普教育。通过虚实结合的方式，增强现实技术使抽象的教学内容具象到现实生活中，降低对学习者迁移能力的要求，辅助学习者完成认知过程。此外，它可以通过学习者与模型的实时互动，增强学习者对教学内容的关注，延长沉浸时间，加深对内容的理解。

3. AR 建模

AR 还可以用于建模，让学习者直观地看到一个特定项目在不同环境下的样子。模型可以很快生成，进行操作、旋转。学生可以收到即时反馈，这样可以检查出设计中的瑕疵。

4. AR 培训

AR 在培训过程中的应用可能是最简单的。因为 AR 头显设备发展非常迅速，已经在医疗、军事、商业等方面获得了广泛的应用。AR 培训可以提供一个非常丰富立体的学习环境，创造一个完全没有风险的操作平台。

以医学为例，AR 技术可以 3D 显示人体器官和骨骼，为外科医生和医务工作者提供训练。VR 和 AR 都可以应用在消化外科手术。先用 CT 或 MRI 扫描病人，然后利用仿真技术和 3D 建模技术生成虚拟的人体，看起来是全透明的，外科医生可以用真实的外科手术工具在虚拟人体上进行手术训练，并且在手术训练过程中可以实时互动跟踪。

军队很早就在使用 AR 技术进行训练。2009 年，莎诺夫公司发明了一款头显设备，可以将真实世界和计算机生成的人物图像结合在一起。士兵们可以用他们的武器和计算机生成的虚拟士兵进行对战，一切都在真实的训练环境中。虚拟士兵会对真实士兵进行实时反馈，躲避或者反击。士兵们可以记录和重放训练过程。

第二节　人工智能在教育中的应用

一、什么是人工智能

人工智能（Artificial Intelligence，AI）是研究、开发用于模拟、延伸和扩展人的智能的理论、方法、技术及应用系统的一门新的技术科学。

人工智能是计算机科学的一个分支，它试图了解智能的实质，并生产出一种新的能以人类智能相似的方式做出反应的智能机器，该领域的研究包括机器人、语言识别、图像识别、自然语言处理和专家系统等。

二、人工智能与教育的结合

基于目前人类对于人工智能的探索，一般认为人工智能应当包括 3 个方面：一是计算智能，二是感知技能，三是认知智能。在计算智能上，自第一台计算机诞生开始，机器计算智能就远超人类，而且近些年来，计算机的计算速度屡创新高，目前计算智能早已不是难题。感知智能，是指机器能够识别抽象事物的能力，如图像识别、语音识别、手势识别等。而认知技能，是指机器在获取大量数字或者抽象信息后，能够产生判断和学习的能力。

感知智能和认知智能，是更偏向于人类擅长的智能。经过长期的探索后，也是在近两年才获得突破性进展并应用于教育上的。感知智能和认知智能目前在教育上的应用主要体现在图像识别和语音识别上。简单来讲，感知智能是让机器能看得到、听得见。而认知智能是让机器能听得懂，并作出反应，与人产生交互。两者紧密相连，在教育应用上亦如此。例如近两年提出的 AI 教师，像乂学教育的 70% 人工智能 +30% 教师教学的智适应学习系统松鼠 AI、流利说推出的 AI 教师等。

还有 2014—2015 年投资比较火爆的拍照搜题软件，学生遇到难题时只需要用手机拍成照片上传到云端，系统在一到两秒内就可以反馈出答案和解题思路，而且这类软件不仅能识别机打题目，对手写题目的正确率识别也越来越准确，目前达到了 70% 以上。

语音识别技术在教育上的应用，目前主要用于英语口语测评上，科大讯飞、清睿教育、51Talk 开发出的语音测评软件，都能在用户跟读的过程中，很快对发音做出测评并指出发音不准的地方，通过反复的测评帮助用户训练口语，除了拍照搜题和语音测评，自动批改文章也是目前走在教育科技前沿的人工智能技术。

自动批改的范围有学科作业、语文和英语作文、学术论文、商务文书。系统可以根据基本的语言知识、语法规则判别出文章中的错误，并结合海量的文章库，通过上、下文的意思对文章整体水品做出评价。目前从事这类测评技术的产品有批改网等。

三、人工智能教育未来的展望

目前，人工智能技术在教育上的应用主要体现在图像识别和语音识别两个方面，新兴起的智能学习领域也开始大量运用人工智能技术。虽然得到了应用，但目前尚处于初级阶段，在技术和应用场景上还需要进行更多的探索。

其中图像识别技术可以应用于在线答疑上，答疑的成功一方面依靠的是图像识别的准确性，另一方面依靠的是海量的知识库。图像识别的准确率越高，题目数量越多，答疑就越接近于用户需要的答案。当前市面上在线答疑的产品有很多，答疑实力的高低层次不同。目前，那些答疑准确率不高的企业亟待提升他们的图像识别技术和题库量，竞争之下，未来在线答疑产品的准确率会越来越高。

需要说明的是，拍照搜题的在线答疑模式，更多是用户问，产品答。至于回答的结果是否正确，答案是否满足用户的需求，这类产品却并没有设置相应的交互或者评价过程。真正想学习的学生，想获得的答案应当包括题目结果、思路启发、解题过程 3 个方面。而当前的拍照搜题产品的搜索结果在这些方面缺少层次结构，有的只有答案，有的仅有解题思路，有的只有解题过程。拍照搜题类产品的企业，需要将海量的题库进行知识结构的梳理，并将解题的层次结构与答疑进行交互式结合。

合理的答疑过程应当是这样的，当学生拍照搜题后，系统最先给出的应当是思路启发（如题目涉及的知识点、解题方法等），如果用户看到解题思路后已经可以解答题目了，系统就不需要给出答案和解题过程。如果用户还是有疑问，可以与系统交互（单击"下一步"或"答案""解题过程"），如此才能合理地帮助学生学习。提升拍照搜题的答疑交互性，这是以图像识别技术为核心的教育产品未来需要提升的地方。

相比于图像识别的教育产品，目前市面上语音识别的交互性要好得多。首先，语音识别的人机交互体验比图像识别更好。语音测评软件，口语 100 称之为智能语音听说教练，能够很好地使用语音的方式，对测评的结果进行反馈。例如哪里的读音是错误的，可以回放读错的地方。通过反复测评、反馈、纠错，最终达成正确的读音，测评中达到了很好的交互体验。目前语音测评主要还是用于英语测评，未来用于汉语测评及其他小语种测评的产品必然会出现，虽然市场规模可能不大，但仍存在很大的用户需求。

目前，语音识别和图像识别在教育上的应用属于两个不同的产品方向。未来这两项技术可能会结合起来协同使用，以达到更好的用户体验。例如，学生在书本上看到一句很喜欢的英语句子，可以拿手机拍照上传到云端，系统会根据海量的语音素材，用合适的语气和语调阅读这句话，还可以与语音测评技术结合，让用户跟读这句话，系统做出测评并反复朗读、打分。这是一个语音识别和图像识别相结合的典型例子。未来这类产品也将会出现，用户可以获得更丰富的人工智能体验。

此外，机器人教育也是正在崛起的人工智能教育领域。当前的机器人教育主要被应用在幼儿教育阶段，通过拼接、组装、试用机器人，从而提升幼儿的动手能力并启发思维。当前的机器人更多的是被当成教学工具或者材料，严格来讲，不算是人工智能教育。未来的人工智能机器人应充当教学者，基于海量的云知识库、感知思维、认知思维，能够辅助教学，能与学生产生互动，进而有望成为传道、授业、解惑的人工智能教师。目前人工智能教师已开始兴起，英语流利说的 AI 老师就是运用人工智能技术提高教学质量的。

第三节　自适应技术在教育中的应用

一、技术简介

自适应学习平台是一种通过分析收集到的学生实时交互数据来引导学生学习的学习系统，可实现在特定的时刻为特定的学习者提供特定的内容。

二、教育应用方式

1. 自适应内容

自适应内容通过分析学生对问题具体的回答，为学生提供独一无二的内容反馈、线索和学习资源。该工具可以根据每个学生不同的学习情况，实时提供有针对性的反馈，包括提示和学习材料等。

2. 自适应评估

自适应评估一般应用在测试中，根据学生回答问题的正确与否，及时改变和调整测评的标准。比如我们熟悉的 GRE 和 GMAT 考试，测试者在连续做对题目之后就会发现题目越来越难，这就是自适应评估工具在根据测试者的表现及时调整的结果。

3. 自适应序列

自适应序列利用一定的算法和预测性分析，基于学生的学习表现，持续收集数据。其中在数据收集阶段，自适应序列会将学习目标、学习内容与学生互动集成起来，再由模型计算引擎对数据进行处理以备使用。比如，当学生在测试中做错一道题时，自适应序列将根据答案为其推送合适的学习内容，并会根据算法改变推送的顺序。

三、自适应教育发展现状

自适应学习（Adaptive Learning）早在 20 世纪 90 年代的美国就已存在，目前已得到较为广泛的应用。美国 K-8（相当于中国的小学、初中）自适结果表明，49% 的人正在自适应学习软件上教授补充课程，42% 的人正将其作为核心课程平台使用。自适应学习产品在国外各个学习阶段都有应用，包括早幼教、小学、初中、高中、大学、职业领域等，并已覆盖多个学科。

自适应学习在国内引起广泛关注是在 2015 年，彼时在线教育正野蛮生长，一部分人注意到在线教育完课率极低，这是因为在传统学习模式下，一是不同学习内容之间的跳转逻辑是线性单一的，学生即使已经掌握了某一块内容，还是需要花费时间去学习；二是学生有问题也不能得到即时的反馈和帮助。对此，自适应学习致力于通过计算机手段检测学生当前的学习水平和状态，并相应地调整后面的学习内容和路径，帮助学生提升学习效率。然而，学习是一个复杂且隐性的过程，简单的计算机编程很难达到令人满意的效果，运用人工智能技术来实现的人工智能自适应学习应运而生。这是对传统自适应学习的升级，也是对新型学习方式的探索，在教育领域意义重大。

四、典型的自适应教育企业

1. 乂学教育

乂学教育是一家针对 K12 学生提供人工智能自适应学习方案和服务的机构。公司成立于 2015 年，当年 7 月获得 3 100 万元种子轮投资，2017 年 3 月获得 1.2 亿元天使轮投资，同年 6 月又获得 1.5 亿元天使轮追加投资，创下 K12 领域天使轮最高纪录。投资方包括好未来、新东方俞敏洪、青松基金、SIG 海纳亚洲等。

义学教育的人工智能自适应学习系统名为松鼠 AI，该系统作为真人老师的赋能工具，面向学生提供完整的课程服务，即学生不是完全自主学习，还需配有真人老师。系统的主要职责是动态评估学生的知识图谱掌握情况，并推送相应的讲解视频和练测题，而老师的主要职责是把控节奏、引导鼓励和补充式的答疑解惑。

2. 流利说

流利说成立于 2012 年，创始人王翌为千人计划专家、普林斯顿大学计算机博士、Google 前产品经理。"英语流利说"是流利说主打产品（另有"雅思流利说"），2017 年年底独立设备数达 280 万台，月度总有效使用时间达 16 690 分钟，用户规模和总使用时间持续走高。

2016 年 7 月，流利说发布人工智能自适应移动英语课堂"懂你英语"，开始了商业化变现的进程。懂你英语课堂正式开始前，用户需要首先进行定级测试，定级后系统会推送相应水平的课程。课程的学习材料形式通常为音频辅以图片，中间穿插听写、排序、语音跟读等练习环节。懂你英语探索的是"没有老师"的机器教学服务（除此以外也有一些人的服务，如班主任微信督学和社区互助，但不是教学的核心环节）。

3. Knewton

Knewton 创建于 2008 年，总部设在美国纽约，成立之初主要针对 SAT、GMAT 等标准化在线考试提供自适应测评，2011 年起逐渐面向机构和学校提供自适应学习的底层引擎。其主要运行流程是机构和学校在 Knewton 平台的基础上嵌套自己的学习系统，将自己的课程材料以 Knewton 的体系数字化，通过不断评估学生对材料的掌握程度，为每位学生动态推荐合适的学习路径和内容，以满足学生个性化的学习需求，并预测未来的学习程度。

Knewton 在全球的 K12 教育（从幼儿园到高中的数学、英语、生物）、高等教育、语言培训、企业培训等领域都得到了广泛应用，客户包括剑桥大学出版社、微软、惠普等知名机构，融资历程也光鲜亮丽：从 A 轮到 E 轮融资总额超过 1 亿美元，2016 年 2 月又获得了 5 200 万美元的 F 轮投资，投资方包括好未来。

第四节　其他技术在教育中的应用

一、体感技术在教育中的应用

1. 技术简介

体感技术，在于人们可以很直接地使用肢体动作与周边的装置或环境互动，而无须使用任何复杂的控制设备，便可让人们身临其境地与内容做互动。依照体感方式与原理的不同，主要可分为三大类：惯性感测、光学感测以及惯性及光学联合感测。

2. 教育应用方式

（1）在体育课程教学中的应用。

由我国台湾地区台南海东国小率先利用微软体感技术 Kinect 打造的体感教室于 2011 年 10 月启用，并应用到体育课程中的跑步、跳远、标枪等训练项目。同时举办电子竞赛活动，寓游戏于体能教育中，极大地提高了学生的参与度和学习热情。

（2）教学辅助工具。

由武汉大学和华中科技大学研发团队基于 Kinect 创作的教学辅助工具，是将 Kinect 结合到教室投影仪上，使老师能够通过手势和语音控制投影内容的呈现。通过一套完整的解决方案，实现幻灯片控制、黑板功能和基本的文档操作。在此基础上添加设置选项，从而根据用户的不同习惯可定制相应的手势进行操作，如左右挥手翻 PPT 等。

（3）Kinect 与虚拟现实结合。

穿越中华文明是西安交通大学基于 Kinect 为用户提供身临其境的穿越体验。根据自己向往的朝代城市，在构建三维城市的同时，在该城市中布置一些该时代所特有的典型建筑和房间内部摆设等。为了提高交互性，还可以通过 MSN 等工具互动，邀请好友一起来玩。在玩的同时，也展示了中国当时的历史文化、建筑特色及人文风情。

（4）3D 脸谱触手可选。

来自西安电子科技大学的团队将中国的国粹——戏剧脸谱这门中国的传统文化艺术和新颖的 Kinect 结合到一起，搭建了 3D 脸谱虚拟平台。利用 Kinect 的人体识别和传感技术，用户可以用手势来选择自己喜爱的角色脸谱，从而搭建一个可以让脸谱爱好者享受虚拟演唱体验的平台，以及一个提供脸谱、服装、场景的华丽舞台。

（5）V-Show 虚拟环境演示系统。

北京航空航天大学的 Openkids 团队利用 XNA 搭建了一套动态的虚拟场景，利用 Kinect 提取人物，再将人物放入虚拟场景中，同时通过 Kinect 的骨点识别捕捉人物姿态，实现人物与虚拟场景的交互，如切换场景、放大缩小元素、拉出介绍文字等。V-Show 可以将主讲人与被讲解的虚拟场景融为一体，让演讲更生动、更吸引观众眼球，还可以应用于远程教学、课堂、博物馆、产品发布会、家庭亲子教育等。

（6）动物外科实验教学。

第二军医大学建立了基于 Kinect 体感技术的动物外科辅助教学系统，包括一个动物外科基础知识库、一套 Windows 系统下的基于 Kinect 体感技术的控制程序及一套运行于动物外科手术室的 Kinect 辅助教学硬件系统。包含 Kinect 在内的硬件系统负责承载程序的运行及动物外科基础知识库的存储；控制程序的作用是将 Kinect 收集的原始输入（声音、手势、动作等）转化为操作系统可理解的命令，从而进行相关操作；而动物外科基础知识库则是一个综合性的教学数据库，包含了与动物外科有关的一切内容，即动物外科基础操作技术、相关的动物解剖知识、所有教师的授课文档及幻灯片等，而内容的形式可以为文字、图片、视频、动画等多种形式。

二、眼球追踪技术在教育上的应用

1. 技术简介

眼球追踪技术是一项科学应用技术，一是根据眼球和眼球周边的特征变化进行跟踪，二是根据虹膜角度变化进行跟踪，三是主动投射红外线等光束到虹膜来提取特征。眼球追踪技术是当代心理学研究的重要技术，广泛运用于实验心理学、应用心理学、工程心理学、认知神经科学等领域。

眼球追踪（Eye Tracking）是测量眼球相对于头部的运动的过程，而眼球追踪器则是用于测量眼睛位置和眼球运动的仪器。我们周围的世界是 360 度的，但是人类的眼睛只能够看到 120 度的事物，人的双眼只会聚焦在视野中不超过 6 度的小区域，周围则是模糊的。在 19 世纪，有人观察到其实人类在阅读文本的时候，眼睛在书籍文字上并不是一扫而过的，而是会出现一个非常短的停留和非常短的视觉上的跳跃。而这个观察也引发了新的思考：我们的眼球停留在了哪些文字上面？停留了多长时间？它在什么时候回退到了我们之前已经看过的文字上？从这个典故也反映了眼球追踪并不是一个全新的技术，时至今日，对于眼球追踪技术的研究已经有数十年的时间，各家科技公司大多都在这个领域有或多或少的布局。

2. 教育应用方式

来自眼球追踪获得的数据能够帮助老师和研究人员更好地了解学生们的学习负荷情况，也可以被用来评估老师们的教学方法是否有效。

Tobii 公司在美国一所大学的一项试验，其研究目的是考察学生在课堂上的注意力情况，以此找出在教学过程中能够保持学生注意力的因素，并获得旨在保持学生在课堂上的融入度和提升积极性的教学技巧。研究人员就 3 个方面进行了研究：在课堂授课过程中学生的关注重点是什么？是什么分散了学生的注意力？能够保持学生在课堂上的听课状态的因素有哪些？

三、情绪识别在教育上的应用

1. 技术简介

情绪识别原本是指个体对于他人情绪的识别，现多指 AI 通过获取个体的生理或非生理信号对个体的情绪状态进行自动辨别，是情感计算的一个重要组成部分。情绪识别研究的内容包括面部表情、语音、心率、行为、文本和生理信号识别等方面，通过以上内容来判断用户的情绪状态。

2. 教育应用方式

在国外，情绪识别这项技术已经在视频调研、泛娱乐、电影、游乐园等不同场景下被应用。2015 年，日本软银推出的情感机器人 papper，更是以情绪识别、情绪反馈为核心卖点，但杨松帆（四川大学电子信息学院特聘副研究员，科研方向：计算机视觉、机器学习、情感计算。）却认为，教育可能是最适合情绪识别"爆发"的行业。

首先，对于"情绪识别"本身，教育场景的难度相对其他行业更低。以线上教学的场景为例，摄像头所捕捉的画面通常较为稳定，且以人脸为主体，这为机器对人面部表情的识别创造了良好的环境。同时，相对标准化的教学流程，也让听课、笔记、互动等学生行为可以被提前预估，从而大大提升了识别的准确度。

更关键的则是教育场景下的实际需求。情绪识别能为行业解决的实际上是教育过程的"数据化"问题。有经验的教师通常能够看出学生实际的上课状态，但很难针对单个学生进行调整，课后也无法形成有效的数据。即使是线上直播授课，学生的学习状态数据也往往是缺失的。

"从前我们只能从考试分数来评价学生"杨松帆说，"而过程性数据，实际上是为教育添加了一个评价的维度。"

当坐标从一维变为二维，评价标准也就不再局限于成绩，而是综合上课状态，分析学生是"没听"还是"没听懂"，从而对学生进行针对性辅导。如果把这样的分析细化到每一个知识点，还可与学生的课下练习数据对接，实现颗粒度更细的个性化教育。

而对于学校、教育机构和老师自身来说，学生的情绪数据也有着对教研的指导意义。大面积的负面情绪反馈，可能意味着教学安排的不合理。依照情绪数据进行改进，将为学生带来更好的课堂体验。

第五节　创新教育技术发展现状

一、高考机器人参与人机大战

2017 年 6 月 7 日，中国首次高考版人机大战在北京上演，由中小学教育品牌学霸君自主研发的智能教育机器人 Aidam 与分为三组的 6 名高考状元同台 PK，分别解答 2017

年包括客观题和主观题在内的高考数学试题。随着阅卷结束，首次高考人机大战的成绩出炉：三组高考状元分别得分为 146 分、140 分、119 分，而 Aidam 为 134 分。

虽然最终 PK 的结果各有胜负，但人工智能机器人能在高考数学中得到 134 分的高分，足以让教育界甚至科技界惊叹，同时也免不了重重的质疑。基于人工智能整体技术的发展现状，从题目录入的自然语言识别，试题结果的系统内部论证，答题结果的自然语言输出，各路技术精英都对学霸君高考机器人 Aidam 的答题过程充满质疑。面对质疑，学霸君进行了官方回复，但最终真相仍是一片迷惑。

值得思考的是，哪怕 Aidam 等答题机器人真的具备了与真人 PK 的能力，但这对教学的实施并无直接促进作用，更加无法替代真人教师。正如学霸君在知乎上澄清时所说："Aidam 这项技术不是为了帮学生做作业，而是为了提升教学环节的效率，通过机器人的做题训练，构建学科知识网络，构建学生能力模型，提供个性化学习方案。"或许这是目前人工智能教育的作用，而这离我们臆想的人工智能教师还相差很远。

二、自适应教育浮现标杆企业

2017 年 10 月 1 日至 4 日，乂学教育在郑州组织了国内首次"人机大战"教学比赛。人机大战的结果显示：在平均提分、最大提分和最小提分三项结果上，智适应教学机器人的教学成绩都胜过真人。自 2014 年 Knewton 和 RealizeIT 自适应学习系统在美国崭露头角后，中国有三十多家企业投入到自适应学习中。2017 年，乂学教育在自适应教育上取得重大突破，也让中国出现了标杆企业。

与答题机器人不同的是，自适应学习系统通过不断采集学生的学习数据，建立学生的知识画像，然后规划最优学习路径，并动态推送优质学习内容。然而，人机大战的成果毕竟是高度组织实施下的产物，而学习是一个积累的过程，自适用学习系统能否在教学过程中长期使用，并大面积提升学生学习成绩，还需更多案例和更长时间的落地实施去验证。

三、VR 教育理性降温

VR 是 2016 年科技创投热点，VR 在教育、娱乐、工程等各行业的应用产品缤彩纷呈，2016 年也被称为 VR 元年。在教育上，VR 技术被投入诸多臆想，VR 内容被认为将替代之前所有的多媒体教学内容，上百家 VR 企业投身其中。

2018 年 3 月,《国家教育事业发展"十三五"规划》提出鼓励利用 VR 探索未来教育的新模式。然而,VR 教育面临着技术更新迭代的滞后,以及内容开发成本高等重重困难,使其目前处在一个不温不火的现状。从 2017 年至今关于 VR 教育项目的投融资案例只有三起。除了科大讯飞、触控未来、微视酷等典型企业的数条新闻外,VR 教育企业的市场动态并不多。

典型的企业微视酷创立于 2015 年,是专业 VR 教育软件研发机构,其产品有 IES 沉浸式教育平台系统、VR 课堂、VR 互动教室、VR 实训空间,目前已完成由金科君创、华融创投投资的 3 000 万元 A 轮融资。

据了解,目前全球已有 500 多所大学申请建立 VR 相关教育课件,国内有将近几十所大学开始做 VR 实验室。未来 VR 技术在教育领域的应用一定会在传统教学模式的基础上增添全新的教学模式。未来的 VR 教育不会替代已有的教学方法内容,而是辅助教学,提高教学体验环境。

附录
互联网教育相关企业名录

互联网教育相关企业各录中出现的企业排名不分先后。

附录A：教育信息化企业

序号	网站或产品名称	公司名称	网址
1	ULTRARISE	祥升软件	http://www.cvee.com.cn/
2	nobook	乐步教育	http://www.nobook.com.cn
3	TStudy	北京拓思德科技有限公司	http://www.tstudy.com.cn/
4	爱意福瑞	爱意福瑞（北京）科技有限公司	http://www.iefree.com.cn
5	北极星通	北京北极星通信息技术有限公司	http://www.bjsin.cn/
6	博导前程	北京博导前程信息技术有限公司	http://www.bjbodao.com

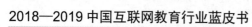

（续表）

序号	网站或产品名称	公司名称	网址
7	冰果英语	杭州增慧网络科技有限公司	http://www.bingoenglish.com/
8	帝能电子	广州市帝能电子有限公司	http://www.dineng.net
9	鼎师教育	武汉鼎师教育科技发展有限公司	http://www.dingshitech.com
10	东方中科达	北京东方中科达科技有限公司	http://www.zhongkeda.com/
11	豆网	深圳市小豆科技有限公司	http://www.douwong.com/
12	家校互联网	杭州美智教育咨询有限公司	http://www.jxhlw.com/
13	分豆教育	北京分豆教育科技股份有限公司	http://www.ifdoo.com/
14	K6KT—快乐课堂	上海复兰信息科技有限公司	http://www.k6kt.com/
15	国泰安	深圳国泰安教育技术股份有限公司	http://www.gtafe.com
16	海云天科技	深圳市海云天科技股份有限公司	http://www.seaskylight.com
17	寰烁科技	山西寰烁电子科技股份有限公司	http://www.huanshuo.net
18	Jetion	广州市吉星信息科技有限公司	http://www.jetion.cn/
19	家校新干线	南京凌越网络科技有限公司	http://www.jxxgx.com
20	DMega	北京达美嘉教育科技有限公司	http://www.do-mega.com/
21	上海景瑞	上海景瑞信息技术有限公司	http://www.genedu.com.cn/
22	深圳巨龙	深圳市巨龙科教高技术股份有限公司	http://www.julong.com.cn/
23	凯英信业	北京凯英信业科技股份有限公司	http://www.keytec.com.cn
24	科大讯飞	科大讯飞股份有限公司	http://www.iflytek.com
25	来了网	莲林（上海）信息科技有限公司	https://ll100.com
26	乐于学	北京爱迪科森教育科技股份有限公司	http://child.wsbgt.com/
27	乐知行	北京乐知行软件有限公司	http://www.lezhixing.com.cn
28	灵畅互动	深圳市灵畅互动科技有限公司	http://www.fitouch.com.cn
29	龙创	深圳市龙创软件有限公司	http://www.szlcsoft.com
30	龙语语文	北京龙戴特信息技术有限公司	http://www.longyu.cn/
31	萝卜圈	萝卜圈网络技术有限公司	http://www.irobotq.com
32	麦课学习网	北京麦课在线教育技术有限责任公司	http://www.mycourse.com.cn

（续表）

序号	网站或产品名称	公司名称	网址
33	米学网	北京米学科技有限公司	http://www.mexue.com/
34	明博教育	明博教育科技股份有限公司	http://www.mainbo.com/
35	铭仁教育	铭仁（北京）教育科技有限公司	http://www.emingren.com
36	作业管家	上海魔识信息科技有限公司	http://www.moshijiaoyu.com/
37	口语100	苏州清睿教育科技股份有限公司	http://www.kouyu100.com
38	趣学网	广州冠岳网络科技有限公司	http://www.quxue.com/
39	锐取信息	深圳锐取信息技术股份有限公司	http://www.szreach.com
40	西奥科技	广东西奥物联网科技股份有限公司	http://www.e-icco.com
41	三人行网络	北京尚睿通网络科技有限公司	http://www.3ren.cn/
42	上海狂龙	上海狂龙数字科技有限公司	http://www.iptid.com
43	世纪伟业	天津市世纪伟业科技发展有限公司	http://www.sjwycn.com
44	释锐	上海释锐教育软件有限公司	http://www.threeoa.com
45	数字校园	上海安脉计算机科技有限公司	http://www.anmai.net
46	索浪	杭州索浪信息技术有限公司	http://www.sola.cn/
47	天莱软件	广州天莱软件科技有限公司	http://www.gztlrj.d17.cc
48	天闻数媒	天闻数媒科技（北京）有限公司	http://www.twsm.com.cn/
49	天喻信息	武汉天喻信息产业股份有限公司	http://www.whty.com.cn/
50	同方知好乐	同方知好乐教育科技（北京）有限公司	http://www.tfedu.net/
51	万校通	上海万校信息科技有限公司	http://www.ttexx.com
52	微家园	北京土星教育科技有限公司	http://www.tx2010.com
53	微课掌上通	浙江万朋教育科技股份有限公司	http://wk.wanpeng.com/
54	教育人人通	西安习悦信息技术有限公司	http://jxhd.xy189.cn/
55	小学资源网	北京校园之星科技有限公司	http://www.xj5u.com/
56	心意答	上海心意答融讯电子股份有限公司	http://www.hixyd.com
57	新晨易捷	新晨易捷（北京）科技有限公司	http://www.easyhao.com
58	新联合众	新联合众（北京）科技有限公司	http://www.linxee.uooeoo.com

（续表）

序号	网站或产品名称	公司名称	网址
59	新良田科技	深圳市新良田科技有限公司	http://www.eloam.cn/
60	学多多	上海学多多教育科技有限公司	http://www.xueduoduo.com.cn/
61	学乐中国网	杭州博世数据网络有限公司	http://www.xuelecn.com
62	顺治科技	杭州顺治科技股份有限公司	http://www.shunzhi.net
63	一起作业网	上海合煦信息科技有限公司	http://www.17zuoye.com/
64	易教信息科技	上海易教信息科技有限公司	http://www.educationtek.com
65	羿飞教育	无锡羿飞科技有限公司	http://www.efee..com.cn/
66	印天科技	厦门印天电子科技有限公司	http://www.cnintech.cn
67	盈可视	广州盈可视电子科技有限公司	http://www.ncast.com.cn
68	优学通	郑州江山科技有限公司	http://www.youxuetong.com
69	优学向上	北京优学伙伴网络科技有限公司	http://www.iyxxs.com/
70	育龙科教	苏州育龙科教设备有限公司	http://www.yulongkejiao.com
71	育网科技	北京育网阳光科技有限公司	http://www.yuwang.soft.com
72	中国教育测评网	杭州导领科技有限公司	http://www.sinoeqa.com/
73	中教启星	北京中教启星科技股份有限公司	http://www.chinaedustar.com
74	中育优教	江苏中育优教科技发展有限公司	http://www.zyyj.com.cn/
75	十牛校园	广州市十牛信息科技有限公司	http://www.10niu.cn/
76	水晶球教育	水晶球教育信息技术有限公司	http://www.sjq-it.com/
77	课道平台	杭州课淘科技有限公司	http://www.classtao.com/
78	我的班	杭州沃的班教育科技有限公司	http://www.myclass365.cn/
79	喵爪网络	上海喵爪网络科技有限公司	http://www.mzworld.cn/
80	科代表	北京一米蓝科技有限公司	http://www.zykdb.com/
81	春蕾科技	上海春蕾信息科技有限公司	http://www.chunray.com/
82	希悦	北京悦活教育科技有限责任公司	http://seiue.com/
83	佰分云教育	广州市和睦信息科技有限公司	http://www.9k100.com/

（续表）

序号	网站或产品名称	公司名称	网址
84	同辉佳视	同辉佳视（北京）信息技术股份有限公司	http://www.bjb.com.cn/
85	依能科技	成都依能科技股份有限公司	http://www.yineng.com.cn/
86	点威科技	成都点威科技有限公司	http://www.dianvo.com/
87	东方闻道	成都东方闻道科技发展有限公司	http://www.eastedu.com/
88	立思辰	北京立思辰科技股份有限公司	http://www.lanxum.com/
89	拓维信息	拓维信息系统股份有限公司	http://www.talkweb.com.cn/
90	全通教育	全通教育集团（广东）股份有限公司	http://www.qtone.cn/
91	威科姆	郑州威科姆软件科技有限公司	http://www.zzvcom.com/
92	颂大教育	武汉颂大教育科技股份有限公司	http://www.whsundata.com/
93	焦点教育	焦点教育科技有限公司	http://www.focusteach.com/
94	腾讯智慧校园	腾讯公司	http://campus.qq.com/
95	TimeLink 天英教育	深圳市天英联合教育股份有限公司	http://www.timelink.cn/
96	上海易教	上海易教信息科技有限公司	http://www.educationtek.com/
97	金智教育	江苏金智教育信息股份有限公司	http://www.wisedu.com/
98	思昂教育	北京凌声芯语音科技有限公司	http://www.voiceontech.com/
99	蓝鸽集团	蓝鸽集团有限公司	http://www.chinalancoo.com/
100	未来脑智能教学云平台	河南天星教育传媒股份有限公司	http://www.wln100.com/
101	作业盒子	北京知识印象科技有限公司	http://www.knowbox.cn/
102	极课大数据	江苏曲速教育科技有限公司	http://www.fclassroom.com/
103	乐教乐学	北京世纪飞育软件有限责任公司	http://www.lejiaolexue.com/
104	云校	北京修齐治平科技有限公司	http://www.yunxiao.com/
105	艾的教育	北京艾的教育科技股份有限公司	http://www.ide365.com/
106	好度科技	天津好度科技有限公司	http://www.howdo.cc/
107	互动宝宝	北京九龙蓝海科技有限公司	http://www.3ikids.com
108	东师理想	东北师大理想软件股份有限公司	http://www.dsideal.com/

（续表）

序号	网站或产品名称	公司名称	网址
109	麦学习	武汉迈酷奇科技有限公司	http://www.maixuexi.cn/
110	天天向上人人通	湖南天天向上网络技术有限公司	http://www.daydayup.com.cn/
111	重庆慧云科技有限公司	索罗摩网络科技有限公司	http://www.youxint.com/
112	微学堂	深圳市腾云世纪信息有限公司	http://www.91wxt.com/
113	和教育	中国移动政企分公司	http://edu.10086.cn/educloud/
114	学信	北京学信速达科技有限公司	http://www.xuexin.org.cn/
115	星网锐捷	福建星网锐捷通讯股份有限公司	http://www.star-net.cn/

附录B：学前在线教育企业

序号	网站或产品名称	公司名称	网址
1	凡学教育	凡学教育科技有限公司	http://www.fancyedu.com/
2	智慧树	北京环宇万维科技有限公司	http://www.bbtree.com/
3	未来教育	未来教育集团	http://www.fe-noc.com/
4	宝宝巴士	福州智永信息科技有限公司	http://cn.babybus.com/
5	嘿哈科技	北京嘿哈科技有限公司	http://www.heyha.com/
6	快易典	深圳快易典教育科技有限公司	http://www.kyd2002.com/
7	悟空识字	宁波启点教育科技有限公司	http://gongfubb.com/
8	海马5+1	北京哥大诺博教育科技股份有限公司	http://www.haima51.com/
9	神尔教育	深圳市神尔科技股份有限公司	http://www.shenerjiaoyu.com/
10	小伴龙	深圳市有伴科技有限公司	http://xbl.youban.com/
11	宝宝树	北京众鸣世纪科技有限公司	http://www.babytree.com/
12	育儿网	中国育儿网络控股有限公司	http://www.ci123.com/

（续表）

序号	网站或产品名称	公司名称	网址
13	洪恩教育	北京洪恩教育科技股份有限公司	http://www.hongen.com/
14	万趣空间	彼乐智慧科技	http://www.wanquspace.com/
15	新爱婴早教	上海美邦教育信息咨询有限公司	http://www.combaby.cn/
16	宝宝地带	北京南熙航科技有限公司	http://www.ibabyzone.cn
17	宝贝安／广州蕴力	广州市宝致信息科技有限公司	http://www.baobeian.cn/
18	娃娃科技	娃娃（北京）科技有限公司	http://www.wawachina.cn/
19	工程师爸爸	上海童锐网络科技有限公司	http://www.idaddy.cn/
20	骨碌碌亲子	河南优蓓教育科技有限公司	http://www.gululu365.cn/
21	孩教圈	广州慧路软件科技有限公司	http://www.61learn.com
22	呼噜博士	深圳市美蜜动网科技有限公司	http://www.huluboshi.com
23	朗朗云课	山东朗朗教育科技股份有限公司	http://www.langlangyunke.com/
24	领育网	厦门方长宏信息科技有限公司	http://www.0123.cn/
25	妈妈晒	北京晒晒乐网络科技有限公司	http://www.mamashai.com/
26	鲨鱼公园 SHARKPARK	北京鲨鱼公园教育科技有限公司	http://www.sharkpark.cn/
27	网趣教育	上海梓洋网络科技有限公司	http://www.eachbaby.com/
28	易说堂英语	广州易贝教育科技有限公司	http://www.e-say.com.cn
29	幼儿教育网	育栋教育咨询有限公司	http://www.zgyejy.net
30	芝兰玉树	北京芝兰玉树科技有限公司	http://www.slanissue.com/

附录C：中小学在线教育企业

序号	网站或产品名称	公司名称	网址
1	呼叫老师	深圳乐学壹佰教育科技有限公司	http://www.hjlaoshi.com/
2	清大学习吧	北京清大世纪教育投资顾问有限公司	http://www.eee114.com
3	101 学酷网	北京弘成学酷教育科技有限公司	http://www.xuecoo.com
4	52Land 我爱乐园	北京达润世纪国际教育科技股份有限公司	http://www.52land.com
5	龙文教育	北京龙文环球教育科技有限公司	www.longwenedu.com
6	cctv 中学生频道网校	好学时代文化传播（北京）有限公司	http://www.studytv.cn/
7	ee 学霸	广东亿亿耐特远程教育服务有限公司	http://www.51ee.com/
8	E 学大	学大教育科技（北京）有限公司	http://www.exueda.com/
9	UMFun 优满分	广州新宜讯网络科技有限公司	http://www.umfun.com
10	Vericant 维立克教育	维立克教育咨询（北京）有限公司	http://www.vericant.com
11	ViewShare	北京看山科技有限公司	http://www.viewshare.cn
12	阿凡题	北京云江科技有限公司	http://afanti100.com/
13	学习馆	广州艾雯思教育咨询有限公司	http://www.avans100.com/
14	好分数辅导	至远无限教育科技（北京）有限公司	http://www.fudao.haofenshu.com/
15	冰越教育	冰越教育集团	http://www.bbmmedu.com/
16	超级课堂	杭州秀铂网络科技有限公司	http://www.cjkt.com/
17	创新作文网	重庆新课堂网络科技发展有限责任公司	http://www.cxzw.com/
18	答疑君	杭州微著网络有限公司	http://dayi.im
19	答疑网	北京现代兴业网络技术有限公司	http://www.prcedu.com/
20	求实高考课堂	德清求是网络科技有限公司	http://www.qswangxiao.com/

（续表）

序号	网站或产品名称	公司名称	网址
21	德智教育	德智天成教育科技（北京）有限公司	http://www.dezhi.com/
22	叮当课堂	上海享学网络科技有限公司	http://www.xstudy.com.cn/
23	复兰高考名师在线	上海复兰信息科技有限公司	http://www.fulaan-tech.com/
24	赶考网校	上海亿山睦教育科技有限公司	http://www.gankao.com/
25	高分网	广州高分网络科技有限公司	http://www.gaofen.com/
26	高考派	北京思博天下网络科技有限公司	http://www.gaokaopai.com/
27	洋葱数学	光合新知（北京）科技有限公司	http://yangcong345.com
28	学而思在线	北京学而思教育科技有限公司	http://www.speiyou.com/
29	海风教育	海风教育集团	http://www.hyphen100.com/
30	禾教	北京禾教科技有限公司	http://www.hejiao.com/
31	华乐思网校	北京华乐思软件科技有限公司	http://www.winnerschool.cn/course/
32	黄冈网校	北京太奇学路教育科技有限公司	http://www.hgznedu.com/
33	测文网	天津集智量文教育科技发展有限公司	http://www.cewenwang.com/
34	简单学习网	北京简单科技有限公司	http://www.jd100.com/
35	讲作业	杭州新言教育科技有限公司	http://jiangzuoye.com/
36	教视网	教视网	http://www.sp910.com
37	菁优网	深圳市菁优智慧教育股份有限公司	http://www.jyeoo.com
38	精华在线	北京市海淀区精华培训学校	http://www.jinghua.com/
39	精英家教网	上海青夏翻译咨询有限公司	http://www.1010jiajiao.com/
40	开心学	福建省英捷电子科技有限公司	http://www.kaixinxue.cn
41	课后网	浙江万朋教育科技股份有限公司	http://www.kehou.com/index.htm
42	课外喵	广州妙课网络科技有限公司	http://www.kewaimiao.com
43	口袋老师	阳光兔（北京）科技有限公司	http://www.koudailaoshi.com/

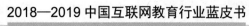

（续表）

序号	网站或产品名称	公司名称	网址
44	酷精灵 Kfairy	北京酷精灵文化发展有限公司	http://www.kujingling.com/
45	跨学网	北京康邦科技股份有限公司	http://www.kuaxue.com/
46	一起作业	一起教育科技有限公司	http://kuailexue.com/
47	蓝天专区	深圳市动感蓝天教育信息技术发展有限公司	http://www.xuedou.com/ltzq/
48	乐乐课堂	北京乐乐高尚教育科技有限公司	http://www.leleketang.com
49	码上学	深圳市远景同程教育网络技术有限公司	http://www.51msx.com/
50	面对面互动教育网	西安博而信电子信息科技有限公司	http://www.2277.com/
51	大山外语	郑州金水区大山培训有限公司	https://www.dashanwaiyu.com/
52	魔方格	北京云学时代科技有限公司	http://www.mofangge.com/
53	鹏程教育	广州冠鹏信息技术有限公司	http://www.51pengcheng.com/
54	青果学院	北京青果时代教育科技有限公司	http://www.qingguo.com
55	求解答	上海极值信息技术有限公司	http://www.qiujieda.com/
56	全品学堂	北京全品文教科技股份有限公司	http://www.canpoint.net
57	中小学教育联盟网	北京东大正保网格教育科技有限公司	http://www.g12e.org/
58	三好网	北京三好互动教育科技有限公司	http://www.sanhao.com/
59	尚学大学堂	北京尚学教育科技有限公司	http://www.daxuetang.com/
60	尚友教育	尚友（天津）教育信息咨询有限公司	http://lx.sharewithu.com/
61	升学网	北京聚智未来科技股份有限公司	http://www.sxw100.com/
62	堂堂网	湖南教育音像电子出版社有限责任公司	http://www.tangt.cn
63	题谷网	北京题谷教育科技有限公司	http://www.tigu.cn/
64	天津一中网校	天津一中	http://www.myschoolnet.cn/
65	微课网	北京微课创景教育科技有限公司	http://www.vko.cn
66	微学	深圳威兹讯科技有限公司	http://www.welearn.com

（续表）

序号	网站或产品名称	公司名称	网址
67	闻题鸟 TiBird	闻题鸟（北京）信息技术有限公司	http://www.tibird.com/
68	小猿搜题	北京贞观雨科技有限公司	http://www.yuansouti.com/
69	新东方小学网	新东方教育科技集团	http://xiaoxue.koolearn.com/
70	新学林	新学林教育科技有限公司	http://www.xinxuelin.com/
71	学霸君	上海谦问万答吧云计算科技有限公司	http://www.xueba100.com
72	学吧课堂	北京博学慎思教育科技有限公司	http://www.xuebaclass.com/
73	学而思网校	学而思教育科技集团	http://www.xueersi.com/app
74	学习宝	北京东方皆冠科技有限公司	http://www.91xuexibao.com
75	学子斋	学子斋教育咨询有限公司	http://www.xuezizhai.com
76	阳光学习网	浙江睿智创意产业服务有限公司	http://www.pallasa.com/
77	松鼠 AI	上海乂学教育科技有限公司	https://www.zsyjiaoyu.com/
78	优学云测评	上海天柏信息科技有限公司	http://www.eyouxue.com
79	优易课	北京卓铭助力教育科技有限公司	https://www.yyk100.com/
80	优悦教育	北京优悦教育科技有限公司	http://www.youwill.com.cn/
81	语文迷	广州聘大信息科技有限责任公司	http://yuwenmi.com/
82	长郡网校	湖南长郡卫星远程学校	http://www.cjwx.com/
83	掌门 1 对 1	上海掌小门教育科技有限公司	https://www.zhangmen.com/
84	真题馍馍	明博教育科技有限公司	http://www.ztmomo.com/
85	作业盒子	北京知识印象科技有限公司	http://www.knowbox.cn/
86	智慧流	智慧流（福建）网络科技有限公司	http://www.zhihuiliu.com/
87	爱智康 1 对 1	北京世纪好未来教育科技有限公司	http://www.jiajiaoban.com/
88	众诚教育	河北众诚教育有限公司	http://www.zhongcheng100.com
89	正保中小学教育网	北京东大正保科技有限公司	http://www.g12e.com/
90	天天作文网	广州瑞文信息科技有限责任公司	http://www.t262.com/
91	作业帮	小船出海教育科技（北京）有限公司	http://www.zybang.com/

（续表）

序号	网站或产品名称	公司名称	网址
92	优志愿	上海亿阁信息科技有限公司	http://www.youzy.cn/
93	小学宝	北京慧达天下科技有限公司	http://www.haojiazhang123.com/
94	中小学数学网	中小学数学网	http://www.zx98.com
95	批改网	北京词网科技有限公司	http://www.pigai.org/
96	学乐中国	杭州学乐网络科技有限公司	http://www.xuelecn.com/
97	绿网天下	绿网天下福建网络科技股份有限公司	http://www.gwchina.cn/
98	100 教育	广州华多网络科技有限公司	http://www.100.com/
99	宽高学习网	北京宽高前程教育科技有限公司	http://www.kgedu.net/
100	二十一世纪教育网	深圳市二一教育股份有限公司	http://www.21cnjy.com/
101	光大教育	广州光大教育软件科技股份有限公司	http://www.gdtech.com.cn/
102	佳一教育	北京佳一引航教育科技有限公司	http://www.ijiayi.org/

附录D：在线高等教育企业

序号	网站或产品名称	公司名称	网址
1	北京大学继续教育学院网络教育	北京大学	http://www.pkudl.cn/
2	中国人民大学网络教育学院	中国人民大学	http://www.cmr.com.cn/
3	清华网络课堂	清华大学	http://www.sce.tsinghua.edu.cn/net/net-edu.jsp
4	北京交通大学远程与继续教育学院	北京交通大学	http://dis.njtu.edu.cn/
5	北京航空航天大学现代远程教育学院	北京航空航天大学	http://www.beihangonline.com/
6	北京理工大学现代远程教育学院	北京理工大学	http://www.bitsde.com/
7	北京科技大学远程与成人教育学院	北京科技大学	http://cr.ustb.edu.cn/

（续表）

序号	网站或产品名称	公司名称	网址
8	北京邮电大学网络教育学院	北京邮电大学	http://home.buptnu.com.cn/
9	中国农业大学现代远程教育网	中国农业大学	http://www.cau-edu.net.cn/
10	中国中医药大学远程教育学院	中国中医药大学	http://www.ibucm.com/news/
11	北京师范大学网络教育	北京师范大学	http://web.sne.bnu.edu.cn/
12	北京外国语大学网络教育学院	北京外国语大学	http://www.beiwaionline.com/
13	北京语言大学网络教育学院	北京语言大学	http://online.blcu.edu.cn/
14	对外经济贸易大学远程教育	对外经济贸易大学	http://www.euibe.com/
15	现代远程音乐教育学院	中央音乐学院	http://mdmec.ccom.edu.cn/cms/
16	天津大学网络教育学院	天津大学	http://www.etju.com/
17	大连理工大学远程与继续教育学院	大连理工大学	http://www.edlut.com/
18	中国医科大学网络教育学院	中国医科大学	http://des.cmu.edu.cn/
19	东北大学继续教育学院	东北大学	http://cec.neu.edu.cn/
20	东北财经大学网络教育学院	东北财经大学	http://www.edufe.com.cn/
21	吉林大学网络教育学院	吉林大学	http://dec.jlu.edu.cn/cms/
22	东北师范大学远程与继续教育学院	东北师范大学	https://nenu.chinaedu.net/
23	哈尔滨工业大学远程教育学院	哈尔滨工业大学	http://www.hitce.cn/
24	东北农业大学继续教育学院	东北农业大学	http://www.neauce.com/
25	同济大学网络教育学院	同济大学	http://tjee.tongji.edu.cn/
26	上海交通大学网络教育	上海交通大学	http://www.onlinesjtu.com/
27	上海交通大学医学院网络教育学院	上海交通大学医学院（原上海第二医科大学）	https://www.mechina.shsmu.edu.cn/
28	华东理工大学网络教育学院	华东理工大学	http://www.ecustmde.com/
29	东华大学网络教育学院	东华大学	http://dhujj.ct-edu.com.cn/
30	上海外国语大学网络教育学院	上海外国语大学	http://sisunet.shisu.edu.cn/
31	南京大学网路教育学院	南京大学	http://www.njude.com.cn/

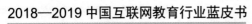
（续表）

序号	网站或产品名称	公司名称	网址
32	东南大学继续教育学院	东南大学	http://netu.js.edu.cn/
33	江南大学网络教育	江南大学	https://www.cmjnu.com.cn
34	浙江大学远程教育学院	浙江大学	http://xywh.scezju.com/
35	厦门大学继续教育与网络教育	厦门大学	http://nec.xmu.edu.cn/
36	福建师范大学网络与继续教育学院	福建师范大学	http://w.fjtu.com.cn/cms
37	山东大学网络教育学院	山东大学	http://sv6.wljy.sdu.edu.cn/ce/nes
38	中国石油大学远程教育学院	中国石油大学	http://www.cupde.cn/cms/
39	郑州大学远程教育学院	郑州大学	http://dls.zzu.edu.cn/
40	武汉大学继续教育学院	武汉大学	http://cce.whu.edu.cn/
41	华中科技大学网络与继续教育学院	华中科技大学	http://www.hust-snde.com/cms/
42	中国地质大学（武汉）远程与继续教育学院	中国地质大学（武汉）	https://www.yjxy.cug.edu.cn/
43	武汉理工大学网络教育学院	武汉理工大学	http://www.einfo.net.cn/
44	华中师范大学职业与继续教育学院	华中师范大学	http://zjy.ccnu.edu.cn/
45	湖南大学远程与继续教育学院	湖南大学	http://miea.hnu.cn/
46	中南大学网络教育学院	中南大学	http://cne.csu.edu.cn/
47	中山大学网络教育学院	中山大学	http://sce.sysu.edu.cn/
48	华南理工大学网络教育学院	华南理工大学	http://www.scutde.net/
49	华师在线	华南师范大学	http://www.gdou.com/
50	四川大学网络教育学院	四川大学	https://www.scwljy.com/
51	重庆大学网络教育学院	重庆大学	http://www.5any.com/
52	西南交通大学远程与继续教育学院	西南交通大学	http://www.xnjd.cn/
53	电子科技大学网络教育学院	电子科技大学	http://www.remotedu.com/
54	西科在线	西南科技大学	http://wljy.swust.net.cn/
55	四川农业大学网络教育学院	四川农业大学	http://www.cnzx.info/
56	西南大学网络与继续教育学院	西南大学	http://www.eduwest.com/

（续表）

序号	网站或产品名称	公司名称	网址
57	西财在线	西南财经大学	http://www.swufe-online.com/
58	西安交通大学远程与继续教育学院	西安交通大学	http://www.xnjd.cn/
59	西北工业大学网络教育学院	西北工业大学	http://www.nwpunec.net/
60	西安电子科技大学网络与继续教育学院	西安电子科技大学	http://www.xdwy.com.cn/
61	陕西师范大学远程教育学院	陕西师范大学	http://sde.snnu.edu.cn/
62	兰州大学网络与继续教育学院	兰州大学	https://dec.lzu.edu.cn/
63	网易公开课	网易公司	http://open.163.com/
64	新浪公开课	新浪公司	http://open.sina.com.cn/
65	中国大学 MOOC	网易 & 高等教育出版社	http://www.icourse163.org/
66	MOOC 中国		http://www.mooc.cn/
67	顶你学堂	过来人（北京）教育科技有限公司	http://www.topu.com/
68	华文慕课	北京大学 & 阿里巴巴	http://www.chinesemooc.org/
69	国家开放大学	教育部	http://www.ouchn.edu.cn/
70	超星慕课	超星集团	http://mooc.chaoxing.com/
71	学堂在线	北京慕华信息科技有限公司	http://www.xuetangx.com/
72	申请方	平方创想教育科技（北京）有限公司	https://www.applysquare.com/
73	尚德机构	北京尚德在线教育科技有限公司	http://www.chinasunland.org/
74	万学教育集团	北京万学教育科技有限公司	http://www.wanxue.cn/
75	优课联盟	深圳市优课在线教育有限公司	https://uooc.net.cn/
76	北大慕课	北京大学现代教育技术中心	http://mooc.pku.edu.cn/mooc/

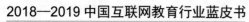

（续表）

序号	网站或产品名称	公司名称	网址
77	奥鹏教育	北京奥鹏远程教育中心有限公司	http://www.open.com.cn/
78	好大学在线 CNMOOC	上海交通大学慕课研究院	http://www.cnmooc.org/
79	万门大学	北京万门教育科技有限公司	http://www.wanmen.org/#/
80	海天考研网	北京海天环球教育科技有限公司	http://www.htkaoyan.com/
81	考研帮	好未来集团	http://www.kaoyan.com/
82	考试点	西安搜视网络科技有限公司	http://www.kaoshidian.com/
83	研途宝	厦门研途教育科技有限公司	http://www.yantubao.com/
84	金程考研网	上海金程教育培训有限公司	http://www.51dx.org/
85	爱起航	北京市海淀区启航考试培训学校	https://www.iqihang.com
86	课程格子	北京科睿亿维科技有限公司	http://www.kechenggezi.com/
87	文登考研	武汉鑫英才教育发展有限公司	https://www.wendeng.com.cn/
88	新世界教育	北京新世界教育集团	http://bj.neworldedu.org
89	普明考研	北京普明教育科技有限公司	https://www.pmjiaoyu.com/

附录E：在线职业教育企业

序号	网站或产品名称	公司名称	网址
1	168 网校	陕西一六八网络科技有限公司	http://www.168wangxiao.com
2	181 会计网校	重庆市乐泰职业培训学校	http://club.181.net/
3	3D 淘客网	北京智融通慧科技有限公司	http://www.3dtaoke.com/
4	52 司考网	北京华慧东方网络科技有限公司	http://www.52sikao.com/
5	101 贝考	华渔教育科技有限公司	http://www.91up.com
6	BES	北京宝兰德软件股份有限公司	http://www.bessystem.com/
7	Blackboard	北京毕博信息技术有限公司	http://www.cerbibo.com/
8	CFA 考试俱乐部	CFA 考试俱乐部	http://www.cfa.com.cn
9	财务第一教室	北京智梨科技有限公司	http://www.cfoclass.com/
10	eNet 硅谷动力	北京硅谷动力电子商务有限公司	http://www.enet.com.cn/
11	LLiSOFT 栋科软件	大连栋科软件工程有限公司	http://www.llisoft.com/
12	TOP 网络技术学院	TOP 网络技术学院	http://www.topjishu.net/
13	爱爱医	珠海健康云科技有限公司	http://www.iiyi.com/
14	百练会计学堂	百练会计在线	http://www.blkj100.com
15	英盛培训网	深圳市英盛网络教育科技有限公司	http://www.yingsheng.com/
16	帮考网	重庆智考信息技术有限公司	http://www.cnbkw.com/
17	备考族	蒋蒋（上海）信息技术有限公司	http://www.beikaozu.com/
18	并肩	北京并肩速腾教育科技有限公司	http://www.bejoin.net/
19	博傲网校	北京众智博傲科技有限公司	http://www.boaov.com/
20	博睿精实	北京博睿精实健康科技股份有限公司	http://www.amedchina.com/
21	博医网	北京博医时代教育科技有限公司	http://www.boyitimes.com/

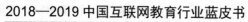
（续表）

序号	网站或产品名称	公司名称	网址
22	财考网	北京橙课教育科技有限公司	http://www.ck100.com/
23	动点科技	上海创言信息科技有限公司	http://cn.technode.com/
24	正保成人高考教育网	北京东大正保科技有限公司	http://www.chengkao365.com/
25	道明诚教育	上海道明诚金融进修学校	http://www.dmc-edu.com/
26	易考网	德邦通德（北京）教育科技有限公司	http://www.ekwang.cn/
27	德润教育	北京德润启航科技发展有限公司	http://www.derunedu.com/
28	嗲学网	北京燕园世纪教育科技有限公司	http://www.diaxue.com/
29	丁香园	北京北大方正电子有限公司	http://www.dxy.cn/
30	东学教育网	江西省英才职业培训学校	http://www.dxjy99.com/
31	粉笔题库	北京粉笔蓝天科技有限公司	http://fenbi.com/
32	橄榄图	深圳市橄榄图摄影教育文化有限公司	http://ganlantu.com/
33	高顿网校	上海杨浦区高顿进修学校	http://v.gaodun.com
34	格正教育	郑州格正教育咨询有限公司	www.gezheng.com/
35	国考大师	上海鸿仪通信息技术有限公司	http://www.guokaodashi.com
36	好医生	北京健康在线技术开发有限公司	http://e.haoyisheng.com/
37	弘成学习网	弘成教育集团	http://www.chinaedu.net/
38	华恩教育	杭州华恩教育科技有限公司	http://www.itbegin.com/
39	华图教育	北京华图宏阳教育文化发展股份有限公司	http://www.huatu.com/
40	会计考官	深圳市诺达实业有限公司	http://kj.thea.cn
41	会计求学网	苏州精略教育软件有限公司	http://www.kjqx.com/
42	会计网	广州市科普会计信息有限公司	www.kuaiji.com
43	会计职业培训	宜昌市会计职业培训学校	http://www.yckjw.net
44	慧科教育	慧科教育集团	http://www.uniquedu.com/
45	尖峰合讯	北京尖峰合讯科技有限公司	http://www.peaktele.com/

（续表）

序号	网站或产品名称	公司名称	网址
46	建培网校	北京建培教育咨询有限公司	http://www.jianpei.com.cn
47	金程网校	上海金程教育科技有限公司	http://www.gfedu.cn/
48	金考易	北京金考易网络教育科技有限公司	http://www.jinkaoedu.com/
49	京佳教育	北京京佳邦立教育科技有限公司	http://www.jingjia.org/
50	巨智教育	上海巨智教育信息咨询有限公司	http://v.juzhi.cn/
51	考试100	深圳市问鼎资讯有限公司	http://www.kaoshi100.cn/
52	会计学堂	深圳快学教育发展有限公司	http://www.acc5.com
53	乐考网2	北京点趣教育科技有限公司	http://www.lekaowang.cn/
54	鲁班培训	北京龙本教育科技有限公司	http://www.lobn.net
55	迈普	迈普通信技术服务有限公司	http://www.maipu.cn/
56	麦鸽Live	上海麦戈信息科技有限公司	http://www.maigel.com
57	美课网	北京意奇网络科技有限公司	http://www.meiyeedu.com/
58	模考网	模考网	http://www.kaogo.com/
59	麦子学院	成都麦子信息技术有限公司	http://www.maiziedu.com/
60	清源网络	移石创想（北京）科技有限公司	http://www.tsingyuan.cn/
61	森动网	广州凌科普华网络科技有限公司	http://wei.sendong.com/
62	山财培训网	山东鲁财教育科技有限公司	http://www.1k100.com/
63	山香网校	河南山香文化科技有限公司	https://sx.1211.cn/
64	上元在线	北京上元经纬教育科技有限责任公司	http://www.233863.com/
65	神州培训网	深圳市万州弘业网络科技有限公司	http://www.szpxe.com/
66	视库	上海观语信息科技有限公司	http://www.cooptician.com/
67	题库子	江苏创龙信息技术有限公司	http://www.tikuzi.com/
68	天星培训	长沙天星职业培训学校	http://www.txexam.com/
69	万国司考	北京万国国际商务咨询公司	http://www.wanguoschool.com/
70	万题库	北京雄鹰教育集团	http://www.wantiku.com/?

序号	网站或产品名称	公司名称	网址
71	文都教育	世纪文都教育科技集团股份有限公司	http://www.wendu.com/
72	我爱教师网	北京博恩行知教育科技有限公司	http://52jiaoshi.com/
73	我要考证通	浙江考证通文化传播有限公司	http://www.51kzt.com/
74	无忧考吧	南京易考无忧科技有限公司	http://www.wyk8.com/
75	邢帅学院	广州邢帅教育科技有限公司	http://www.xsteach.com/
76	学教会计	南京学教天下教育科技有限公司	http://www.xuejiao.com
77	学润会计网	学润会计网	http://www.xracc.com/
78	学信教育	郑州学信教育咨询有限公司	http://www.xuexin.net
79	学易网	杭州学易科技有限公司	http://www.studyez.com
80	一起考教师	北京清众教育科技有限公司	www.17kaojiaoshi.com
81	医度在线	赞博恒安健康科技发展（北京）有限公司	http://www.yduedu.com/
82	医美 e 学堂	英杰仕教育科技有限公司	http://www.e-beauty.cn/
83	医影在线	北京华影云商科技有限公司	http://www.radida.com/
84	医邻网	北京博睿精实健康科技股份有限公司	http://www.drresource.com/
85	益玖软件	福建益玖软件科技有限公司	http://www.e9rj.com/
86	因酷教育软件	北京因酷时代科技有限公司	http://www.inxedu.com/
87	优路教育	北京环球优路教育科技股份有限公司	http://www.niceloo.com/
88	优师网校	北京优联师智教育科技有限公司	http://www.youshi100.com.cn/
89	羽化催眠网络学院	羽之源健康咨询服务中心	http://www.yova.org/
90	证凯财经	证凯教育科技（集团）有限公司	http://www.taskstudy.com/
91	中公教育	北京中公教育科技股份有限公司	http://www.offcn.com/
92	中国会计网	北京山河连线科技有限公司	http://www.canet.com.cn/
93	中建政研商学院	北京中建政研信息咨询中心	http://edu.zhjs.org.cn
94	中农大	北京中农大网络发展有限公司	http://www.cau-edu.net.cn/
95	中培	中国信息化培训中心（简称中培）	http://www.aqzpedu.com/

（续表）

序号	网站或产品名称	公司名称	网址
96	中人教育	中人时代教育科技（北京）股份有限公司	http://www.zrexam.net
97	中业网校	北京中业汇智教育科技有限公司	http://www.zhongyewx.com
98	点睛驾培网	四川点睛数字传媒有限公司	http://www.17qibu.com/
99	金手指模拟考试	金手指考试	http://www.jszks.com/
100	元贝驾考	南京元贝信息技术有限公司	http://www.ybjk.com/
101	驾校一点通	杭州联桥网络科技有限公司	http://www.jxedt.com/
102	学宝公务员考试网	南京学宝教育科技有限公司	http://www.chinagwy.org/
103	中政行测	长沙麦都网络科技有限公司	http://www.zzxingce.com/
104	职业教育在线	上海学路网络科技有限公司	http://www.zhiyeol.com/
105	良师在线	武汉良师在线教育科技有限公司	http://www.ls365.com/
106	华旭法考	北京华旭万方教育科技有限公司	http://www.sifa600.com.cn/
107	厚大法考	北京厚大轩成教育科技股份公司	http://www.houdask.com/
108	学法网	学法网	http://www.xuefa.com/
109	众合教育	北京方圆众合教育科技有限公司	http://www.zhongheedu.com/
110	尚德教育	北京尚佳崇业教育科技有限公司	http://www.sunlands.com/
111	学慧网	北京学慧网络教育有限公司	http://www.xuehuiwang.com
112	尚科教育	北京翰图世际网络科技有限公司	http://www.sungoedu.com/
113	HRBar	人力资源工具分享学习社区	http://www.hrbar.com/
114	寄锦云课堂	广州寄锦教育科技有限公司	http://www.jeagine.com/
115	中华考试网	北京华文燕园文化有限公司	http://www.cne163.com/
116	华医网	北京华医网科技股份有限公司	http://www.91huayi.com/
117	新朋程	上海新朋程信息科技有限公司	http://www.pthink.com.cn/
118	中艺影像	中艺教育集团	http://www.imageedu.com/
119	焦外学院	焦外影像传媒	http://www.jiaowai.cc/
120	橄榄图摄影课堂	橄榄图摄影网	http://www.ganlantu.com/

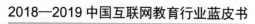

（续表）

序号	网站或产品名称	公司名称	网址
121	诚真教育	沈阳市皇姑区未来诚真教育咨询中心	http://chengzhenedu.com/
122	志公网校	广西南宁志公教育咨询有限公司	http://www.zgoog.net/
123	九楼阁会计实战基	合肥文盛信息科技有限责任公司	http://www.kjszjd.com/
124	考呀呀	南昌同凯网络信息服务有限公司	http://www.kaoyaya.com/
125	大白菜会计	莱芜市开得会计服务有限公司	http://www.xuekuaiji.net/
126	乐上财税	汉唐乐上（北京）科技有限责任公司	http://www.ileup.com/
127	铂略财税培训	铂略企业管理咨询（上海）有限公司	http://www.linked-f.com/
128	启明题库	北京联创启明教育科技有限公司	http://www.qmtiku.com/
129	启程工控学院	深圳市启程智能技术有限公司	http://www.qichengplc.com/
130	工业帮 PLC	武汉工邺帮教育科技有限公司	http://www.gybplc.com/
131	技成培训网	深圳市技成科技有限公司	http://www.jcpeixun.com/
132	鹏程教育网	广州冠鹏信息技术有限公司	http://www.51pengcheng.com/
133	犀牛建筑网校	国犀牛建筑网	http://school.rhino-3d.com/
134	北方建筑教育	北方建筑教育	http://www.job0351.com.cn/
135	朗筑结构设计培训	武汉朗筑结构设计培训中心	http://www.structure.com.cn/
136	星恒教育 | 星题库	北京星恒教育科技有限公司	http://www.xinghengedu.com/
137	百通世纪医学考试网	北京百通世纪科技有限公司	http://www.baitongshiji.com/
138	一间房网校	成都一间房教育咨询有限公司	http://www.yjf8.com/
139	金英杰医学	北京金英杰教育科技有限公司	http://www.jinyingjie.com/
140	正学网	复际信息技术（上海）有限公司	http://www.zhengxuewang.com/
141	一通教育	北京百年一通教育科技有限公司	http://www.ksyt.com.cn/
142	68 网校	无锡市动感电脑服务有限公司	http://www.68wx.com/
143	科汛软件	厦门科汛软件有限公司	http://edu.kesion.com/
144	易公教育	江西易公教育咨询有限公司	http://www.ygteacher.com/
145	中博教育	北京中博新视网络教育科技发展有限公司	http://www.caicui.com/

（续表）

序号	网站或产品名称	公司名称	网址
146	中汽同盟汽修网络学院	成都迪赛尔汽车维修技术咨询有限公司	http://www.zqtm.net/
147	北斗星浮雕设计培训	北斗星浮雕培训	http://www.bdxfd.com/
148	汇识学院	厦门汇识科技资讯有限公司	http://www.huishiatc.com/
149	东方创远教育	北京东方创远教育科技有限公司	http://www.edlt.com/
150	G-LAB	苏州竞予信息科技有限公司	http://www.higlab.com/
151	合天网安实验室	合天智汇信息技术有限公司	http://www.hetianlab.com/
152	北京网梯科技发展有限公司	北京网梯科技发展有限公司	http://www.whaty.com/
153	通铭教育	北京通铭教育科技股份有限公司	http://www.parim.net/
154	课观教育	课观教育科技有限责任公司	http://www.ekeguan.com/
155	智慧365	深圳市智慧在线教育科技有限公司	http://www.zh-365.com/
156	誉财教育	成都誉财会计教育	http://www.cdycjy.com/
157	家财网	北京爱尚财富科技有限公司	http://www.ijiacai.com/
158	答答会计	北京答答教育科技有限公司	http://www.dadaacc.com/
159	优品课堂	北京优特教育科技有限公司	http://uteedu.wanye.cc/
160	腰果公考	北京爱普之亮科技有限公司	http://yaoguo.cn/
161	练题狗	知典（重庆）科技有限公司	http://www.liantigou.com/
162	药师在线	中国医药科技出版社	http://www.51yaoshi.com/
163	东方华尔	北京东方华尔金融咨询有限责任公司	http://www.dfhe.com/
164	直线教程网	上海直尚网络科技有限公司	http://www.linecg.com/
165	233网校	长沙二三三网络科技有限公司	http://www.233.com
166	环球网校	北京环球兴学科技发展有限公司	http://www.edu24ol.com/
167	龙巢网	龙巢教育网	http://www.looedu.com/
168	圣才学习网	北京圣才教育科技股份有限公司	http://www.100xuexi.com/

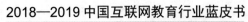
（续表）

序号	网站或产品名称	公司名称	网址
169	星火视频	星火视频教程网	http://www.21edu8.com/
170	雄鹰网校	北京雄鹰教育科技有限公司	http://xiongying.com/
171	央邦	上海央邦计算机科技有限公司	http://www.yangbang.cn/
172	一起学	武汉真才教育咨询有限公司	http://www.yiqixue.com/
173	中大网校	中大英才（北京）网络教育科技有限公司	http://www.wangxiao.cn/
174	新起点网校	湖南新起点职业培训学校	http://wx.xqd100.com/fine
175	天博教育	圣才学习网	http://tiabo.100xuexi.com/
176	优学在线	武汉优学在线教育科技有限责任公司	http://www.yxkoo.com/
177	安全牛课堂	北京谷安天下科技有限公司	http://edu.gooann.com/
178	宇创教育	郑州宇创教育教育咨询有限公司	http://www.yuchuangit.com/
179	乾颐堂网络培训	乾颐堂网络工程师培训	http://www.qytang.com/
180	华清远见教育集团	华清远见教育集团	http://www.embedu.org/
181	能力天空	能力天空科技（北京）有限公司	http://www.ablesky.com/
182	宁皓	济南王皓和小雪网络科技有限公司	http://ninghao.net/
183	Boolan 博览网	温故知新（上海）教育科技有限公司	http://boolan.com/
184	CocoaChina	北京触控科技有限公司	http://www.cocoachina.com/
185	CSDN	北京创新乐知信息技术有限公司	http://www.csdn.net/
186	OTPUB	北京元鼎时代科技股份有限公司	http://www.otpub.com/
187	PPV 课	深圳市飞博远创科技有限公司	http://www.ppvke.com
188	菜鸟窝	广州洋葱头信息科技有限公司	http://www.cniao5.com/
189	达内	达内时代科技集团有限公司	http://www.tedu.cn/
190	大讲台	大讲台网	http://www.dajiangtai.com/
191	顶测科技	北京顶测科技有限公司	http://www.bjdingce.com/
192	动力节点	北京动力节点教育科技有限公司	http://www.bjpowernode.com/
193	粤嵌网	广州粤嵌通信科技股份有限公司	http://www.geconline.cn/

（续表）

序号	网站或产品名称	公司名称	网址
194	好课网	北京好课优学科技有限公司	http://www.class.cn
195	饥人谷	杭州饥人谷教育科技有限公司	http://jirengu.com/
196	扣丁学堂	北京千锋互联科技有限公司	http://www.codingke.com/
197	码农谷	江西码农信息技术有限公司	http://www.manonggu.com
198	蚂蚁 HTML5 社区简介	郑州木子牛软件科技有限公司	http://www.zzfriend.com/
199	千锋教育	北京千峰互联科技有限公司	http://www.mobiletrain.org/
200	如鹏网	北京如鹏信息科技有限公司	http://www.rupeng.com
201	睿峰苹果在线教育	成都睿峰科技有限公司	http://e.rimiedu.com/
202	尚硅谷	尚硅谷	http://ke.atguigu.com/
203	尚学堂	北京尚学堂科技有限公司	http://www.bjsxt.com/
204	实验吧	西普教育集团	http://www.shiyanbar.com/
205	私塾在线	北京广享科技有限责任公司	http://sishuok.com/
206	松勤软件测试	南京松勤网络科技有限公司	http://www.songqintest.com/
207	泰课在线	上海煌拓网络科技有限公司	http://www.taikr.com/
208	小牛学堂	森纵艾德（北京）教育科技有限公司	http://www.edu360.cn/
209	小象学院	北京小象科技有限公司	http://www.chinahadoop.cn/
210	新思维：C 语言程序设计	苏州慢慢牛信息科技有限公司	http://www.csoeasy.com/
211	学神 IT	北京学神科技有限公司	http://www.xuegod.cn/
212	有心课堂	上海有心网络科技有限公司	http://www.stay4it.com/
213	猿课	南京猿课网络技术有限公司	http://www.apelearn.com/
214	源代码教育	成都源代码教育咨询有限公司	http://www.itsource.cn/
215	云帆大数据学院	英典教育	http://www.yfteach.com/
216	宅客学院	中软国际卓越培训中心	http://www.zker.com.cn/
217	章鱼大数据	优选创新（北京）科技有限公司	http://www.ipieuvre.com/

（续表）

序号	网站或产品名称	公司名称	网址
218	职坐标	上海海同信息科技有限公司	http://www.zhizuobiao.com/
219	卓景京在线	湖南卓景京信息技术有限公司	http://www.veryedu.cn/
220	鲁德培训	上海鲁德企业管理咨询有限公司	http://www.testroad.org/
221	因酷	INXEDU 有限公司	http://demo1.inxedu.com/
222	拓胜科技	广州拓胜计算机技术服务有限公司	http://www.toceansoft.com/
223	布尔教育	北京布尔零一科技有限公司	http://www.itbool.com/
224	北风网	上海育创网络科技股份有限公司	http://www.ibeifeng.com/
225	蛮牛教育	华宸互动科技（北京）有限公司	http://www.unitytrain.cn/
226	软谋教育	武汉软谋教育科技有限公司	http://www.ruanmou.net/
227	起点学院	深圳聚力创想信息科技有限公司	http://www.qidianla.com/
228	知途教育	江苏知途教育科技有限公司	http://www.chinamoocs.com/
229	馒头商学院	北京麦拓教育科技有限公司	http://www.mtedu.com/
230	蓝铅笔	杭州蓝铅笔文化创意有限公司	http://www.lanqb.com/
231	天泽网校	石家庄天一泽教育科技有限公司	http://www.tianze.wang/
232	高高手	北京站酷教育科技有限公司	http://www.gogoup.com/
233	奇迹曼特网校	北京恩跃时代教育科技有限公司	http://www.qijixue.com/
234	趣达学院	广州趣达信息科技有限公司	http://www.qduck.cn/
235	为课网	上海为课网络科技有限公司	http://www.weekedu.com
236	一网学	深圳市一网学教育咨询有限公司	http://www.ywxue.com/
237	翼虎网	广州冠岳网络科技有限公司	http://www.yiihuu.com/
238	育碟教育在线	北京育碟科技发展有限公司	http://www.edusoft.com.cn/
239	惠优教育	千界文化传播有限公司	http://www.1314xue.com/
240	琅泽在线教育	长春市琅泽动画设计有限公司	http://langze.net/
241	汇众教育	北京汇众益智科技有限公司	http://www.gamfe.com/
242	CG 窝游戏动漫学院	厦门市学艺派网络科技有限公司	http://www.cgvoo.cn/
243	先锋科教	天津市先锋科教职业培训学校	http://www.xfkjtj.com/

（续表）

序号	网站或产品名称	公司名称	网址
244	炎冰设计	合肥炎冰工业设计有限公司	http://www.ybcax.com/
245	艾巴优教育	艾巴优教育集团	http://www.i8u.cn/
246	部落窝教育	成都部落窝科技有限公司	http://www.itblw.com/
247	选学网	徐州八方网络科技有限公司	http://www.xuanxue.com/
248	在职培训网	上海了本文化传播有限公司	http://www.zzpx.org/
249	中国推广学院	山东济南方圆教育信息咨询有限公司	http://www.tuiedu.com
250	行知学徒网	山东星科智能科技股份有限公司	http://www.ixueto.com/
251	秀财网	上海达哈那网络科技有限公司	http://www.xiucai.com/
252	365 前程	江苏指点前程信息科技有限公司	http://www.365future.com
253	课课家	广州挪贤计算机科技有限公司	http://www.kokojia.com/
254	华慧在线	湖南华慧网络科技有限公司	http://www.huahuionline.com/
255	华章培训	北京华章图文信息有限公司	http://www.hztraining.com/
256	坦途教育	真道（北京）信息技术有限公司	http://wh.tantuw.com/
257	学了吗	厦门巨杉网络科技有限公司	http://bj.xuelema.com/
258	大家好教育云平台	大家好网络科技有限公司	http://www.djhjyw.com/
259	51CTO 学院	北京无忧创想信息技术有限公司	http://edu.51cto.com/
260	51RGB 在线教育	南昌利百加传媒有限公司	http://51rgb.com/
261	极客学院	北京优亿致远无线技术有限公司	http://www.jikexueyuan.com/
262	软酷网	武汉市软酷网络科技有限公司	http://www.ruanko.com/
263	潭州学院	湖南潭州教育网络科技有限公司	http://www.tanzhouedu.com/
264	北大青鸟	北京阿博泰克北大青鸟信息技术有限公司	http://www.bdqn.cn/
265	成才知心教育网	湖南成才职业培训学校	www.edutrain.cn/

附录F：在线语言学习企业

序号	网站或产品名称	公司名称	网址
1	必克英语	广州能率教育科技有限公司	http://www.spiiker.com/
2	华尔街英语	北京华尔街英语培训中心有限公司	http://www.wsi.com.cn/
3	应试宝	京掌控优教科技有限公司	http://www.yingshibao.com
4	酷语·乐恩斯	青岛酷语网络科技有限公司	http://www.51learns.com/
5	ABC360 伯瑞英语	杭州旦悦科技有限公司	http://www.abc360.com/
6	易说堂电话英语	广州易贝教育科技有限公司	http://www.e-say.com.cn/
7	英通英语	英通在线（北京）教育科技有限公司	http://www.englishtone.cn/
8	智课网	北京创新伙伴教育科技有限责任公司	http://www.smartstudy.com/
9	VIPKID	北京大米科技有限公司	http://www.vipkid.com.cn/
10	DaDa	上海卓赞信息技术有限公司	http://www.dadaabc.com/
11	瑞思学科英语	北京领语堂教育科技发展有限公司	http://www.risecenter.com/
12	一线口语	上海译索信息技术有限公司	http://www.e2say.com/
13	学为贵	北京学为贵教育科技有限公司	http://www.guixue.com/
14	英启在线英语	上海光语文化传播有限公司	http://www.winkey17.com/
15	TutorABC	北京创意麦奇教育信息咨询有限公司	http://www.tutorabc.com
16	无忧英语（51Talk）	北京大生知行科技有限公司	http://www.51talk.com
17	线话英语	同步线话教育咨询（北京）有限公司	http://www.linewow.com
18	说客英语	深圳青豆教育科技有限公司	http://www.talk915.com
19	无忧雅思	北京美亚在线信息技术有限公司	http://www.51ielts.com
20	扇贝网	南京贝湾教育科技有限公司	http://www.shanbay.com
21	洛基英语	上海睿聚文化传播有限公司	http://www.rockyenglish.com

（续表）

序号	网站或产品名称	公司名称	网址
22	UP&UP 阿帕图教育	北京习智教育科技有限责任公司	http://www.upup100.com
23	豌豆派	北京豌豆派教育科技有限责任公司	http://www.peapad.com.cn
24	能动英语 Dynamic	北京能动时代教育科技有限公司	http://www.nd115.com
25	奇思	北京乐米科技有限公司	http://www.qisi.cc/
26	励步少儿英语	北京乐柏教育咨询有限公司	http://www.firstleap.cn/
27	蓝轨迹教育	北京蓝轨迹教育科技有限公司	http://www.lfclass.com
28	巧口英语	北京交流时代科技有限公司	http://www.qooco.com/
29	优外教	北京辉煌天下教育科技有限公司	http://www.youwj.com/
30	山姆大叔英语	北京安柯赛姆教育科技有限责任公司	http://www.unclesam-edu.com/
31	盒子鱼英语	北京盒子鱼教育科技有限公司	http://www.boxfish.cn/
32	流利英语	北京弗乐恩特教育咨询有限公司	http://www.51fluent.com/
33	批改网	北京词网科技有限公司	http://www.pigai.org/
34	智课批改网	北京创新伙伴教育科技有限公司	http://www.smartpigai.com/
35	咖啡英语	北京百世龙基科技有限公司	http://www.caffeenglish.com/
36	51speark	北京智睿互动国际文化交流有限公司	http://www.5ispeak.com
37	酷学多纳	新东方教育集团	http://donut.koolearn.com/
38	美师美课	广州老人佳科技文化传播有限公司	http://www.91msmk.com/
39	每日英语听力	欧陆在线教育	http://dict.eudic.net/ting/
40	金山背单词	金山软件集团	http://cp.iciba.com/jinshanbeidanci/
41	有道词典	网易有道信息技术（北京）有限公司	http://cidian.youdao.com/
42	朗播英语	北京博智天下信息技术有限公司	http://www.langlib.com
43	百词斩	成都超爱学习教育科技有限公司	http://www.baicizhan.com/
44	天之聪教育	中视天之聪教育科技（北京）有限公司	http://www.kaosee.cn/
45	有道口语大师	网易有道信息技术（北京）有限公司	http://kouyu.youdao.com/
46	拓词	有格软件技术（北京）有限公司	http://www.towords.com/
47	多语龙	多语龙科技（深圳）有限公司	http://duoyulong.com

（续表）

序号	网站或产品名称	公司名称	网址
48	VOT 沃特英语	上海沃教网络科技有限公司	http://www.votenglish.com
49	爱乐奇教育	上海爱乐奇网络科技有限公司	http://www.alo7.com/
50	安格英语	上海启态易方投资管理有限公司	http://www.engua.com/
51	易考拉	上海启态软件科技有限公司	http://www.ekaola.com/
52	流利说	上海流利说信息技术有限公司	http://www.liulishuo.com/
53	双语帮	上海连壳网络信息科技有限公司	http://www.links123.com/
54	大嘴外教	上海大嘴商务咨询有限公司	http://www.01teacher.cn/
55	海词词典	上海词海信息技术有限公司	http://dict.cn/
56	ABCmouse 趣学堂	趣学堂（北京）信息科技有限公司	http://www.abcmouse.cn
57	QLL 快速语言学习	習詠有限公司	http://web.qll.co/
58	知米英语	杭州蓝脑教育科技有限公司	http://iwordnet.com/
59	ISHOW	杭州爱秀教育咨询有限公司	http://www.ishowedu.com
60	英语说	杭州补天网络有限公司	http://www.yingyutalk.com/Yingyu
61	能飞背单词	佛山市能飞网络科技有限公司	http://word.langfly.com/
62	必听网	中源华创（成都）通讯技术有限公司	http://www.bting.cn
63	备考族	犇犇（上海）信息技术有限公司	http://www.beikaozu.com/
64	考满分	北京盈禾优仕科技有限责任公司	http://www.kaomanfen.com
65	滔滔英语	上海育易网络科技有限公司	http://www.taotaoenglish.cn
66	美国格林希尔外语	美国格林希尔教育集团	http://greenhilledu.org
67	ICIBA 爱词霸	金山软件集团	http://www.iciba.com/
68	查查在线词典	北京词泰科技有限公司	http://www.ichacha.net/
69	环球网校	北京环球兴学科技发展有限公司	http://www.edu24ol.com/
70	新时代交互英语	清华大学出版社有限公司	http://www.neie.edu.cn/
71	天天英文	北京杰易思商务咨询有限公司	https://jeisee.com/tten/
72	抓鸟	北京奇媒思创信息科技有限责任公司	http://www.zhuaniao.com/

（续表）

序号	网站或产品名称	公司名称	网址
73	易课英语	深圳市易课文化科技有限公司	http://www.etalk365.com/
74	杰森英语	杰森环球（北京）教育咨询有限公司	http://www.jiesen365.com
75	EF 英孚教育	上海英培商务咨询有限公司	http://www.ef.com.cn
76	英语考试网	英语考试网	http://www.trjlseng.com
77	外语教育网	北京东大正保科技有限公司	http://www.for68.com/
78	X-TEAM	北京新通时代教育咨询有限公司	http://www.xteam.cc/
79	阿卡索外教网	深圳阿卡索资讯有限公司	http://www.acadsoc.com.cn/
80	赛思英语	海南香象赛思教育科技有限公司	http://www.gosest.com/
81	ABC 天下英语	广州市越秀区承翼教育信息咨询中心	http://www.abctianxia.com/
82	巴别鱼	北京巴别鱼国际教育科技发展有限公司	http://www.babieyu.cn/
83	英中国际在线英语	西安本弗朗西斯文化咨询有限公司	http://www.08zone.com/
84	52Talking 吾爱英语	上海吉聚信息科技有限公司	http://www.52talking.com/
85	恩京英语	北京脱口壹零壹国际教育科技有限公司	http://www.enging.com.cn/
86	宅快学英语	上海茅秀网络科技有限公司	http://www.zhaikuaixue.com/
87	92 外语	广州市奇作教育咨询有限公司	http://www.92waiyu.com/
88	游美英语	北京知恩教育科技有限公司	http://www.usacamp.cn/
89	小站教育	星飞网络科技（上海）有限公司	http://www.4gielts.com/
90	HiABC	乂迪泩（广州）教育咨询有限公司	http://www.hiabc.net/
91	英语在线听力	深圳习习网络科技有限公司	http://listen.ciwong.com/
92	无老师私塾	北京一诺天金教育咨询有限公司	http://www.ibtsat.com/
93	秀丽英语	北京凌波创新软件技术有限公司	http://www.xoolee.com
94	功夫英语	深圳市含瑞持科技有限公司	http://www.kungfuenglish.com/
95	现代教育	陕西现代日韩语职业培训学校	http://www.xdjy369.com/

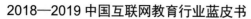

（续表）

序号	网站或产品名称	公司名称	网址
96	爱语网	西安富克斯语言文化传播有限公司	http://www.51aiyu.com/
97	零起点美语	上海知语文化传播有限公司	http://www.ivyenglish.com.cn/
98	考虫	北京选课科技有限公司	http://www.kaochong.com/
99	乐外教	北京学而思教育科技有限公司	http://lewaijiao.com/
100	爽哥英语	深圳市爽哥科技有限公司	http://www.hAPPyge.com/
101	听说宝	深圳市方直科技股份有限公司	http://ts.szjxst.com/
102	吟吟语伴	北京思聆教育科技有限公司	http://www.snaplingo.com.cn/
103	NewPathway	上海明杰教育集团	http://www.npathway.com/
104	叽里呱啦	承承网络科技（上海）有限公司	http://www.jiliguala.com/
105	英华兰魔法英语	广州市英华兰软件开发有限公司	http://www.go2everland.com/
106	北外网课	北外在线（北京）教育科技有限公司	http://www.beiwaiclass.com/
107	家育星	上海家翊星信息科技有限公司	http://www.jiayuxing.com/
108	可可英语	北京可可网络科技有限公司	http://www.kekenet.com/
109	酷酷少儿英语	上海青享酷斯教育科技有限公司	http://www.kukuabc.com/
110	易贝乐	北京易贝乐科技文化股份有限公司	http://www.eblockschina.com
111	狐狸快跑	成都奔狐信息技术有限公司	http://www.runfox.com/

附录G：在线企业培训企业

序号	网站或产品名称	公司名称	网址
1	华企商学院	深圳市聚成华企科技有限公司	http://www.hq88.com/
2	英盛网	深圳市英盛网络教育科技有限公司	http://www.yingsheng.com/
3	今目标	北京今目标信息技术有限公司	http://www.jingoal.com/

（续表）

序号	网站或产品名称	公司名称	网址
4	时代光华	上海时代光华教育发展有限公司	http://www.21tb.com/
5	财星教育	北京天下财星教育科技有限公司	https://www.caipx.com/
6	中国培训网	汕头市英盛企业管理顾问有限公司	http://www.china-train.net/
7	企大云学习	深圳企大信息技术有限公司	http://www.qida.com/
8	魔学院	摩博（北京）科技有限公司	http://www.moxueyuan.com/
9	博锐管理在线	博锐管理在线	http://www.boraid.cn/
10	知途网	江苏知途教育科技有限公司	http://www.chinamoocs.com/
11	哪里有培训	上海投智企业管理咨询有限公司	http://www.nlypx.com/
12	中培在线	百朗教育	http://hr.zhongpei123.com/
13	汇名家网	广州牛云网络科技有限公司	http://www.huimingjia.com/
14	中欧商业在线	上海中欧国际文化传播有限公司	http://www.ceibsonline.com/
15	正略博学	北京正略博学管理咨询有限公司	http://www.aducator.com.cn/
16	移动学堂	北京智同体科技有限公司	http://www.ydxt.com/
17	知视界	知视界（北京）信息技术有限公司	http://www.tlearning.cn/
18	课通天下	南京课欣通教育科技有限公司	http://www.keo2o.com/
19	培训帮帮	微学科技有限公司	http://www.wechatlearning.com/
20	好讲师	深圳市好讲师网络科技有限公司	http://www.trainer8.com/
21	搜根网	杭州迅才企业管理咨询有限公司	http://www.sougen.cn/

附录H：在线才艺教育企业

序号	网站或产品名称	公司名称	网址
1	笔趣网	杭州笔趣网络科技有限公司	http://www.bqu123.com/
2	画啦啦	广州六一信息科技有限公司	http://www.61draw.com/
3	真朴儿童围棋教室	北京真朴教育科技发展有限公司	http://www.zenweiqi.com/
4	东方童画	上海黄浦区东方童画青少儿艺术培训学校	http://www.dfth.com/
5	蓝铅笔	杭州蓝铅笔文化创意有限公司	http://www.lanqb.com/
6	牛班|教你学音乐	上海纽班文化发展有限公司	http://www.newband.com/
7	大卫音乐	深圳市现教科技文化传播有限公司	http://www.davidmusic.cn/
8	中音在线	北京中音时代教育科技有限公司	http://www.musiceol.com/
9	罗兰数字音乐教育	北京罗兰盛世音乐教育科技有限公司	http://www.rdec.com.cn/
10	蘑菇音乐教育联盟	北京音乐盛世文化传播有限公司	http://www.mogu7.com/
11	网音	华乐新势力文化传播（北京）有限公司	http://www.musicon.cn/
12	TheONE	小叶子（北京）科技有限公司	http://www.1tai.com/
13	弹琴吧	北京趣乐科技有限公司	http://www.tan8.com/
14	国君美术	杭州国君文化创意有限公司	http://www.caame.com/
15	艺术在线	中国国际艺术协会	http://ciarta.com/
16	长江新媒体在线艺术教育	湖北长江牛至新媒体股份有限公司	http://www.nzmyzx.com/
17	中舞网	南京舞之道企业管理有限公司	http://www.wudao.com/
18	上海超人气舞蹈机构	上海潮上文化	http://www.dos-hop.com/

附录I：在线教育技术服务企业

序号	网站或产品名称	公司名称	网址
1	云朵课堂	北京昱新科技有限公司	http://www.yunduoketang.com/
2	云学堂	江苏云学堂网络科技有限公司	http://www.yunxuetang.cn/
3	视点灵动	北京视点灵动教育科技有限公司	http://www.viewteam.cn/
4	1Course	校宝在线（杭州）科技有限公司	http://www.1course.cn/
5	鑫日科	深圳市鑫日科在线教育股份有限公司	http://www.sunontalent.com/
6	赢诺科技	深圳市赢诺科技有限公司	http://www.kingno.com.cn/
7	企慕课堂	北京通铭教育科技股份有限公司	http://www.qimooc.com/
8	兜行	北京八斗互动网络技术有限公司	http://mworking.cn/www/
9	YBolo视频分享平台	深圳锐取信息技术股份有限公司	http://www.ybolo.com/
10	新风向	深圳市新风向科技有限公司	http://www.newvane.com.cn/
11	好视通	深圳市华视瑞通信息技术有限公司	http://www.fsmeeting.com/
12	极速培训系统	天津爪印科技有限公司	http://www.jisupeixun.com/
13	企慧通	深圳市标驰信息技术有限公司	http://www.qht-training.com.cn/
14	腾创网络	深圳市腾创网络技术有限公司	http://www.tenchong.com/
15	新启科技	北京新启科技	http://www.newstartsoft.com/
16	天柏科技	上海天柏信息科技有限公司	http://www.timber2005.com/
17	经华智业	北京经华智业教育科技有限公司	http://www.chinahcm.com/
18	益用科技	成都益用科技有限公司	http://www.euse.com.cn/
19	奥瑞文网	大连奥瑞文网络技术有限公司	http://www.orivon.com/
20	授客网	翰特科技	http://www.soke.cn/
21	超级企业＋	厦门象形远教网络科技有限公司	http://www.corplus.net/

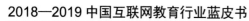
（续表）

序号	网站或产品名称	公司名称	网址
22	友康万维	友康万维信息技术有限公司	http://www.unicom-china.com/
23	数通国软	北京数通国软信息技术有限公司	http://www.adtis.com.cn/
24	尖峰合讯	北京尖峰合讯科技有限公司	http://www.peaktele.com/
25	问鼎云学习	深圳市问鼎资讯有限公司	http://www.wdxuexi.com/
26	andisk	北京汉科锐科技有限公司	http://cms.andisk.com/
27	EduSoho	杭州阔知网络科技有限公司	http://www.edusoho.com/
28	能力天空	能力天空科技（北京）有限公司	http://b.ablesky.com/
29	268 教育	北京易和路科技有限公司	http://www.268xue.com/
30	知学云	深圳知学云科技有限公司	http://www.zhixueyun.com/
31	学点云	三芒世纪（北京）科技有限公司	http://xuedianyun.com/
32	KESION	厦门科汛软件有限公司	http://www.kesion.com/
33	EduWind	北京水木信步网络科技有限公司	http://www.eduwind.com/
34	网校云	北京云科启辰信息科技有限公司	http://www.wangxiaoyun.net/
35	e 板会	浙江新盛蓝科技有限公司	http://www.ebh.net/
36	因酷时代	北京因酷时代科技有限公司	http://www.inxedu.com/
37	七易科技	七易时代科技（北京）有限公司	http://xianjs.7east.com/
38	Eduline	成都赛新科技有限公司	http://www.51eduline.com/
39	企鹅网络	深圳市企鹅网络科技有限公司	http://www.iqtogether.com/
40	大家汇	大家汇教育科技（北京）有限公司	http://www.dajiahui.cn/
41	众盟软件	上海未申互联网科技有限公司	http://www.zlms.org/
42	点知教育	北京点知教育科技有限公司	http://www.dz101.com/
43	解铃网	上海枫享网络科技有限公司	http://www.j0.cn/
44	展视互动	北京展视互动科技有限公司	http://www.gensee.com/
45	CC 视频	创盛视联数码科技（北京）有限公司	http://www.bokecc.com/
46	奥点云	杭州奥点科技股份有限公司	http://www.aodianyun.com/
47	微吼	北京微吼时代科技有限公司	http://www.vhall.com/

（续表）

序号	网站或产品名称	公司名称	网址
48	多贝云	北京多贝兄弟信息技术有限公司	http://www.duobeiyun.com/
49	爱看直播	北京超越众创科技有限公司	http://www.icam.cn/
50	美丽播	成都沃曼网络科技有限公司	http://www.meilibo.net/
51	保利威视	广州易方信息科技有限公司	http://www.polyv.net/live/
52	前景云	北京前景云通信股份有限公司	http://www.cycomm.tv/
53	VIEWGOOD	南京远古软件有限公司	http://www.viewgood.cn/
54	北极星通	北京北极星通信息技术有限公司	http://www.bjsin.cn/
55	云豹直播	泰安云豹网络科技有限公司	http://www.yunbaozhibo.com/
56	云宙多媒体	深圳市云宙多媒体技术有限公司	http://www.simope.com/
57	学堂科技	广州易方信息科技有限公司	http://www.xuetangtech.com/
58	布卡互动	北京布卡互动科技有限公司	http://www.buka.tv/
59	翼鸥教育	北京翼鸥教育科技有限公司	http://www.eeo.cn/
60	欢拓云课堂	广州欢拓网络科技有限公司	http://www.talk-fun.com/
61	北京文香	北京文香信息技术有限公司	http://www.wenxiang.org/
62	奥维亚	广州市奥威亚电子科技有限公司	http://www.ava.com.cn/
63	汉锐科技	深圳市汉锐信息技术有限公司	http://www.han-rui.com/
64	瑞视恒通	深圳瑞视恒通科技有限公司	http://www.risunton.com/
65	锐取信息	深圳锐取信息技术股份有限公司	http://www.szreach.com/
66	AVST	北京奥维视讯科技有限责任公司	http://www.avsolutiontech.com/
67	盈可视	广州盈可视电子科技有限公司	http://www.ncast.com.cn/
68	北京德威	北京德威视创软件技术有限公司	http://www.dowellsoft.com/
69	CREATOR 快捷	广州市天誉创高电子科技有限公司	http://www.creator.com.cn/
70	携培教育	上海携培信息科技有限公司	http://www.comgrows.com/
71	凡龙科技	杭州凡龙科技有限公司	http://www.vanlon.com.cn/
72	恒新天朗	南京恒新天朗电子科技有限公司	http://www.talentinfo.com.cn/
73	益教录屏软件	益教教育科技有限公司	http://lb.yjopen.com/

（续表）

序号	网站或产品名称	公司名称	网址
74	现代中庆	北京中庆现代技术股份有限公司	http://www.zonekey.com.cn/
75	力沃科技	深圳市力沃信息科技有限公司	http://www.revotouch.com/
76	网真视讯	北京网真视讯科技有限公司	http://www.valnet.com.cn/
77	中广上洋	北京中广上洋科技股份有限公司	http://www.shineon.cc/
78	澳视德	广州澳视德软件科技有限公司	http://www.osde.com.cn/
79	极影电子	极影电子（北京）有限公司	http://www.jeeyin.com/
80	超然	南京超然科技有限公司	http://www.vmediax.com/#
81	中视天威	北京中视天威有限公司	http://www.bjzstw.com/
82	美乐威	南京美乐威电子科技有限公司	http://cn.magewell.com/
83	腾亚科技	武汉市腾亚科技有限公司	http://www.stp01.com/
84	东信同邦	武汉东信同邦信息技术有限公司	http://www.etah-tech.com/
85	新晨阳光	北京新晨阳光科技有限公司	http://www.xcyg.net/
86	顺泰伟成	深圳顺泰伟成科技有限公司	http://lb.avst.cn/
87	闪阅云	上海视盛信息科技有限公司	http://edu.dvmission.com/
88	紫旭科技	惠州紫旭科技有限公司	http://www.zigsun.com/
89	耕耘教备	深圳市耕耘教育装备有限公司	http://www.szigy.com/
90	汇思	广州汇思信息科技有限公司	http://www.cyberwisdom.net.cn/
91	问鼎资讯	深圳市问鼎资讯有限公司	http://www.wunding.com/
92	时代光华	上海时代光华教育发展有限公司	http://www.21tb.com/
93	德胜制课	北京文博思齐文化传播有限公司	http://www.deshengzhike.com/
94	知牛网	北京知牛科技有限公司	http://www.vkpad.com/
95	易偲环球	易偲环球（北京）教育科技有限公司	http://www.elminds.com/
96	培训汇	武汉艾得科技有限公司	http://www.pxh360.cn/
97	培训宝	上海淘课企业管理咨询有限公司	http://www.91pxb.com/

（续表）

序号	网站或产品名称	公司名称	网址
98	学邦	广州学邦信息技术有限公司	http://www.xuebangsoft.com/
99	校管家	深圳市校管家教育科技有限公司	http://www.xiaogj.com/
100	校宝在线	校宝在线（杭州）科技股份有限公司	http://www.xiaobaoonline.com/
101	小禾科技	北京小禾科技有限公司	http://www.xiaohe.com/
102	来米校管家	长沙市来米信息技术有限公司	http://lmxgj.com/
103	校盈易	广州贝应网络科技有限公司	http://www.beiing.net/
104	校灵通	北京乾坤纵横科技有限公司	http://www.xlingtong.com/
105	浪腾	深圳浪腾计算机信息技术有限公司	http://www.softoa.net/
106	艾得软件	武汉艾得科技有限公司	http://www.aideba.com.cn/
107	校互通	深圳校互通信息技术有限公司	http://www.xhtrj.com/
108	可为 edus	北京可为时代科技有限公司	http://edus.keweisoft.com/
109	校掌科技	安徽守株待兔网络科技有限公司	http://www.xiaozhangkeji.com/
110	易助教	上海彼可托文化发展有限公司	http://www.yizhujiao.com/
111	明日教育管理软件	北京爱明日网络科技有限公司	http://www.ming800.com/
112	麦田软件	连云港麦田软件开发有限公司	http://www.mtcnsoft.com/
113	起迪	上海起迪计算机科技发展有限公司	http://www.qidisoft.cn/
114	优育宝	深圳市幼联科技有限公司	http://www.youlian365.com/
115	鹰硕教学管理平台	深圳市鹰硕技术有限公司	http://manage.ys100.com/
116	佳教宝	上海佳教宝信息技术有限公司	http://www.jjiaobao.com/
117	壹家教	深圳市考拉超课科技股份有限公司	http://one.kocla.com/
118	和谐号教育	深圳市和谐号教育科技有限公司	http://www.367edu.com/
119	智教云	南京霍格教育科技	http://www.zjyapp.com/
120	早教管家	广州六米网络科技有限公司	http://www.etmcn.com/
121	校内外	北京易连忆生科技有限公司	http://www.xnw.com/user/
122	魔学院	摩博（北京）科技有限公司	http://www.moxueyuan.com/
123	YoungDYNASTYTECH	北京万邦华唐科技有限公司	http://www.ydynasty.com/

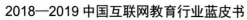
（续表）

序号	网站或产品名称	公司名称	网址
124	Mugeda	北京乐享云创科技有限公司	http://www.mugeda.com
125	贝聊	广州市贝聊信息科技有限公司	http://ibeiliao.com/
126	碧海银帆	杭州碧海银帆科技有限公司	http://www.61pic.com/
127	飞博教育	北京飞博教育科技股份有限公司	http://www.huanxunedu.com/

附录J：在线教育平台服务企业

序号	网站或产品名称	公司名称	网址
1	远方盛世	北京远方盛世科技有限责任公司	http://www.yfss.cn/
2	云课堂	益教教育科技有限公司	http://www.yjopen.com/
3	CCtalk	沪江教育科技（上海）股份有限公司	http://www.cctalk.com/
4	360搜课网	郑州尚色科技有限公司	http://www.360sok.com/
5	网易云课堂	网易公司	http://study.163.com/
6	百度传课	百度公司	http://www.chuanke.com/
7	腾讯课堂	腾讯公司	https://ke.qq.com/
8	淘宝教育	阿里巴巴集团	http://xue.taobao.com/
9	YY教育	广州华多网络科技有限公司	http://edu.yy.com/
10	101学酷	弘成科技发展有限公司	http://www.xuecoo.com/
11	课栈网	北京弟傲思时代信息技术有限公司	http://www.kezhanwang.cn/
12	乐课网	杭州施强教育科技有限公司	http://www.leke.cn/
13	淘课网	上海淘课企业管理咨询有限公司	http://www.taoke.com/
14	中国教育在线	北京好课优学科技有限公司	http://www.class.cn/
15	云课	北京高能壹佰教育科技有限公司	https://www.yunke.com/

（续表）

序号	网站或产品名称	公司名称	网址
16	实验楼	成都琛石科技有限公司	https://www.shiyanlou.com/
17	德智教育在线平台	德智天成教育科技（北京）有限公司	http://www.dezhi.com/
18	勤学网	长沙维联文化传播有限公司	http://www.qinxue.com/
19	智慧树网	上海卓越睿新数码科技有限公司	http://www.zhihuishu.com/
20	七个瓦拉网	厦门说西网络科技有限公司	http://www.7quewala.com/
21	课课家教育	广州挪贤计算机科技有限公司	http://www.kokojia.com/
22	阳光学习	浙江睿智教育信息咨询股份有限公司	http://www.pallasa.com/
23	享学网络科技	上海享学网络科技有限公司	http://www.entstudy.com/
24	神州佳教	神州佳教（北京）信息服务股份有限公司	http://bj.edu-china.com/
25	轻轻家教	上海轻轻信息科技有限公司	http://www.changingedu.com/
26	选师无忧	广州市熙励教育信息咨询有限公司	http://www.51xuanshi.com/
27	老师好	必有我师教育科技（北京）有限公司	http://www.5teacher.com/
28	哪学网	南京明行教育	http://www.naxue.com/
29	学富网	深圳启程智远网络科技有限公司	http://www.xuef.com/
30	优思家教	上海剑川教育科技有限公司	http://jiajiao.yousi.com/
31	常青藤家教网	北京弘载网络技术有限公司	http://gz.jiajiao400.com/
32	教育宝	济南邦赢信息技术有限公司	http://www.jiaoyubao.cn/
33	跟谁学	北京百家互联科技有限公司	http://www.genshuixue.com/
34	决胜网	北京决胜网教育科技股份有限公司	http://www.juesheng.com/
35	培训通	成都中品网络科技有限公司	http://www.pxto.com.cn/
36	优训网	广州艾能健文化传播有限公司	http://www.eoxun.com/
37	教育人生	天下文枢互联网科技有限公司	http://shanghai.edulife.com.cn/
38	厚学网	江苏厚学网信息技术股份有限公司	http://www.houxue.com/
39	神州培训网	深圳市万州弘业网络科技有限公司	http://www.szpxe.com/
40	猎学网	福州北科信息技术有限公司	http://www.liexue.cn/

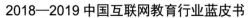

（续表）

序号	网站或产品名称	公司名称	网址
41	搜课网	郑州洛安计算机科技有限公司	http://www.51sok.cn/
42	课工场	北京课工场教育科技有限公司	http://www.kgc.cn/
43	课课家网	广州挪贤计算机科技有限公司	http://www.kokojia.com
44	大家网	北京大家网教育科技有限公司	http://www.topsage.com/
45	好课网	北京好课优学科技有限公司	http://www.class.cn
46	佳教宝	上海佳教宝信息科技有限公司	http://www.jjiaobao.com/
47	家教114	上海四帆固教育科技有限公司	http://www.jiajiao114.com/
48	教学大师	北京神州中联教育科技有限公司	http://www.jiaoxuedashi.com
49	三及第	广州幻象引擎网络技术有限公司	http://www.3jidi.com/
50	身边家教网	河南省身边计算机科技有限公司	http://www.shenbian100.com/
51	神舟家教	北京欧郎信息技术	http://www.zjjiajiao.net/n
52	于斯课堂	上海于斯网络科技有限公司	http://www.yusi.tv
53	阳光家教网	上海鸿儒教育信息咨询有限公司	http://www.ygjj.com
54	拼课网	北京见龙云课科技有限公司	http://www.pkedu.com/

附录K：少儿编程教育企业

序号	网站或产品名称	公司名称	网址
1	编玩边学	深圳市编玩边学教育科技有限公司	http://www.codepku.com/
2	码趣学院	耀码教育科技（上海）有限公司	http://www.codingmarch.com/
3	西瓜创客	杭州弦音信息科技有限公司	https://www.xiguacity.cn/
4	中国少儿编程网	镇安猫爪信息技术有限公司	http://www.kidscode.cn/
5	编程猫	深圳点猫科技有限公司	https://www.codemao.cn/

（续表）

序号	网站或产品名称	公司名称	网址
6	贝尔编程	深圳腾语科技有限公司	https://www.bellcode.com/
7	傲梦编程	上海傲梦网络科技有限公司	http://www.all-dream.com/
8	MatataLab	MatataLab	https://www.matatalab.com/
9	魔扣少儿编程	魔扣之星教育科技有限公司	http://www.coding4fun.com.cn
10	橙旭园	上海冰橙网络技术有限公司	https://www.cxy61.com/
11	小码教育	杭州小码教育科技有限公司	http://www.xiaoma.wang/
12	童程童美	北京童程童美科技有限公司	http://www.it61.cn/
13	蓝麦	杭州慧程教育科技有限公司	http://www.bluem.cc/
14	诺丁科技	北京诺丁科技有限责任公司	http://www.makelouden.cc/
15	VIPCODE	北京未科教育科技有限公司	http://www.vipcode.com/
16	极客晨星	北京极客晨星科技发展有限公司	http://www.geek-8.com/
17	阿尔法营	北京阿儿法营教育科技有限责任公司	http://www.aerfaying.com/
18	猫爪网络	上海喵爪网络科技有限公司	http://www.mzworld.cn/
19	CodeMonkey	江苏米果教育科技有限公司	http://www.codemonkeychina.com/
20	helloworldroom	HelloWorld 少儿编程	http://www.helloworldroom.com/
21	少儿编程教育	深圳市未来少儿编程教育创新院	http://www.shaoerbc.org/
22	妙小程	上海耕子教育科技有限公司	http://www.miaocode.com
23	励码编程	广州毕盛软件有限公司	http://www.kidsprogram.com.cn/
24	码上玩	厦门纯游互动科技有限公司	http://www.code666.com/
25	能力风暴	上海未来伙伴机器人有限公司	http://www.abilix.com/
26	创客工场	深圳市创客工场科技有限公司	http://www.makeblock.com/cn
27	乐编程	北京世纪好未来教育科技有限公司	http://www.enjoycode.com/
28	码猿	杭州码猿教育科技有限公司	http://www.imayuan.com/
29	杨梅客	北京杨梅客教育科技有限公司	http://youngmakers.cn/
30	萝卜太辣	萝卜太辣科技公司	http://www.roboterra.com.cn/
31	魔力石科技	成都魔力石科技有限公司	http://www.stonevillage.cn/

（续表）

序号	网站或产品名称	公司名称	网址
32	有渔	杭州刺暮软件科技有限公司	http://www.youyu.im/
33	橙旭园	上海冰橙网络技术有限公司	https://www.cxy61.com/
34	米创科技	北京骏风图尚网络科技有限公司	http://www.micrea.com.cn/
35	DASH 编程学院	DASH 编程学院	http://www.dashdot.cn/
36	能力橙	北京能力橙教育科技有限公司	http://www.abcoding.cn/
37	编程营	杭州酷创教育科技有限公司	http://www.bianchengying.com/
38	奥创熊少儿编程	杭州艺程科技有限公司	https://ultrabear.com.cn/
39	童程教育	杭州童程教育科技有限公司	http://www.hzcoding.com/
40	童思童行	东莞童思童行教育科技有限公司	http://www.tstxcode.com/
41	码力	上海码力玩家教育科技有限公司	http://www.malichina.com/
42	魔爪营	深圳市考拉超课科技股份有限公司	http://mz.kocla.com/
43	小卡机器人	长沙小卡机器人科技有限公司	http://www.xkbot.com/
44	蓝麦	杭州慧程教育科技有限公司	http://www.bluem.cc/
45	趣乐码	重庆趣乐码科技有限公司	http://qlm123.com/
46	比特猴	南京比特猴软件科技有限公司	http://www.bitmonkey.cn/
47	酷蛋机器人	成都伟嘉斯特科技有限公司	http://www.wejust.com.cn/
48	麦壳少儿编程	成都领客教育咨询有限公司	http://www.my-code.cn/
49	葡萄积木	上海葡萄科技有限公司	http://www.putao.com/
50	立乐教育	立乐教育科技（上海）有限公司	http://www.leaplearner.com/
51	阿南创意	广州爱找店信息科技有限公司	http://www.anancreative.cn/
52	核桃编程	北京聪明核桃编程教育科技有限公司	http://hetao101.com
53	波心幻海	波心幻海科技有限公司	http://www.bobosea.com/
54	乐派特	苏州乐派特机器人有限公司	http://www.robopal.cc/
55	网易少儿编程	网易公司	http://geek.163.com/
56	编程少年	深圳市编玩边学教育科技有限公司	http://kids.codepku.com/

（续表）

序号	网站或产品名称	公司名称	网址
57	酷码教育	广州酷码教育咨询有限公司	http://www.keedu.cn/school?schid=2334
58	奇贝编程	柳州市奇贝教育咨询有限公司	https://www.qbcode.cn/
59	树上科技	树上信息科技（上海）有限公司	http://www.bettertree.cn/
60	奥松机器人	http://www.alsrobot.cn/	http://www.alsrobot.cn/